涅槃与再生

——在多元重构中复兴

朱垒云 著

中央编译出版社

图书在版编目(CIP)数据

涅槃与再生：在多元重构中复兴 / 乐黛云著．
—北京：中央编译出版社，2015.3
ISBN 978-7-5117-2296-6

Ⅰ.①涅…　Ⅱ.①乐…　Ⅲ.①多元文化－文化研究－世界　Ⅳ.①G11

中国版本图书馆CIP数据核字(2014)第207104号

涅槃与再生——在多元重构中复兴

出 版 人：刘明清
出版统筹：董　巍
责任编辑：韩慧强　王媛媛
责任印制：尹　珺
出版发行：中央编译出版社
地　　址：北京西城区车公庄大街乙5号鸿儒大厦B座(100044)
电　　话：(010) 52612345（总编室）　(010) 52612363（编辑室）
　　　　　(010) 52612316（发行部）　(010) 52612317（网络销售）
　　　　　(010) 52612346（馆配部）　(010) 66509618（读者服务部）
传　　真：(010) 66515838
经　　销：全国新华书店
印　　刷：山东鸿君杰文化发展有限公司
开　　本：787毫米×1092毫米　1/16
字　　数：340千字
印　　张：24
版　　次：2015年3月第1版第1次印刷
定　　价：120.00元

网　　址：www.cctphome.com　　邮　箱：cctp@cctphome.com
新浪微博：@中央编译出版社　　　　微　信：中央编译出版社（ID：cctphome）
淘宝店铺：中央编译出版社直销店（http://shop108367160.taobao.com）

本社常年法律顾问：北京市吴栾赵阎律师事务所律师　闫军　梁勤
凡有印装质量问题，本社负责调换。电话：010-66509618

小 引

本书是 21 世纪以来笔者学术论文的自选集，取名《涅槃与再生》，既对过去的学术生涯作一小结，亦蕴含着对具有悠久历史传统的中华民族在多元文明的交汇中走出旧式思想范式，在继承先民丰厚遗产的基础上创建新世纪新人文精神，实现民族文化的自觉与复兴寄予美好的期待。

人类生活正经历着前所未有的巨大转折。软件和计算机革命、全球互联网、移动通讯革新使人与人之间的关系大大超越了过去所受的时空限制；特别是新一代人的成长在一定程度上脱离了继往开来的世代传承，他们在网络的交互影响中长大，自我成长。我们由于不懂得我们的下一代，也就会对我们的未来深感迷茫。加之，以某种语言为主导的跨国信息流每天都压抑着他种语言文字的应用，从而限制人类文化的多样性发展。更严重的是信息流向远非对等，大多是由发达国家流向发展中国家。随着经济信息、科技信息的流入，同时也会发生意识形态、价值观念和宗教信仰等文化的整体移入，以至使其他国家民族原有的文化受到压抑，失去活性。另一方面，由于生物工程技术的开发和应用，人甚至对他的血肉之躯的存在前景也迷惘困顿：生命本是宇宙大化千百万年的亘古造化，但是，现在可以通过转基因、干细胞、克隆、体外受精等等人为的手段复制、改变、优选。人的存在，人性的自我定义都受到了根本的挑战。过去就有纳粹分子幻想可以通过基因重组和筛选，使有些人适于体力劳动，适合被统治，有些人则天生是精英，天生就可统治别人！还有纳米技术，最终使人类能够按照自己的意愿操纵单个分子和原子，直到进入细胞内部，开辟了人类认识世界的新层次。综上所述，也就是说，从宏观到微观，所有关于意义的领域都将面临冲击。

这些新发现和革命性的新技术贯穿到人类生活的每一细节，科学越来越被少数人所专享，世界被划分为科学家和不懂科学者两类人，后者人数愈来愈多，愈来愈失去对周围世界的发言权。这一切迫使我们在时间意识和空间意识上都不能不发生根本变化。 加之，人类在人文层面上正经历着一场多重技术革命。这场革命主要表现为印刷文本文化的移位和媒体意象文化的兴起，以及两者交织互构、充满张力的动态关系。媒体意象文化的构成，有别于以民族语言文本作为根本载体的现代人文传统，它不仅具有民族特性，而且具有跨越民族书面语言的驱动力和涵盖性。文化生产媒介的转型必然呼唤跨语言、跨学科的跨文化研究，因此，对全球化时代的认知与审美及其结构的更新、不同民族文化的交汇发展，以及汲取不同文明传统精华，建设新的人文精神，都是今天的当务之急； 加之人类对于20世纪的苦难历程——两次世界大战、绝灭人性的法西斯集中营、古拉格群岛、文化大革命等等的回顾，使得人类精神不得不发生空前的大变革！

在这样的情况下，全球化的讨论引起了极大关注：目前世界上主流话语称颂的那个全球化，实际上是跨国资本市场对全球的占领，是美国式或仿美式价值观念及其社会制度向全球的扩张，这是一种充满了暴力与霸权气息的全球化；但也有跳出发展迷思与资本逻辑的另一种全球化的追求，即以人类纪为背景的生态时代的全球化，这种全球化促使人们从世界与人类的有机整合中寻求社会的和谐发展，在多元文化的共同体内增进人与人之间的相互理解与互补、互利、互信。为达到这一目的，必须承认精神塑造现实世界的力量，要为人类的文化努力和道德批判留出必要的空间。

看来世界文化即将步入一个崭新的阶段，这个阶段的核心任务将是在反思和沟通的基础上，建设一个多极均衡互利，多元文化共生的全球化。只有这样的全球化才能保证人类生活质量的不断提高，保证世界得以安定和谐地持续发展。

本书只是初步提出了以上一些复杂问题，这些问题将在21世纪不断深化，形成种种不同文化范式，在新的文化共同体中得到不同解决。

抛砖引玉，衷心祈望各位方家不吝赐教。

2015年元月吉日

目 录

小 引

一 文化多元共存

改变主观世界迎接时代巨变

　　——北京大学中文系鲁迅讲座首讲 ...002

《欧洲梦》序 ...013

《欧洲梦》的作者里夫金谈中国梦 ...021

美国梦·欧洲梦·中国梦

　　——探讨世纪之交的人生巨变 ...026

"欧洲中心论"之后会是"中国中心论"吗？ ...040

人类对和谐社会的追求 ...043

时空巨变与文化转型 ...050

我们应该有中国梦了

　　——乐黛云访问记 ...059

在反思和沟通的基础上建构另一个全球化

　　——在"东西方互动认知"国际学术讨论会上的发言 ...063

承当思想的责任：为建设一个多样协力的世界而努力

　　——《十五年欧洲与中国文化对话的另一个侧面》序 ...068

二 21世纪的新人文精神

21世纪的新人文精神 ...076

改变殖民主义时代的精神世界
　　——重温与阿尔曼多·尼兹教授的友谊 ...088

承认和尊重差别是发展多元文化的基础 ...091

互动认知：以文学与科学的互动为例 ...101

生态文明新思维 ...110

生态思维与建构性后现代主义 ...116

后现代思潮的转型与文学研究的新平台
　　——2011年8月在中国比较文学学会第10届年会上的发言 ...119

新人文主义与后现代思潮 ...125

文化转型与文化冲突 ...128

关于中国文化面向世界的几点思考
　　——关于所谓"软实力" ...136

三 中国文化面向新世界

中国文化面向世界的几点思考 ...140

以东方智慧化解文化冲突 ...153

跨文化研究领域中的几个问题 ...162

"情"是中国文化的一个重要元素 ...170

儒家的"君子"与道家的"至人"
　　——从他们对待忧乐的态度说起 ...178

《多元之美》序 ...183

《中国文化西渐个案丛书》总序 ...186

四 比较文学是跨文化对话的前锋

比较文学发展的三个阶段 ...194

展望 21 世纪的中国比较文学 ...212

比较文学的国际性与民族性 ...232

全球化时代的比较文学：中国视野
　　——在 17 届国际比较文学年会上的发言 ...243

双向诠释与比较文学 ...254

"学科之死"与学科之生 ...267

王国维——汇通古今中西文化的先驱 ...272

"比较既周，爱生自觉"；"取今复古，别立新宗"
　　——重读鲁迅在日本的四篇著作 ...279

中国比较文学的创业元勋吴宓教授 ...294

朱光潜对中国比较文学的贡献 ...298

附录：对话一束

文化趋同还是文化多元 ...312

历史与记忆
　　——对 20 世纪我们应记住什么？...328

主题访谈：是多元现代性，还是一元现代性有多元
　　发展？...339

活着·尊严·机遇
　　——乐黛云、余华对谈录 ...366

一

文化多元共存

改变主观世界迎接时代巨变
——北京大学中文系鲁迅讲座首讲

我十分感谢在北大中文系百年大庆，我即将年满80之际，能在这里和大家一起谈谈自己的一些想法。我在北大中文系学习、工作了62年，在这62年里，我作了一生中三个最重要的选择：第一是选择了教师的职业。这个职业让我永远和青春同在，我和同学之间的感情、理解和交往像树根一样，将我紧紧地附着在肥沃的土地上，永不感到孤单；第二是选择了终身从事文学和文学研究。我认为一个人能将毕生绝大部分时间用来做自己最喜欢的事是最大的幸运。对很多人来说，谋生手段和兴趣爱好是分离的，不能不把很多时间奉献给自己并不喜欢的"事业"以谋生，而我不是这样，我每天从事的文学研究就是我最喜欢的事。第三是选择了我的老伴。其实我们性格并不相同，我好动，追求"生命发挥到极致"，还讲过"生命应该燃烧起火焰而不只是冒烟"之类的话。他好静，喜欢静观深思。我们共同生活了58年，心中始终有一颗小小的火苗，那就是忠诚。历次政治斗争摧毁了很多家庭，我作为极右派，下乡劳改时，他每周给我写一封信，信封必写"同志"，他为这"划不清界限"受过警告处分；"文革"时，他是著名黑帮，常在深夜受到追逼审问，我总是远远跟着他，那时，很多人像他一样被带走后，就不知去向了，我至少要知道他被带到了哪里。

无论经过多少波折，我始终无悔于我的这三个选择。

今天诸位来到北大中文系，也将面临人生的重大选择。现在，时代进步了，你们有充足的时间读书，有广泛的资料阅读，有自由的空间思考，这是十分宝贵的。祝福大家在生命的这一重要阶段，作出终身无悔的选择。

我今天要讲的，没有高深的理论，也没有惊人的资料，只是我正在思考的一些问题，一些焦虑，一些想象；如果能引发大家一些思考，那就是我最大的成功。我的题目是：改变主观世界迎接时代巨变。

人类生活正经历着前所未有的巨大转折。软件和计算机革命、全球互联网、移动通讯革新使人与人之间的关系大大超越了过去所受的时空束缚；特别是新一代人的成长在一定程度上脱离了继往开来的代际传承，他们在网络的交互影响中长大，自我成长。我们由于不懂得我们的下一代，也就会对我们的未来深感迷茫。加之，以某种语言为主导的跨国信息流每天都压抑着他种语言文字的应用，从而限制人类文化的多样性发展。更严重的是信息流向远非对等，大多是由发达国家流向发展中国家。随着经济信息、科技信息的流入，同时也会发生意识形态、价值观念和宗教信仰等文化的整体移入，以至使其他国家民族原有的文化受到压抑，失去活性。另一方面，由于生物工程技术的开发和应用，人甚至对他的血肉之躯的存在前景也迷惘困顿。生命本是宇宙大化千百万年的亘古造化，但是，现在可以通过转基因、干细胞、克隆、体外受精等等人为的手段复制、改变、优选。人的存在，人性的自我定义都受到了根本的挑战。过去就有纳粹分子幻想可以通过基因重组和筛选，使有些人适于体力劳动，适合被统治，有些人天生是精英，天生就可统治别人！还有纳米技术，最终使人类能够按照自己的意愿操纵单个的分子和原子，直到进入细胞的内部，开辟了人类认识世界的新层次。也就是说，从宏观到微观，所有关于意义的领域都将面临冲击。

这些新发现和革命性的新技术贯穿到人类生活的每一细节，科学越来越被少数人所专享，世界被划分为科学家和不懂科学者两类人，后者人数愈来愈多，愈来愈失去对周围世界的发言权。这一切迫使我们在时间意识和空间意识上都不能不发生根本变化。加之，人类在人文层面上正经历着一场多重技术革命。这场革命主要表现为印刷文本文化的移位和媒体意象文化的兴起，以及两者交织互构、充满张力的动态关系。媒体意象文化的构成，有别于以民族语言文本为根本载体的现代人文传统，它不仅具有民族特性，而且具有跨越民族书面语言的驱动力和涵盖性。文化生产媒介的转型必然呼唤跨语言、跨学科的跨文化研究，因此，对全球化时代的认知与审美及其结构的更新、不同民族文化的交汇发展，以及汲取不同文明传统精华，建设新的人文精神，都是今天的当务之急；加上人类对于20世纪的苦难历程——两次世界大战，绝灭人性的法西斯集中营、"古拉格群岛"、"文化大革命"等的回顾，使得人类精神不得不发生空前的大变革！这一人类历史上空前的大变动要求我们重新定义人类状况，反思我们需要塑造怎样一个世界，需要建立怎样的世界观和人生观来应对这一崭新的、影响全球的复杂局面。

以上的种种现象及其所诱发的危机早就引发了西方学者的警觉。1918年斯宾格勒在《西方的没落——世界历史的透视》一书中就已相当全面地开始了对西方文化的反思和批判。稍后，汤因比认为"统一历史的假设"只是西方"狭隘和傲慢"的错觉。他们假设只存在着一条文明之河，所有其他的文明之河或从属于它，或已消失在荒漠之中是完全错误的（《历史的研究》）。许多学者强调"要努力寻找一个更广阔的视野，并理解世界文明的多样性"（布罗代尔：《论历史》）。但大多数西方人仍然认为西方文明是普世的、最优越的。他们对非西方经济的复兴和大批非西方移民心怀恐惧，特别是对非西方民族也不可阻挡地逐渐占有最尖端的西方技术而昼夜不安。

新世纪以来，西方有很多人进一步探索了自身的文化危机。例如，法国著名思想家、高等社会科学院研究员埃德加·莫兰（Edgar Morin）指出，西方文明的福祉正好包藏了它的祸根：它的个人主义包含了自我中心的闭锁与孤独；它的盲目的经济发展给人类带来了道德和心理的迟钝，造成各领域的隔绝，限制了人们的智慧能力，使人们在复杂问题面前束手无策，对根本的和全局的问题视而不见；科学技术促进了社会进步，同时也带来了对环境、文化的破坏，造成了新的不平等，以新式奴役取代了老式奴役，特别是城市的污染和科学的盲目，给人们带来了紧张与危害，将人们引向核灭亡与生态死亡①。波兰社会学家齐格蒙特·鲍曼在《现代性与大屠杀》一书中更是强调在西方,高度文明与高度野蛮其实是相通的和难以区分的……现代性是现代文明的结果,而现代文明的高度发展超越了人所能调控的范围,导向高度的野蛮。

类似的论述还很多,比较重要的是 2006 年美国学者 J. 里夫金在《欧洲梦》②中提出对当前以贪欲和聚敛为核心的文明必须进行深入的反思和批判,必须重建一个基于生活质量而非个人无限财富聚敛的、可持续的文明。以物质为基础的现代发展观本身即将受到修正。可持续性的全球经济之目标应该是:通过将人类的生产和消费与自然界的能力联系在一起,通过废品利用和资源的重新补充,不断再生产出高质量的生活。在这样的生活中,重要的并非个人的物质积累,而是自我修养;并非聚敛财富,而是精神的提升;并非拓宽疆土,而是拓宽人类的同情。他认为人类需要一个完全不同于过去的新的精神世界,需要全新的世界观和人生观。"欧洲梦"就是一种新的历史观,是一个基于"生活质量"而非个人无限财富聚敛的"可持续性的文明"。所谓"生活质量"就是"实际生活条件"以及"公民个人的主观幸福感",如健康、快乐、社会关系、自然环境的质量等;有"生活质量"的生活,是指一种普遍富裕、拥有社会安全而有"品味"的生活,它建立在以高水平的物质生产为基础的福利社会之上,因而免除了人们的后顾之忧,保证了人们的生活安全;同时也保证人们有充分的自由、时间和条件去追求各种丰富的精神生活,而不只是追求财富。"欧洲梦"被认为是"第二次启蒙",它要用新的"精神主义"(idealism)去纠正第一次启蒙所错误提倡的"物质主义"以及无限制的进步论(直线的、急速的、无限的求新)和绝对化了的个人主义。

---

① 参见《超越全球化发展:社会世界还是帝国世界?》,《迎接新的文化转型时期》第 202 页,上海文化出版社,2005 年。
② Jeremy Rifkin: *The European Dream——How Europe's Vision of the Future Is Quietly Eclipsing the American Dream*, Published by Penguin Group 中文版,杨治宜译,重庆出版社,2006 年。

当然，在我们看来，欧洲梦其实也是一个地区保护主义的梦，一个保护既得利益的策略，同样不是一个可以普遍化的世界梦想。欧洲梦一方面是为了保护欧洲品质而试图抵挡同样发达的美国的"坏的"生活方式和价值观；另一方面是为了保护欧洲福利制度而试图抵制发展中国家的、对他们不利的"坏的"竞争方式，例如，他们不能公平地对待移民。没有移民，欧洲人口老化的问题无法解决；移民涌入又将威胁，甚至压垮已经十分紧张的政府福利预算和欧洲人自以为优越的自身的文化认同感。因此，如何真正实现全球多元文化共生的梦想，如何促进人与人之间的对话和理解，以及改变陈旧的世界观、人生观和价值观以适应世界的急遽变化正是当前急需解决的问题。

那么，中国的情况又如何呢？费孝通先生离世前夕，曾思考总结他90余年的人生，得出的结论是要用自己最后的生命"把一代知识分子带进'文化自觉'这个大题目里去"①。什么是文化自觉？费孝通先生给文化自觉提出了一个坐标：纵轴是从传统和创造的结合中去看待未来，结合过去同现在的条件和要求，向未来的文化展开一个新的起点，这是一个时间轴；横轴是在当前的语境下找到民族文化的自我定位，确定其存在的意义和对世界可能作出的贡献，这是一个空间轴。任何民族文化都可以在这个坐标上找到自己的定位。如果用这个坐标来衡量，我们在文化自觉方面还存在很多问题。

首先是传统和现代的创造结合很不够，也就谈不上以新的观点去看待未来。费孝通先生说："文化自觉只是指生活在一定社会中的人对其文化有'自知之明'，明白它的来历、形成过程、所具的特色和它发展的趋向，不带任何'文化回归'的意思，不是要'复归'，自知之明是为了加强文化转型的自主能力。"②但是，目前这种"复归"的倾向仍然很严重，一部分人寻求的只是势头很猛的夸张的复旧，完全漠视几千年中国文化的负面影响。最近资中筠谈到中国知识分子除强调"家国情怀"，"重名节"的正面精神传统外，还有歌颂"天

---

① 方李莉《费孝通晚年思想录》第9—10页。
② 同上。

王永远圣明的'颂圣文化'的流毒久远",而今,"一方面是毫不放松的思想钳制,另一方面是拜金主义,商业大潮和恶性市场竞争两面夹击",于是,自觉揣摩上意的风气更盛,"'颂圣文化'又一次抬头,而且随着国力的加强愈演愈烈"[①]然而,对于这类影响当前社会至深的传统文化的负面作用,我们却麻木不仁!

其次,在与西方文化的关系上,我们往往对西方理论不加反思地接受,把本土资源作为论证西方理论、实现西方社会思想的工具,无视当代西方学者已经深刻揭示的现代化危机;由于我们一开始遭遇的是西方现代文明,我们至今仍然把仅仅把西方现代文明当作西方文明的整体,不加质疑地追随西方现代化取向,这是很片面的。正如刘小枫教授所说,我们必须从理解西方现代性问题入手,并由此反观古典西方与现代西方的巨大差异。只有在古今对照中,我们才能看到西方古典文明的原貌以及现代文明的变异。而认识西方古典文明的过程也是我们自我认识的过程。此类更深层、更难解决的问题正在引起更多人们的重视,成为进一步推动中国人文化自觉的核心内容。

再者,从内部来说,涵盖56个民族的中国文化,其历史特点就是多元一体,必须自觉到多年来对这方面研究的缺失;从外部来说,目前正在形成一个各民族文化多元共生的全球化,只有理解和容纳世界各民族的多种文化,才有可能在这个世界里找到自己的位置。我国长久以来轻视他族文化的大国心态是做到这一点的最大障碍。当国家贫弱时,它会演变成阿Q的精神胜利法,当国家逐渐强盛时,它就滋生为企图覆盖他族文化的东方中心主义。历史已经证明西方中心主义是行不通的,东方中心主义重蹈西方中心主义的覆辙,也不会有好的结果。

总之,同为人类,我们必然会遭遇某些共同的问题。各种不同文化都会有解决这些问题的有价值的资源,这些资源必然会通过特殊的方式和角度得

[①] 资中筠:《知识分子对道统的承载与失落》,《炎黄文化》2010年第9期。

到彰显。在强调各民族文化的特殊价值的同时,人们还会通过不同文化间的沟通与对话,来寻求人类文化中的"普世价值",以解决人类遭遇的共同问题。西方"自由、平等、博爱"的普世价值曾使我们受益匪浅;现在,一些西方学者也正在向东方文化寻求新的开拓,找到能解决自身难题的"普世价值"。我想举两个例子:

1. 作为欧美对外政策基础的"帝国理论"带来三个世纪的战争灾难已经走到尽头。2005年,赵汀阳的《天下体系:世界制度哲学导论》描述了一个中国的世界秩序模式。他指出希腊城邦开始了国家政治,而中国的天下体系则开创了世界政治。前者是沿着"个人—国家—国际社会"这样由小到大的方向发展,而后者则是从"天下—邦国(诸侯)—家园"这样由大至小的方向来论述。它相信每个他者都是这个至大无外的"天下"的一个组成部分,因此也就排除了不可相通的、绝对的"文明的冲突"。这正是我们今天的世界所渴求的。"天下体系"作为不同于长期统治的"帝国理论"的另一种思考方式,逐渐广为人知,引起世界思想界的重视。例如原香港大学校长王赓武教授(澳大利亚人)用"天下和帝国"作为他2006年出任哈佛大学讲座教授就任演说的主题。2009年,著名的人文杂志《第欧根尼》(*Diogenes*)刊发了赵汀阳文章的英文版,更是引起了众多的热议。正如欧盟跨文化研究所所长阿兰·李比雄所说:"一个更新的'天下理论'可能有助于为我们生存的这个世界的混乱局面找到一条解决之道。"他认为这种"替换性"的思路可以帮助我们"撕破那种线性的逻辑","脱离那种目的论的时间和黑格尔式的历史愿景,而去考虑一种新的、开放的时间经验和历史经验"。当然,关于"天下体系"的研究和讨论还仅仅是开始,会有很多质疑和不同意见。

2. 是关于是正在发展的"建构性"后现代主义思潮(constructive postmodernism)。后现代解构思潮轰毁了过去笼罩一切的"大叙述",使一切权威和"强制性的一致性思维"都黯然失色,同时也使一切都零碎化、浮面化,最终只留下了现代性的思想碎片,以及一个众声喧哗的、支离破碎的世界。后现代主义者夷平了现代性的壁垒,为人类精神解除了旧有思想教条的束缚，但每个人却不得不被迫孤独地寻觅自己的道路。"建构性"后现代主义以怀德海的"过程哲学"为基础，认为"没有恒久不变的实体，只有持续变化的关系"，因此，不应把人视为一切的中心，而应把人和自然视为密切相关的"生命共同体"。其倡导者之一约翰·科布（John B. Cobb）等人提出："建构性后现代主义"的核心思想是有机整体的系统观念，它"关心和谐、完整和万物的互相关联"。科布认为这种有机整体的系统观念，与中国传统的许多思想都是"深度"相通的。科布认为中国传统文化一直是有机整体主义的。他举例说，西方现代思想从分离和分类开始，现代医学区分了病原体和健康细胞。将纯粹的与不纯粹的分开，消灭不纯粹的。中国的阴阳却开始于对立面的统一，所以中医寻求的是平衡，而不是分离和纯粹。西医的治疗方法是摧毁行动者，中医讲的却是个体与整体的协调，使体内的力量达到平衡。他认为《周易》强调"变易"和"生生之道"与怀特海强调"过程"二者正相契合，他相信西方的过程哲学提供了机缘，把中国的直觉和整体思想与西方科学的成果结合起来。他坚信"当过程思想被中国人所拥有和借鉴，它在中国将比在西方获得更丰富的发展"，因此，他坚信未来哲学的发展方向是西方文化和东方文化的互补和交融。

以上这些都说明卓有远见的西方学者正希冀从中国文化中发现某些普世价值以解决他们所遭遇的世界性问题。在这种情况下，我们更要警惕自以为"中国文化能拯救全世界"的夸张之论，有些人甚至以为中国中心论将取代西方中心论；事实上，我们所需要的恰恰是更自觉吸取不同文化中具有普世意义的文化价值，以丰富和更新自己的文化。

总之，世界正在急遽变化，根据科学家的预测，这种变化是"指数型"的，也就是说变化的速度会由很慢变得越来越快。从秦汉到民初，社会的变化并不大，而进入20世纪以后，其变化越来越目不暇接、光怪陆离。所有指数型的物理过程都将引向系统的崩溃而告结束。如果说这一推断基本无误，那么，人类应如何来面向这一日益加速的社会进程，又如何来应对这个世纪之交的人生巨变？既然西方启蒙主义科学地重塑自然以符合人类面貌的做法被证明是失败的，那么，抛弃人类可以操纵环境的想法，而重在根据环境的需要调整自身，也许不失为可行之道。那前提就是改变人生观、世界观，重构人类的精神世界。

改变人生观、世界观，重构人类的精神世界，文学起着重大作用，事实上，探索人与自然的和谐，探索生命的意义，研究如何真正实现多元文化共生的梦想，促进人与人之间的对话和理解，改变陈旧的世界观、人生观和价值观，展望人类全新的未来，铸造人类新的精神世界……这一切本来就是文学应有的题中之义。在促进东西方文化自觉，形成新的未来，建构文化多元共生的蓝图中，在"人类心灵内在性的巨大提升"的进程中，文学无疑占有一席重要地位；从文学研究本身和现阶段的实际需要来看，文学也面临着新的转折和机遇。

21世纪人类面临的重大挑战，就是在自然、人类、个人、群体和国家之间，出现了前所未有的极其怪异而又残酷的关系。这种残酷关系的实质就是物质生活和精神生活的全面物化。物质主义越来越替代了理想主义，金钱对人性的束缚越来越代替了早期资本主义对人性解放的追求。原本属于人与人之间的社会关系被转化成人们之间的物的关系。更严重的是原被认为可以克服或扬弃社会物化危机的审美文化本身也已经不同程度地物化了。赚钱和功利，成为衡量一切的唯一标准。理性本来与神权、皇权相对抗，是资本主义初期帮助人类获得自由的工具，如今，理性的算计和分析占据了人的绝大部分思维活动空间，精神生活被压缩到狭小的范围，甚至也被物化了。海德格尔曾说，人类不应凭恃自以为无往不利的科学理性去分析、分解对象，因为其结果恰恰是遮蔽了对象本身，好比"把色彩分解为波长数据，那色彩早就杳无踪迹了"；这就是为什么在理性工具和技术工具之外，还必须强调审美境界、诗意栖居和情感之维的原因。

中国的礼乐文化，一向不强调理性分析，而以情为核心。李泽厚在最近出版的《伦理学纲要》中提出中国文化的"情本体"，即"情理交融的人性心理"。中国哲学从情开始，如"亲亲为仁"，这是天生自然的感情，不是理性分析后的报恩。中国美学亦从情开始,讲的是"陶情冶性",这是一个塑造生命意识的过程。中国讲究心斋、养气、"至人之心若镜"等等,都是要找到一种结构,抵制物化,培养情性。著名汉学家南乐山(Robert Neville)指出,中国文化和西方文化的两大区分之一就是审美秩序和理性秩序的区分。"尽管中西文化都认可二者,但西方文化传统中,理性秩序在私人和社会生活中承担的众多角色,在儒家思想中却是由审美秩序担当的。儒家伟大的思想家都是'审美的'而非西方意义上由某种表面理性秩序规范支配的"。(《通过孔子而思》英文版前言)

中国文学更是以情为出发点,如"情动于中而发于外","诗缘情而绮靡"等等。当我们在一个清幽的月夜,读到李白的诗:"今人不见古时月,今月曾经照古人。古人今人若流水,共看明月皆如此"时,一种怀古之幽情就会油然而生。人类总在概叹人生的短暂和宇宙的永恒。我们和李白存在于同一个永恒的明月之下,但却处于不同的时空;正如李白写诗时,会想起和他存在于不同时空的古人,也曾和他一样,欣赏着同一个月亮!正是这种人生转瞬即逝的无法解脱的痛苦和无奈,通过月亮这一永恒的中介,将"前不见的古人"和"后不见的来者"连接在一起,使他们产生了超越时空的沟通和共鸣,忘却了现世的物欲而达到了某种意义上的永恒。这就是文学对于人类精神世界的提升。

这里所说的情不同于动物的自发之情,而是一种文化伦理之情。它在中国文化中有极深的根。战国中期的郭店竹简《性自命出》篇提出:"道始于情,情生于性","性自命出","命自天降"。人之道是由人们之间存在着情感而开始的,人的喜怒哀乐之情是由人性中发生出来的;人性是天所赋予的。性和情的关系如《礼记正义》引贺场的话:"性之与情,犹波之与水,静时是水,动则是波;静时是性,动时是情。"这就是说,人的性是人的内在本质,情是性感物而动的情感的流露。朱熹说:"性所以立乎水之静,情所以立乎水之动,欲则水之流而至于滥也。"这就是性、情、欲三者的关系。又说"感触为情,有所逐为欲"。情因感触而生,欲则是追逐某种满足(包括物欲),

故必须有所节制，使其不至泛滥。《中庸》有道："喜怒哀乐之未发谓之中，发而皆中节谓之和。中也者，天下之大本也。和也者，天下之达道也。致中和，天地位焉，万物育焉。"由人之性感物而动，发出来的情感应合乎道理，合理则有利于万物的生长，"生成得理，故万物齐养育焉。"

如果回归到情这个中国文化最自然、最根本的出发点，加以新的创造和诠释，也许可以与西方强调的工具理性、技术理性相并行，开创一个以审美情怀为核心的提升人类精神世界的新的平台。

我在北大中文系生活学习了整整62年，我的生命也快走到了尽头。这62年中有失误，有弯路，有后悔之处。但最终有一条，可以说"始终如一"，那就是：坚信文学不只是可有可无的个人消遣品，不只是逃避个人忧患的避难所，不只是驰骋个人想象的跑马场，更不只是单纯的谋生手段，而是对重构人类精神世界，再造人类精神文明，对塑造人类未来，负有重大历史使命的责任承担者，特别是对于我们选择了文学作为终身职业的人来说，更是如此。

《欧洲梦》序

J. 里夫金在他的《欧洲梦》一书中，对 21 世纪有一段精彩的描述，他说："软件和计算机革命、全球互联网、移动通讯革新、从集中式的化石燃料能源时代向分散式的氢能源时代历史性的过渡、生物技术及接踵而至的纳米技术向人类生活每一细枝末节的传播，这些都导致了人类看待时间和空间的方式的基本变革。"他认为革命性的新技术迫使我们的时空意识发生了根本变化，人类的关系正在突破旧体制的束缚，自我观念和对世界的感知都迥然不同的新的一代正在诞生成长。这一人类历史上空前的大变动要求我们重新定义人类状况，反思我们需要塑造怎样的世界，需要建立怎样的世界观和人生观来应对这一崭新的、影响全球的复杂局面。J. 里夫金用"美国梦"和"欧洲梦"两个概念来说明这两个截然不同的历史阶段。

美国梦和欧洲梦并不全是地缘的区别，而是指不同时空中不同的思维方式与生存方式。所谓"美国梦"是指每一个人都拥有不受限制的机遇来追求财富，而较少关注更广阔的人类福祉。在"美国梦"的追求中，私有财产被看作通向个人自由的通行证。一个人拥有的财产越多，就越能具备自主权和流动性，越不依靠或受惠于他人，也越不臣服于环境；财富愈多，个人就愈加独立。财富带来排他性，排他性带来安全，财产是自我和他者之间的边界，个人聚敛巨大财富的成功被当作唯一的或主要的成功标准。欧洲梦则不然，它强调生活质量、可持续性、安定与和谐。在 J. 里夫金看来，欧洲梦是一种新的历史观,根据这种历史观,在一个基于"生活质量"而非个人无限财富聚敛的可持续性文明里,以物质为基础的现代发展观本身即将受到修正。所谓生活质量,就是"实际生活条件"以及"公民个人的主观幸福感"如健康、社会关系、自然环境的质量等。可持续性的全球经济之目标则是:将人类的生产和消费与自然界的能力联系在一起,通过废品利用和资源的重新补充,不断再生产出高质量的生活。在这样一个可持续的、保持稳定的经济的状态下,重要的并非个人的物质积累,而是自我修养;并非聚敛物质财富,而是精神的提升;并非拓宽疆土,而是拓宽人类的同情(empathy)。从欧洲梦来说,获得自由,意味着能够进入到与他人之间无数种彼此依赖的关系之中。一个人有途径进入越多的共同体,就有越多的选择权,关系带来包容性,包容性带来安全。作为欧洲梦两大支柱的文化多元主义和全球生态意识将人性从物质主义的牢笼中解放出来,成就新的人性。

为了进一步探讨以上两种不同的历史状态,以及它所产生的不同的思维方式与生存方式,J.里夫金分析了作为两个阶段经济基础的市场经济和网络经济的不同。他认为在市场经济的范围内,共同利益的提高是通过每一个人追求自身利益的结果来实现;网络经济则是通过每一个人为他人作出贡献、实现更广泛的共同体的利益最大化,从而也提高个人的福利,这就是现在经常提到的"互利、双赢"。推而论之,市场基于对一己私利的追求,网络追求较大范围的共同利益;市场基于不信任,网络基于信任;市场是保持距离的交易,网络保持较亲密的关系;市场通过和其他人在敌对性的市场框架里竞争以确保财产,网络则是通过归属(belonging)而非通过所有物(belongings)来确保财产,对网络经济来说,最重要的是路径(能进入某些关系)和归属,成功来源于共享的关系,而非孤立奋斗。总之,市场是竞争性的,网络是合作性的。

基于这样的不同,社会政治文化也起了相应的变化。照J.里夫金的说法,在资本主义市场经济时代,斗争都是阶级性的,主要围绕着占有、分配资本及保护私人财产权利展开,民权、政治权利和社会权利都以各自的方式被设计为使财产利益增值,自由被定义为不依靠他人,只要有足够的财产,就可以为所欲为。而在全球化的网络时代,斗争是多元性的,更多围绕着保存文化身份以及在彼此依靠的世界里获得权利而展开;文化身份建立起将个人从外部世界区分开来的边界,同时又能够用以维护个人进入周边全球洪流的权利,获得自由就意味着更深地陷入与他人之间彼此依赖的关系网之中,这种关系越包容、越深入,一个人就越有可能实现自己的雄心。要想被包容进关系网就需要找到路径,有越多的路径,就越能进入到更多的关系之中,从而也体验着越多的自由。J.里夫金用美国梦和欧洲梦来概括20世纪末21世纪初发生的人类生活巨变,及其所带来的一系列思维方式与生存方式的嬗变,确实很有远见,很能启发思考,虽然他所描述的"美国梦"是一种存在已久的历史状态,"欧洲梦"却仍是一种想象中的或正在发生的历史趋势。

J.里夫金对深深植根于他所热爱的祖国并早已根深蒂固的美国梦进行了鞭辟入里的批判。他指出在很大程度上,美国梦深陷于分离和孤立的"死本能"之中。在美国,人们不惜一切代价追求自主,过度消费,纵容每种欲望,浪费地球的丰饶。人们鼓励不受限制的经济增长,强者受奖赏,弱者被边缘化。他们满心要保护自身利益,组建了有史以来最强大的军事机器,以获取自己想要并相信是分内应得的东西。他们把自己看作是上帝的选民,因此有资格获得一份超出公道份额的地球财富,而他们的自身利益却正在缓慢地蜕变成纯粹的自私自利,以至变成了死亡文化。如今,美国人消费了多达三分之一的世界能源,还有数额惊人的其他地球资源,尽管他们的人数只占世界人口总数的不到5%。

J.里夫金还注意到,他所向往的欧洲梦与中国传统文化的追求有很多相一致的地方。他虽不是研究中国的专家,但从广博的知识和深邃的思考出发,他看到了这一点。他认为理查德·尼斯贝特在《思想的地理学》(The

Geography of Thought)中对亚洲思想的描述让人相信,亚洲民族和国家或许比欧洲人更适合创造网络治理、跨国空间和全球意识。他引用汉学家,也是哲学家亨利·罗斯蒙特(Henry Rosemount)的话说,在儒家思想里,没有我能够孤立存在,或被抽象地思考;我是根据和其他具体个人的关系而扮演的各种角色的总和;而道家认为整体存在于相反力量之间的关系中,它们共同互相完善。J.里夫金也同意尼斯贝特所说的,对关系的持续关注使亚洲人对感情更加敏感,如果说美国家长用一种"尔我对立"的思维方式,教育孩子从侵占、攫取和财产关系的角度进行思考,那么传统的亚洲家长则更注重感情和社会关系,他们帮助孩子与他人互动,协调自己的行为。同样,J.里夫金认为由于整体化的倾向,亚洲人从来就强调人与自然的和谐。如果说西方启蒙主义科学的基础是重塑自然,以符合人类面貌,那么东方的方式则是抛弃人类可以操纵环境的想法,而重在根据环境的需要调整自身。总之,J.里夫金承认中国传统思想更加关注的是和谐、完整和万物的相互影响而非只注意孤立的现象,因而与欧洲梦更为接近。不仅如此,他还进一步探讨了中国的现状。他认为为了解决贫穷问题,邓小平把中国现代化梦想重新调整回到物质现代化的方向,提出"发展是硬道理"、"让一部分人先富起来"的战略转变;当贫穷问题初步缓解,问题又集中表现为贫富差距的悬殊,现代化的进一步发展就不能不是和谐社会的提出。J.里夫金认为,从这个20余年来的进程,可以看出中国现代化的梦想,是对西方经验的综合性重新创作,既借鉴了美国式的竞争,又试图借鉴欧洲式的平等,似乎是想把美国梦的一部分和欧洲梦的一部分综合在一起。他期待拥有悠久历史的中国能为欧洲梦真正发展成为一个全人类的世界梦想带来积极贡献,并断言正在出现的欧洲梦和中国梦无疑会对整个人类的未来产生深远影响。

《欧洲梦》一书确实是充满智慧和前瞻性。它触及和探讨的问题都是深刻、复杂,十分难于解决,甚至是充满悖论,但却发人深思的。例如作为欧洲梦重要支柱的全球多元文化共存就有许多矛盾。一方面,世界上每一种重要文化都有其独特的思想体系，都希望获得其普遍性，而不只是一种地方文化；另一方面，J.里夫金又寄望于创造一种"全球化世界的全球意识"，他认为这将是人类意识的下一阶段，是人类的下一个普世梦想，也就是一种"新的元叙述"，这种"新的元叙述"，能够把人类统一到共同的旅途中，同时又允许每个人和团体采取他们自己的特定途径。然而，问题是：这样的"元叙述"将以哪一种思想体系为基础呢？不同的思想体系能抽象出一个共同的元吗？更重要的是众多思想体系共处在一起，就有一个如何协调，谁来协调的问题。记得在一次世界哲学大会上，我曾以中国哲学的"和而不同"为题，作了一个发言，谈到晏婴所说的，油盐酱醋必须不同，"相济相成"，才能成其为菜肴。当时，著名的思想家和汉学家本杰明·舒华兹曾提出一个问题，他说："那么，谁来当厨师，谁来调配这些油盐酱醋呢？"我想，他是提出了一个谁主导，谁当权的问题，这也是今天多元文化共存所必然遇到的问题！事实上，在一种文化中孕育成长起来的人，要进入另一种文化体系，一方面很难完全摒除自己原有的文化色彩（所谓有色眼镜），另一方面，他又不能不受到对方文化的某些不自觉的屏蔽而对其产生盲点。事实上，一般与个别，普遍与特殊确实是人类自有历史以来就不断引起讨论和纷争的问题，至今更是越演越烈，而且越来越重要，因为它牵涉到不同的各种文化能否得以共存。这个问题今天之迫在眉睫并日益尖锐，更是因为正在引起严重冲突的移民潮。

移民的问题是对欧洲梦的根本考验。首先是欧洲不能没有移民，研究者们得出结论，欧洲将必须每年招募一百多万移民，才能相当于欧洲女性平均生育一个以上的孩子。仅仅是德国就必须在未来的三十年里每年迎来五十万年轻移民，相当于它生育率的两倍，才能避免人口数量的巨大滑坡——从它目前的八千三百万跌到低于七千万。其次是不同文化体系之间人们的通婚提出了更复杂的问题。如果说在1960年的德国，只有1.3%的新生婴儿有外国父亲或母亲，那么，1994年，却有18.4%的新生婴儿都有外国父亲、母亲或双亲，这种趋势今后还会有增无减。J.里夫金认为，不同文化的婚姻虽然开启了不同文化间新的沟通渠道，弥合了某些文化鸿沟，但另一方面也加深了德国文化的衰亡感，并导致对外国人更加充满敌意的文化压制和报复。欧洲人发现自己在某种程度上处在一个左右为难的位置：要是未来数十年内没有移民洪流涌入，欧洲人将会老化，欧洲的经济计划将会衰亡；但另一方面，移民潮又将威胁，甚至压垮已经十分紧张的政府福利预算和人们自身的文化认同感。J. 里夫金也不得不提出以下的问题：倘若移民世代保持的原有文化的独特思维方式和生活方式不再存在，这些异族将如何生存？倘若移民不是靠对其所在国的忠忱和共同的意识形态，他们又靠什么与所在国的人们联合在一起？正在诞生的欧洲梦之成败很大程度上有赖于当代欧洲人如何处理移民问题，以及他们如何真正实现多元文化共生的梦想。但移民问题能否向人们期待的方向发展却仍然是未定之天！

再者，欧洲梦的主要精神是"能够进入到与他人之间无数种彼此依赖的关系之中"，是实现更广泛的共同体的利益最大化，是更紧密的合作。然而，J. 里夫金不能不看到新的全球化技术压缩了时空，一方面拓宽了人们的联系面，另一方面却使人越来越感到疏离和孤单。如果人们只给他人发电子邮件，却极少彼此接触对方的存在，关系就会越来越虚幻，而真正向他人伸出双手，要求的是真实地在场。J. 里夫金寄望于美国新兴的社区生活，他指出在过去四十年里，越来越多的美国人采取了所谓共同利益发展社区（CIDs）的生活方式。在这些社区里，不仅住宅是私人所有，甚至街道、人行道、市镇广场和公园都是由居住成员所拥有。非居住成员必须在大门口请求许可，才可以在街道上开车、在人行道上行走、在公园里散步，或逛广场上的商店。据J. 里夫金的统计，已有超过四千七百万美国人——占美国人口的近六分之一——现已住进这些私有社区，并且其数目还在急剧增长。到本世纪中叶，CIDs可能成为占主导地位的生活安排方式。而中国也正在发展这样的社区。J. 里夫金认为，在这样的社区里，与单枪匹马的粗糙的个人主义和对抗行为相比，信任、互惠和合作正成为更加重要的生存价值。但是，是否也应看到这样的社区同时也会带来社区与社区之间，以及富有社区与贫穷百姓之间更深刻的疏离与隔阂呢？

总之，《欧洲梦》一书提出了许多富于前瞻性的深刻问题，正因为是前瞻，而尚未经过事实的检验，许多问题还不是定论，甚至也还不是目前所能提出方案加以解决的。但这本书高瞻远瞩，指出了问题的严重性和思考方向。更为难能可贵的是，一反过去西方中心主义的常态，J. 里夫金在展望未来社会时，始终将中国置于其视野的重要部位。他认为在许多方面，欧洲和中国都正在并肩作战。例如欧洲正努力在强调安全稳定的社会架构和重视独立企业精神的市场体制两者间寻找平衡；而在这两种体制之间达到平衡也恰恰是中国正在追求的目标，相似的努力也正在成为中国全国范围内热切讨论的话题。他认为贯穿在今天的两大精神潮流就是：一、在一个日益物质化的世界里，寻找某种更高的个人使命的渴望；二、在一个逐渐疏离、冷淡的社会里，寻找某种共同体意识的需求，J. 里夫金认为这也是欧洲和中国的有识之士所共同追求的。在他看来，欧洲和中国都梦想着一个崭新的时代，即每个人的权利都获得尊重，文化的差异受到欢迎，每个人都在地球可维持的范围内享受着高质量的生活，而人类能够生活在安定与和谐之中。J. 里夫金认为，为了共存于一个日益联系紧密的世界，人类需要不断开发新的理念，在这点上，中国和欧洲会找到更多、更深层的共通之处。现在，随着美国梦在21世纪渐渐褪去其昔日的眩目光彩，世界将它的目光投向了欧盟和中国。人们在问：拥有悠久历史的中国文化可能为欧洲梦真正发展成为一个全人类的世界梦想带来什么？在 J. 里夫金看来，尽管断言欧洲梦和觉醒中的中国梦的融合结果会是什么，还为时尚早，但预言正在出现的欧洲梦和中国梦会对整个人类的未来产生深远影响则绝非言过其实！

《欧洲梦》中的一段话无疑会激起每一位读者的深思："当我们垂垂老矣，回首一生之际，我们会清楚地意识到，生命中重要的时刻是那些与物质积累没有什么关联，却和我们对同胞的热爱，我们作为个体与人类的关联，与我们所居住的星球的关联息息相关的时刻！徐徐展开的欧洲梦正在打开通往一个更加深刻的问题的大门，那就是生命的意义。究竟什么是存在于这个世界，存在于21世纪的人类的意义？"

《欧洲梦》的作者里夫金谈中国梦

J. 里夫金很重视在未来世界建构中中国的地位。他不是研究中国的专家，但他认同理查德·尼斯贝特在《思想的地理学》（*The Geography of Thought*）中所说的亚洲民族和国家或许比西方人更适合创造网络治理、跨国空间和全球意识。他引用汉学家，也是哲学家亨利·罗斯蒙特（Henry Rosemount）的话说，在儒家思想里，没有"我"能够孤立存在，或被抽象地思考；"我"是根据和其他具体个人的关系而扮演的各种角色的总和；而道家认为整体存在于相反力量之间的关系中，它们共同互相完善。J. 里夫金也同意尼斯贝特所说的，对关系的持续关注使亚洲人对感情更加敏感，如果说美国家长用一种"尔我对立"的思维方式，教育孩子从侵占、攫取和财产关系的角度进行思考，那么传统的亚洲家长则更注重感情和社会关系，他们帮助孩子与他人互动，协调自己的行为。同样，J. 里夫金认为由于整体化的倾向，亚洲人从来就强调人与自然的和谐。如果说西方启蒙主义科学的基础是重塑自然，以符合人类面貌，那么东方的方式则是抛弃人类可以操纵环境的想法，而重在根据环境的需要调整自身。总之，J. 里夫金承认中国传统思想更加关注的是和谐、完整和万物的相互影响而非只注意孤立的现象，因而与欧洲梦更为接近。

不仅如此，他还进一步探讨了中国的现状。他认为为了解决贫穷问题，邓小平把中国百年来的现代化梦想重新调整回到物质现代化的方向，提出"发展是硬道理"、"让一部分人先富起来"的战略转变；当贫穷问题初步缓解，问题又集中表现为贫富差距的悬殊,现代化的进一步发展就不能不是"和谐社会"的提出。J.里夫金认为,从这个20余年来的进程,可以看出中国现代化的梦想,是对西方经验的综合性重新创作,既借鉴了美国式的竞争,又试图借鉴欧洲式的平等,似乎是想把美国梦的一部分和欧洲梦的一部分综合在一起。他期待拥有悠久历史的中国能为欧洲梦真正发展成为一个全人类的世界梦想带来积极贡献,并断言正在出现的欧洲梦和中国梦无疑会对整个人类的未来产生深远影响。

其实,中国是一个多梦的国家。在中国传统文化中,最早的中国梦是老子的"无为梦"和孔子的"大同梦"。老子说:"小国寡民,使有什佰之器而不用,使人重死而不远徙。虽有舟舆,无所乘之;虽有甲兵,无所陈之。使民复结绳而用之。甘其食,美其服,安其居,乐其俗,邻国相望,鸡狗之声相闻,民至老死,不相往来。"(《老子:道德经第80章》)。孔子说:"大道之行也,天下为公。选贤与能(不传世),讲信修睦,故人不独亲其亲,不独子其子,使老有所终,壮有所用,幼有所长,矜寡孤独废疾者,皆有所养。男有分,女有归。货(财货),恶其弃于地也,不必藏于己;力,恶其不出于身也,不必为己。是故,谋闭而不兴,盗窃乱贼而不作,故外户而不闭,是谓大同(同,和也,平也)。"(《礼记·礼运》)。这是一个和平(世界)、和睦(邻里关系)、和谐(身心内外)的梦,"和"是儒家传统的核心。

然而,无论是老子的"无为梦"还是孔子的"大同梦"都未能造福于现代中国,以致中国日益贫弱。它必然被另一个百余年来的"强国梦",即现代化之梦所代替。中国在构思"中国式的现代化梦想"时,往往希望能够综合世界各种现代化模式的优点,而且还特别希望能够综合中西文化的优点,避开纯粹西方资本主义的弊端。如果说西方(包括日本)现代化的条件是殖民地掠夺和绵延不绝的战争,那么中国的现代化必须在这两者之外去寻求。

社科院的赵汀阳教授对于中国的现代化之梦提出了一些很有意义的看

法①，他认为为了追求这个现代化的强国梦，毛泽东以非凡的想象力构思了一个"最新最美"的纯洁之梦。毛泽东想象的理想社会是一个与所有以往社会模式"彻底决裂"的社会，是一个既不中，也不西的绝对新社会，因此，毛泽东认为"一张白纸"最适合于画"最新最美的图画"，"一穷二白"恰好是新的中国梦的起点。他认为一种全新的社会操作能够形成全新的经验，从而发展出全新的生活方式。"新社会"应该是扫除了一切社会都难以避免的所有丑恶现象的纯洁社会，毛泽东真的惊人地做到了这一点。解放初期全国在一定程度上消灭了黄、赌、毒，以及其它肮脏犯罪，新的社会秩序逐步建立，有的地方甚至达到夜不闭户，路不拾遗的境地。"新社会"在抛弃旧模式、欢迎新经验、探索新制度等方面，都是对"新"和"不断的新"有着无比的热情。这一点表明了毛泽东对新的现代性的追求。毛泽东的纯洁梦想至今也还鼓舞着中国老百姓和许多第三世界的人民。

我们很难想象如果没有一系列极左错误（总路线、人民公社、大跃进等），以至发展为无法挽救的文化大革命，这个纯洁的梦想还会在中国怎样发展，但是，当时，中国社会已经发展到危机的边缘，邓小平不得不把中国现代化的梦想重新调整回到物质现代化的方向上来，提出了"发展是硬道理"。这一战略转变首先表现为"让一部分人先富起来"，使得国家经济有了极大发展，贫穷问题有了初步缓解。但是，问题又变成贫富差距的加深和三农问题。于是，现代化发展的梦想就进一步表现为追求均衡的"和谐社会"。其中可以看出中国现代化梦想对西方经验的综合性重新建构，既借鉴了美国式的物质竞争，又试图借鉴欧洲式的追求生活质量与平等，似乎是想把美国梦的一部分和欧洲梦的一部分结合起来，同时与中国几千年来的"和谐梦想"联系在一起。（同时扬弃其无用部分，"小国寡民，结绳而用"当然做不到，但"甘其食，美其服，安其居，乐其俗"，看重生活的审美层面，这样的生活态度仍然对

---

① 参阅赵汀阳：《美国梦、欧洲梦和中国梦》，《跨文化对话》第18辑，江苏人民出版社，2006年。

今天有益。）

总之，中国梦的核心是要建立一个既不同于西方也不同于中国古代的现代化的新中国，这是一个具有"新中国精神"的新中国。英国的撒切尔夫人曾经断言，中国不大可能成为一个世界强国，因为中国没有足以影响世界的思想体系。社科院哲学所的赵汀阳教授认为："如果中国的知识体系不能参与世界的知识体系的建构，而因此产生新的世界普遍知识体系，不能成为知识生产大国，那么，即使有了巨大的经济规模，即使是个物质生产大国，还将仍然是个小国。"赵汀阳教授分析说，我们现在能够用来思考各种事情的概念体系、话语体系和知识体系基本上都是西方所定义的，尤其是那些决定性的概念，比如人权、民主、自由、公正、真理等等，主要是西方所定义的意义和所指，而这些西方所定义的概念本身就存在着许多难点，尤其不完全适合中国经验。新中国精神应该意味着我们必须以中国的方式为中国想象一个社会理念，一种生活理念，一套价值观，而且还需要想象一种中国关于世界的理念，因为中国必须成为一个为世界负起责任的大国。假如中国没有能够发展出一套概念体系、话语体系和知识体系，就不能以新的中国精神参与不断发展的世界文化的重新建构，这就是说，我们不可以仅仅满足于有地方特色的中国文化，更不能封闭于古代社会产生的传统文化之内，而必须对它重新诠释，寻求它在全球文化中所能作出的贡献。如果不具有世界性（world-ness），中国梦就只能是一种自我玩赏。我十分认同他的观点。

根据他的思考，中国梦需要认真考虑这样几个问题："（1）什么样的思想/知识体系能够有效地思考当代世界的根本问题？显然，如果没有强大的思想能力，就不可能创造社会所需要的各种大观念，也就不可能有强大的文化和社会。这一点是中国很久以来比较忽视的；（2）什么样的社会制度能够使有德之人愿意生活在这个社会中？这要求有一个关于公正社会的设计。这是非常困难的设计，目前所知道的社会都达不到公正社会的标准，都或者是对经济人和小人有利或者是对庸人和弱者有利，还从来没有一种对有德之人最有利的社会设计；（3）什么样的生活方式能够使人永远觉得生活有意义？这要求一个社会必须有利于发展高水平的精神生活，显然，物质生活的魅力是单调、简单和贫乏的，没有一个社会能够仅仅依靠高水平的物质生活去长期维持人们的生活意义和兴趣，人终究要过的是精神生活，只有精神生活才具有无限丰富发展的空间。这些问题是人类社会的根本问题，而目前世界上的各种梦想都还不能够很好地解决这些问题"[1]。

---

[1] 赵汀阳：《美国梦，欧洲梦和中国梦》，《跨文化对话》第18辑161页。

美国梦·欧洲梦·中国梦
——探讨世纪之交的人生巨变

人类正面临着前所未有的时空巨变。这和过去从狩猎转向农耕,从农耕转向机械生产,从机械生产转向初期信息时代,都是完全不可比拟的。首先,软件和计算机革命、全球互联网、移动通讯革新使一般大众成了可以对他人自由发表意见的真正意义上的主人。在这样的情况下,新一代人在一定程度上脱离了继往开来的代际传承,他们在网络的交互影响中自我成长,我们不懂得我们的下一代,也就不能完全知道我们的未来。其次,由于生物工程技术的开发和应用,如转基因、干细胞、克隆等等使人类甚至对他的血肉之躯的存在前景也迷惘困顿。生命本是宇宙大化千百万年的亘古造化,但是,现在有可能通过人为的手段复制、改写、优选。还有纳米技术最终使人类能够按照自己的意愿在十亿分之一米尺度的空间内,研究和利用电子、原子和分子运动的规律和特性,实现对整个微观世界的有效控制。这些革命性的新知识、新技术贯穿到人类生活的每一细枝末节,导致了人类看待时间和空间的方式都有了基本变革。

加上20世纪的苦难经验,两次世界大战,反犹太法西斯集中营、"古拉格群岛"、"文化大革命"等残酷经验,以及现代性的两个主要特征:"经济增长万能"和"个人绝对自由"受到质疑。这些人类历史上空前的大变动都要求我们重新定义人类状况,重新考虑人类的生存意义和生存方式,反思我们需要塑造怎样一个世界,需要建立怎样的世界观和人生观来应对这一崭新的、影响全球的复杂局面。

J. 里夫金企图用"美国梦"和"欧洲梦"两个概念来说明这种复杂局面。他所说的"美国梦"和"欧洲梦"并不是指地缘的区别,而是指两个截然不同的历史阶段,是指不同时空中、不同的思维方式与生存方式[①]。

所谓"美国梦"主要是指每一个人都拥有不受限制的机遇来追求财富,积累财富。它包括以下三方面内容:

1. 在"美国梦"的追求中,私有财产被看作通向个人自由的通行证。一个人拥有的财产越多,就越能具备自主权和流动性,越不依靠别人或受惠于他人,也越不臣服于环境;财富愈多,个人就愈加自由独立。

2. 财富带来排他性,排他性带来安全,财产是自我和他者之间的边界,个人聚敛巨大财富的成功被当作唯一的或主要的成功标准。财富愈多,愈是与众不同,愈有社会地位,就愈安全。

3. 在美国梦的笼罩下,人们不惜一切代价追求自主,过度消费,纵容每种欲望,浪费地球的丰饶。社会鼓励不受限制的经济增长,强者受奖赏,弱者被边缘化。美国人把自己看作是上帝的选民,因此有资格获得一份超出公道份额的地球财富。如今,美国人消费了多达三分之一的世界能源,还有数额惊人的其他地球资源,尽管他们的人数只占世界人口总数的不到5%。如果中国每个人都达到美国今天中产阶级的生活,那就要有七个地球!

4. 在美国社会一切主要都围绕着占有、分配资本及保护私人财产权利展开,民权、政治权利和社会权利都以各自的方式被设计为使财产利益增值。作为国家,美国满心要保护自身利益,组建了有史以来最强大的军事机器,以获取并保卫自己想要并相信是分内应得的东西。

---

① 杰里米·里夫金:《欧洲梦——21世纪人类发展的新梦想》,杨治宜译,重庆出版社,2006年。

总之，美国梦就是以"最大自由去挣最多的钱"。美国梦曾经在很大程度上是全世界共同的梦，它创造了前所未有的巨大财富，带来了无可比拟的物质进步，目前仍然是最有影响力的梦，以至很少有人想到自己的梦或者别的什么梦。美国梦代表着最大化的个人自由、最先进的物质进步和最丰富尤其是最平等的成功机会。从哲学角度看，美国梦的精神原则是自由主义、个人主义、平民主义、实用主义、竞争主义和征服主义，集中起来就是说，人人都能够通过自己的努力而获得个人成功，即发财。事实上，美国的现实条件也确实提供了这样的机缘。正如布尔斯廷在《美国人：开拓的历程》中所描写的那样，在美国开拓和发展初期，无边的土地，无尽的资源，无数的机会，完全"不像欧洲那样，什么地方都挤得满满的"[1]，只要努力奋斗，人人都能够成功。这种成功不是靠在竞争中不择手段打垮对手的获益，而是与辛勤劳动成正比的正当收获（当然美国人往往忘记欺压剥削印地安人问题）。但这种积极的美国本地经验随着疯狂的发展变了质，过度的发展使美国不仅充分开拓了本土，而且还需要开拓整个世界以满足不断发展的欲望，而两次大战的机遇又使美国得到史无前例的成功机会，于是形成了整体美国人民集体剥削世界人民的格局，正是这个格局维持了金碧辉煌甚至金迷纸醉的美国梦神话。美国梦是建立在世界人民的痛苦、贫穷和无前途之上的，所以它不是世界的梦，也不是"为了世界"的梦。今天人们终于意识到，我们这个有限的世界不仅远远供养不起全球的美国梦，甚至将来还有可能供养不起美国自己的美国梦——如果非要坚持现代的无限发展原则的话。这样，美国就终于把自己塑造成试图统治世界的新帝国，它把美国与"世界其它地方"区分开来，把美国的存在使命化，它在为自己编造拯救世界的政治神学使命的同时也把自己变成世界的敌人。

很显然，只要坚持个人利益最大化原则，美国梦就不可能是个普遍有

---

[1] 布尔斯廷：《美国人：开拓的历程》，第215页，生活·读书·新知三联书店，1993年。

效的梦，因为不存在一个社会空间足以让每个人都获得成功，"人人成功"是所有不可能的事情中最不可能的事情，除非对"成功"的内涵有完全不同的解释。因此，在逻辑上说，美国梦永远只能是"某些人"的梦而不可能是"所有人"的梦，这样的梦对于某些人来说是好梦，同时对于某些人就是噩梦。于是，美国梦的深层意义就是一个粉碎他人梦想而成就自己梦想的梦。美国梦无条件地肯定了个人自由和个人成功，于是，一切妨害个人自由的事或人就都是敌对方，甚至所有与美国不同的社会和文化都被看作是对自由的潜在威胁，都被先验地定义为美国的敌人。但是铁的事实是，只有当人们都出让某些自由而且出让足够多的自由，才可能形成合作协调的友好关系，才能在事实上获得更多的好处，假如夸张自由的绝对性，就不可能发展友善意识。所以胡适说："宽容比自由更重要。"只强调自由的梦必定具有与他者为敌的基本意识。美国声称美国对于本土人民是个自由"乐园"，对于世界上不自由的人民是个"方舟"；对于自由世界是个榜样，对于其它别样的世界则是拯救者。当美国为自身构造了这样的政治神学，美国就终于把自己塑造成试图统治世界的新帝国。它把美国与"世界其它地方"绝对区分开来，把美国的存在使命化，它在为自己编造拯救世界的政治神学使命的同时也把自己变成世界的敌人。从本质上说，美国梦不是一个为世界准备的梦，而是一个为美国自己谋幸福的梦，一个把自己从世界分离出去的梦，一个分裂世界的梦。

什么是"欧洲梦"呢？

在J.里夫金看来，"欧洲梦"是一种新的历史观，根据这种历史观，以物质为基础的"现代发展观"本身即将受到修正。这是一个基于"生活质量"而非个人无限财富聚敛的"可持续性的文明"。所谓"生活质量"就是"实际生活条件"以及"公民个人的主观幸福感"如健康、社会关系、自然环境的质量等。可持续性的全球经济之目标则是：将人类的生产和消费与自然界的能力联系在一起，通过废品利用和资源的重新补充，不断再生产出高质量的生活。在这样一个可持续的、保持稳定的经济的状态下，重要的并非个人的物质积累，而是自我修养；并非聚敛物质财富，而是精神的提升；并非拓宽疆土，而是拓宽人类的同情（empathy）。总之，有"生活质量"的生活，大概是指一种普遍富裕、拥有社会安全而有"品味"的生活，它建立在以高水平的物质生产为基础的福利社会之上，因而免除了人们的衣食住行的后顾之忧，保证了人们的生活安全；同时也保证人们有充分的自由、时间和条件去追求各种丰富的精神生活。作为欧洲梦两大支柱的文化多元主义和全球生态意识将人性从物质主义的牢笼中解放出来，成就新的人性。

从欧洲梦来说，获得自由，意味着能够进入到与他人之间无数种彼此依赖的关系之中。一个人有途径进入越多的共同体，就有越多的选择权，关系带来包容性，包容性带来安全。欧洲梦强调的是共同体中的互相依赖而不是个体的绝对独立自主；强调文化多样性而不是相似性；强调生活质量而不是财富积累；强调可持续发展而不是无限制的物质增长；强调投入与享受并行而不是疯狂的苦干；强调普遍人权和自然权利而不是私有产权；强调全球合作而不是单边主义的权力滥用，总之，欧洲梦追求的不是拼命扩大财富而是去提高精神水平，不是追求扩大权力范围而是去扩大人类互相理解。欧洲梦被认为几乎是"第二次启蒙"，它要用新的"精神主义"（idealism）去纠正第一次启蒙所错误提倡的"物质主义"以及无限制的进步论（直线的、急速的、无限的求新）和绝对化了的个人主义。

具体说来，欧洲梦与美国梦有以下几点显著的不同：

市场经济和网络经济的不同

为了进一步探讨以上两种不同的历史状态，以及它所产生的不同的思维方式与生存方式，J. 里夫金分析了作为两个阶段经济基础的市场经济和网络经济的不同。他认为在市场经济的范围内，共同利益的提高是通过每一个人追求自身利益的结果来实现；网络经济则是通过每一个人为他人作出贡献、实现更广泛的共同体的利益最大化，从而也提高个人的福利，这就是现在经常提到的"互利、双赢"。推而论之，市场基于对一己私利的追求，网络追求较大范围的共同利益；市场基于不信任，网络基于一定的信任；市场是保持距离的交易，网络保持较亲密的关系；市场通过和其他人在敌对性的市场框架里竞争以确保财产，网络则是通过归属（belonging）而非通过所有物（belongings）来确保财产，对网络经济来说，最重要的是路径（能进入某些关系）和归属，成功来源于共享的关系，而非孤立奋斗。总之，市场是竞争性的，网络有竞争，但也有一定的合作性。

社会政治文化的不同

基于这样的不同，社会政治文化也起了相应的变化。照 J. 里夫金的说法，在资本主义市场经济时代，斗争主要围绕着占有、分配资本及保护私人财产权利展开；民权、政治权利和社会权利都以各自的方式被设计为使财产利益增值，自由被定义为不依靠他人，只要有足够的财产，就可以为所欲为。而在全球化的网络时代，斗争是多元性的，更多围绕着保存文化身份以及在彼此依靠的世界里获得权利而展开；文化身份建立起将个人从外部世界区分开来的边界，同时又能够用以维护个人进入周边全球洪流的权利，获得自由就意味着更深地陷入与他人之间彼此依赖的关系网之中，这种关系越包容、越深入，一个人就越有可能实现自己的雄心。要想被包容进关系网就需要找到路径，有越多的路径，就越能进入到更多的关系之中，从而也体验着越多的自由。

不同的理论基础

"美国梦"和"欧洲梦"有不同的理论基础。"美国梦"以洛克关于保护私有财产才是保护个人自由权利的第一基础为核心，这一理论在美国深得人心；而"欧洲梦"则以康德的人权思想作为哲学基础，而康德的永久和平理论在今天又进一步成为欧洲的政治理论基础。如果说欧洲和美国都把个人的绝对性看作是至高无上的原则，那么欧洲更重视的是精神个人主义，而美国推崇的是物质个人主义。这一差异虽然还不足以形成在"政治现代性"方面的重大差别,但却决定了非常不同的日常生活风格和情趣,并及于关于环境的看法。

不同的历史原因

"美国梦"和"欧洲梦"的不同还有其历史原因。二次大战可以说是西方经验的一个分水岭,欧洲和美国由此获得完全不同的体会。欧洲体会到了疯狂的现代化发展所导致的毁灭之痛,从而走向和平主义、对话理性和合作策略,而美国体会了光荣与梦想、成功与辉煌、领导与主宰,从而强化了霸权主义、单边主义和竞争策略。可以说,欧洲从二战得到各种负面的经验,从而开始了对现代性的深刻反思,形成了后现代思潮。美国则从二战得到各种正面的经验,于是决心把现代性推向顶峰。尽管战后美国也出现了一些消极思潮,但与美国取得的惊人的物质和政治成功相比,却显然缺乏社会影响力。

J.里夫金用"美国梦"和"欧洲梦"来概括20世纪末21世纪初发生的人类生活巨变,及其所带来的一系列思维方式与生存方式的嬗变,确实很能启发思考,虽然他所描述的"美国梦"是一种存在已久的历史状态,而欧洲梦却仍是一种想象中的或正在发生的历史趋势。J.里夫金说这是一个"新的历史框架",欧洲梦"终结了一种历史,但它又预告了另一种历史"。

总的说来,他相信美国梦不仅不能创造真正的好生活,而且只能带来昂贵的坏生活(昂贵生活不等于有质量的生活)。现在世界上大多数的人都意识到了,美国式的现代化道路是世界资源以及世界人民所无法承担的,是世界消费不起的,美国本身就已经在对世界的过度剥削中预支了太多。J.里夫金认为美国的单边主义将会越来越困难,越来越成为一个危险又缺乏效率的策略,甚至也不是对美国自己的有利的策略,因为全球化的过程同时也是个多中心化的过程,虽然很可能没有谁能够彻底动摇美国领导地位,但全球化正在形成全球性的利益"共轭"现象,单边的利益最大化变得不切实际,除了引起反抗和冲突，没有更多的积极意义。世界买不起美国梦，而且对于世界来说，美国梦未必是好梦，从这一点看，美国梦确实是"过时了"。

在我们看来，欧洲梦其实也是一个地区保护主义的梦，一个保护既得利益的策略，同样不是一个可以普遍化的世界梦想。欧洲梦一方面保护欧洲品质而试图抵挡同样发达的美国的"坏的"生活方式和价值观；另一方面又是为了保护欧洲福利制度和既得利益而试图抵制发展中国家的"坏的"竞争方式以及不公平地对待移民问题。

事实上，移民问题是对"欧洲梦"的根本考验。首先是欧洲不能没有移民，研究者们得出结论，欧洲将必须每年招募一百多万移民，才能相当于欧洲女性平均生育一个以上的孩子。仅仅是德国就必须在未来的三十年里每年迎来五十万年轻移民，（这个数字相当于它的生育率的两倍），才能避免人口数量的巨大滑坡。　不同文化体系之间人们的通婚提出了更复杂的问题。如果说在1960年的德国，只有1.3%的新生婴儿有外国父亲或母亲，那么，1994年，却有18.4%的新生婴儿都有外国父亲、母亲或双亲，这种趋势今后还会有增无减。J.里夫金认为，不同文化的婚姻虽然开启了不同文化间新的沟通渠道，弥合了某些文化鸿沟，但另一方面也加深了德国文化的衰亡感，并导致对外国人更加充满敌意的文化压制和报复。欧洲人发现自己在某种程度上处在一个左右为难的位置：要是未来数十年内没有移民洪流涌入，欧洲人将会老化，欧洲的经济计划将会衰退；但另一方面，移民潮又将威胁，甚至压垮已经十分紧张的政府福利预算和人们自身的文化认同感。J.里夫金也不得不提出以下的问题：倘若移民们世代保持的原有文化的独特思维方式和生活方式不再存在，这些"异族"将如何生存？倘若移民不是靠对其所在国的忠忱和共同的意识形态，他们又靠什么与所在国的人们联合在一起？正在诞生的欧洲梦之成败很大程度上有赖于当代欧洲人如何处理移民问题，以及他们如何真正实现多元文化共生的梦想。但移民问题能否向人们期待的方向发展却仍然是"未定之天"！

如果说美国梦和欧洲梦各代表着一个历史阶段，那么中国梦是不是有可能代表一个新的历史时期呢？

J.里夫金很重视在未来世界建构中中国的地位。他不是研究中国的专家，但他认同理查德·尼斯贝特在《思想的地理学》（*The Geography of Thought*）中所说的亚洲民族和国家或许比西方人更适合创造网络治理、跨国空间和全球意识。他引用汉学家，也是哲学家亨利·罗斯蒙特（Henry Rosemount）的话说，在儒家思想里，没有"我"能够孤立存在，或被抽象地思考；"我"是根据和其他具体个人的关系而扮演的各种角色的总和；而道家认为整体存在于相反力量之间的关系中，它们共同互相完善。J.里夫金也同意尼斯贝特所说的，对关系的持续关注使亚洲人对感情更加敏感，如果说美国家长用一种"尔我对立"的思维方式，教育孩子从侵占、攫取和财产关系的角度进行思考，那么传统的亚洲家长则更注重感情和社会关系，他们帮助孩子与他人互动，协调自己的行为。同样，J.里夫金认为由于整体化的倾向，亚洲人从来就强调人与自然的和谐。如果说西方启蒙主义科学的基础是重塑自然，以符合人类面貌，那么东方的方式则是抛弃人类可以操纵环境的想法，而重在根据环境的需要调整自身。总之，J.里夫金承认中国传统思想更加关注的是和谐、完整和万物的相互影响而非只注意孤立的现象。

不仅如此，他还进一步探讨了中国的现状。他认为为了解决贫穷问题，邓小平把中国百年来的现代化梦想重新调整回到物质现代化的方向，提出"发展是硬道理"、"让一部分人先富起来"的战略转变；当贫穷问题初步缓解，问题又集中表现为贫富差距的悬殊，现代化的进一步发展就不能不是"和谐社会"的提出。J.里夫金认为，从这个20余年来的进程，可以看出中国现代化的梦想，是对西方经验的综合性重新创作，既借鉴了美国式的竞争，又试图借鉴欧洲式的平等，似乎是想把美国梦的一部分和欧洲梦的一部分结合起来。他期待拥有悠久历史文化的中国能为人类的世界梦想带来积极贡献，并对整个人类的未来产生深远影响。

其实，中国是一个多梦的国家。在中国传统文化中，最早的中国梦是老子的"无为梦"和孔子的"大同梦"。老子说:"小国寡民,使有什佰之器而不用,使人重死而不远徙。虽有舟舆,无所乘之;虽有甲兵,无所陈之。使民复结绳而用之。甘其食,美其服,安其居,乐其俗,邻国相望,鸡狗之声相闻,民至老死,不相往来。"(《老子·道德经第80章》)孔子说:"大道之行也,天下为公。选贤与能(不传世),讲信修睦,故人不独亲其亲,不独子其子,使老有所终,壮有所用,幼有所长,矜寡孤独废疾者,皆有所养。男有分,女有归。货(财货),恶其弃于地也,不必藏于己;力,恶其不出于身也,不必为己。是故,谋闭而不兴,盗窃乱贼而不作,故外户而不闭,是谓大同(同,和也,平也)。"(《礼记·礼运》)这是一个和平(人与自然和世界的关系)、和睦(人与人之间的关系)、和谐(个人身心内外的关系)的梦,"和"是中国传统思想的核心。

然而,无论是老子的"无为梦"还是孔子的"大同梦"都未能造福于现代中国,以致中国日益贫弱。它必然被另一个百余年来的"强国梦",即现代化之梦所代替。中国在构思"中国式的现代化之梦"时,往往希望能够综合世界各种现代化模式的优点,而且还特别希望能够综合中西文化的优点,避开纯粹西方资本主义的弊端。如果说西方(包括日本)现代化的条件是殖民地掠夺和绵延不绝的战争,那么中国的现代化必须在这两者之外去寻求。

社科院的赵汀阳教授对于中国的现代化之梦提出了一些很有意义的看法[①],他认为为了追求这个现代化的强国梦,毛泽东以非凡的想象力构思了一个"最新最美"的纯洁之梦。毛泽东想象的理想社会是一个与所有以往社会模式"彻底决裂"的社会,是一个既不中,也不西的绝对新社会,因此,他提出"一张白纸"最适合于画"最新最美的图画","一穷二白"正是新的中国梦的起点。他认为一种全新的社会操作能够形成全新的经验,从而发展出全新的生活方式。"新社会"应该是扫除了一切社会都难以避免的所有

---

① 参阅赵汀阳:《美国梦、欧洲梦和中国梦》,《跨文化对话》第18辑,江苏人民出版社,2006年。

丑恶现象的纯洁社会，毛泽东真的惊人地做到了这一点。解放初期全国在一定程度上消灭了黄、赌、毒，以及其它肮脏犯罪，新的社会秩序逐步建立，有的地方甚至达到夜不闭户、路不拾遗的境地。"新社会"在抛弃旧模式、欢迎新经验、探索新制度等方面，都是对"新"和"不断的新"有着无比的热情。毛泽东的纯洁梦想至今还鼓舞着中国老百姓和许多第三世界人民。

我们很难想象如果一直沿着《新民主主义论》和《论联合政府》的方向前行，这个纯洁之梦是否还会有发展的机缘，但是，由于种种原因，70年代末期的中国社会已频于崩溃的边缘，邓小平不得不把中国现代化的梦想重新调整回到物质现代化的方向上来，提出了"发展是硬道理"。这一战略转变首先表现为"让一部分人先富起来"，使得国家经济有了极大发展，贫穷问题有了初步缓解。但是，问题又变成贫富差距的加深和三农问题。于是，现代化发展的梦想就进一步表现为追求均衡的"可持续发展"与"和谐社会"。其中可以看出中国现代化梦想对西方经验的综合性重新建构，既借鉴了美国式的物质竞争，又试图借鉴欧洲式的追求生活质量与平等，想把美国梦的一部分和欧洲梦的一部分结合起来，同时与中国几千年来的"和谐梦想"联系在一起。

总之，中国梦的核心是要建立一个既不同于西方也不同于中国古代的现代化的新中国，这是一个具有"新中国精神"的新中国。英国的撒切尔夫人曾经断言，中国不大可能成为一个世界强国，因为中国没有足以影响世界的、独立的思想体系。社科院哲学所的赵汀阳教授认为："如果中国的知识体系不能参与世界的知识体系的建构，而因此产生新的世界普遍知识体系，不能成为知识生产大国，那么，即使有了巨大的经济规模，即使是个物质生产大国，还将仍然是个小国。"赵汀阳教授分析说，我们现在能够用来思考各种事情的概念体系、话语体系和知识体系基本上都是西方所定义的，尤其是那些决定性的概念，比如人权、民主、自由、公正、真理等等，主要是西方所定义的意义和所指，而这些西方所定义的概念本身就存在着许多难点，尤其不完全适合中国经验。新中国精神应该意味着我们必须以中国的方式为中国想象一个社会理念，一种生活理念，一套价值观，而且还需要想象一种中国关于世界的理念，因为中国必须成为一个为世界负起责任的大国。假如中国没有能够发展出一套概念体系、话语体系和知识体系，就不能以新的中国精神参与不断发展的世界文化的重新建构，这就是说，我们不可以仅仅满足于有地方特色的中国文化，更不能封闭于古代社会产生的传统文化之内，而必须对它重新诠释，寻求它在全球文化中所能作出的贡献。如果不具有世界性（world-ness），中国梦就只能是一种自我玩赏。我十分认同他的观点。

根据他的思考，中国梦需要认真考虑这样几个问题：（1）什么样的思想/知识体系能够有效地思考当代世界的根本问题？显然，如果没有强大的思想能力，就不可能创造社会所需要的各种大观念，也就不可能有强大的文化和社会。这一点是中国很久以来比较忽视的；（2）什么样的社会制度能够使有德之人愿意生活在这个社会中？这要求有一个关于公正社会的设计。这是非常困难的设计，目前所知道的社会都达不到公正社会的标准，都或者是对经济人和小人有利或者是对庸人和弱者有利，还从来没有一种对有德之人最有利的社会设计；（3）什么样的生活方式能够使人永远觉得生活有意义？这要求一个社会必须有利于发展高水平的精神生活，显然，物质生活的魅力是单调、简单和贫乏的，没有一个社会能够仅仅依靠高水平的物质生活去长期维持人们的生活意义和兴趣，人终究要过的是精神生活，只有精神生活才具有无限丰富发展的空间。这些问题是人类社会的根本问题，而目前世界上的各种梦想都还不能够很好地解决这些问题"[①]。历史证明，中国文化是一个具有强大思想能力的文化，中国文化对于精神生活的追求和将道德置于崇高地位，自古就有深远的传统。中国文化保留着极其巨大的空间，可以展开人与自然的和解，调节理性思维与精神信仰，物质追求与审美情趣，自然科学与人文关怀之间的裂断。如果这些中国文化固有的文化基因与现代诠释相结合，面向当代多元文化的世界，那么，代表一个新的历史阶段的新的中国

---

① 赵汀阳：《美国梦，欧洲梦和中国梦》，《跨文化对话》第18辑，161页。

梦一定会出现，并造福于全球。

如上所述，《欧洲梦》一书提出了许多富于前瞻性的深刻问题，正因为是前瞻，还尚未经过事实的检验，许多问题还不是定论，甚至也还不是目前所能提出方案加以解决的。但这本书高瞻远瞩，指出了问题的严重性和思考方向。更为难能可贵的是，一反过去西方中心主义的常态，J.里夫金在展望未来社会时，始终将中国置于其视野的重要部位。他认为在许多方面，欧洲和中国都正在并肩作战。例如欧洲正努力在强调安全稳定的社会架构和重视独立企业精神的市场体制两者间寻找平衡；而在这两种体制之间达到平衡也恰恰是中国正在追求的目标，相似的努力也正在成为中国全国范围内热切讨论的话题。他认为贯穿在今天的两大精神潮流：一是在一个日益物质化的世界里，寻找某种更高的个人使命的渴望；二是在一个逐渐疏离、冷淡的社会里，寻找某种共同体意识的需求，J.里夫金认为这也是欧洲和中国的有识之士所共同追求的。在他看来，欧洲和中国都梦想着一个崭新的时代，在这个时代，每个人的权利都获得尊重，文化的差异受到欢迎，每个人都在地球可维持的范围内享受着高质量的生活（不是奢侈生活），而人类能够生活在安定与和谐之中。J.里夫金认为，为了共存于一个日益联系紧密的世界，人类需要不断开发新的理念，在这点上，中国和欧洲会找到更多、更深层的共通之处。现在，随着美国梦在21世纪渐渐褪去其昔日的眩目光彩，世界正将它的目光投向了欧盟和中国。在J.里夫金看来，尽管断言欧洲梦和觉醒中的中国梦结果会是怎样，还为时尚早，但预言正在出现的欧洲梦和中国梦会对整个人类的未来产生深远影响则绝非言过其实！

J.里夫金在《欧洲梦》出版时致中国读者的一封信中说："当我们垂垂老矣，回首一生之际，我们会清楚地意识到，生命中重要的时刻是那些与物质积累没有什么关联，却和我们对同胞的热爱，我们作为个体与人类的关联，与我们所居住的星球的关联息息相关的时刻！正在展开的欧洲梦试图开启一扇大门，通向有关生命意义本身的更重大的问题。作为生存于此世的人类，什么才是我们存在于 21 世纪真正的意义和目的？"这也正是今天我们每一个人应该向自己提出，并确实找到回答的问题。

"欧洲中心论"之后会是"中国中心论"吗？

"欧洲中心论"正在逐渐远去，继之而来的会是"中国中心论"吗？某些人强调的"21世纪是中国人的世纪"会实现吗？我的回答是否定的。时代变了，以一种文化征服、覆盖他种文化的历史已经一去不复返，未来的世界必是全球文化的多元互动、共荣共生的时代。

目前，许多西方学者正在反思自己文化发展的历程，急于向他种文化吸取有用的资源。最近，法国的汪德迈院士在中国《五经》研究与翻译讨论会上指出，西方人文主义的人权思想曾被看作是完美的，然而，现在西方人文主义正面临着后现代的挑战，对此，学者们迄今还无法给出一个正确答案。他认为应认真思考各种文化所蕴涵的普世价值，如中国文化中"天人合一"，及其所蕴含的尊重自然的思想，"远神近人"所提倡的拒绝宗教的完整主义以及"四海之内皆兄弟"的博爱精神等都有助于解决当前世界存在的问题。美国当代汉学家安乐哲等也认为"我们要做的不只是研究中国传统，更是要设法使之成为丰富和改造我们自己世界的一种文化资源。儒家从社会的角度来定义'人'，这是否可用来修正和加强西方的自由主义模式？在一个以'礼'建构的社会中，我们能否发现可利用的资源，以帮助我们更好理解哲学根基不足却颇富实际价值的人权观念？"另一些西方学者则致力于以中国文化作为参照系（他者）来重新反观自己的文化源头。例如法国的于连教授写了一篇《为什么我们西方人研究哲学不能绕开中国?》①的文章,他强调"我们选择出发,也就是选择离开,以创造远景的思维空间。人们这样穿过中国也是为了更好地阅读希腊;我们与希腊有着某种与生俱来的熟悉,我们不能不割断这种熟悉,构成一种外在的观点,(以便重新思考)。中国文化对欧洲文化来说代表着最明显的外在性,无论是其古老的还是它的发展,都会让我们欧洲人摆脱自己的种族中心论。"在这样的语境下,对中国经典的阅读引起了很多学者的重视。2008年,荷兰汉学家克里斯多夫·西沛尔(施舟人)教授首先提出基督教的《圣经》、伊斯兰教的《可兰经》、印度的《吠陀经》等等,都有完整的多种文字、多种版本的翻译,而中国的《五经》却很少有翻译成各种外文的版本,特别是没有可读的完整的《五经》翻译本。这对向世界传播中国文化,使中国文化由全人类共享是很不利的。2009年,在国家汉办支持下,由12个国家参加,将翻译成8种文字的《五经》翻译工程已经启动。在美国,由普林斯顿大学浦安迪(Andrew Plaks)教授主持的中国经典翻译计划中最困难的一种——《春秋左传》也已翻译完毕。

这一切都印证了雅斯贝尔斯的一段话,他说:"人类一直靠轴心时代所产生的思考和创造的一切而生存,每一次新的飞跃都回顾这一时期,并被它重新燃起火焰。自此以后,情况就是这样。轴心期潜力的苏醒和对轴心期潜力的回忆,或曰复兴,总是提供了精神力量……对这一开端的复归是中国、印度和西方不断发生的事情。"②上述西方学者热衷于对中国文化的再认识,正说明这种精神力量的复兴,其目的是希冀从中国文化中寻求可以利用来解决当今人类社会存在的种种问题。北京大学哲学系汤一介教授在今年8月第二届国际汉学大会上所谈到的以上几点引起了到会者热烈的共鸣。

反观中国,对于自身文化的研究,显然仍急需提高。新上任的清华大学

---

① 《跨文化对话》第5期,上海文化出版社,2001年。
② 卡尔·雅斯贝尔斯《历史的起源与目标》,第14页,魏楚雄、俞新天译,华夏出版社,1989年。

国学院院长陈来教授提出国学发展的第四阶段应是"中国主体，世界眼光"，30年代顾颉刚曾认为，国学就是用科学的方法去研究中国历史，研究中国历史的材料。林语堂指出，科学的国学是我们治学的目标。可见，国学不是指一个对象而是指一个学问的体系，一个研究系统。早在20世纪30年代王国维、梁启超、陈寅恪等大师就强调，国学研究不能孤立于世界，国学与世界学术研究必须接轨，如王国维、陈寅恪提出"把地下的实物和纸上的遗文互相释证"，"外来的观念和固有的材料相互参证"，"异国的故书和吾国的古籍相互补正"等。当时的宗旨和实践都强调利用东方的古语言学、比较语言学来研究中国文化，他们提出的是国学与国际汉学的接轨而不是排斥国际汉学，排斥外国人对中国的研究。他们的研究对国学作出了贡献，也得到了国际汉学界的认同和推重。

今天，如果我们反其道而行之，沿着过去"中心论"的老路，以为中国文化就是"中心"，就是"峰巅"，可以强加于人，可以覆盖全世界其他文化，鼓吹民族主义式的"中国中心论"或其变体"三十年河东，三十年河西"、"东风压倒西风"等，那么，中国文化就会失去当前的机遇而固步自封，自外于全球多元文化的互动和共生，放弃了对世界文化作出重大贡献的大好时机。我认为我们目前的当务之急首先是深入了解中国文化的基因，坚持自身文化的主体性，认真吸取其他民族文化的优秀成果，努力寻求不同文化中具有普遍价值的资源，和全世界其他民族一起，共同铸造人类新的精神世界，为21世纪全球新文化的重建作出重大贡献。

人类对和谐社会的追求

一、第三个千年的重大社会转型

从 2000 年开始，以西历计算，人类文明已进入第三个千年。过去两千年来人类经历过多次重大社会转型。大规模的社会转型都是由战争（包括宗教战争）、暴力革命、你死我活的血腥兼并来完成的。如果再沿着这条道路走下去，人类的前途就是毁灭。正如美国女生态学家莱切尔·卡逊所指出的，目前人类正处在走向毁灭或者美好生存的"十字路口"！

二、西方对和谐社会的追求

早在 20 世纪初奥斯瓦尔德·斯宾格勒在《西方的没落——世界历史的透视》一书中已相当全面地开始了对西方文化的反思和批判，到了 21 世纪，这种反思和批判达到了更其深刻的程度。例如，法国著名思想家、高等社会科学院研究员埃德加·莫兰（Edgar Morin）指出，西方文明的福祉正好包藏了它的祸根：它的个人主义包含了自我中心的闭锁与孤独；它的盲目的经济发展给人类带来了道德和心理的迟钝，造成各领域的隔绝，限制了人们的智慧能力，使人们在复杂问题面前束手无策，对根本的和全局的问题视而不见；科学技术促进了社会进步，同时也带来了对环境、文化的破坏，造成了新的不平等，以新式奴役取代了老式奴役，特别是城市的污染和科学的盲目，给人们带来了紧张与危害，将人们引向核灭亡与生态的死亡[1]。波兰社会学家齐格蒙特·鲍曼在《现代性与大屠杀》一书中更是强调在西方，高度文明与高度野蛮其实是相通的和难以区分的……现代性是现代文明的结果，而现代文明的高度发展超越了人所能调控的范围，导向高度的野蛮。

在这个基础上，西方学者提出人类需要的是一个多极均势的"社会世界"，一个文明开化、多元发展的联盟。要达到这个目的，人类精神需要发生一次"人类心灵内在性的巨大提升"，它表达的是对另一个全球化的期待，这就是全球的多极均衡，多元共存，也就是一个"基于生活质量而非个人无限财富积累的可持续性的文明"。从这种认识出发，他们一方面回归自身文化的源头，寻求重新再出发的途径；另一方面广泛吸收非西方文化的积极因素，并以之作为"他者"，通过反思，从不同视角更新对自己的认识。

新出版的 J. 里夫金的《欧洲梦——欧洲梦是如何悄悄地使美国梦黯然失色》一书提出：我们正处在后现代与正在浮现的全球时代交叉的十字路口，并提供了衔接这两个时代之间断层的中间地带。他认为20世纪和21世纪之交，随着经济全球化和帝国霸权的出现，世界已显示出对另一个全球化的期待，这就是文化的全球化——建设一个全球多极均衡、多元共生的世界。J. 里夫金所谓的"美国梦"是指每一个人都拥有不受限制的机遇来追求财富，而较少关注更广阔的人类福祉；"欧洲梦"则是强调生活质量、可持续性、安定与和谐。在里夫金看来，"欧洲梦"是一种新的历史观，根据这种历史观，在一个基于生活质量而非个人无限财富聚敛的可持续性文明里，以物质为基础的现代发展观本身即将受到修正。可持续性的全球经济之目标应该是：通过将人类的生产和消费与自然界的能力联系在一起，通过废品利用和资源的重新补充，不断再生产出高质量的生活。在这样一个可持续的、保持稳定的经济的状态下，重要的并非个人的物质积累，而是自我修养；并非聚敛物质

---

[1] 参见《超越全球化发展：社会世界还是帝国世界？》，《迎接新的文化转型时期》第202页，上海文化出版社，2005年。

财富，而是精神的提升；并非拓宽疆土，而是拓宽人类的同情。作为"欧洲梦"两大支柱的文化多元主义和全球生态意识在各方面都是现代思想的解毒剂，它承认每个人的经历和愿望都具有同等的价值，并将人性从物质主义的牢笼中解放出来，而地球本身最值得关怀，这就是可以将力量凝聚起来的未来的蓝图。当然，在我们看来，这一切远非欧洲的现实，而只不过是一些不满现状的美国人对于欧洲想象的乌托邦，但它却代表着一种新的思想和路向，一种追求和谐社会的理想。

三、和谐是中国传统文化的核心价值

这种价值主要表现为：人与自然的和谐，人与社会的和谐，个人身心内外的和谐。

1. 人与自然的和谐。也就是我们常说的"天人合一"。"天人合一"的第一层意思是天和人是一个相互关联的统一体。1993年湖北荆门出土的"楚简"说："易，所以会天道，人道也。"意思是说：《周易》是研究天道（天的规律）和人道（社会的秩序）会通道理的书。《易经》认为"天道"，"地道"，"人道"，三者的道理是统一的，都是乾坤的表现。"易，一物而合三才，天（地）人一也，阴阳其气，刚柔其形，仁义其性"（张载）。《易》把天（地）和人统一起来看，所以天人是一个相互关联的统一体。第二层意思是"天"和"人"有一个统一的道理，"天"的道理要由"人"来彰显。如朱熹所说："人之始生，得之于天；即生此人，则天又在人矣。"《郭店竹简》中说："知天所为，知人所为，然后知道。"知道了"天道"（自然运行的规律）和"人道"（人类社会生活的规律），才可以知道"天"（天道）和"人"（"人道"）发展的趋向。这就是孔子说的"知天命"。第三层意思是"人"对"天"有一种内在的责任。中国哲学一向不把"天"看成一死物，而把它视为有机的，连续发展的，生生不息的，与人为一体的。因此，人不仅要"知天命"，还要"畏天命"，要对"天"有所敬畏。"知天"而不"畏天"，就会把"天"看成一死物，不了解"天"乃是有机的，生生不息的刚健的大化流行。"畏天"

而不"知天",就会把"天"看成是外在于"人"的神秘力量,而使人不能真正与天合一。"知天"和"畏天"的统一,正是"天人合一"的重要表现,从而表现着"人"对"天"的一种内在责任。

总之,"天人一体","人"得"天"之精髓而为"人","天心"、"人心"实为一心。"人"有其实现"天道"的责任。如朱熹所说,人生在世,当以实现"天"的"盎然生物之心",而有"温然爱人利物之心",人生之意义就在于体证"天道",人生之价值就在于成就"天命",故"天"、"人"关系实为一内在关系。这样一种思维路径,不仅可以使我们走出"天人二分"(天人对立)的困境,而且也为人类走向和谐的人生境界开辟了道路。

2. 人与社会的和谐

当今人类社会所存在的"人与人之间的矛盾"不仅涉及"自己与他人"、"人与社会群体",而且也涉及"国家与国家"、"民族与民族"、"地域与地域"之间的种种矛盾。儒家的"仁学"对造就"和谐社会"有重要意义。

首先是推己及人。《郭店楚简·性自命出》中说:"道始于情。"这里的"道"是指"人道",即处理人与人之间关系的原则,或者说是处理社会关系的原则。"道始于情"是说人与人的关系的建立是由感情开始的,这正是孔子"仁学"的出发点。《郭店楚简》中说:"亲而笃之,爱也;爱父,其继之爱人,仁也。","孝之放,爱天下之民。""仁学"要由"亲亲"扩大到"仁民"。要"推己及人",做到"老吾老以及人之老"、"幼吾幼以及人之幼",才叫作"仁"。"推己及人"并不容易,必须把"己所不欲,勿施于人","己欲立而立人,己欲达而达人"的"忠恕之道"作为实现"仁"的准则。

其次是克己复礼。如果把"仁"推广到社会(全人类社会),这就是孔子说的:"一日克己复礼,天下归仁焉。""克己"(克服私欲)和"复礼"(复兴礼制)不是平行的两个方面,费孝通先生解释说:"克己才能复礼,复礼是进入社会,成为一个社会人的必要条件。"一个人要进入社会,必须对自己有个要求,例如说自己应该要求做到"己所不欲,勿施于人",这样你才可以遵守社会的规范(礼);一个国家也一样,你必须对自己有个遵守世界的"公约"的要求，这样世界公约才得以维护。这就是说，要克服自己的私欲，以使之做人行事能符合礼仪制度规范。"仁"是人所具有的内在品德（"性生仁"）；"礼"是规范人的行为的外在的礼仪制度，它的作用是调节人与人之间的关系使之和谐相处，"礼之用，和为贵"。根本的价值是"和"。"和"在传统哲学中是一个重要的核心观念。"天地之气，莫大于和"（《淮南子》），"夫和实生物，同则不继。以他平他谓之和，故能丰长而物归之；若以同裨同，尽乃弃之。故先王以土、与金、木、水、火杂，以成百物"。以相同的事物叠加，其结果只能窒息生机。中国传统文化的最高理想是"万物并育不相害，道并行而不相悖"（《中庸》）。"万物并育"和"道并行"是"不同"；"不相害"、"不相悖"则是"和"。这种思想为多元文化共处提供了取之不尽的思想源泉。

为什么说"礼之用，和为贵"呢？"和"所表达的是价值理念，是价值理念的象征符号；"礼"所注重的是社会秩序，是权力运作的实际要求，是为"和"的实现而规定的种种方法和手段，包括宗教礼俗、民间仪式等社会行为，并在更复杂的行为规范之中包含了强制性的权力、上下等级、尊卑贵贱等阶层、阶级的划定及统治的模式。中国文化追求论证的是和谐的价值理念，而追求秩序和权力意志的"礼"应致力于和谐的实现。"礼"的严苛还可以用"乐"来进行协调，这就是"礼交动乎上，乐交应乎下，和之至也"（《春秋繁露》）。人与社会的和谐要靠礼乐社会来实现。

3. 个人身心内外的和谐

在资本主义初兴时期，人们曾经对自由贸易带来的个性解放和精神独立充满期待，以为人在一定程度上脱离笨重体力劳动和贫困后，可以得到解放和独立的空间；但是，与原来的期待相反，人类却陷入了一个史无前例的贫富两极急遽分化的世界，无休止地追求发展已成为存在本身的意义，而无穷尽地聚敛财富，满足贪欲成了生活的目的，大部分人为了谋生，被捆绑在无望的单调机械劳作之中；金钱对人性的束缚代替了早期资本主义对人性解放的许诺，大部分人成了马尔库塞所说的"单面人"。

如何使人重新成为身心内外的和谐的人，有经济之维、道德之维和审美之维。

从道德方面来说，儒家特别重视人的自我身心内外的修养。儒家认为，"生死有命，富贵在天"，富贵等等不是人应追求的最终目标。孔子说："德之不修，学之不讲，闻义而不能徙，知不善而不能改，是吾忧也。"孔子这段话告诉我们的是做人的道理："修德"（修养道德）要有关怀人类社会福祉的胸襟；"讲学"（讲究学问）不但要求自己提高智慧，而且要负起对社会进行人文教化的责任。"改过"，人总是会犯这样那样的错误，但要能勇于改正错误，这样才可以有助于社会的和谐。"向善"，是说人生在世，应日日向着善的方向努力，作到"日日新，又日新"，这样就可以达到"止于至善"的境地。"修德"、"讲学"、"改过"、"向善"是孔子儒家提倡的做人的道理，是使人自我身心内外和谐的路径。所以孟子说："存其心，养其性，所以事天也。寿夭不贰，修身以俟之，所以立命也。"如果一个人能修养他的善性，以实现天道的要求，寿命的长短都无所谓了，只要通过对自身的修养保持和天道的一致，这就是安身立命了，这样自我身心内外就自然和谐了。

除了道德之维，审美之维也很重要。

现代社会，由于种种内外的压力，特别是人们无止境地追求感官之享受，致使身心失调，人格分裂。由于心理的不平衡引起精神失常、酗酒、杀人、自杀等等，造成了自我身心的扭曲，已经成为一种社会病，而严重影响了社会的安宁，其原因正在于道德沦丧，致使人失去了自我身心内外的和谐。西方的社会达尔文主义的"弱肉强食"，萨特存在主义的"他人是地狱"，以及长期存在的"极端的个人中心主义"都助长了个人身心内外的不和谐。

与此相对，我国党和政府在有中国特色社会主义理论中正式提出"以人为本"的命题。在社会发展和建设目标之中将人的和谐美好生存提到中心的位置。这是在我国社会发展和建设目标中由"物本"到"人本"的根本转变。马克思早在1844年1月就在著名的《"黑格尔法哲学批判"导言》中提出"人本身是人的最高本质"的著名命题，并将其奠定在"必须推翻那些使人成为受屈辱、被奴役、被遗弃和被蔑视的东西的一切关系"的基础上。在目前社会矛盾日益尖锐的情况下，要作到身心内外的和谐并不容易。除通过法律、财税与行政等种种手段缩小差距，在道德方面张扬回报社会、关爱弱者的"仁爱"精神外，造就审美的人生也很重要。

审美的生存不仅是人的一种生存状态，而且更是人的一种生存态度。人的和谐美好生存就是海德格尔所说的人的"诗意的栖居"，也就是从情景相融、艺术创造，甚至是完成一件小事所得到的成就感中得到快乐而达到身心的愉悦与和谐。陶渊明诗："纵浪大化中，不喜亦不惧，当尽便需尽，无复独多虑。"这就是通过审美达到了一种完美的身心内外和谐的境地。

目前，要真正作到均贫富，是根本不可能的，也是不可取的。在现存条件下构建和谐社会，更重要的是要从道德之维和审美之维着手。

时空巨变与文化转型

一、人类面临前所未有的时空巨变和文化危机

人类正面临着前所未有的时空巨变。这和过去从渔猎转向农耕,从农耕转向机械生产,从机械生产转向初期信息时代,都是完全不可比拟的。首先,软件和计算机革命、全球互联网、移动通讯革新使人与人之间的随时沟通成为可能;新一代人在世界网络中对话、成长;在一定程度上脱离了继往开来的代际传承。他们对世界的感知和自我观念都与我们迥然不同,甚至越来越不同,我们不能确知他们会给我们带来一个怎样的未来。其次,由于生物工程技术的开发和应用,如转基因、干细胞、克隆等等使人类甚至对他自己的血肉之躯的存在前景也迷惘困顿;生命本是宇宙大化千百万年的亘古造化,现在有可能通过人为的手段复制、改写、优选,那么,生命的意义究竟是什么?还有纳米技术最终使人类能够按照自己的意愿在十亿分之一米尺度的空间内,研究和利用电子、原子和分子运动,实现对整个微观世界的有效控制。这些革命性的新知识、新技术贯穿到人类生活的每一细节,导致了人类看待时间和空间的方式都有了根本的改变。这种改变不能不带来人类文化的根本转型。

与以上时空巨变相伴的,是西方现代性的弱点的充分暴露。西方现代性的两个主要特征:一是"经济增长万能",一是"个人绝对自由"。到了20世纪后半叶,两者都受到了质疑。以掠夺殖民地和不发达地区以及大规模战争得来的"经济增长"和"个人绝对自由",成就了西方的现代性,同时也

在物质上和精神上给人类带来了重大灾难。回首20世纪，触目可见的是两次世界大战给人类留下的惨痛记忆。第二次世界大战几乎把欧洲文化最繁荣的地区夷为平地，贫穷、死亡、伤痛，满目疮痍；加以德国的反犹太法西斯集中营、俄国的"古拉格群岛"等精神创伤，欧洲人体会到疯狂的现代化发展所导致的毁灭之痛。美国的情况有所不同，美国本土并未直接经历战争的浩劫。他们从第二次世界大战体验到的，更多是光荣与梦想、成功与辉煌、领导与主宰，从而强化了霸权主义、单边主义、军事第一，以至"先发制人"、"国家主权有限论"等竞争策略。

总之，"经济增长"并不能给人们带来幸福。据统计，30年来，美国经济增长很快，幸福指标却在下降。今天的美国人消费了多达三分之一的世界能源，他们的人数却只占世界人口的不到5%，总之，美国式的现代性就是"以最大的自由去挣最多的钱，并进行尽可能的最高消费"。如今，地球已被人类消耗殆尽，美国不计后果的提前消费给普通人带来的只有失业和穷困；特别是最近的金融海啸更充分暴露了这种美国式"经济增长"给全世界经济造成的危机。"个人绝对自由"所带来的社会危害就更其严重。正如法国著名思想家、高等社会科学院研究员埃德加·莫兰（Edgar Morin）所指出，西方文明的个人主义包含了自我中心的闭锁与孤独；它的盲目的经济发展给人类带来了道德和心理的迟钝，造成各领域的隔绝，限制了人们的智慧能力，使人们在复杂问题面前束手无策，对根本的和全局的问题视而不见；科学技术促进了社会进步，同时也带来了对环境、文化的破坏，造成了新的不平等，以新式奴役取代了老式奴役，特别是城市的污染和科学的盲目，给人们带来了紧张与危害，将人们引向核灭亡与生态死亡[①]。波兰社会学家齐格蒙特·鲍曼在《现代性与大屠杀》一书中更是强调在西方，高度文明与高度野蛮其实是相通的和难以区分的……现代性是现代文明的结果，而现代文明的高度发

---

① 参见埃德加·莫兰：《超越全球化发展：社会世界还是帝国世界？》，《迎接新的文化转型时期》第202页，上海文化出版社，2005年。

展超越了人所能调控的范围,导向高度的野蛮……他们指出,这一切都要求我们重新定义人类状况,重新考虑人类的生存意义和生存方式。

二、另一种全球化与文化转型

人们曾经梦想21世纪会比20世纪更好一些,然而正如埃德加·莫兰所指出,21世纪人类所面临的却是在人类、个人、群体和国家之间的前所未有的极其怪异而残酷的关系,这种状况已经使人类遭遇到史无前例的危机和面临着越来越频繁的风险。同时,由于人类盲目发展的结果,造成了各个学科的片面性和割裂性,以及各种知识之间的日益严重的不相适应和相互割裂,这使人们更难联合起来共同对付面临的重大危机;也导致全球性的各地区之间日益严重的不平衡和隔离状态。这一切使人们在21世纪到来之际,突然面临严重的战争(虽然是局部地区)和暴力,特别是难以操控的高科技军事暴力和生态毁灭。而近日发生的金融海啸更是大规模剥夺了普通人民的就业机会和财产,造成了社会多方面的混乱和不安定,人类不能不面临前所未有的深重危机。

改变现状、化解危机的途径多种多样,但最重要的应是全方位的文化转型。也就是上面说的:重新定义人类状况,重新考虑人类的生存意义和生存方式,即对世界、对人生、对环境的全新的看法。这种转型不是一时一地,也不是一个民族,一个地区所能完成的。文化转型的根本途径,甚至是唯一途径只能是文化对话。美国学者J.里夫金用美国梦和欧洲梦两个概念来说明这种转型[1]。他认为至今仍得到广泛认同的以"美国梦"为代表的文化追求首先需要转型。所谓"美国梦"就是以最大化的个人自由、最先进的物质进步和最丰富、最"平等"的成功机会去挣最多的钱,这固然为美国创造了前所未有的巨大财富,带来了无可比拟的物质进步,但也为世界种下了深重的

---

[1] 杰里米·里夫金:《欧洲梦——21世纪人类发展的新梦想》,杨治宜译,重庆出版社,2006年。

危机。美国为了保护既得利益,只能不顾后果地将一切政策都设计为使财产利益最大地增值,把一切妨害个人"自由发财"的事或人都认为是敌对方,甚至把所有与美国不同的社会和文化都看作是对"自由"的潜在威胁,而被先验地定义为美国的敌人。美国因此组建了有史以来最强大的军事机器,把自己塑造成试图统治世界的新帝国。它在为自己编造拯救世界的政治神学使命的同时也把自己变成了世界的敌人。

在《欧洲梦》的作者 J. 里夫金看来,"欧洲梦"代表着一种新的世界观和历史观,根据这种观点,以单纯物质追求为基础的"现代发展观"本身即将受到修正,人类追求的应不只是个人财富的无限聚敛,而是以"生活质量"为准绳的"可持续性的文明"。这种生活免除了人们的衣食住行的后顾之忧,保证了人们的生活安全;同时也保证人们有充分的自由、时间和条件去追求各种丰富的精神生活。作为欧洲梦两大支柱的文化多元主义和全球生态意识将人性从物质主义的牢笼中解放出来,成就新的人性。欧洲梦强调的是共同体中的互相依赖而不是个体的绝对独立自主;强调文化多样性而不是相似性;强调可持续发展而不是无限制的物质增长;强调投入与享受并行而不是疯狂的贪婪;强调普遍人权和自然权利而不是私有产权;强调全球合作而不是单边主义的权力滥用,总之,欧洲梦追求的不是拼命扩大财富而是去提高精神水平,不是追求扩大权力范围而是去扩大人类互相理解。欧洲梦被认为几乎是"第二次启蒙",它要用新的"精神主义"(idealism)去纠正第一次启蒙所错误提倡的"物质主义"以及无限制的进步论(直线的、急速的、无限的求新)和绝对化了的个人主义。

作为文化转型之一例,J·里夫金的主张引起了广泛的关注。当前世界正在形成一个反对军事暴力、维护多极均衡、保护自然生态、争取文化多元发展的另一个全球化。要促进这样的全球化,达成文化转型,绝不是文化隔绝所能做到的。如果说公元前 500—700 年之间,以孔子、苏格拉底、释迦牟尼、旧约诗篇等为代表的"第一轴心时代",中国、希腊、印度、希伯莱等主要文化基本上是互不相通、各自发展的,那么,经历了时空巨变之后的当前的"第二轴心时代",不同文化的相互隔绝已根本不可能。文化转型不可能由某一民族、国家、地区来完成,更不能由任何伟人或救世主来提出,而只能在不同文化的反复对话中,积累全人类的智慧而逐渐形成。当前文化转型的核心内容是和谐的多元共生。和谐的前提是共生,和谐的内容则是相互协调,在相互矛盾和相互否定的主体之间进行利益调配和充分的对话协商。另一方面,正如华裔法兰西学院院士程抱一所言,"文化乃是集体的成果,是人类共享的财富。每个个体都是独特的,正是他们构成了生命与生命之间生生不息的代代繁衍。这种独特性如果缺少了和其它独特性之间的交流的话,那么,它就会失去意义,就无法显现,更无法绚丽绽放"这就是说,对话、互动不仅是全球多元共生的途径,而且是文化存在本身的根本形式。

三、跨文化对话的紧迫性和难点

如上所述,革命性的新知识、新技术贯穿到人类生活的每一细节,导致人类对时间和空间都有了和过去根本不同的看法,也导致了对地球资源的空前消耗和争夺。面对这样的现实,人类只有两种选择:不是对抗,就是对话。对抗引向战争和毁灭,对话引向和平。目前,文化冲突越来越严重地影响着全球人类的未来。"文化霸权主义"和由文化封闭主义发展而来的文化原教旨主义的尖锐对立已经使全球处于动荡不安的战争前夜。要制止这种迫在眉睫的冲突,更不能通过暴力,而要更充分地强调协商和对话。

这里所说的对话并不包括那种"鸡说鸡话,鸭说鸭话",互不搭界的"各说各话";也不只是为了感情和兴趣,可说可不说的一般性对话,这里所说的对话,其神圣使命首先是为了能共同生存下去,能寻找出和谐共处的生机,因此,它是一种能产生新观念、新思想和新方法的"生成性对话"。进行这样的生成性对话不能不碰到以下的矛盾和难点。

第一,普遍与特殊的矛盾。对话之所以成为可能,首先要有一种共同生存下去的愿望和要求,而不是一方对另一方实施霸权,或一方的自我孤立或自我宣扬。其哲学根据就是既要承认普遍性,又要承认特殊性。世界进入后殖民时代，一部分获得独立国家的人民急于构建自己的身份认同，坚持封闭狭隘的民族主义，他们认为一切被指为"普遍"的东西多是独断的、僵化的，并有强加于人的暴力倾向；因此反对任何结构性制约，反对任何中心，或者急于使自己成为中心。另一方面，某些强势文化认为自己的文化就是"放之四海而皆准"的普世价值，是可以覆盖其他各民族文化的"普适文化"。这就消解了对话的基础。那么，文化的普世价值究竟是否存在呢？中国哲学早就强调"易有三义——变易、不易和易简"[①]。"变易"就是指因时、因地而变的特殊性，"不易"则是指不依时、地而变的普世性。亚里士多德和黑格尔更是对此作了精辟的论证和发展。俄国思想家别林斯基在其《文学的幻想》一文中说得最清楚。他说："只有遵循不同的道路，人类才能够达到共同的目标；只有通过各自独特的生活，每一个民族才能够对共同的宝库提出自己的一份贡献。"事实上，没有共同的目标（普世价值）就没有对话的必要和可能；没有各自独特的生活，也就没有了对话的内容，无话可对。例如民主称得上是一种普世价值，但对民主的理解和到达民主之路，却各有不同。各民族只有通过自己独特的道路，才能达到这一普世的目的。然而在当前情况下，特殊性和普世性之间发生了深刻的断裂，或只强调普世价值，不承认文化的特殊表达方式，或只强调特殊性而取消一切普世的共同基础。这种断裂严重影响了各方面的和谐，使对话难以进行，社会难以发展。重新沟通和弥合这种断裂，回返普遍与特殊的正常关系是发展多元文化、保护文化生态、缓解文化冲突的重要环节。

第二，在对话过程中，如何既保持原有文化的纯粹，又能接受其他文化的有益的影响，也是一个矛盾。要保存固有文化的主体意识，就会强调各种文化越"纯粹"、越"守旧"越好，但不同文化之间又不可避免地互相渗透、吸收。这种互相吸收和补充是否有悖于保存原来文化的特点和差异呢？这种

[①] 《周易正义卷首》引郑玄云："易一名而含三义：易简一也；变易，二也，不易，三也"。郑玄（128—200），见《十三经注疏·周易正义》第5页，北京大学出版社，1999年。

渗透交流的结果是不是会使世界文化的差异逐渐缩小，乃至因混同、融合而消失呢？从历史发展来看，一种文化对他种文化的吸收总是通过自己的文化眼光和文化框架来进行的，也就是要通过自身文化屏幕的过滤，很少会全盘照搬而多半是取其所需。例如佛教传入中国，佛教经典曾"数十、百倍于儒经"，但佛藏中"涉及男女性交诸要义"的部分，"惟有隐秘闭藏，禁止其流布"①。这说明本土文化在文化接触中首先有自己的选择。同时，一种文化对他种文化的接受也不大可能接受原封不动地移植。一种文化被引进后，往往不会再按原来的轨道发展，而是与当地文化相结合产生出新的，甚至更加辉煌的结果。希腊文化和希伯莱文化传入西欧，成为西欧文化的基石，这是与原有的母体文化已有很多不同的新的文化。这种文化异地发展，孳生出新文化的现象，在历史上屡屡发生。由此可见，两种文化的相互影响和吸收不是一个"同化"、"混一"的过程，而是一个在不同环境中转化为新物的过程。其结果不是"趋同"，而是各自提升，在新的基础上产生新质和新的差异。中国长期以来流行着一种说法，即"越是民族的，越是世界的"，这种说法也不全然可取。首先，所谓"民族的"远非封闭的、一成不变的。如上所述，它必然在与他种文化的互动中得到发展；其次，"民族"和"世界"也不是割裂的，前者要得到后者的认可和喜爱，以至于利用，在突出自身特点的同时，还必须考虑其受众的期待视野和接受屏幕。作为民族文化的精粹其实应包含两个层面：一是"既成"的、不能改变的，如古代典籍，这是完全不容有任何改变的；二是不断变化发展的，如对古代典籍的不同时代的诠释。对于第一层面必须保持其纯粹，对于第二层面则必须通过对话，力求其发展。

第三，对话中的他者与自我也是一个十分复杂的问题。我们常从自我出发，总想同化对方，结果是牺牲对方的特色而使他者和自我趋同。但是，正如勒维纳斯所特别强调的：应该从他者出发，关注他者最不清楚，甚至最不可能理解的那一面。因为"他者"是我所"不是"，不仅仅是因为他的性格、

---

① 《寒柳堂集》，第155页，上海古籍出版社，1980年。

外貌和心理，更重要的是因为他的相异性本身。正是由于这种相异性，我与他人的关系不像通常所认为的那样是一种"融合"，而是一种"面对面"的关系。① 只有充分显示这种"面对面"的相异性，"他者"才有可能成为可以反观自我的参照系。然而，只强调相异性，往往就会"各不相干"，难于达到理解和沟通的目的；不强调相异性，又会牺牲对方的特色而使他者和自我趋同，对话也就不再存在。理想的状况应是双方都从他者受到启发，发展出新的自我。这种他者与自我的悖论正是产生"生成性对话"的最有意义，也最困难之处。

第四，不同文化的对话还有一个话语问题。平等对话的首要条件是要有双方都能理解和接受、可以达成沟通的话语。话语有如游戏规则，对话时，双方都要遵守某些规则，形成最基本的认同，否则就无法沟通。正如我们不能用下象棋的规则来下围棋一样，规则不同，游戏就无法进行，对话只能终止。在跨文化对话过程中，最困难的是要形成一种不完全属于任何一方，而又能相互理解和相互接受的话语。目前，发展中国家所面临的，正是多年来发达世界以其雄厚的政治经济实力为后盾所形成的，在某种程度上已达致广泛认同的一整套有效的概念体系。这套话语无疑促进了欠发达地区各方面的进步，然而，不可否认，也压制了该地区本土原有的生活方式和思维方式以及本土话语的发展。近来有关"失语症"的提出有一定道理，但以此否定数百年来，以西方话语为核心形成起来的当代话语，代之以前现代的"本土话语"，或某种"新创的话语"，也是不现实的。某些人主张去"发掘"一种绝对属于"本土"的、未经任何"污染"的话语，但他们最后会发现这种话语根本就不存在，因为文化总是在与其他文化的相互作用中发展的；况且，即便有这样的完全"本土"的话语，它也既不能用来诠释现代生活，也不能被对话的另一方所理解而达到沟通的目的。事实上，西方话语本身经过数百年积累，汇集了千百万智者对于人类各种问题的思考，并在与不同文化的交往中得到

---

① 勒维纳斯：《时间与他人》。参阅杜小真著：《勒维纳斯》，三联书店（香港），1994。

了丰富和发展,抛弃这种话语,生活将难以继续;然而,只用这套话语及其所构成的模式去诠释和截取本土文化,那么,大量最具本土特色和独创性的、活的文化就会因不能符合这套模式而被摒除在外,果真如此,所谓对话就只能是同一文化的独白,无非补充了一些异域资料而已,并不能形成真正互动的生成性对话。

如何才能走出这一困境?最重要的是要寻求一个双方都感兴趣的"中介",一个共同存在的问题,从不同文化立场和角度进行讨论。要做到这一点首先要在对话中保持一种平等的心态。不少西方人不了解,也不愿意了解他种民族的文明,而是固执地、也许并不带恶意地认为自己的文化就是比其他文化优越,应该改变和统率其他民族的文化。要改变这种心态,远非一朝一夕可以作到。另一方面,许多过去被压抑的民族,由于十分敏感于捍卫自己固有的文化,以至保守、封闭,拒绝一切对话,结果是自身文化的停滞和衰竭。要消除这样的心态,同样是一个困难的长期过程。

总之,人类面临着从未经历过的时空巨变,人类的处境是前所未有的复杂多变,人类的未来又是如此之险恶而不可预测!我们所能做到的就是要首先改变我们的精神世界,改变自己对自然、对世界、对人生的根本态度,争取文化转型和文化多元共生的实现。为了达到这一目的,我们无可逃脱地面临着全球跨文化对话的紧迫性。促进对话,避免对抗是每一个当代人的责任。

我们应该有中国梦了
——乐黛云访问记

乐黛云先生的客厅里，四面墙的书架上满满的全是书，书架上放着一台30英寸的平板电视，这是半年前买的，为了看奥运。乐先生说，她最想看的赛事是跳水，"因为好看，而且我们肯定会赢"。

已过古稀之年的乐黛云，从改革开放初期就开始从事比较文学研究，被称为中国比较文学的开拓者。她曾说，东方和西方不是两条并行轨道的列车各自向前飞奔永无相会之日，而是在碰撞和交叉中，不断增进相互了解。

在文化的碰撞和交叉中，中国终于迎来了北京奥运会。这对于不同文化之间的了解与交流有着怎样的意义？我们呈现给世界的这一幕会遭遇怎样的理解？

8月8日，中国青年报记者专访北京大学跨文化研究中心主任、博士生导师乐黛云教授。

中国青年报 这次奥运会有那么多外国人来到中国，您觉得他们会对中国有怎样的第一印象？

乐黛云 我觉得会是一个震撼。过去中国在世界上的形象是很弱的国家。上个世纪80年代初，我在哈佛，哈佛学生问我中国是不是"蓝蚁之国"。这是媒体宣传出来的叫法，说我们都穿蓝颜色的衣服，老远看去就像一大片蓝蚂蚁。他们对中国一无所知，还问我的脚缠过没有。我当时就把脚翘起来给他们看，跟他们说，我们已经多少年不缠脚了，可我觉得你们西方人往乳房填充什么塑料，那更是对女性的迫害。

中国青年报 您在2004年曾经说过，中国在西方世界仍然面临被误读与扭曲的处境。到现在这种处境是否有所改善？

乐黛云 会有一点儿。这几年他们也感受到很大的文化危机，比如说绝对的个人主义导致的孤独、看不到前途和封闭。而怎么去欣赏大自然的美，欣赏生活的美，这些功利之外的审美层面，他们很少想到。他们现在感受到了自己文化的危机，很多在研究怎样向非西方的文化学习。我们在2000年春天开了一个关于比较文化的会议，名称就叫"多元之美"，即欣赏不同文化的美。

中国青年报 他们能充分欣赏到中国之美吗？

乐黛云 很多西方人都可以。中国可以提供很多新的想法。比如我们讲"天行健，君子以自强不息；地势坤，君子以厚德载物"，就是强调人不仅要自强不息，同时还要有宽厚的心胸承载万物。西方很久以来只讲生存斗争、优胜劣败、适者生存。中国人不一样，我们希望大家可以一起活下去、活得好。儒家讲"推己及人"，讲"泛爱众"，首先是爱父母，然后推己及人。中国所讲究的道德，是不仅自己好，还希望别人一起好。这也是一种普世价值。中国人在几千年以来就是这样生活下来的。在一个地域里，人们共同的生活方式和思维方式，就是文化。

中国青年报 撒切尔夫人曾有一句话，"中国不可能成为一个世界强国，因为中国没有足以影响世界的思想体系"。我们现在足够强了吗？

乐黛云 我觉得还不行。撒切尔夫人讲的还是有一些道理的。虽然我们有很悠久的历史、丰富的遗产，但目前世界还不能完全承认我们是个文化大国，因为我们自己对中国文化本身的了解还不够。

我们首先要了解自己文化的根是什么，要用现代人的眼光重新解释，给予现代人的理解。还有一点，中国文化也要放在世界文化的语境里，让西方人判断哪些东西对他们也有用。像"和而不同"的理念，就是一个很有影响的观点，可以帮助人们认识西方文化霸权的问题。

中国青年报　怎么才能理解中国文化的根？

乐黛云　要理解中国文化的根在什么地方，就要到老百姓中去，从最真的地方开始。费孝通先生认为中国文化的根有一条，就是尊重祖先和爱护培养优秀的后代。我们骂人骂得最厉害的话是"数典忘祖"，把祖先都忘记了，还能成什么人？全世界其他民族很少有人能像中国的父母那样，自己再苦也要把孩子们供出来。有些老农民，哪怕吃不饱，也要把孩子送去上学，要把他们培养成一个好人。这是非常朴素而且普及的。一个民族要长久生存下去，就要培育优秀的后代。全世界我走过很多国家，很少有一个国家能像我们这样。

中国青年报　北京奥运会对我们今后会有什么影响？

乐黛云　首先，它会影响到我们老百姓的生活方式。比如不随地吐痰，不乱扔垃圾，排队不加塞儿，尽量不吵架，这都是我们近代多少年没做到的，通过奥运有很大的促进。

还有，这次把人文奥运翻译成"People's Olympic"，这是人民之间的活动，是很自然的人和人的交往。我看你打球，我为你欢呼，大家把热情充分发挥出来，互相不再感到陌生。

文化是生活中很重要的方面，不要把它架空起来。读古书啊，讲"和而不同"啊，那当然也很重要，但还要贯彻在实际生活中。外国人看中国，就是看中国人是怎么生活的，爱干净了，重视环境保护了，对人很友善了，这就是他们对中国文化的新感受。

我们应该区分"传统文化"和"文化传统"。"传统文化"是不大会变的东西，比如编钟啊、古画啊，可能作为传统文化的一部分进博物馆保存起来。而"文化传统"是发展的，不断地被不同朝代的人所解释。比如儒家在汉代、唐代、宋代都不一样，到我们今天又不一样。这两个层次是应该分开的，我们却经常搞混。"传统文化"是我们既成的历史，是不会再变的"文物"，它和不断变化、不断被重新解释的"文化传统"不是一回事。

中国青年报　"美国梦"和"欧洲梦"已经被我们熟知，有学者提出我们应该有自己的"中国梦"。您觉得呢？

乐黛云　应该有"中国梦"。而且中国梦经历过一个历史的发展，最先是"天下大同"的"大同梦"，天下一家，全世界的人都可以好好生活。鸦片战争之后是100多年的"强国梦"；解放以后我们还有过迅速赶英超美的"大跃进梦"；30年前，邓小平让我们回到"强国梦"，追求财富的积累。现在，大家觉得应该用文化的力量，把"大同梦"、"强国梦"结合起来，让中国文化生根发芽，展开一个新的梦想。至于这个梦到底会是什么样，我也不知道。这不是一代人就能做完的。

中国青年报　请您说说对北京奥运会的期待吧。

乐黛云　希望奥运会带来的精神和产生的影响能够长期保持下去。包括环保、良好的生活习惯、人和人的关系。能做到这一点，就是成功了。

（中国青年报　黄　冲）

在反思和沟通的基础上建构另一个全球化
——在"东西方互动认知"国际学术讨论会上的发言

一、全球化"帝国"趋势的出现

人们曾经梦想 21 世纪将是比 20 世纪更美好的和平与发展的新世纪,然而,人们突然面临一个战争和暴力威胁着全人类的严重局面。2000 年出版了《帝国——全球化的政治秩序》一书(Antonio Negri),提出帝国不再以民族国家的国界为区分,统治人类的重任落到超国家的帝国体制的肩上。紧接着,一系列美国右派著作出笼,强调的都是:任何一个国家都要寻求权力的最大化,因此,不可能有权利均衡的机制,最好的防御就是进攻。他们所追求的是一个"单极的 21 世纪",因此必须"阻止新的大国竞争者出现","积极推动美国军队和战争的转型","控制网络空间和太空的主导权"等。他们认为"世界秩序必须建立在美国军事力量的无可匹敌的超强地位的基础上",并在这个基础上全面推行他们所谓的"自由民主"。他们的"新帝国大战略"就是先发制人,提倡主权有限论,轻视和改写国际准则,提倡所谓"后民族时代"的到来。

世界由是分为两个阵营:一方面是实行或拥护单极统治,或由于震慑于美国的强大而屈从的人们;另一方面则是反对单极统治,维护多极均衡,争取文化多元发展而形成另一个全球化的阵营。在这样的形势下,许多问题都需要进行重新思考。

二、"西方"的不同涵义

过去，我们习惯于笼统地把西方看作一个统一的概念，其实并不如此。欧洲和美国就有很大的不同。仔细分析起来，欧洲几个大国都经历过帝国权力的顶峰，英、法、德、葡萄牙、西班牙等欧洲大国都曾是殖民大国，必然会从殖民制度瓦解、帝国灭亡的经历中有所领悟；欧洲许多国家亲身经历过两次世界大战，对战争带给人类的灾难有较深体会；欧洲民众更相信国家的组织能力和控制能力，而对市场的调节能力持有深刻的怀疑态度，对技术进步也不是那么盲目乐观；欧洲人更倾向于从社会团结出发的制度规范，尊重个人人格的完整，并主张在控制与减少军事暴力的基础上加强联合国的作用，建立一种有效的世界治理（governence）等等。这些都和美国，特别是和美国极右派的想法很不相同，这种不同可能给欧洲政权一种保持反思距离的机会，正如哈贝马斯与德里达联合署名的文章《论欧洲的复兴》所说的，以上客观事实有利于抛弃欧洲中心论，承认全球化的多元文化，有可能加快实现康德对"世界治理"的美好期待。

最近出版的《欧洲梦》[①]一书对欧洲和美国的不同追求作了相当精彩的评析。作者认为"美国梦"较多关注个人的物质获取，而较少关注更广阔的人类福祉，因此无法适应一个日益风险化、多样化和互相依靠的世界。"欧洲梦"则注重群体关系而非只是个体自治，注重文化多样性而非同化为一，注重生活质量而不只是财富积累，追求可持续发展而非无限制的物质增长，强调深度游戏（deep play）而非单调的持续劳作，提倡普遍人权及自然界的权利而非只突出财产权，主张全球合作而非单边主义的霸权实践。

今天，很多美国人仍然相信历史是稳定的、不可逆转的；他们相信物质

---

① 《欧洲梦——欧洲对未来的憧憬如何悄然侵蚀了美国梦》（The European Dream：How Europe's Vision of the Future Is Quietly Eclipsing the American Dream）Jeremy Rifkin, Penguin Group, Inc. 2004. 杨治宜译文。

无限进步的线性发展过程,强调在民主统治的社会里,个人不受束缚地积累财富就是最高梦想;欧洲人则更多强调生活的质量及其可持续性、珍惜安定与和谐。他们认为在一个基于生活质量而非个人无限财富积累的可持续性文明里,重要的并非个人的物质积累,而是自我修养。从18世纪早期开始,人性便被束缚在物质主义的囹圄中,而"欧洲梦"将带领人性走出囹圄,进入以理想主义为动力的崭新未来之光辉中。

在中国,很多人仍然沉醉于"在物质无限进步的线性发展"过程中,做着不受束缚地聚敛财富的美国梦。他们认为美国更年轻,更富裕,更有活力,更有高科技和经济管理的能力。因此,虽有很多阻力,计划去美国留学的青年远远超过申请去欧洲留学的人数。还有一部分人甚至认为美国统一世界是必不可免的趋势,而且也未必不是一件好事!如秦始皇的统一中国带来了巨大的社会进步,说不定美国所宣称的对全世界实行"仁慈霸权",也能起到同样的作用。20世纪一百多年的历史证明,要完全统一对"西方"的认识是不大可能的,但今天,当西方人都在经过反思,重新认识自己的时候,中国人显然也应排除以往的迷雾与阻隔,重新去发现西方,发现自己。

三、重新认识西方和认识自己

西方对自己的拷问和思索早在19世纪末奥斯瓦尔德·斯宾格勒写《西方的没落——世界历史的透视》时就已经相当全面地开始了。到了21世纪,这种反思达到了相当深刻的程度。如法国著名思想家、社会科学院研究员埃德加·莫兰(Edgar Morin)、波兰社会学家齐格蒙特·鲍曼都提出了很深刻的见解。美国著名学者理查·罗蒂也在《南德意志报》上发表了《侮辱还是团结》一文,他说:"欧洲掀起重新定位自我的热潮,而且充满了理想主义,这将在全世界范围内引起强烈反响,不管是在美国和中国,还是在巴西和俄罗斯,都会是这样。……许多人都已经清楚地认识到美国人追求霸权到了无以复加的地步,而且全然不顾所作所为对于人类自由的影响。

这是一个可怕的错误。"①

更值得一提的是西方的普通人民也都有了新的觉悟。2002 年以来，在巴西的阿尔格莱德港每年一次，连续三次召开了的"世界社会论坛"，他们提出的口号是："世界不是商品"，"另一个世界是可能的！"他们提出人类需要的是一个多极均势的"社会世界"，是一个文明开化、多元发展的联盟。要达到这个目的，人类精神需要发生一次"人类心灵内在性的巨大提升"，它表达的是对另一个全球化的期待，这就是全球的多极均衡、多元共存，也就是上述《欧洲梦》的作者吉利米·雷夫金所梦想的一个"基于生活质量而非个人无限财富积累的可持续性文明"。

中国的情况与此不同，虽然孔夫子早就提倡"吾日三省吾身"，但百余年来，我们无论对西方对中国都还缺少系统的、全面深刻的反思。

中国长期以来向苏联学习，所谓"苏联的今天就是我们的明天"。80 年代以来，又把美国看作自由民主、发达富裕的榜样。中国知识界有时把西方看得过于完美，有时又把他们看作低于中国的"异类"，例如 19 世纪初，著名学者梁启超游历欧洲回来写了一本《欧游心影录》，认为欧洲有很大危机，必须以中国的"精神文明"来"拯救西方的物质疲惫"。现在也还能看到这种想法的各样变种。

其实，我们所追求的并不是一种文化对另一种文化的"拯救"，更不是一种文化对另一种文化的覆盖或征服，而是坚持文化的多元共存，保护文化生态的自然发展。所谓多元共存也就是中国传统文化中重要的精神之一"和而不同"。"不同"是指不同事物的并存，但这并不是在各自孤立的状态下静态地并存，而是在不断的对话和交往中互相认识、互相吸取补充，并以自身的特殊性证实人类共同的普遍性的存在，这是一种在相互关系中不断变化

---

① 值得提到的是 2004 年 7 月罗蒂在访问复旦大学时更进一步强调："我隔了 20 年再次来到上海，中国的变化简直可以用奇迹来形容。这个奇迹不是改变了我的思考，而是进一步印证和强化了我已有的看法，那就是中国是未来世界的希望。"（文汇读书周报 7.27）。

的、动态的并存，这就是"和"。因此"和"的意义并不是英语的"Harmony"（"和而不同"一般译作"Harmony in Diversity"）所能完全翻译的。

百余年来，东西文化在中国并存，西方文化对中国的影响是巨大的，有些方面甚至是覆盖性的。最近得到国家图书奖的14本《西方哲学东渐史》丛书，相当全面地总结了一个世纪以来西方对中国在人文学科方面的影响。2005年出齐的15本《跨文化沟通个案丛书》在中西古今文化的坐标上总结了20世纪中国主要作家如何在中国文化发展的脉络中吸收和改写西方文化，创造了自己的新文化。与此同时，大量最新的、有价值的外国著作，包括艺术音乐、影视媒体正在以空前的规模被译介；国外研究和译介中国文化的外国学者也空前增长，他们之中不少人认为中国文化作为一个陌生的"他者"，不仅可以提供全新的视角来帮助西方人更好地认识自己，而且作为完全不同于西方的另一种文化，还可以提出与西方全然不同的思想和方法来救助这个混乱的世界。

看来世界文化即将进入一个崭新的阶段，这个阶段的核心任务将是在反思和沟通的基础上，建设一个多极均衡互利、多元文化共生的全球化。只有这样的全球化才能保证人类生活质量的不断提高，保证世界得以安定和谐地持续发展。

承当思想的责任：
为建设一个多样协力的世界而努力
——《十五年欧洲与中国文化对话的另一个侧面》序

乐黛云　金丝燕

本书记录的是中国和欧洲一次历时十五年的共同历险。

2003年2月26日至28日北京大学跨文化研究中心、中国文化书院与法国夏尔·雷奥波·梅耶人类进步基金会（FPH，简称人类进步基金会）在北京大学治贝子园 联合主办了"跨文化对话的回顾与前瞻——为建设一个负责、协力、多元的世界"国际研讨会。70多名不同职业、身份、国籍、民族与文化背景的与会者，就环境与人类责任、农业、经济一体化与多元文化对话、第三部门的发展与公民社会的建设与前景进行了一次前瞻性的跨文化国际民间讨论。

"我们会议的目的不是简单地将十几年合作的成果做一个回顾和展示，我们会议的出发点是我们面临的问题——当前的问题和未来的问题。这些共同问题把我们联系起来，将我们召集到一起。我们需要创造和体验在一个共同思考空间中共同思考的过程。当我们在等待历史的时候，历史往往也在等待我们。人是有责任的，思想是否真能改造世界，是否真能改变历史，需要很多条件，大概只能与由上帝决定，但思想是我们的责任。"（陈越光）

2003年的北京会议具有承前启后的重要意义。它对我们中国网络与人类进步基金会的第一阶段合作进行了总结，为第二阶段的合作前景制定了战略方向。我们合作的背景是中西的第三次相遇。

文明圈的撞击：对他者的两种态度

近世以来，中国与西方三次相遇。

"我"在与他者的相遇中，有两种不同的态度。第一种态度是着力在他者身上寻找相同点，第二种态度则是寻找他者与自己的不相同。

16世纪西方传教士进入中国，在传教的同时把中国介绍给西方。当时中国对西方的态度是雍容大度，对自己很自信，让别人了解自己。传教士中，耶稣会教士了解和介绍中国文化的努力最大。其重点就在寻找西方与中国可能的融合点，如利玛窦（Matteo Ricci，1552—1610）写的《天主实义》，皈依天主教的中国儒士严谟所著的《帝考》等。严谟在中国儒家古代经典中找出65处有"天"和"帝"的段落，论证天主教的上帝与中国的天、帝的异同，并推断中国古代的"天"和"帝"就是西方的上帝。这种寻找相同性的努力使耶稣会教士比较平和地得到中国的认可并融入中国，在中国与西方的接触中起了非常重要的作用。然而，耶稣会的这种努力受到巴黎索尔邦大学神学专家们的质疑，罗马教会颁布禁止中国天主教信徒祭祖的法令，第一次中西相遇在"礼仪之争"中中断。本来可以建立的对话成为不可能。

中国在这一相遇中的态度是不在乎、自大和比较开放。18世纪的启蒙运动推动西方"自我"主体意识的出现，中国是西方想象中一个使人莫名其妙却很有吸引力的"他者"，一个儒家的乌托邦。

19世纪中叶，鸦片战争敲开了中国的大门。中国被惊醒，不得不向西方学习科学技术，以图革新与革命，坚信只有科学、进步才能救中国。对中国来说，一个怀疑、否定自己的文化的新世纪开始了。西方向中国输出他们各自的文化模式，中国最终选择了启蒙思想、达尔文进化论和马克思唯物主义辩证法。这是第一次相遇。

中国在第二次相遇中的态度是务实、被动、卑微，但仍然自大。一切西方的东西，只要不危及政体，均要拿来。科学技术、文学、教育、哲学、经济、军事全方位地接受。这样的接受情形，表明中国没有与西方对话的平等心态，与"他者"的关系不是平等的关系。如果说第一次中西相遇是西方走向中国，那么，第二次相遇的方向则相反，是中国被迫面对西方。中国成为西方"自我"认同与扩张的假设对象。第二次中西相遇就是这样在不平等和中国几乎否定自己的历史和文化的境况中进行。然而，中国文化精神在历史上从不接受殖民。中国在一定程度上丢失了自我，但也没有归化而成为他者。中国的尴尬与矛盾就这样在不断出现的民族主义与西化的反复交替中体现出来。这两种思潮其实是一个钱币的两面，其根源都是没有平等的对话精神。

中西相遇，是两个文明圈的撞击。双方互为他者，是对立、借鉴、批判、镜子的关系。一旦任何一方逾越这一界限，试图把镜子变成自己，或用自己的文明标准强加于他者，就会出现大冲突，带来恐怖与威胁。

第三次中西相遇，核心问题都集中在自我身份与他者所代表的不同特性之间的关系上，也就是主体如何在与他者的相互认知中保持各自的主体性并相互受益。倘若这一关系不能协调，第三次中西相遇便不能避免遭遇前两次的命运。在现实条件下，新的中西相遇，有两大因素是避免冲突的关键：一是在尊重各种文化特殊性的前提下进行平等的跨文化对话；二是使跨文化对话具有真正的跨度和多元性，如加入非洲、拉美、亚洲、大洋洲等过去不被重视的不同文化。事实上，人类文化的普遍性，就来自丰富的特殊性。任何归化他者或拒绝他者的心情和做法都只能剥夺其特殊性，也就是摧毁其普遍性。20世纪，中国曾试图按他者（西方）的标准建立新的世界，其代价是自身的文明被轻视和否定。然而，人类历史上还没有抛弃自己的文化传统而获得成功发展的先例。只有发现、发扬自己的特殊性，充分尊重与自己不同文化的相异性，才能达到真正与其他文化的互证、互识、互利，也就是在人类不同的文化圈之间，通过自我的途径和方法，达到与他者相遇和沟通的目的。跨文化对话就是要在多元文化的纬度上，通过寻找和尊重相异性来达到人类文化多元共存的目的。

多元、跨文化对话：人类新的历险

在跨文化对话中，我们的立场不是个别国家、个别区域或个别民族，而是多元的、社会的、人类的。我们不谈"保卫"，亦不尚"归化"。我们认为人类文化没有优劣，但有着不断演化的特殊性，我们最大程度地承认他者的相异性以消除对立。然而，具有寻找和承认相异性的意识不是一件容易的事。人们习惯于从他者身上寻求与自己的相同点，似乎只有这样，才能保证自己的安全。但如果把他者完全拉到自己的文化想象中去，他者的特殊性就被剥夺了，其文化也就被同化了。

20世纪下半叶，欧洲知识分子开始重新审视18世纪启蒙运动对西方的影响，并对"善"之帝国和社会乌托邦提出质疑。欧洲对他者（包括自然、生物）的态度发生了变化。这是继启蒙运动以来欧洲第二次以批判的态度审视自己。这种自我批判的态度很可能从思想上影响到冷战的结束和柏林墙的倒塌。中国知识分子非常关注欧洲思想界的这一动向。当"他者"与"我"由对立转到对话，真正的相遇才开始。一切取决于相遇者的态度。

正是在这样的历史背景与期待下，90年代初，我们和人类进步基金会全力推动跨文化对话，希望打开中国、印度、拉美、非洲和西方各国文化的大门，建立相互信任和了解，共同就人类面临的挑战进行思考，在多元文化的平台上，用跨文化的精神去寻求避免冲突、建设和谐世界家园的集体智慧。

欧洲人类进步基金会自1982年创立以来，将人类认知的探险活动作为一项长期的使命。它以鲜明的、积极促进多元对话的态度，在全球化进程中最早提出建设负责、协力和多元的世界。基金会与全世界上万个个人与组织建立起了联系，他们来自社会的各个阶层，包括农民、渔民、居民、研究人员、企业家、作家、工会干部、记者、哲学家、政治人物、编辑、艺术家、公务员等。二十余年来基金会通过长期的工作，建立了以信任和理解为准则的世界文化网络。

人类进步基金会的使命，与我们希望的第三次中西相遇，以及世界文化多元共存的期待相吻合。我们中国跨文化网络是基金会最早的合作伙伴，是人类进步基金会三个发展阶段的参与者和见证人。基金会的第一阶段为1982至1989年，工作重点在于鼓励扶持有具体思考与行动力的方案，世界各地的几百项方案得到了基金会的资助。主题包括：发展政策、卫生、教育、居民、农业、开办企业、小额贷款、环境、对全球未来的思考等。第二阶段为1990至2002年，基金会致力于建立重大主题的国际网络与建立经验交流、传播信息化机制。从1994年始，基金会全力支持了"协力尽责多元的世界联盟"的诞生及发展。联盟并非是实体，它聚集了世界各地的众多公民与各种组织，共同思考当今世界的生活方式与发展模式、希望走出个人的无力感、创建集体智慧、推动变革，建立一个适合人类生存的世界。第三阶段：在十年工作基础之上制定了2004至2010年规划，其宗旨是：

——从地方到全球需要新的治理观念、新的社会策略与机构准则，我们的世界相互依存，人与生物圈相互依存。

——寻求新的发展模式、生活方式、生产消费和交换的方式，以建设一个更加公平而持久的社会。

——要管好我们共同的星球，上述两种变革必不可少，从而需要与之相符的共同伦理原则。

这些新规划的实施需要在世界各区域之间、各社会阶层之间实现新的对话、交流，增强集体建议的能力。人类基金会作为一个真正的行动者，全力促进世界共同体的形成。

作为人类进步基金会十余年的合作伙伴，我们完全赞同基金会的新规划和新的工作方法。

思想者与实践者

我们与基金会的合作，在思想与实践两个层面展开。

一、建立一个思想的学校。我们关注的是创造集体智慧，做思想者与实践者。我们希望建立一个多元的国际思考平台，就共同关注的问题、人类所面临的挑战进行探讨和对话。人类进步基金会及其网络处在国际思考的前沿。我们与欧洲跨文化研究院、法国人类进步基金会共同创建了中国的跨文化对话平台，其中包括《跨文化对话丛刊》、《远近丛书》、《治理年鉴》等；我们组织翻译出版基金会与国外的各种思考与研究的文章、专著，如卡兰姆的《破碎的民主》、J.里夫金的《欧洲梦》等；组办北京治理论坛、中印青年论坛，以及"互动认知"、"东方对西方的认知与建构"等专题国际研讨会。2007年初，我们进一步拓展了这一跨文化对话平台，通过《跨文化对话》杂志、《"思想与方法"论坛》与《跨文化对话国际平台》形成跨文化对话三足鼎立的空间。在《思想与方法论坛》构成的空间里，我们将推出《思想的对视：跨文化新人文书库》，《新思想书库》，两套丛书，将最新资料、最新思考、世界范围内的新论题介绍给中国。

二、建设一个具有首创性与实践能力的人民空间。我们关注的是世界各种文化的经验积累与共享，思想者与行动者两种能力的共存。世界各种文化的社会发展经验与教训是非常宝贵的财富。欧洲启蒙运动两个世纪之后，国际与西方社会进一步认识到人与众生、人与自然、人与人之间的相互依存关系。人类进步基金会及其网络在多元对话与实践的方法上扩展了广阔的视野、警觉的观察力、灵活的组织和参与能力。为了使这些丰富的人类经验能够得到交流共享，使中国与世界能够对话，互相观摩，我们与人类进步基金会合作做了两方面的工作。第一，把这些经验和思考逐渐译成中文出版，如《农民农业、社会与现代化资料》（Dossiers APM）、A.阿伯特的《草莓中的鱼》和R.约瑟夫的《世贸组织思考》、《治理的一百个问题》等。人类进步基金会的经验资料库（DPH）为我们提供了丰富的资源。第二，组织人员交流。我们与人类进步基金会合作，组织了多次国际社会的中国农村考察。参加考察的中外代表由研究人员、政府人员与公民社会代表三部分人员组成。另一方面，组织中国人员参加了第一、二、三、四届巴西、印度国际社会论坛，古巴世界粮食安全论坛，喀麦隆世界农民论坛，巴西农民农业、社会与现代化国际考察，法国世界公民大会等等。我们认同基金会的工作方法：考察与开会同时进行，参加者在考察中提出问题，随时随地讨论，提倡通过现实问题来思考，提倡面对现实，而非抱怨或感叹现实。我们坚持透过问题去理解文化和现实，这比静止地、封闭地研究文化或孤立地寻找解决现实问题的办法更为重要。

历史永远是一个过渡状态，每一时期都是一个过渡，一代人有一代人的声音。建设一个协力、多元、负责的世界是我们共同的精神关照；平等交流我们所经历、所观察、所思考的问题是我们的方法。

蓝天之下，精神深处，我们将协同世界的朋友们共同历险。

21世纪的新人文精神

21 世纪的新人文精神

一、问题的提出

人类生活正经历着前所未有的时空巨变：互联网、移动通讯、电脑储存技术大大缩短了人类的时空距离，生命科学加深了人类对人性和未来所感到的迷茫，纳米技术使人类有可能面对从未知晓的微观世界。这一切给人类生活各方面带来了极其深远的大变动。这种变动决不亚于人类所曾经历过的从渔猎到农耕或从农耕到机械生产所引起的社会大变动。目前，正在世界范围内进行着的经济革命使市场规律之类非人格化的机械法则对人的控制力越来越大，多数人对社会的影响力越来越小；数字革命所缔造的网络空间，标志着一个陌生新大陆的出现，人类的大部分活动正在向其转移，成为其重要的组成部分；遗传学革命使人对自己的血肉之躯也可以通过转基因、干细胞、克隆、体外受精等人为手段复制、改变、优选。总之，人存在的意义，人性的自我定义都受到了根本的挑战，也就是说所有过去有关"意义"、"常规"的领域都将全面受到冲击。

另一方面，现代社会经过数百年发展，创造出空前的进步和财富，但其弱点也已充分暴露。现代性的主要特征，如"经济增长万能"、"个人绝对自由"和"人类中心主义"、"科学主义"等负面影响如今正受到广泛质疑。

首先是"经济增长万能"。事实上，无限制的经济增长不仅不是"万能"，而且给人类带来了空前的危害。经济增长就意味着产品增长和利润增长。这些产品如果是军工产品，增长的结果就是发动战争；如果是一般产品，那就得鼓吹高消费。"消者消灭，费者耗费"，消费也就是使有用的物资变为无用。《圣经》里有一个故事，说以色列人出埃及时，上帝给他们预备的食物叫"吗哪"，每天只能取所需之量，有人想囤积，就都变为腐臭！现在，每天有大量有用之物毫无意义地变为无用，人们把聚敛巨大物质财富当作人生的最重要目的，而忽略了其他精神价值。其实，这样的人并不一定真正幸福。美国财富世界第一，但美国人自认为幸福者所占的比例（所谓幸福指标）却只位居世界第16。美国人口占世界人口不到5%，却消费了多达三分之一的世界能源，人们过度消费，纵容每种欲望，浪费了地球的丰饶。

个人绝对自由所带来的社会危害尤其严重，如法国著名思想家、高等社会科学院研究员埃德加·莫兰所指出，西方文明的个人主义包含了自我中心的闭锁与孤独；给人类带来了道德和心理的迟钝，造成各领域的隔绝，限制了人们的智慧能力，使人们互不关心，孤立无援，在复杂问题面前束手无策，对根本的、全局性问题一无所知。①

盲目的"人类中心主义"使我们赖以为生的地球几乎已到达难以挽回的危机边缘。这是数百年来西方现代文明发展的直接恶果。西方启蒙主义科学的基础是"征服自然"、"重塑自然"，以符合人类的需要，以致造成今天的种种环境灾难。中国的传统文化很少认同人类可以操纵环境的想法，倒是强调"天人合一"，重在根据环境的需要调整自身。但是，经过百年现代化进程，代价同样是对自然环境极其严重的破坏。今天，作为经济发展最快的国家之一，16个地球上污染最严重的城市竟然都在中国！如何立即实现全面的生态保护实在是当前"持续发展"的第一要义。

作为现代性核心观念之一的"科学主义"，强调只有合乎理性的科学认知方式才是唯一合理的认知方式。其实认知方式应该是多种多样的，宗教、音乐、艺术、诗歌等都能产生智慧，构成我们的知识。长期以来中国文化传

---

① 参阅埃德加·莫兰（Edgar Morin）《超越全球化与发展：社会世界还是帝国世界？》，见《迎接新的文化转型时期》，第203页，上海文化出版社，2006年。

统以"情"为核心①,通过"顿悟"的方法,铸造了无数智者的精神世界,但这一切都被冠以"不科学"或"伪科学"的名号而被排斥在认知范围之外,中医的理论和实践在中国的遭遇就是一个最好的例证。

由于上述科技发展带来的时空巨变,以及数百年现代化进程所产生的严重问题,加之以20世纪两次世界大战给人类留下的惨痛记忆以及反犹太法西斯集中营、"古拉格群岛"、"文化大革命"等意识形态灾难的残酷教训,这一切都要求我们重新思考人类在21世纪需要建立一个怎样的新世界,特别是人类的精神世界,要以怎样的新的世界观和人生观来应对这一崭新的、影响全球的复杂局面,重新定义人类状况,重新考虑人类的生存意义和生存方式,21世纪的新人文精神就是在这个复杂的情况下提出来的。

二、21世纪人类的反思与文化自觉

上述严重情况不能不引起人们的反思。20世纪末,西方出现了两种截然相反的思潮。一种是新的"帝国论",他们认为"帝国"是"超越国界、超越多国协商的唯一的主权",只有新的"帝国"才能使世界连成一气,管理全世界并带来和平。进入21世纪,"帝国论"进一步发展为新的霸权理论,强调输出美国式民主和价值观,认为国际体系并非建立在均势而是建立在美国军事力量的无可匹敌的超强地位的基础上,必须防止在欧洲、东亚和中东出现威胁其领导地位的地区性强国,必须阻止新的大国竞争者出现,必须积极推动美国军队和战争的转型,控制网络空间和太空的主导权,以便"在全球推行自由民主原则"。他们的新帝国大战略就是先发制人,以假想敌为攻击对象,重新确定"主权"的含义,提倡主权有限论,轻视和改写国际准则,提倡所谓"后民族时代"的到来。

"新帝国理论"在欧洲和世界各地都受到了强烈的抵制,特别是在欧洲。2000年,埃德加·莫兰在法国里尔世界公民大会上作了题为"超越全球化与

---

① 郭店楚简《性自命出》篇:"道始于情,情生于性","性自命出","命自天降"。

发展：社会世界还是帝国世界？"的主题发言。他认为90年代的全球化在推动技术经济全球化的同时，促进了另一个全球化：它是人道主义的和民主的全球化，虽然这还是未完成的、不充分的、脆弱的，但它给受压迫的人们带来了解放意识，进而在全球绝大部分地区引发了非殖民化。他特别指出这种文化的全球化并没有使文化同质化，反而激励了各民族文化在其内部的独创性表达，因而重新创造出新的多样化。①

2003年5月31日欧洲各大报刊发表了哈贝马斯与德里达联合署名的文章《论欧洲的复兴》。他们分析了欧洲的特点，认为欧洲经历过两次世界大战，几个大国如德、法、荷、西、葡等国都经历过帝国权力的顶峰，必然会从帝国灭亡的经历中有所领悟。他们指出欧洲人对市场的调节能力保持深刻的怀疑态度，而更相信国家的组织能力和控制能力；欧洲人对技术进步也不是那么盲目乐观，而更倾向于从社会团结出发的制度规范，尊重个人人格的完整，并主张在控制与减少军事暴力的基础上加强联合国作用，建立一种有效的"世界内政"。对欧洲来说，帝国统治和殖民历史一去不返，欧洲的政权也就得到一个反思的距离。这可能会有利于他们抛弃欧洲中心论，加快实现康德对"世界内政"的美好期待。

2006年美国学者J.里夫金写了《欧洲梦》②，提出对于当前以贪欲和聚敛为核心的文明（"美国梦"）必须进行深入的反思和批判，必须重建一个基于生活质量而非个人无限财富聚敛的、可持续的文明。以物质为基础的现代发展观本身即将受到修正。可持续性的全球经济之目标应该是：通过将人类的生产和消费与自然界的能力联系在一起，通过废品利用和资源的重新补充，不断再生产出高质量的生活。在这样的生活中，重要的并非个人的物质积累，而是自我修养；并非聚敛财富，而是精神的提升；并非拓宽疆土，而

---

① 参阅埃德加·莫兰（Edgar Morin）《超越全球化与发展：社会世界还是帝国世界？》，见《迎接新的文化转型时期》，第197页，上海文化出版社，2006年。
② Jeremy Rifkin: *The European Dream——How Europe's Vision of the Future Is Quietly Eclipsing the American Dream*, Published by Penguin Group, 杨治宜译，重庆出版社，2006年。

是拓宽人类的同情（empathy）。他认为人类需要一个完全不同于过去的新的精神世界，需要全新的世界观和人生观。

在西方对自身的文化危机进行反思的过程中，出现了强调互动认知和重新认识东方的趋向。如法国当代思想家、法兰西院士让—弗郎索瓦·勒维尔所说："经历了许多世纪的互相无知之后，在最近20年里，佛教与西方思想的那些主要潮流之间的一场真正的对话已经开始建立。……佛教道路的目的与所有那些巨大的精神传统一样，都是要帮助我们成为更好的人类存在者。科学既没有达到这一目的的意图，也没有达到这个目的的手段。"① 为此，许多学者试图从西方与非西方文化的汇通中寻求新的未来。

有些学者以非西方文化，特别是中国文化作为参照系，企图返回自身文化的源头，审视历史，重新反观自己的文化，找到新的诠释，寻找新的出发点。法国学者于连·法朗索瓦（Francois Jullien）认为，要全面认识自己，必须离开封闭的自我，从外在的不同角度来考察。在他看来，"穿越中国也是为了更好地阅读希腊"，他认为："我们对希腊思想已有某种与生俱来的熟悉，为了了解它，也为了发现它，我们不得不暂时割断这种熟悉，构成一种外在的观点"，而中国正是构成这种"外在观点"的最好参照系，因为"中国的语言外在于庞大的印欧语言体系，这种语言开拓的是书写的另一种可能性；中国文明是在与欧洲没有实际的借鉴或影响关系之下独自发展的、时间最长的文明……中国是从外部正视我们的思想——由此使之脱离传统成见——的理想形象"②。他强调指出："我选择从一个如此遥远的视点出发，并不是为异国情调所驱使，也不是为所谓比较之乐所诱惑，而只是想寻回一点儿理论迂回的余地，借一个新的起点，把自己从种种因为身在其中而无从辨析的理论纷争之中解放出来。"③

---

① 让—弗郎索瓦·勒维尔，马蒂厄·里卡尔：《和尚与哲学家：佛教与西方思想的对话》，第307页，阮元旭译，江苏人民出版社，2000年。
② 《迂回与进入·前言》，第3页，生活·读书·新知三联书店，1998年。
③ 《道德奠基：孟子与启蒙哲人的对话》，北京大学出版社。

有些学者强调要从非西方文化中吸取新的内容。2003年，在北京大学比较文学与比较文化研究所举办的"多元之美"国际学术讨论会上，法国比较文学大师巴柔（Daniel-Henri Pageaux）教授特别提到中国的"和而不同"原则定将成为重要的伦理资源，使我们能在第三个千年实现差别共存与相互尊重"①一些美国汉学家的著作也体现了这种认识论的改变，如安乐哲（Roger Ames）和大卫·霍尔（David Hall）合作的《通过孔子而思》、斯蒂芬·显克曼编撰的《早期中国与古代希腊——通过比较而思》、英国舒马赫的《小的是美好的》等。

还有一些学者认识到根本问题是要彻底改变殖民时代的心态（包括殖民者与被殖民者的心态），意大利罗马大学的尼兹教授提出比较文学是以改变殖民心态为目标的一个学科。它一方面使西方原来有殖民心态的人检查自己对原殖民地的人民和文学是否有超越其文化之上的心态；对原来被殖民的国家来说，就是要彻底摆脱崇拜西方、崇洋媚外的心理，重新来衡量自己的文化，找出自己文化的特色。②总之，"它关系到一种自我批评以及对自己和他人的教育、改造"。③

如果说西方文化数百年来处于强势地位，其文化自觉在今天多元文化发展的大趋势下，更多地倾向于审视自己的危机和弱点，那么，中国文化近百年来，作为一种弱势文化，不断受到西方文化的轻视和压抑，当代中国的文化自觉就不能不首先与民族文化复兴的愿望结合在一起。正如费孝通先生所说，文化自觉首先是对自己的文化要有自知之明，也就是要充分认识自己的历史和传统，这是一种文化延续下去的根和种子。但是，一种文化只有种子还不行，它需要发展，需要开花结果。传统失去了创造，是要死灭的，只有不断创造，才能赋予传统以生命。所谓"创造"就是不断"以发展的观点，

---

① 巴柔（Daniel-Henri Pageaux）：《文化还是文化间性：从形象学到媒介》，2001年4月"多元之美"大会文献。
② Armando Gnisci：《作为非殖民化学科的比较文学》，译文见《中国比较文学通讯》1996年第一期，第5页。
③ 同上。

结合过去同现在的条件和要求,向未来的文化展开一个新的起点",同时还要求特别关注当前的外在环境。全球化的现实需要有一些共同遵守的行为秩序和文化准则,我们不能对这些秩序和准则置若罔闻,而应该精通并掌握之,并在此语境下反观自己,找到民族文化的自我,知道在这一新的语境中,中华文化存在的意义,了解中华文化在世界文化中处于何种地位,并能为世界的未来发展作出什么贡献。总之是:首先要认识自己的文化,同时理解所接触到的多种文化,才有条件在这个正在形成中的多元文化的世界里确立自己的位置,经过自主的适应,和其他文化一起,取长补短,共同建立一个有共同认可的基本秩序和一套与各种文化能和平共处、各抒所长、联手发展的条件。①

长久以来,关于这方面的研究往往受制于盲目的爱国主义和"大国心态",现在已有很多中国学者特别重视在新的世界语境中重新来诠释中国文化,改变过去一味封闭地崇尚"国粹"的偏向而致力于从当前世界文化发展的需要出发,来审视我国极其丰富的文化资源;特别是研究在当前的文化冲突中,中国文化究竟能作出何种贡献,同时,也在与"他者"的对话中对自己重新再认识。然而,我们无论对西方、对中国都还缺少系统的、全面深刻的反思。本民族文化复兴的强烈愿望往往被扭曲为封闭排外的文化"复归"。一部分人寻求的不是对自身文化有"自知之明",而是一种势头很猛的夸张的复旧。这显然是与今天的时代潮流相悖逆的。

其实,文化复兴的根本要义是要建构现代的"新中国精神"。它要求我们"以中国的方式,为中国想象一个社会理念,一种生活理念,一套价值观,而且还需要想象一种中国关于世界的理念,因为中国必须成为一个为世界负起责任的大国。假如中国没有能够发展出一套概念体系、话语体系和知识体系,就不能以新的中国精神参与不断发展的世界文化的重新建构。这就是说,我们决不能仅仅满足于有地方特色的中国文化,更不能封闭于古代社会产生

---

① 参阅费孝通:《论文化与文化自觉》,第526页,群言出版社,2005年。

的传统文化之内，而必须对它重新诠释，寻求它在全球文化中所能作出的贡献。"如果中国的知识体系不能参与世界知识体系的建构，并从而产生新的世界普遍知识体系，不能成为知识生产大国，那么，即使有了巨大的经济规模，即使是个物质生产大国，也还将仍然是个小国。"①

事实上，21世纪新人文精神只有在世界不同知识体系和文化精神的互动、互识和互补中才能得到建构和发展。

三、关于21世纪新人文精神的几点思考

什么是人文精神？从历史来看，15、16世纪，欧洲启蒙主义所提倡的人文精神，或人文主义是指对人性、人的尊严和人的价值的重视，以及强调如何提高人的地位、了解人的本质，其重点大部分是落在保证个人的自由发展，以与中世纪神学统治对人的压抑相抗衡。在资本主义初兴时期，人们曾经对自由贸易带来的个性解放和精神独立充满期待，以为在一定程度上脱离笨重体力劳动和贫困后，人类可以得到解放和独立的空间；与此同时发生的，是热情奔放的浪漫主义思潮的勃兴。但是，与原来的期待相反，人类却陷入了一个史无前例的贫富两极急遽分化的世界，无休止地追求发展已成为存在本身的唯一意义，而无穷尽地聚敛财富，满足贪欲成了生活的目的，大部分人则为了谋生，被捆绑在无望的单调机械劳作之中；金钱对人性的束缚代替了早期资本主义对人性解放的许诺。启蒙运动所保证的个人自由发展蜕变为对物质财富的疯狂追求。过度的物化造成了人的异化，也就是对人性的窒息与泯没。

在中国，"人文"一词最早出现于《周易》的《贲卦》象辞："刚柔交错，天文也；文明以止，人文也。观乎天文以察时变，观乎人文以化成天下。"这里强调的"人文"，是指与大自然相对应的社会人伦。如果说大自然的根本规律是"刚柔（阴阳）交错"，社会人伦的根本规律就是"知止"。人文强

---

① 赵汀阳：《美国梦，欧洲梦和中国梦》，《跨文化对话》第18辑，第161页。

调的是如何将人类社会"化育"（化解培育）为一个与天地相协调的"天下"，达到这一目的的途径不是任个人的无限自由发展，而是对人性"坏"的方面加以限制和约束。如孟子所说"人之异于禽兽者几希！"自然人性中包含着许多兽性，必须加以控制。因此说："刚柔交错，天文也；文明以止，人文也"。人文的目的是止于其所当止，以维持社会的和谐与安宁。中国文化从一开始就特别强调用以化育天下的根本价值是"知止"。人文最根本的精神就是要知道止于其所当止，不能无限地发展下去。这和中国传统文化价值的其他表述，如"克己复礼为仁"、"极高明而道中庸"，"适可而止"，"不为已甚"等都是密切相关的。只有知道什么地方应该停止，不能再盲目冒进，才有可能建成有一个和谐的社会。中国的"人文"跟西方的人文虽然都是从同一种尊重人的精神出发，在同样的关注下发展起来，但他们各自有着不同的方式和着重点

到了20世纪20年代，西方一些学者已经看到启蒙主义带来的危机。美国学者欧文·白璧德参照中国的人文精神，提出："人若真正是人，便不能循着一般的'我'来自由扩张活动，而要以自律的功夫使这一般的'我'认识'轻重、本末'"。他认为："孔子是优于许多西方人文主义者的优秀的人文主义者"。他希望把西方的人文主义和东方的人文主义汇合在一起。他有这样一段话，大意是说，人如果要成为真正的人，便不能循着一般的"我"来自由扩张、自由放任，而要自律，自律就是自己能够规范自己。自律使一般的"我"能够认识更真，能够分清轻重本末，也就是有一个为人的规范。孔子提出"克己复礼为仁"，所谓"克己"就是应该对自己有所规范，这应是人文主义最高的理想。白璧德的中国学生吴宓、梅光迪等认为孔子提出的"克己复礼为仁"、"中庸"、"自律"等实际上已成为白璧德所提倡的新人文主义的基本支柱，他正是以此为基础来反对以培根为代表的超乎伦理的客观科学主义，也反对以卢梭为代表的率性而为，不受道德规范的极端个人主义。白璧德和他的学生们的理想是致力于把中西的人文精神结合起来创造一个新人文主义，来拯救社会，他们虽然没有成功，但却创造了一个好的开端。

什么是 21 世纪的新人文精神？本质主义式的答案是没有的，但可以从以下一些方面来进行思考。

首先，这是一种新的历史观。根据这种历史观，以物质增殖、破坏生态和无限消费为基础的"现代发展观"本身即将受到修正。新人文精神超越人类中心主义，高扬生态意识。它认为"人种不过是众多物种中的一种，不比别的物种好，也不更坏。它在整个生态系统中有自己的位置，只有当他有助于这个生态系统时，它才会有自己的价值。著名生态学家 Thomas berry[①] 认为人是天地之心。心系大自然，为天地操心是人的天职。这正如朱熹所说："天即人，人即天。人之始生，得之于天；既生此人，则天又在人矣。""天"要由"人"来彰显。只有通过自由创造、具有充分随机应变的自主性而又与"天"相通的"人"，"天"的活泼泼的气象才能得以体现。如果说过去西方启蒙主义科学的基础是"重塑"自然，以符合人类面貌，那么东方的方式则是抛弃人类可以操纵环境的想法，而重在根据环境的需要调整自身。东西方互补的生态思想和科学发展观是 21 世纪新人文精神的重要组成部分。

新人文精神强调基于"生活质量"的"可持续性文明"，反对个人或国家无限聚敛财富，无限自由发展。所谓"生活质量"就是"实际生活条件"以及"公民个人的主观幸福感"如健康，快乐，和谐的社会关系，绿色自然环境等。在这个基础上形成的"可持续性文明"强调普遍人权和自然权利而不只是私有产权；强调全球合作而不是单边主义的权力滥用；强调共同体中的互相依赖而不只是个体的绝对独立自主；在这样的共同体中，获得自由，不是个人为所欲为，而是能够进入与他人之间无数种彼此依赖的关系之中；进入的共同体越多，选择权也就越大，也就有越多的自由。在这样的共同体中，当个人用自己的"自由"削弱社会共同体的时候，其结果也一定削弱自身。在儒家思想里，没有"我"能够孤立存在，或被抽象地思考；"我"是

---

① 参阅托马斯·柏励（Thomas Berry）的《地球梦》和《生态纪》。

根据和其他具体个人的关系而扮演的各种角色的总和；而道家认为整体存在于相反力量之间的关系中，它们共同互相完善。总之，新人文精神拒绝抽象自由观，走向有责任的深度自由，将责任和义务观念引入自由的概念之中，揭示出自由与义务的内在联系。新人文精神所追求的不是扩大权力范围而是扩大人类的互相理解，它努力纠正第一次启蒙所错误提倡的"物质主义"以及无限制的进步论（直线的、急速的、无限的求新）和绝对化了的个人主义，它的最后的目标是将人性从物质主义的牢笼中解放出来，成就新的人性。

　　从物质主义的牢笼中解放出来，最重要的途径是超越工具理性，呼唤审美智慧。工具理性曾为人类带来巨大的进步和财富，但同时它也使人们难以摆脱以功利为目的的行为动机。审美智慧是一种建立在有机联系观念基础上的，以真善美、知情意的和谐统一为旨归的整合性思维。在这里，科学思维、理性思维、感性思维、宗教思维、艺术思维得以互相补充，互相丰富。过去，受二元对立思维方式的影响，现代理性是以排斥感性、情感价值和美为前提的。而审美智慧则强调亦此彼的和谐思维。中国传统文化从来以"情"、"和谐"、崇尚自然之美为核心，在全球化语境中必然开发出一套不同于西方的全新的思想体系。

　　如果说18世纪的第一次启蒙以"解放自我"，追求世界普遍性为中心，21世纪新人文精神所提倡的，则是尊重他者，尊重差别，提倡多元文化互补，特别是东西文化互补。第一次启蒙思想经过数百年现代主义的发展，到了上世纪60年代，后现代解构运动使一切现代性多年塑造的权威和强制性的一致性思维都黯然失色，同时也使一切都离散化、零碎化、浮面化，最终只留下了现代性的思想碎片，以及一个众声喧哗的、支离破碎的世界。人们在一个没有边界的、混乱无序、分崩离析的世界上，成了存在主义的流浪部族，漫游在盲目的绝望中。正如里夫金在《欧洲梦》中所说，贯穿在今天的两大精神潮流就是：一、在一个日益物质化的世界里，寻找某种更高的个人使命的渴望；二、在一个逐渐疏离、冷淡的社会里，寻找某种共同意识的需求，他认为这是欧洲和中国的有识之士所共同追求的。为了共存于一个日益联系紧密的世界,人类需要不断开发新的理念,在这点上,中国和欧洲会找到更多、更深层的共通之处,这共通之处就是21世纪的新人文精神的重塑。

综上所述,无论从自然环境、科学发展、社会需求等各方面来看,人类都面临着一个空前巨大的转折。要平安度过这个转折,首先就是要改变人类现有的人生观、世界观,重构人类的精神世界。中国文化是一个具有强大思想能力的文化,从来就有追求精神生活,将道德置于崇高地位的深远传统。中国文化保留着极其巨大的空间,可以展开人与自然的和解,调节理性思维与精神信仰,物质追求与审美情趣,自然科学与人文关怀之间的裂断。如果这些中国文化固有的文化基因与现代诠释相结合,面向当代多元文化的世界,那就会创造出新的概念体系、话语体系和知识体系,与其他文化一起,共同建构21世纪的新人文精神,开辟一个崭新的人类历史新阶段。

改变殖民主义时代的精神世界
——重温与阿尔曼多·尼兹教授的友谊

2013年10月,通过一位意大利研究生的联系,突然接到阔别十余年的意大利罗马大学尼兹教授(Armando Gnisci)的来信。我认识尼兹教授早在1996年,当年他远道而来,参加在吉林长春召开的中国比较文学第5届年会暨国际学术讨论会,他的论文题目是"作为'非殖民化'学科的比较文学"。我当时感到他看待比较文学的角度很新,许多问题是我从未认真想过的。为什么说比较文学是一个非殖民化学科呢?他从改变人类精神世界的高度出发,把比较文学分为两个层面:第一个层面是:"对于摆脱了西方殖民的国家"来说,"比较文学代表一种理解、研究和实现非殖民化的方式",也就是要靠比较文学的理论和实践,彻底挣脱过去殖民思想的束缚;第二个层面是"对于我们所有欧洲学者"来说,比较文学"代表一种思考、自我批评及学习的形式,或者说从我们自身的'殖民'(体系)中解脱的方式"。他特别强调作为长期生活在殖民地宗主国的欧洲学者,"必须确实认为自己属于一个'后殖民的世界',在这个世界里,前殖民者应学会和前被殖民者一样生活、共存"。尼兹教授认为,要做到这一点,决非轻而易举,首先要抛弃数百来殖民体系形成的西方人傲视他种文化的优越感。这是"一种自我批评以及对自己和他人的教育、改造,就像希腊文化中的'苦修'(askesis)一样,尼兹教授说,"作为欧洲人,我们必须超越那种贫乏而又激进的对欧洲中心主义的批评,将其转化为比较文学意义上的批评。这就是说重视非欧洲人对欧洲中心主义的批评。……因为不能仅靠我们自己的力量,以我们的哲学传统下的心理状况为基础就能实行这种苦修,相反,只有通过比较,倾听他人,以他人的视角看自己之后才可能实现。通过这些(比较)手段我们最终才会向他人,也向我们自己学习那些我们永远不能通过别的方法发展的东西"。当时我觉得深受启发,随即将他的发言发表在1996年出版的《中国比较文学通讯》第31期上。

此后,尼兹教授一直强调世界文学与殖民体系不可分割的联系。2002年,他在"全球文学与今日世界文学"中说:"我必须再次重申,欧洲文学是在19世纪帝国殖民地的渐进征服中才完成了对世界的征服的。正如马克思和恩格斯在1848年所了解的那样[①];而非歌德和F.施莱格尔所梦想的从欧洲心脏德国勃然而兴的那种'普世诗歌'。爱德华·赛义德在他的《文化与帝国主义》一书中已明确指出了介于欧洲文学与殖民主义的这一结合点。"[②]

二战后,很多新独立的民族国家建立起来,但是在精神上依然处在被殖民状态。也就是说,它们在精神上,或者无意识中会依赖过去的殖民文化价值观,而较少发掘自身传统文化的固有价值,并在这个基础上与他种文化对话,使传统文化现代化,以致自身的文化仍然被他人所操纵。这种现象也就是佳雅特里·斯皮瓦克在《后殖民理性批判:通向正在消失的现在的历史》一书中激烈批判的来自"占支配地位的全球资本"对于前殖民地的新一轮殖民剥削并使殖民地人民无法发出声来。这也是她在谈到比较文学时一再提出的后殖民时代必须关注"强势文化对新独立文化的随意'挪用'以及后者如何才能终于从精神的殖民中得到彻底解放的问题"。

尼兹教授对改变殖民主义时代的精神世界及其所反映的文学始终锲而不

---

① 指马克思、恩格斯在《共产党宣言》中所说,由于资产阶级开拓了世界市场,"过去那种地方的和民族的自给自足和闭关自守状态,被各民族的各方面的互相往来和各方面的互相依赖所代替了。物质的生产是如此,精神的生产也是如此。各民族的精神产品成了公共的财产。民族的片面性和局限性日益成为不可能,于是由许多种民族的和地方的文学形成了一种世界的文学"。
② (意)阿尔曼多·尼兹:"全球文学与今日世界文学",王林、石川译,《中国比较文学》2002(2)。

舍,今年10月他通过一个研究生得知了我的地址,接连给我写了三封信。他认为对欧洲人民来说,最重要的仍然是是要清除头脑中根深蒂固的殖民思想和文化优越感;对中国来说,则要更深入地发掘自己的文化特色,不要让自己的文化消融在全球化的"大熔炉"中。这也是意大利著名学者恩伯特·艾柯一贯的思想,他多次谈到全球化不是一个没有裂缝的大熔炉,多元文化交汇的结果不是融合出一块共同的"合金",而是建构一个更有不同民族文化特色的多元文化的共同体。尼兹教授他告诉我他正在努力学习中国文化,并和我大谈他阅读《庄子·秋水》的体会。

他希望他主持的《艺术复兴》杂志能更多发表中国学者的文章,也希望意大利学者能参与我们的《跨文化对话》。他还寄来了他草拟的"跨文化宣言"征求意见,可惜是西班牙文,我尚未读懂。他特别强调既然我们这一代人见证了殖民体系的不公,就应该充分揭露它,警惕它以另一种形态复活,并设法弥补它所造成的人与人之间的鸿沟,特别是"南北之间"的鸿沟!他建议合作创建一个跨文化、跨大陆、跨大洋的文化网络(I suggest creating a transcultural, transcontinental, and transoceanic network:Beijing – New Delhi – Cairo – Tokyo – Rome – Rio de Janeiro-),大家协力建设一个非殖民文化的新的精神世界。

尼兹教授的信使我深心感动而惭愧。我们是不是应该更深地开拓自己的思想,更关心他人福祉,更认真地行动起来呢?新的号角已经响起。发展中国文化已经有了新的内在的动力,也有了新的国际环境,我们还等什么呢?

承认和尊重差别是发展多元文化的基础

欧洲的杰出理论家翁贝尔托·埃科（Umberto Eco）1995年访问中国，在北京大学发表演说，提出："了解别人并非意味着去证明他们和我们相似，而是要去理解并尊重他们与我们的差异"，他强调他的北京之行，不是像马可波罗那样，要在中国寻找西方的"独角兽"（Unicorn），而是要来了解中国的龙。1999年纪念波洛尼亚大学成立900周年大会的主题讲演中他又提出，欧洲大陆第三个千年的目标是"差别共存与相互尊重"，他认为人们发现的差别越多，能够承认和尊重的差别越多，就能生活得越好，就能更好地相聚在一种相互理解的氛围之中。这与中国传统文化所强调的"和能生物，同则不继"正好相通："和"就是使各种差异得以繁荣共生，通过相互作用而产生新的事物；没有差异，只是同类事物的迭加，就没有继续发展的可能。

19世纪中叶，鸦片战争敲开了中国的大门。中国成为西方"自我"认同与扩张的对象。在中西的不平等相遇中，中国几乎在否定自己的历史和文化中前行。50年代的"全盘苏化"使这一强制性认同过程发展到极端，终于在60年代以全面闭门锁国而告结束。然而，中国文化精神在历史上从不接受殖民，中国在一定程度上丢失了自我，但从来没有归化而成为自己文化的他者。

其实，中国传统文化一向以差异为认识事物的出发点，所谓"物之不齐，物之情也"。新世纪之初，北京大学比较文学与比较文化研究所举办了一次题为"多元之美"的国际学术讨论会。"多元之美"化用了法国作家谢阁兰（Victor Segalen，1878—1919）一部美学论著的书名《论异国情调——多样性美学》。"多样性美学"原意为承认美在于差异，只有在差异感中才能产生美感。

差别共存是 21 世纪的主旋律

为什么"差别共存与相互尊重"会突出地成为 21 世纪的主旋律呢？大约可以分析为以下四方面的原因：

首先是全球化促进了殖民体系的瓦解，造就了全球化的后殖民社会。原被殖民国家取得了合法的独立地位后，最先面临的就是从各方面确认自己的独立身份，而本民族的独特文化，正是确认独特身份最重要的因素。二战以来，马来西亚为强调其民族统一性，坚持以马来语为国语；以色列决定将长期以来仅仅用于宗教仪式的希伯莱文重新恢复为日常通用语言；一些东方领导人和学者为了强调自身文化的特殊性提出了"亚洲价值"观念等。这些都说明当今文化并未因世界经济和科技的一体化而"趋同"，恰恰相反，经济全球化和后殖民状态大大促进了各种"统一中心论"的解体。世界各个角落都成了联成整体的地球的一个不可分割的组成部分，而每一部分都有自己存在的合法性，过去统率一切的逻各斯中心论、"普遍规律"和宰制各个地区的"大叙述"模式都面临挑战。后殖民时代显然为多元文化的发展奠定了基础。

其次，20 世纪以来，人类正经历着认识论和方法论的重大转型，即从逻辑学范式过渡到现象学范式。逻辑学范式通过"浓缩"，将具体内容抽空，概括为最简约的共同形式，最后归结为形而上的逻各斯或黑格尔的绝对精神。许多这样的叙述结构结合成一个"大叙述"或"大文本"，体现着一定的规律、本质和必然性。现象学范式研究的对象不是抽象的形式，而首先是具体的"身体"，一个活生生地存在、行动，感受着痛苦和愉悦的身体，周围的一切都不是固定的，而是随着这个身体的心情和视角的变化而变化。因此，现象学研究的空间是一个不断因主体的激情、欲望、意志的变动而变动的开放的空间。过去，认知的开始是公式、定义、区分和推论，它叙述的是一个可信赖的主体,如何去"认识"一个相对确定的客体,从而将它定义、划分、归类到我们认识论的框架之中。现象学范式的思维方式与此不同,它强调主体和他者在认知过程中都有所改变并带来新的进展。它与主体原则相对,强调了"他者原则";与确定性"普适原则"相对,强调了不确定的"互动原则"。总之是强调对"主体"的深入认识必须依靠从"他者"视角的观察和反思;而"他者"首先是不同于自我的、以差别为基础的"对象",可以说,没有差别就没有他者。

第三,全球化所带来的物质和文化的极大丰富为原来贫困地区的人们创造了在发展物质文化的同时发展自身精神文化的条件。正是受赐于经济和科技的发达,人类的相互交往从来没有像今天这样频繁,旅游事业的开发遍及世界各个角落。一些偏僻地区、不为人知的少数民族文化正是由于旅游和传媒的开发才广为人知和得到发展。尽管在这一过程中,不免会有各种"商业化"的弊病,但总会吸引更多人关注某种过去鲜为人知的文化的特色和未来。

第四,加之,由于两次世界大战和20世纪人类所遭受的种种巨大精神创伤,人类的文化自觉普遍提高,人们普遍期待着一个文明开化、多元发展的联盟,这就是全球的多极均衡、多元共存。

因此,对差别的重视和研究就特别凸显出来。

差别共存并非互不相干

然而,差别共存并不是静态的、被动的、互不相干的,仅仅是"共同存在"而已。中国古代提出的"和而不同"的精髓首先是强调一种动态的发展。西周末年(约公元前七世纪),伯阳父(史伯)同郑桓公谈论当年政局时,曾对"和实生物,同则不继"的思想作了较详尽的解释。他强调说:"以他平他谓之和,故能丰长而物归之。若以同裨同,尽乃弃矣。""以他平他"是什么意思呢?"平",古代与辨、辩通假,意谓辨别、品评。唐代称宰相为"平章",就是指对事物辨别、品评,并加以彰显的人。因此,"以他平他"就是不同事物在突显和消长中,互相比评,互相超越而达到新的境界。用今天的话来说，就是一种互识、互动、互为主观的发展之道，也就是通过差异的对话而得到发展。

"以他平他"，能使物"丰长"的对话不是"各说各话"，而是一种能产生新的理解和认识，从而带来新发展的"生成性对话"。构成"生成性对话"的首要条件是对话者各有其主体性。所谓主体性，就是费孝通先生强调指出的文化自觉。费先生说："生活在一定文化中的人对其文化要有'自知之明'，明白它的来历，形成过程，所具的特色和它发展的趋向……自知之明是为了加强对文化转型的自主能力，取得决定适应新环境、新时代文化选择的自主地位。文化自觉是一个艰巨的过程，首先要认识自己的文化，（同时）了解所接触到的多种文化才有条件在这个正在形成中的多元文化的世界里确立自己的位置。经过自主的适应，和其他文化一起，取长补短，共同建立一个有共同认可的基本秩序和一套与各种文化能和平共处、各抒所长、连手发展的共处守则。"① 由此可见，对话的目的不是"融为一体"，以致由"不同"变为"同"，而是要在共同的理解下进一步发挥各自的特长，也就是协调各种"不同"，达到新的和谐统一，使各个不同事物都能获取新质，得到新的发展，形成不同的新事物。中国传统文化的最高理想不是万物合为一体，而是"协同万邦"，"万物并育而不相害，道并行而不相悖"。"万物并育"和"道并行"是"不同"；"不相害"、"不相悖"则是"和"。要做到这一点，没有主体的自觉是不可能的。

同理，作为第三个千年的目标的"差别共存"也不是各种差异的消极被动的"共存"，而是通过各方面的积极对话，求得共同发展。因此，自1998年，伊朗总统哈塔米正式向联合国提出把公元2001年定为人类的"文明对话年"并在联合国大会表决一致通过后，在北京（2001）、印度（2003）、越南（2004）都召开过这样的"文明对话会"，在不同程度上促进了不同文化之间的共识。

---

① 《费孝通文集》第14卷，第197页。

作为联合国文明对话领导小组成员的杜维明先生曾指出:"文明对话不只是西方霸权为宰制世界而运用的策略而更多是伊斯兰文明对西方的霸权所提出的单边主义和文明冲突的回应"①。对话当然不能解决所有问题,但对话总比冲突和对抗好,更重要的是,目前仍然只有对话才是避免屠杀和战争的首要途径。

对话的悖论

有了对话的自觉,还要有对话的善意和胸襟。在对话的过程中常常遇到四种难解的悖论。一是普遍与特殊的悖论,二是保持纯粹与互相影响的悖论,三是他者与自我的悖论,四是沟通话语的可解与不可解问题。

普遍与特殊的悖论首先表现为后殖民时代的狭隘民族主义思潮,一部分人认为一切被指为"普遍"的东西多是独断的、僵化的,并有强加于人的暴力倾向;他们反对任何结构的制约,认为不存在中心,也没有所谓普遍性,只有互不关联的特殊性。他们认同后现代主义的"无深度概念",消解一切现象与本质,必然与偶然、普遍与特殊、能指与所指之间的联系(所谓能指的漂浮),使一切事物成为既无时间连续,又无空间相关性的孤立个体,他们都只强调差别而忽视联系。文化孤立主义与文化相对主义就是强调为保持既有差异,而反对相互影响交流,压制发展更新的代表②。其实,这种对峙也是西方文化传统长期讨论的"一般与个别"、"普遍与特殊"命题的现代表现。早在希腊时代,亚里士多德在他的《形而上学》中就已经深入讨论过这个命题,并指出个别和一般不可分割;黑格尔更是对此作了精辟的论证和发展。然而在当前的特殊情况下,两者却发生了深刻的断裂。这种断裂严重影响了各方面的和谐,使社会难以进步。重新沟通和弥合这种断裂,回返普

---

① 《文明对话》,第68页,清华大学出版社,2006年。
② 参阅拙文《多元文化发展中的问题及其前景》、《文化相对主义与比较文学》,见《跨文化之桥》第8—10页,35—40页,北京大学出版社,2002年。

遍与特殊的正常关系是发展多元文化、保护文化生态、缓解文化冲突的重要环节。只有"生成性对话"才能把各自孤立的个体或由这些个体所组成的群体,通过相互理解和尊重凝聚起来,赢得持续性的发展。

在保持纯粹与互相影响方面,也存在着颇多疑虑。一方面是全球化,另一方面是多元化,两者同时并存,就存在一个悖论:要保存文化的多样性,那当然是各种文化越纯粹、越"地道"越好,但不同文化之间又不可避免地互相渗透、吸取,这种互相吸收和补充,"你中有我,我中有你"是否有悖于保存原来文化的特点和差异?这种渗透交流的结果是不是会使世界文化的差异逐渐缩小,乃至因混同而消失呢?

其实,从历史发展来看,一种文化对他种文化的吸收总是通过自己的文化眼光和文化框架来进行,也就是要通过自身文化屏幕的过滤,很少会全盘照搬而多半是取其所需。例如佛教传入中国,得到很大发展,但在印度曾颇为发达的佛教唯识宗由于其与中国传统思维方式抵触过大,就很难得到传播和发展;又如陈寅恪所指出的:由于与中国传统伦理观念不能相容,佛藏中"涉及男女性交诸要义"的部分,"纵笃信之教徒,亦复不能奉受","大抵噤默不置一语","惟有隐秘闭藏,禁止其流布"[①]。法国象征派诗歌对30年代中国诗歌的影响亦复如是。当时,兰波、凡尔仑的诗歌被大量译介,而作为法国象征主义诗歌杰出代表的马拉梅在中国的影响却绝无仅有。这些都说明了本土文化在文化接触中的一种最初的选择。

同时,一种文化对他种文化的接受也不大可能原封不动地移植。一种文化被引进后,往往不会再按原来轨道发展,而是与当地文化相结合产生出新的,甚至更加辉煌的结果。希腊文化和希伯莱文化传入西欧,成为西欧文化的基石,这是一种崭新的文化,与原有的母体文化已有很多不同。印度佛教传入中国,与中国原有的文化相结合产生了中国化的佛教宗派天台、华严、

---

① 《寒柳堂集》,第155页,上海古籍出版社,1980年。

禅宗等；这些中国化的佛教宗派又成为中国宋明新儒学发展的重要契机。这种文化异地发展，孳生出新文化的现象，在历史上屡屡发生。

况且，两种文化的相互影响和吸收不是一个"同化"、"合一"的过程，而是一个在不同环境中转化为新物的过程。在不同选择、不同条件相互作用下创造出来的新物，不再有旧物原来的"纯粹"，但它仍然是从旧物中脱颖而出，仍然具有不同于他物的独特之处，因此全球化和多元化的相互作用，其结果并不是"趋同"乃至"混一"，而是在新的基础上产生新质和新的差异。当然，这并不排斥在漫长的社会发展进程中，人们会逐渐形成某些共同的价值标准，但即使是这些为数不多的共同标准在不同的地区和民族也还有其不同的理解和不同的表现形式，在普遍性中体现着原有的特殊。

对话中的他者与自我的确是一个十分复杂的问题。首先，我们从自我出发，总想同化对方，说服他同意我的方案，接受我的想法，这样做的结果只能是牺牲对方的特色而趋同。对话的结果不是产生"使物丰长"而发展的新的"和"，而是"以同裨同，尽乃弃矣"的那个"同"。因此勒维纳斯特别强调应该从他者出发，关注他者最不清楚，甚至最不可能理解的那一面。这样的他者时常变换，在相接的岔路中顺应你自身的欲望，而顺理成章地推你向思索当中的局限。勒维纳斯认为："与我相遇的是处处超越我能够从他那里得到观念的他人，是不会封闭于任何知识之中的他人"①。因为"他者是我所'不是'，不是因为他的性格、外貌和心理，而仅仅因为他的相异性本身。正是由于这种相异性，我与他人的关系不像通常所认为的那样是一种'融合'，而是一种'面对面'的关系"。②然而，只强调相异性，就很难达到理解和沟通的目的，不强调相异性，又会发生混同融合等情形。这就是对话中难解的一个悖论。

---

① 勒维纳斯：《整体与无限》，参阅《跨文化对话》第7辑，第29页。
② 勒维纳斯：《时间与他人》，参阅杜小真著：《勒维纳斯》，三联书店（香港），1994年。

不同文化的对话还有一个话语问题。对话的首要条件是要有一种双方都能理解和接受、可以达成沟通的"话语"（不是语言，而是一种双方都认同的游戏规则，如不能用打排球的规则打羽毛球）。然而，长期以来，发达世界习惯于西方中心的思维方式和行为模式，要以平等的心态去理解他种文化的陌生的话语，并不是一件轻而易举的事；而第三世界所面临的是发达世界早已长期构筑完成的一整套概念体系、论述方式，也就是一套遍及于政治、经济、文化各个领域的，长期占统治地位并被广泛运用的话语。事实上，这套话语经过数百年积累，汇集了千百万智者对于人类各种问题的思考，不应该、也不可能放弃；然而，危险的是，如果第三世界只用这套话语构成的模式去诠释和截取本土文化，那么，大量最具本土特色和独创性的、活的文化就会因不能符合这套模式而被排斥在外。由于这种矛盾，某些人就主张去"发掘"一种绝对属于本土的、未经任何"污染"的话语，但他们最后会发现这种话语根本就不存在，因为文化总是在与其他文化的相互作用中发展的；况且，即便有这样的完全"本土"的话语，它也不能被对方所理解而达到沟通的目的。这个难解的话语悖论也是对话中至关重要的问题。

对话、差异与比较文学

比较文学研究的是不同文化中，文学的"文学间性"，它本身就是不同文化所构成的"文化场"或文化网络的产物。事实上，在全球资讯时代，人类面临的仍然是历史上多次遭遇的共同问题：如生死爱欲问题，即个人身心内外的和谐生存问题；权力关系与身份认同问题，即人与人之间的和谐共处问题；人和外在环境的关系问题，即人与自然之间的和谐共存问题，还有已知和未知的关系问题，人和命运的关系问题等等。追求这些问题的解答是古今中外人类文化的共同目标，但这种"普遍性"在不同历史时期和不同地域、不同文化环境中有完全不同的表现而形成不同的文化特殊性。可以说从古至今，各种不同文化都在竭力探索如何解决这些有关生存之道的共同困惑，而文学艺术在这方面已经并正在作出自己的特殊贡献。任何伟大的艺术作品总是体现着人类经验的某些共同方面而使欣赏者产生共鸣，同时又是作者本人的个人经验、个人想象与个人言说。伟大作品在被创造时，总是从自身文化出发，筑起自身的文化壁垒，在被欣赏时，又因人们对共同经验的感知而撤除了不同文化之间的隔阂。要削弱以至消解文化霸权主义和文化孤立主义，最根本的关键就是普通人们之间的宽容、沟通和理解。文学涉及人类的感情和心灵，较少功利打算，不同文化体系的文学中的共同话题总是十分丰富的。不同文化体系的人们都会根据他们不同的生活和思维方式对这些问题作出自己的回答。通过多种不同文化体系之间的多次往返对话，这些问题就能得到我们这一时代的最圆满的解答，同时为这些问题开放更广阔的视野和前景，人们的思想感情也就由此得到了沟通与理解。通过文学艺术的特殊作用，也许可以把我们从目前单向度的、贫乏而偏颇的文化霸权主义和文化孤立主义的意识形态中解放出来，成就一个全人类所期待的文化多元的新的全球化。

艾德曼·胡塞尔在题为《地球不转》的哲思中以悖论的形式指出，发现地球的转动和运行远没能让我们得以重新审视世界和人类状况，反倒更加深了我们观察世界视角的定势。当西方对人类状况的认识意识到了局限，另一种视角的时代就已经来临。事实上，西方许多有识之士今天已经发觉自身正处在一场革命的前夕，这场革命将在全球文明来临之际挖掘出到目前为止西方人尚一无所知的潜力，即非西方的文化。四川大学的赵毅衡教授谈到，近三十年，在全球范围内，人们渐渐认同的一套新的价值观。如女性主义、环境保护意识、动物保护意识、少数民族权利、多元文化、反无限制科技等等。很多新价值提倡者声称他们是在回响东方智慧：对生态主义的西方信徒来说，道家经典是他们的圣经，道法自然是他们的响亮口号；反对"科技无禁区"的人，一再重提老子关于过分智巧的警告；动物保护主义，与佛教的众生有灵，力戒杀生，有显然的相应；对残废人、智弱者的关怀，更是佛教式的悲悯；至于老年人权利，当然与中国儒家传统相一致。

这些新的发展大大拓展了比较文学的文化根基。最近在北京举行了两次重要学术活动，一次是在北京大学召开的"思考'他者'：围绕于连思想的对话"国际学术讨论会，另一次是著名理论家茨维坦·托多洛夫在北京大学关于"恶的回忆，善的向往"的学术报告。于连充分发挥了他的"通过他者的中介，到达自我"的认识路线，进一步强调把中国变成一种对其自身思想传统重新审视的更加清晰的视角。托多罗夫则强调："眼睛不能看见自己……最清楚地认识自身就是通过对他者的认识"。这些都有助于我们进一步提高对比较文学的认识，提供了超越过去建立在类比基础上的影响比较与平行比较的深入思考。

互动认知：以文学与科学的互动为例

21世纪新人文主义的认识论是以互参、互证、互识、互补为核心的双向认识论。

一、两种认知方式

20世纪后半叶，人类正经历着认识论和方法论的重大转型。过去的逻辑学认知方式，是一种内容分析，通过"浓缩"，将具体内容抽空，概括为最简约的共同形式，最后归结为形而上的逻各斯或黑格尔的绝对精神。从这种范式出发，每一个概念都可以被简约为一个没有身体、没有实质、没有时间的纯粹的理想形式，一切叙述都可以简化为一个封闭的空间，在这个固定的空间里，一切过程都体现着一种根本的结构形式，所有内容都可以最后概括为这一形式；这一形式也可以适用于许多不同的内容。例如许多文学作品的叙述都可归纳为：从原有的"缺失"过渡到"缺失得以补救"或"缺失注定无法补救"，最后或成功或失败这样一个结构。如《红楼梦》所写的大荒山青埂峰下的一块顽石，不满足于未能"补天"的"缺失"，经历了一番"花花世界"，最后落得个白茫茫大地一片真干净的结果；《西游记》所写的孙悟空不满足于花果山猴王生活的"缺失"，大闹天宫，经历了八十一难，终成正果。许多这样的叙述结构结合成一个有着同样结构的"大叙述"或"大文本"，体现着可以概括许多现象、许多偶然性的一定的规律、本质和必然性。

近世以来，除逻辑学认知方式外，另一种认知方式也很盛行。这种认知方式研究的对象不是形式，而首先是具体事物，比方说一个活生生地存在、行动，感受着痛苦和愉悦的身体，它周围的一切都不是固定的，而是随着这个身体的心情和视角的变化而变化。因此，这种认知方式研究的空间是一个不断因主体的激情、欲望、意志的变动而变动的开放的空间。从这种认知方式出发，人们习惯的深度模式被解构了：中心不再成其为中心，任何实体和虚体都可能成为一个中心；原先处于边缘的、零碎的、隐在的、被中心所掩盖的一切，释放出新的能量；现象后面不一定有一个固定的本质；偶然性后面不一定有一个必然性，"能指"后面也不一定有一个固定的"所指"（所谓能指漂浮）。例如历史被解构为事件的历史和叙述的历史两个层面，事件被"目睹"的范围毕竟很小，我们多半只能通过叙述来了解历史，而叙述的选择、详略、角度、视野都不能不受主体的制约，所以说一切历史都是当代史，也就是当代人所诠释的历史。

原来相对固定的"大叙述"框架消解后，各个个体都力求发挥自身的特点和创造力，强调差别的要求大大超过了寻找共同点的兴趣。人们发现，能够承认和尊重的差别越多，就越能更好地相聚在一种互相理解的氛围之中。其实，只是承认"差别"还远远不够，我们所要的不是各自孤立、互不相干的个体，而是通过相互理解和尊重联结起来的，同时又保存着原有差异的不同个体所组成的群体，这就是中国传统所强调的"和"。孔夫子早就提出："君子和而不同，小人同而不和"。重复相同的东西永远不可能产生新物，惟有不同事物之间相互作用，也就是互动，才有可能有新的发展，所以《国语·郑语》明确提出："和实生物，同则不继。"

于是，与过去主体观察一切，决定一切的原则相对，突出了"他者原则"；与过去强调确定性、"普适原则"相对，突出了不确定的"互动原则"。总之是强调对主体和客体的深入认识必须依靠从"他者"视角的观察和反思；宋代著名诗人苏东坡有一首诗写道："横看成岭侧成峰，远近高低各不同；不识庐山真面目，只缘身在此山中。"也就是说由于观察者所处的地位和立场不同，他的主观世界和他所认识的客观世界也就发生了变化。因此，要真正认识世界（包括认识主体），就要有这种"外在观点"，要参照他人和他种文化从不同角度对事物的看法。有时候，自己长期并不觉察的东西经"他人"提醒，往往会得到意想不到的发展。这种由外在的观点所构成的"远景思维空间"，为认识的发展提供了广阔的可能性。

既然一切随空间、时间、地位、视角的变化而不同，那么，一切事物的意义也就并非一成不变的了。事实上，世界万物都在千变万化的互动关系中，在不确定的无穷可能性中，因种种机缘，而凝聚成一种现实。老庄哲学将这种蕴藏着众多可能性、不断变化的混沌状态称为"混成之物"，也就是"道"。《道德经》21章说："道之为物，惟恍惟惚。惚兮恍兮，其中有象；恍兮惚兮，其中有物。"这里说的"象"和"物"就是尚不存在而又确实已有的某种可能，这种可能将随各种因素的互动，随主观和客观的动态演化而成为一种现实，也就是说，对事物的认识不可能是一成不变的，它必然根据"个体"（主体）的不同理解而呈现出不同的样态，因此，理解的过程也就是互动的、重新建构的过程。

二、自然科学与人文

一般来说，自然科学以研究自然物为对象。自然物是自然生成的，直到如今，科学再发达，人也不可能创造自然物，即使是最先进的克隆技术也不能凭空制造一个生物，而必须要依靠先在的、某种生物的干细胞。以大自然为研究对象的自然科学和以人所创造的社会和人文为对象的社会科学与人文学科在思维方式上有很大的不同。首先，大自然的变化在一定范围内多有规律可循，这种规律可以多次重复。例如水加温到100度，即可沸腾而气化；降温到零度，即可凝固而成冰。这一过程可无限重复，多次检验；社会和人文现象虽可模拟，却不可能完全重复，因而也就无法多次检验；例如对一次战争成败的分析，任何理论都不可能用重演这次战争的办法来得到检验；其次，自然规律不以人的意志为转移，只要条件相同，过程相同，就会产生同样的结果；社会和人文现象的发展及其结果却常常因"天时、地利、人和"

而异，并受到诸多偶然因素的制约。

因此，在自然科学领域，人们主要依靠的是形式逻辑方法、数学描述和具体实验，也就是用上面所说的以分类、概括、归纳、演绎为主的第一种认知方式来思考。社会科学与人文科学主要依靠的却是上述第二种认知方式，正如马克思所归纳的，人脑掌握世界有四种方式，除自然科学外，还有"艺术的"、"宗教的"、"实践—精神的"，它们可以互相阐发，但却不可互相代替。①

但上述自然科学的认识论和方法论也只是在一定范围内，一旦超出这个范围，情况就完全不同了。如上所述，水在一百度沸腾，零度结冰；但在极大的压力下，或在绝对零度（摄氏负270度）的情况下，这个规律就不再起作用。而在牛顿力学范围内适用的各种规律，在量子力学的条件下，也都会有所变异。再进一步看，人类已知之物实在有限，而未知之物却无穷无尽。从"未知"变为"已知"首先要依靠人类所设计的实验构架，通过实验使未知之物得到验证，成为已知。那么，未经验证，或甚至尚未设计出实验构架的广袤的未知领域呢？人不可能用已知的规律来概括未知的领域。自然科学知识首先要依靠人所构想出来的实验的构想，经过实验验证，才能成立。由此可见，自然科学的知识和规律也还不是绝对的，也还不能离开自然物与自然物之间、自然物与人之间的互动；何况自然科学本身的目的就是以人为本，造福于人类！

然而，近世以来，"科学的"和"人文的"似乎已分化为两个壁垒森严的世界，人们不能不看到20世纪科学成就的误用给人类社会造成的危害，而对未来科学发展的预见又给人类带来挥之不去的阴影和威胁，如基因的破译、生物的克隆所带来的一系列社会伦理学问题等等。无庸讳言，科学的发达已经给人体本身造成了巨大的危害，且不说空气污染、生态失衡、原子武器、

---

① 马克思：《〈政治经济学批判〉导言》，《马克思、恩格斯选集》第2卷，第103—104页。

贫铀弹之类；就拿人类通过文字，经由想象而成像的能力来说，也已受到了相当大的损害。过去，孩子们看一本童话书，就会在头脑里自然浮现出一个童话世界。现在，由于过分依赖电视、电脑、游戏机提供的视觉形象，孩子们通过文字自由成象的能力已经被大大削弱，他们的想象世界被各种各样别人创造的、通过传媒而铺天盖地的漫画、卡通形象所充塞，正在逐渐失去创造力。因此，西方出现一股反朴归真、逃离现代文明的反智思潮是不足为怪的。

然而，危害人类的显然不是科学本身，而是掌握和使用科学权力的人。问题在于如何控制这种权力，并使广大人群参与其事。全球性的环保运动就是一个成功的例子。人类正在努力寻求一种有更广大的人群参与的权力机制。这也许也可以规范掌握和使用科学的权力，避免科学可能造成的危害。

科学和人文虽有不同的认知方式和思维方式，但远非绝对对立，而是可以互通、互识、互相为用的。这是因为作为自然一部分的"人"与自然本身原来就有一致性，例如科学家们称为"数学的和谐"的现象：科学家们认为这种"数学的和谐"在各门学科中都是相通的。例如画家们公认为最佳比例的"黄金分割"是 1 比 1.618，这不仅是画家创造出来的构图原则，也是自然生物的最优选择。植物叶脉的分布，动物身上的色彩和图案，舞蹈演员的肩宽和腰宽、腰部以上和以下的比例，以至数学家为工农业生产制定的优选法，提出配料的最佳比例等等，大体也都符合黄金分割的比例。我们还可以举出无数实例来证明这种人与自然的多样性与共性的统一。事实上，由于现代科学的深入发展，人们不断发现过去不曾注意到的、不同领域所具有的共同属性，而且现代科学提供了手段（如电脑），使得对这些共同属性和相互关系的研究成为可能。马克思早就预言："自然科学将来会统括人的科学，正如人的科学也会统摄自然科学，二者将来会成为一种科学。"[①] 20 世纪后半叶已经出现大量学科交叉研究的现象：人们开始把孤立、割裂的门类重

---

① 马克思：《1844 年经济学——哲学手稿》，见朱光潜译文，载《美学》第二期，第 12 页。

新联结在一起,把事物的各部分、各方面、各种因素综合起来考察,力求从中找出其共同性、规律性及其相互联系的结构、功能和方式,从而得出宏观的结论。另一方面,世界各种事物,各种运动过程已不仅不再被认为是偶然孤立的现象,而且也不被认为是某些现象或过程机械相加的总和。人们发现某些性质和特点在孤立的个体中并不能找到,它们只存在于其特定的总体的相互联系之中,也就是上面谈到的互动关系之中。因此,不能把互动的、有机的整体仅仅分割为静止的、已死的部分来进行研究,必须在整体各部分的相互依赖、相互制约的动态过程中来揭示事物的特征。以下就用貌似相去甚远的文学与自然科学的互动来做一个例证。

三、文学与自然科学

早在50年代,在讨论比较文学的定义和功能时,美国学者雷·马克(Henry Remak)就已经提出:"我们必须进行综合,除非我们要让文学研究永远处于支离破碎和孤立隔绝的状态。要是我们有志于加入世界的精神生活和情感生活,我们就应该时时把文学研究中获得的见解和成果汇集起来,并把有意义的结论呈献给其它学科,整个民族和整个世界。"[①] 比较文学不仅应该是联系各地区文学的纽带,而且是"连接人类创造事业中实质上有机联系着,而形体上分离的各个领域的桥梁"。比较文学被定义为:"超越一国范围的文学,并研究文学跟其它知识和信仰领域,诸如艺术(绘画、雕塑、建筑、音乐)、哲学、历史、社会科学(如政治学、经济学、社会学)、其它科学、宗教等之间的关系,简而言之,它把一国文学同另一国或几国文学进行比较,把文学和人类所表达的其它领域相比较。"[②]

此后,探讨和研究文学与其它学科的关系一直是比较文学的一个重要组成部分,特别是在文学与自然科学的互动关系方面,近年来有了较大发展。

---

① 雷迈克(Henry Remak):《比较文学的定义和功能》,见《比较文学研究译文集》,第208—214页,上海译文出版社,1985年。
② 同上。

20世纪前半叶,进化论和弗罗伊德的心理学曾经全面刷新了文学理论、文学批评、文学史,以至文学创作和文学观念的各个领域。20世纪后半叶,系统论、信息论、控制论以及热力学第二定律中熵的观念对于文学的影响也绝不亚于进化论和弗罗伊德学说之于20世纪前半叶的文学[①]。关于"三论",论者已经很多,这里着重讨论一下熵的观念对文学的影响。

从热力学第二定律所引出的耗散结构和熵的观念,20世纪后半叶以来,逐渐渗透到社会科学和文学研究领域之中。热力学第二定律告诉我们在一个封闭的体系中,层次较高的、有秩序的能作功耗散,产生层次较低的、较无秩序的能。例如在一个容器中同时注入热水和冷水,热水和冷水不可能分别存在于这一容器中而是很快混为温水,而且温水不可能再复原为原来的热水和冷水。这是一个不可逆的、能量愈来愈小终至衰竭的过程,也是测量混乱程度的"熵"愈来愈大的过程。"熵"是测量混乱程度的标准,"熵"的增大打破了一切秩序,也就是淹没了一切事物的区别和特点而使一切趋于单调、统一和混沌。著名科学家罗伯特·维纳在他的《人的人类使用法》一书序言中曾经描述说:"当熵增加时,宇宙以及宇宙中所有封闭的体系都自然地趋向退化,并且失去它们的特性,从最小可能性的状态移向最大可能性的状态,从差异与形式存在的组织与可区分的状态到混沌与相同的状态。在吉伯斯(Gibbs)的宇宙里,秩序的可能性最小,而混沌则具有最大的可能性。"[②]这就是说从整个世界发展趋势来看,由于能量的耗散,全世界可以作功的总能量越来越减少,在这个过程中一切都会变得陈旧、已知、无序;新鲜的、未知的、偶然的、有特质即按特殊秩序排列的事物越来越罕见,这就是维纳所说的"从最小可能性的状态移向最大可能性的状态,从差异与形式存在的组织与可区分的状态到混沌与相同的状态"。也就是不可抗拒的"熵"越来越大的状态。例如一个人,如果他把自己变成一个"隔离体系",既不摄取

---

① 参阅乐黛云、王宁编《超学科比较文学研究》,中国社会科学出版社,1989年。
② 转引自台湾大学外文系编《中外文学》第12卷 第8期。

食物，又不通过感觉器官来吸收外界的信息，与外界进行交换并有所反应，真象庄子所说的那个没有七窍（两耳、两鼻、两眼、一口），因而也就不能"视听食息"的"浑沌"一样，他的"熵"就会越来越大，最后，在一片无秩序的混沌中，无动无为，终至静止、平衡、永远衰竭、死寂。

"熵"的观念在美国文学中引起很大反响，特别是在小说界。著名的美国作家如索尔·贝娄（Saul Bellow）、厄普代克（John Updike）、梅勒（Norman Mailer）等都曾在他们的作品中多次谈到"熵"的问题。著名的美国后现代主义作家品钦（Thomas Pynchon）的第一个短篇小说题目就是《熵》，实际上《熵》正像是他后来的许多作品的一个序言。他的作品，如后来的《万有引力之虹》等无不笼罩着"熵"的阴影。女作家苏珊·松塔（Susan Sontag）在她的名作《死箱》中所描写的一切事物都在瓦解、衰竭，趋向于最后的同质与死寂，这种担忧与恐惧在当代美国作家的许多作品里都能找到。特别是他们精心描画的那种某件事物或某个人从有生命的充满活力和创造性的运动发展成逐渐走向无力与死亡的无意义重复动作的过程确实令人怵目惊心。因此，在美国，作家被视为有可能阻止这种倾向的"反熵"英雄。由于社会运作日趋于统一化，结果必然是对社会赖以前进的创造性思维、突破性思维和发展性思维的被绝灭。文化大革命时期"四人帮"首创的"五个统一"：统一思想、统一意志、统一行动、统一语言、统一生活方式等所造成的思想麻木、社会停滞，就是一个极端的例子。艺术家是挣扎反抗这种"统一化运作"的英雄，因为艺术家将这种"统一化运作"视为生命最后的麻痹。麻痹就是事物的衰竭状态。艺术家的作品只要不是陈辞滥调，就会带来一定的信息，信息就是"负熵"，信息打破旧的统一和沉寂，减低了混沌的程度也就是减低了"熵量"，所以说，艺术家可以起"反熵"的作用。正是艺术家刻意创新，不断降低熟悉度，追求"陌生化"的倾向使他们成为"反熵的英雄"。

要防止熵量的增加，就必须突破隔离封闭的体系，不断增加信息量，不断与外界交换能量，不断改变主体的结构以适应新的情况。比利时物理学家、诺贝尔奖金获得者普利高津把时间的不可逆观念引入物理、化学研究，对不平衡态进行了考察，提出了耗散结构的新概念。过去的经典力学把所有的物理规律都视为可逆的，不区分过去与未来，没有时间的因素，任何时候都可以得到相同的结果。例如氢二氧一任何时候，只要有一定的条件，都可化合为水；同样，水也可以再分解为氢二氧一。这是可逆的平衡态。普利高津指出在自然界中大量存在的不是这种平衡态，而是参有时间因素在内的、不可逆的不平衡态。例如一滴墨水在水中扩散，冷水已和热水混合成温水，鸭蛋已制造成"松花"蛋，要想再回复原样，几乎不可能。前一种情况即氢氧化合成水和水分解成氢氧的情况是客观上不随时间变化的定态，这种状态就是一种稳定性平衡结构；后一种情况即墨水在水中扩散等则是宏观上随时间变化的动态，一旦有了变化的时间过程，怎样也无法恢复原来的状态，这是一种开放性的不平衡结构。后一种结构与外界交换物质和能量的潜力很大，体系将越来越偏离原来的状态而获取新质。获取新质后，逐渐变成新物，要再返回原状是不可能的，因为它们已包含了不可分割的新的质素。这样的结构任何时候都可以结合新机，释放能量，构成新质。

　　比较文学的研究对象不是A——B——C的线性演化史，而是把文学作为一个有生命力的开放性体系来进行研究。它不仅研究不同文化间文学的相互渗透，而且也研究自然科学、社会科学、其他艺术乃至环境和时代的影响所造成的文学的"不平衡态"。这种新的"不平衡态"既继承着原来的旧质，又获得了新质，开始了新的发展阶段。因此，无论是创作主体，还是审美主体都要力求突破自身的封闭性，成为一个善于结合新机、释放能量、变成新质的新颖、独创的开放性体系。自然科学与文学研究本身都是人类思维的一种形式，其中本来就有共通之处。因此，研究自然科学的新成就、新方法，并将其应用到文学领域中来，肯定会为文学研究与文学创作打开新的局面，作出新的贡献。

生态文明新思维

一、生态文明新思维的基础是过程哲学

过程哲学是一种主张世界即过程，要求以有机体概念取代物质概念的哲学学说。创始人是英国数学家、逻辑学家A.N.怀特海。怀特海把宇宙的事物分为"事件"的世界和"永恒客体"的世界：事件世界中的一切都处于变化的过程之中，各种事件的综合统一体构成有机体，从原子到星云、从社会到人都是处于不同等级的有机体。有机体有自己的个性、结构、自我创造能力，有机体的根本特征是活动，活动表现为过程。过程就是有机体各个因子之间有内在联系的、持续的创造活动，因而整个世界就表现为一种活动的过程。在过程的背后并不存在不变的物质实体，其唯一的持续性就是活动的结构。所以自然界是活生生的、有生机的。怀特海认为，自然和生命是分不开的，只有两者的融合才构成真正的实在。

中国文化也有类似的思考，例如王阳明认为离开了"心"，"物"对你也就不再有意义，也可以说不再存在。所以说"心外无物"。王阳明《传习录》曾引一个例子进一步说明："先生游南镇，一友指岩中花树问说：天下无心外之物，如此花树在山中自开自落，于我心中亦何相关？先生说：你未见此花树时，此花与汝同归于寂；你来看此花时，则此花颜色一时明白起来，便知花不在你心外"。意思也是说自然和生命是分不开的，只有两者的融合才构成真正的实在。

而怀特海所谓"永恒客体",只是一种抽象的可能性,并非人们意识之外的客观实在,它能否转变为现实,要受到客体和主体的限制,并最终受上帝的限制。中国道家哲学强调一切事物的意义并非一成不变,也不一定有预定的答案。答案和意义形成于千变万化的互动关系和不确定的无穷可能性之中。由于某种机缘,多种可能性中的一种变成了现实。这就是老子说的"有物混成"(郭店竹简作"有状混成")。一切事物都是从这个无形无象的"混沌"之中产生的,这就是"有生于无"。"有"的最后结局又是"复归于无物"。"无物"是"无状之状,无物之象",这"无物"、"无状"并不是真的无物、无状,因为"道之为物,惟恍惟惚。惚兮恍兮,其中有象;恍兮惚兮,其中有物"。这"象"和"物"都存在于"无"中,都还不是"实有",它只是一种在酝酿中的无形无象的、不确定的、尚未成形的某种可能性,这种可能性由于某种机缘,"时劫一会",就会生成为现实。在此之前,这种现实并不存在,不存在而又确实有,是一种"不存在而有"。这就是"天下万物生于有,有生于无"的道理。这显然比怀特海最后只能归结为上帝,认为"事件世界正是上帝从许多处于潜在可能状态的世界中挑选出来的,因此上帝是现实世界的泉源",更高一筹。

总之,在怀特海看来,自然界不是确定不变的东西,而是不断变化的过程。时空是不可分割的,两者是一个东西,叫做"扩续",即时间空间的整块,因此不能把自然界看成是事物的总和或堆积,而应看作许多事件的综合或有机联系。他认为,对感官知觉而言,最后的事实是事件。这样,怀特海以"感觉","时空合一(扩续)"和"事件"构成了过程哲学。①

过程哲学从根本上消除西方哲学自古希腊以来一直存在的主体与客体、事实与价值分裂对立的困境——也就是说,他试图通过彻底解决西方哲学自古以来就存在的有关本体与现象、一与多、动与静、永恒与流变、存在与生成、

---

① 参见全增嘏:《西方哲学史》,第592—593页,上海人民出版社,1985年。

心与物、决定论与意志自由等形而上问题,以价值观念为核心、以论述带有生成色彩的"过程"为手段,建构能够融合英美语言分析哲学和欧陆思辨哲学这两大阵营的过程哲学体系。

二、什么是"深度生态文明"?

"深度生态文明"的观念是以过程哲学为基础的。我最早是从曾繁仁教授的引进中认识了"深度生态学"。百年的工业文明以人类征服自然为主要特征。世界工业化的发展使征服自然的文化达到极致;一系列全球性生态危机说明地球再没能力支持工业文明的继续发展。需要开创一个新的文明形态来延续人类的生存,这就是生态文明。如果说农业文明是"黄色文明",工业文明是"黑色文明",那生态文明就是"绿色文明"。"绿色文明"强调"人和自然是生命的共同体"。

如曾繁仁教授所曾介绍的,1973年,挪威哲学家阿伦·奈斯(Arne Naess)将生态理论运用于人类社会与伦理的领域,提出"深度生态学"。"深度生态学"所考虑的,并不只是何种社会能最好地维持一个特定的生态系统,这种生态学只是一类价值理论、政治、伦理问题。……但是从深层生态学的观点来看,我们对当今社会能否满足诸如爱、安全和接近自然的权利这样一些人类的基本需要提出疑问,在提出疑问的时候,我们也就对社会的基本职能提出了质疑。我们寻求一种在整体上对地球上一切生命都有益的社会、教育和宗教,因而我们也在进一步探索实现这种必要的转变,这是我们必须做的工作。"曾繁仁教授认为"生态"作为一种现象,从阿伦·奈斯开始由自然科学领域进入到社会与情感价值判断的社会领域,这就使生态哲学、生态伦理学与生态美学应运而生,而"生态"也在"整体性"、"系统性"的内涵之上又加上了"价值"、"平等"、"公正"与"美丑"等的内涵。如曾繁仁教授所说,它应是在"天、地、神、人"四方游戏中,存在的显现、真理的敞开。(《论生态美学的研究对象》)其存在方式是一种"共在"。这是一个涵盖各种各样特殊方式的全称性术语,通过这种方式,各种各样的存在物就可以在某一个实际机遇之中"共在"。"共在"就以"创造性"、"一"和"多"、"同一性"和"多样性"等概念预设了前提。

以过程哲学为基础的生态文明引起的变革,首先是伦理价值观的转变。西方传统哲学认为,只有人是主体,生命和自然界是人的对象;因而只有人有价值,其他生命和自然界没有价值;因此只能对人讲道德,无需对其他生命和自然界讲道德。这是工业文明人统治自然的哲学基础。生态文明,特别是"深度生态学"认为,不仅人是主体,自然也是主体;不仅人有价值,自然也有价值;不仅人有主动性,自然也有主动性;不仅人依靠自然,所有生命都依靠自然。因而人类要尊重生命和自然界,因为人与其他生命共享一个地球。无论是马克思主义的人道主义,还是中国传统文化的天人合一,还是西方的可持续发展,都说明生态文明是一个人性与生态性全面统一的社会形态。以人为本的生态和谐原则即是每个人全面发展的前提。

其次是生产和生活方式的转变。工业文明的生产方式,从原料到产品到废弃物,是一个非循环的生产;生活方式以物质主义为原则,以高消费为特征,认为更多地消费资源就是对经济发展的贡献。生态文明却致力于构造一个以环境资源承载力为基础、以自然规律为准则、以可持续社会经济文化政策为手段的环境友好型社会。实现经济、社会、环境的共赢,关键在于人的主动性。人的生活方式就应主动以实用节约为原则,以适度消费为特征,追求基本生活需要的满足,实行"低碳生活",不追求过度的物质享受,而崇尚精神和文化的满足。

三、生态文明与建构性后现代主义

20世纪末,21世纪初著名生态哲学家约翰·科布(John B. Cobb)以怀德海的"过程哲学"(process philosophy)为基础,提出"建设性的后现代主义"(constructive postmodernism)。根据怀德海认为不应把人视为一切的中心,而应把人和自然视为密切相关的"生命共同体"的说法,他对现代西方社会的二元思维进行了批判，提倡有积极意义的整体观念，①并由此出发，明确地把生态主义维度引入后现代主义，强调"具体的事物是一种连续不断的改变的基质。没有恒久不变的实体，相反，却存在着持续变化的关系"。②他认为这种有机整体系统观念，"关心和谐、完整和万物的互相影响"，与中国传统的许多思想都"深度"相通。他说："我们的后现代是人与人、人与自然和谐相处的时代"，这个时代将保留现代性中某些积极的东西，但超越其二元论、人类中心主义、男权主义，以建构一个所有生命的共同福祉都得到重视和关心的后现代世界。"③科布认为建设性后现代主义是相对于解构性的后现代主义而言的，它与后者在拒斥现代主义的二元论和实体思维上有共同点。解构性的后现代主义致力于解构支撑着现代主义的元叙事。他们的解构立场使得他们几乎无法正面表达他们的意见，他们害怕说出任何有普遍性的东西。但是如果他们坚持彻底的解构立场，那么，他们就必须最终解构自身。科布明确把生态主义维度引入后现代主义中，认为后现代是人与人、人与自然和谐相处的时代。他认为如果我们接受生态主义的世界观，那么，我们就会发展出寻求人类共同福祉的经济学体系，把人类理解为生态共同体中的成员。

科布指出西方的过程思想为把中国的直觉、顿悟与西方科学的成果结合起来提供了机缘。他认为当过程思想被中国人所拥有和借鉴时，它在中国将比在西方获得更丰富的发展，因为中国传统文化一直是有机整体主义的。他举例说，现代思想从分离开始，现代医学区分了病原体和健康细胞。将纯粹的与不纯粹的分开，消灭不纯粹的。中国的阴阳开始于对立面的统一，所以

---

① 参见《怀德海和谐回应东方》，上海《社会科学报》，2002年8月15日。
② 参见克里斯福德·科布：《生态文明呼唤一种有机的思维方式》，《世界文化论坛》2008年第2期；"关于自由的思考——一个过程思维的新视角"，《世界文化论坛》2009年1期；并参见中美后现代发展研究院副院长王治河的《后现代呼唤第二次启蒙》，《世界文化论坛》2007年1、2月号。
③ 《为了共同的福祉》，王晓华的《约翰·科布教授访谈》，上海《社会科学报》，2002年6月13日。

中医寻求平衡而不是分离和纯粹。西医的治疗方法是摧毁行动者,中医讲个体与整体的协调,使体内的力量达到平衡。他认为《周易》强调"变易"和"生生之道"与怀特海强调"过程"二者相契合,而以忽视共同体和生态学为基础的现代性方案所导致的则将是毁灭。因此,他坚信未来哲学的发展方向是西方文化和东方文化的互补和交融,这也是我坚定不移的信念。

生态思维与建构性后现代主义

上世纪60年代兴起的后现代解构思潮轰毁了过去笼罩一切的"大叙述",使一切权威和强制性的一致性思维都黯然失色,同时也使一切都零碎化、离散化、浮面化,最终只留下了现代性的思想碎片,以及一个众声喧哗的、支离破碎的世界。后现代思潮夷平了现代性的壁垒,却没有给人们留下未来生活的蓝图,未提出建设性主张,也未策划过一个新的时代。

到了20世纪末21世纪初,后现代思潮要向前发展就不能不面临一次新的转型。这种转型的核心内容之一就是与生态思维相结合。著名的生态哲学家约翰·科布(John B. Cobb)明确地把生态思维引入后现代主义,使之成为新的后现代主义的哲学基础和重要支柱。

科布所倡导的生态思维的哲学基础是怀德海的"过程哲学"(process philosophy)。过程哲学主张世界即过程,以有机体概念取代物质概念,认为整个世界就表现为一种活动的过程。在过程的背后并不存在永恒不变的物质实体,自然界不是由确定不变的物质所构成,而是一个不断变化的过程。时空是不可分割的,两者是一个东西,即时间空间的整块,或名之曰"扩续","扩"指空间的扩展,"续"指时间之延续。因此不能把自然界看成是事物的总和或堆积,而应看作许多事件在一定时空条件下的综合或有机联系。他认为,对感官知觉而言,最后的事实是事件。这样,怀特海以"感觉"、"时空合一（扩续）"和"事件"三者构成了过程哲学。①

由此出发，他认为自然和生命是分不开的，只有两者的共生才构成真正的实在。科布根据怀德海所提出的"人和自然是密切相关的生命共同体"的理论，对现代西方社会长久以来的二元思维进行了批判，提倡有积极意义的整体观念，"关心和谐、完整和万物的互相影响"，他说："我们的后现代是人与人、人与自然和谐相处的时代，这个时代将保留现代性中某些积极的东西，但超越其二元论、人类中心主义、男权主义，以建构一个所有生命的共同福祉都得到重视和关心的后现代世界。"② 他认为如果我们接受生态主义的世界观，那么，我们就会发展出寻求人类共同福祉的经济学体系，把人类理解为生态共同体中的成员。

以过程哲学为基础的生态思维引起的变革，首先是伦理价值观的转变。西方传统哲学认为，只有人是主体，生命和自然界是人的对象；因而只有人有价值，其他生命和自然界自身没有价值，其价值是人所赋予的；因此只能对人讲道德，无需对其他生命和自然界讲道德。这是工业文明人统治自然的哲学基础。生态文明，特别是"深度生态学"认为，不仅人是主体，自然也是主体；不仅人有价值，自然也有价值；因此，生态文明是一个人性与生态性全面统一的社会形态。其次是生产和生活方式的转变。工业文明的生产方式，从原料到产品到废弃物，是一个非循环的生产；其生活方式以物质主义为原则，以高消费为特征，认为更多地消费资源就是对经济发展的贡献。生态文明却致力于构造一个以环境资源承载力为基础、以自然规律为准则、以可持续社会经济文化政策为手段的环境友好型社会。实现经济、社会、环境的共赢。实现这一理想，关键在于人的主动性。如人的生活方式首先就应主动以实用节约为原则，以适度消费为特征，追求基本生活需要的满足，实行"低

---

① 参见全增嘏：《西方哲学史》，上海人民出版社，1985年版，第592—593页。
② 《为了共同的福祉》，王晓华的《约翰·科布教授访谈》，上海《社会科学报》，2002年6月13日。

碳生活",提倡资源的循环利用,回收"废品",不追求过度的物质享受,崇尚精神和文化的满足。这是生态思维的追求,也是建构性后现代社会的追求。

科布认为新兴的以生态新思维为基础的建构性后现代主义与前现代的中国传统思想有许多相通之处。例如怀特海认为世界万物并不是一个既成的物质世界,而是一个在不断变化的过程中,由主体和客体,以及各种条件共同形成的"共同体"。中国道家强调一切问题的答案和意义并非现成,而是在千变万化的互动关系和不确定的无穷可能性之中所形成。由于某种机缘,多种可能性中的一种变成了现实。这就是老子说的"天下万物生于有,有生于无"的道理。他认为中国传统文化一直是"有机整体主义的"。他举例说,现代西方思想从分离开始,现代医学区分了病原体和健康细胞。将纯粹的与不纯粹的分开,消灭不纯粹的。中国的阴阳开始于对立面的统一,所以中医寻求平衡而不是分离和纯粹。西医的治疗方法是摧毁行动者,中医讲个体与整体的协调,使体内的力量达到平衡。他认为《周易》强调"变易"和"生生之道"与怀特海强调"过程"二者正相契合,他相信西方的过程哲学为把中国的直觉和整体思想与西方科学的成果结合起来提供了机缘。他坚信"当过程思想被中国人所拥有和借鉴,它在中国将比在西方获得更丰富的发展,而以忽视共同体和生态学为基础的现代性方案所导致的结果则将是毁灭"。因此,他坚信未来哲学的发展方向是西方文化和东方文化的互补和交融。

后现代思潮的转型与文学研究的新平台

——2011年8月在中国比较文学学会
第10届年会上的发言

一、后现代思潮的转型

60年代,后现代主义实行的现代解构运动曾使一切权威和强制性的一致性思维都黯然失色,同时也使一切都零碎化、浮面化、疏离化,最终只留下一些思想碎片和一个众声喧哗、支离破碎的世界。他们提出粉碎一切权威,粉碎现代主义的宏大叙事,却并未策划出一个新的时代。

20世纪末21世纪初,人们越来越感到后现代思潮的危机,于是有学者提出后现代思潮的转型——从"解构性"的后现代主义转向"建构性"的后现代主义。"建构性"后现代思潮的核心是"有机整体的系统观念",即"关心和谐、完整和万物的互相关联",为不同文化的平等共生提供理论根据。例如其倡导者之一约翰·科布(John Cobb)就认为这种有机整体的系统观念说明各族文化都与人类文化相通,都有自己的特殊价值,这种特殊价值在某种条件下都可能成为有益于他种文化的普遍价值。他举例说,现代西方思想从分离和分类开始,如现代医学区分了病原体和健康细胞,将纯粹的与不纯粹的分开,消灭不纯粹的,即摧毁病原体细菌。中国传统文化所遵循的思维方式与此不同,不是分离和纯粹,而是个体与整体的协调,是使体内的各种力量达到平衡。科布认为当代西方思想与中国传统思想虽然看来不同,其实都是"深度"相通的,任何一种深厚的文化都可以发掘出有益于他种文化的共通价值。他坚信未来哲学的发展方向必是西方文化和东方文化的互补和交融。

和科布一样，很多西方学者都希冀从中国文化中发现某些普世价值以解决他们所遭遇的世界性问题。例如最近欧洲关于"审美秩序和理性秩序"的讨论，论者认为，如果回归到"情"这个中国文化最自然、最根本的出发点，加以新的创造和诠释，也许可以改变西方过分强调工具理性和技术理性的现状，开启一个以审美情怀为核心的、可以提升人类精神世界的新的平台。今年10月《纽约时报》的一篇文章强调单凭理性推理不能创造美好的生活，他赞赏中国提出的"情理"的观点，认为"合情合理"（Reasonability）可以补单纯理性（Rationality）之不足。这种对他种文化同样蕴藏着普遍价值的认同和开拓，既不是以西方文化比附于中国文化，更不是相反，而是超越了"同"和"异"的一种全新、互惠、平等的跨文化对话。

总之，在后现代思潮看来，世界进入了一个多元多变的时代。历史已不再是以线性历史为先设的、有序排列的、有固定结构和终极意义的研究对象，而是一种体现无限差异的、多元的开放性文本，像是随时变换的、"由点线连接编织而成的网络版的生活"（福柯）。这种理论显然为抵制文化的一体化、单极化和同质化，建构一个全球文化多元发展的理想奠定了基础，也为文学研究提供了新的平台。

二、关于文学研究的一些思考

这一文学研究的新平台首先体现为众多学者对世界文学的热烈探讨。谢天振教授主编的《中国比较文学》两年来已组织了多期世界文学的专栏讨论，取得了很大成绩。过去中国的世界文学概念多半是沿着歌德和马克思的定义来立论的。前者强调世界文学是各民族优秀文学作品的聚合，后者强调"由许多种民族的和地方的文学形成了一种世界文学"，也就是说在资本主义发展的背景下，由过去的"许多"形成了"一种"，即一种不同原样的、总体性的新的世界文学。时代前进了，世界文学从歌德到马克思，经历了"优秀作品总和论"和"市场联系说"的不同阶段，现在正在向"多元对话"的阶段发展。新的世界文学应不只是各种作品的孤立聚合，而是互识、互证、互补的有机的结合体；同时更不是融多种文学为一体的新的合金，而是保持和发展着各自特点，从其他文学吸取着营养，为其他文学不断作出独特贡献的各不相同的文学的总和。

中国学者对世界文学的探索，从开始就有一些与上述两种定义不同的路向。其开端是鲁迅的《摩罗诗力说》（1907）。在这篇文章中，鲁迅提出了"首在省己，亦必知人"。"省己"，即了解自己，这显然是首要的。例如他谈到拜伦、雪莱的恶魔诗派对俄国和东欧的影响时，首先关注的是："若夫斯拉夫民族，思想殊异于西欧"，因此"普式庚之所爱，渐去裴伦式勇士而向祖国纯朴之民"，指出这是"国民性之不同使然"。他指出恶魔诗派影响深远，"入俄则起普式庚和莱蒙托夫，至波兰则作诗人密克微支和斯洛伐支奇，入匈牙利则觉裴象飞"。这些论述都不是简单的汇总，更不是简单地"合为一体"，而是主张在汇通中保持各民族文学的差异性，同时又与另一种文学发生关系并从中受益。

沿着鲁迅的思路，中国比较文学学会第一任会长杨周翰提出研究外国文学首先要有一中国人的灵魂，也就是强调首要要了解自己，要有深入的文化底蕴，才能使自己的外国文学研究有中国特色，而中国文学也才能真正进入世界。

复旦大学陈思和教授对世界文学也有其独特的思考。早在1991年他就提出"中国文学中的世界性因素"。他指出中国文学"以独特的面貌加入世界文化的行列，并丰富了世界文化的内容。在这种研究视野里，中国文学与其他国家的文学在对等的地位上共同建构起世界文学的复杂模式"，他强调"中国文学这一元素加入到国际比较文学的总体背景上去以后，原来西方人赋予的整个世界观都将应该有所变化"。他关注的是在各国文学在不同特点的基础上，建构起一个"世界文学的复杂模式"。他的这些主张与当前对世界文学的讨论有许多吻合之处。他不仅在理论上进行了深入探讨，而且不遗余力地在文学实践中寻找这样的"世界性因素",如"忏悔意识"、"恶魔意识"、"生存意识"等。这显然吸取了原来歌德和马克思定义的某些部分,但又不同于他们的定义。

我还想提到北京大学的一些青年学者在探讨世界文学的过程中所取得的新的成绩。他们特别强调了动态和开放的心态。如张沛副教授在他的近作《文学的解放》中所说,在全球化的今天,"文学"必然是"世界的"。"文学"的"客观对应物"和"意向性客体"是世界。世界不仅是"在时间中的有形实在",而且"世界的存在具有一种发生的性质"。换言之,世界"世界着":"世界"正在不间断地进行着自身的绽露和延异。张沛强调了一切都是不确定的,变动不居的,正在形成过程之中。正如陈跃红在《什么"世界",如何"文学"》中所揭示的,世界和文学都在不断变动之中。他引巴赫金的话说,别人的文化只有在他人文化的眼中,才能较为充分和深刻地揭示自己(但也不是全部,因为还会有另外的他人文化到来,他们会见得更多,理解得更多)。一种涵义只有在另一种涵义相遇交锋之后,才会显现出自己的深层底蕴。

以上所谈,似可概括为:第一,世界文学不是孤立存在的。某种文学必须通过另一种文学的接受、诠释甚至变形才有可能成为世界文学的一部分,因此重要的是要以某种文化底蕴作为出发点。北京大学张辉论证说,只有跨文化、跨语言乃至跨学科的翻译与研究,才能使得原先处于相对封闭状态的国别文学,成为他国文学与世界文学的重要构成部分。他举例说,对一个不通西班牙语的人来说,如果没有杨绛的汉语翻译,《堂吉诃德》就永远只是一个"不存在",既不可能成为中国文学的一部分,也不可能成为世界文学的一部分。汉语翻译首先体现着中国文化的底蕴,这大概也就是大卫·达姆罗什所说的"有多少种民族文学,就有多少种世界文学"。推而广之,也可以说以跨文化文学研究为核心的比较文学为世界文学的存在提供了前提和可能。

第二,中国学者所讨论的世界文学并不是某种固定的客体,而是一个过程,一个在变动不居的世界上,不同人们对多种文学进行解读、吸取、改变和欣赏的过程。在这个过程中起主导作用的,是主体对本身文化底蕴体验的深度体验,同时也体现着他对别种文化的理解和热忱。在这一点上,我颇欣赏大卫·达姆罗什所说的"世界文学不是一组经典文本而是一种阅读方式"。《外国文学评论》的年轻编辑张锦博士在为这次年会提交的论文中强调:文学与比较文学作为现代概念是相互确定和相互产生的,二者是处于一种动态的互相建构的状态,比较文学不再以不同民族文学之间的比较或关系为绝对依据,民族文学也始终开放于世界文学的语境之中。那么,是不是可以说世界文学就是世界性文学,而世界性源于世界的自身延异(非目的论的);就此而言,是不是可以说,现阶段的世界文学和比较文学在"多元对话、异质互动"这一点上会合了?是不是可以说,如果把世界文学看作一个过程,那么,比较文学就是指向这一过程的途径?

总之,在这个建构性的后现代思潮所开启的平台上,过去相对孤立的国别文学研究注入了新的、有机的世界文学因素,比较文学的互为主观、互为参照、双向阐发等理论不可阻挡地突破了国别文学的自我设限。正如陈跃红所说,"有关世界文学的讨论实质上是在比较文学的前提和基础上,探索一条在多元化语境下国际文学生态建构的路径,以推动多元性文学价值理念和标准在世界文学生态中的形成和发展"。在中国,这种全球化的、世界文学和比较文学的新精神正在渗透到文学理论、文学批评、文学史、古典文学研究、现代文学研究等各个学科领域。这无疑会带来整个文学研究的重建和更新。这也正是我们提倡比较文学和世界文学的根本目的。

在一个超越本质主义的后现代语境中,硬要为世界文学与比较文学及其相互关系下什么定义,我想是不大必要也不大可能的。我们需要的是面对我们不得不面对的更深层的问题。

三、我们不得不面对的问题

在这个转型和发展的伟大时代,我们不能不面临许多未曾解决和不断涌现的理论新问题。在我的思绪中,首先是文化相互渗透交流的结果是不是会使世界文化的差异逐渐缩小，乃至因混同、融合而消失呢？接受外来影响会不会改变其原有文化的根本特征？文化是否因其差异而"不可通约"以至无法沟通呢？

其次是对话中的"自我"与"他者"的问题。"他者"既是我所"不是"，就应该首先关注其相异性本身。只有充分显示这种"面对面"的相异性，"他者"才有可能成为反观"自我"的参照系。然而，只强调相异性，又往往会"各不相干"，难于达到理解和沟通的目的；不强调相异性，又会牺牲对方的特色而使他者和自我趋同，应该如何处理这个悖论呢？

再次，更重要的是不同文化对话的话语问题。平等对话的首要条件是要有双方都能理解和接受，可以达成沟通的话语。目前，发展中国家所面临的，正是多年来发达世界以其雄厚的政治经济实力为后盾所形成的，在某种程度上已达成广泛认同的一整套概念体系。这套话语经过数百年积累，汇集了千百万智者对于人类各种问题的思考，并在与不同文化的交往中得到了丰富和发展。抛弃这种话语，生活将难以继续；然而，只用这套话语及其所构成的模式去诠释和截取本土文化，那么，大量最具本土特色和独创性的、活的文化就会因不能符合这套模式而被摒除在外，果真如此，所谓对话就只能是同一文化的独白，无非补充了一些异域资料而已，并不能形成真正互动的对话。如何才能建构一套真正有利于平等对话、有所创造的新的话语呢？

除了这些我们曾长期讨论而尚未得到很好解决的问题之外，还有许多新的问题不断涌现：如强势文化对新独立文化的随意"挪用"以及后者如何才能终于从精神的殖民中得到彻底解放的问题；如何勾画出跨文化、跨时空边界的书写史和阅读史的问题；以及中国和世界正在经历的印刷文本文化的移位和媒体意象文化的兴起，及两者交织互构的动态关系问题等等。

总而言之，我们正处于一个前所未有的转型时期，人们越来越感到在建构一个全球文化多元共生的理想世界的过程中，文学，特别是比较文学、世界文学所起的作用越来越重要。全世界所有文学研究者将并肩前行，为重新考虑人类的生存意义和生存方式，铸造新的精神世界而共建伟业。

新人文主义与后现代思潮

60年代兴起的后现代主义针对现代性的缺陷提出：观察世界并非只有一种视角，而是有许多种，每一个体的生活和思想都是一种叙述方式，都有其正确性；并非只有一个理想王国，而是每一种理想都各具价值。而网络的威力又大大加强了后现代主义的思维方式和行动方式。后现代主义者投身于一场扫荡现代性意识形态基础的斗争。他们所实行的现代解构运动曾经使一切权威和强制性的一致性思维都黯然失色，同时也使一切都零碎化、浮面化、疏离化，最终只留下了现代性的思想碎片，以及一个众声喧哗的、支离破碎的世界，其中，每个人的故事都同样具有说服力、同样可靠、同样值得认可。后现代主义者夷平了现代性的壁垒，但却没有给人们留下未来生活的蓝图。在一个没有边界的、混乱无序、分崩离析的世界上，人们成了存在主义的流浪部族，漫游在绝望的寻觅中，模糊渴望着某种值得依恋、值得信仰的东西，却又不明白那是什么。尽管人类精神解除了旧有思想范畴的束缚，但每个人却不得不被迫孤独地寻觅自己的道路。20世纪的后现代主义虽然企图粉碎一切权威，但并未提出什么新的蓝图，也并未策划过一个新的时代，它只不过是对现代性的种种缺陷的分析、揭露并彻底粉碎了现代主义的宏大叙事。到了20世纪末21世纪初，有学者提出将第一次启蒙的成绩与后现代主义整合起来，召唤"第二次启蒙"，目的也在于走出现代性的陷阱。他们的主张大抵有以下几方面：

1. 超越人类中心主义，高扬生态意识

他们认为"人种不过是众多物种中的一种，不比别的物种好，也不更坏。它在整个生态系统中有自己的位置，只有当他有助于这个生态系统时，它才会有自己的价值。著名生态学家Thomas berry认为人是天地之心，心系大自然，为天地操心是人的天职。这正如朱熹所说："天即人，人即天。人之始生，得之于天；既生此人，则天又在人矣。""天"要由"人"来彰显。只有通过自由创造、具有充分随机应变的自主性而又与"天"相通的"人"，"天"的活泼泼的气象才能得以体现。J.里夫金也认为亚洲人从来就强调人与自然的和谐。如果说西方启蒙主义科学的基础是"重塑"自然，以符合人类面貌，那么东方的方式则是抛弃人类可以操纵环境的想法，而重在根据环境的需要调整自身。

2. 推重文化互补意识

如果说第一次启蒙的口号是"解放自我"，第二次启蒙的口号就是尊重他者、尊重差别。多元文化互补，特别是东西文化互补是新人文主义的重要内容。正如里夫金所说，贯穿在今天的两大精神潮流就是：一、在一个日益物质化的世界里，寻找某种更高的个人使命的渴望；二、在一个逐渐疏离、冷淡的社会里，寻找某种共同意识的需求，他认为这是欧洲和中国的有识之士所共同追求的。在他看来，欧洲和中国都梦想着一个崭新的时代，在这个时代，每个人的权利都获得尊重，文化的差异受到欢迎，每个人都在地球可维持的范围内享受着高质量的生活（不是奢侈生活），而人类能够生活在安定与和谐之中。为了共存于一个日益联系紧密的世界，人类需要不断开发新的理念，在这点上，中国和欧洲会找到更多、更深层的共通之处。

3. 拒绝抽象自由观，走向有责任的深度自由

后现代思想家怀特海认为人是社会的产物，当个人用自己的自由削弱社会共同体的时候，其结果也一定也削弱自身。新人文精神将责任和义务观念

引入自由中，揭示出自由与义务的内在联系。20世纪末，在法国里尔召开的世界公民大会呼吁在全世界的联合国公约和人权公约之外，还应订立全世界的责任公约。

4. 超越工具理性，呼唤审美智慧

工具理性使人们难以摆脱以功利为目的的行为动机。审美智慧是一种建立在有机联系观念基础上的，以真善美的和谐统一为旨归的整合性思维。在这里，科学思维、理性思维、感性思维、宗教思维、艺术思维得以互相补充，互相丰富。受二元对立思维方式的影响，现代理性是以排斥感性、情感价值和美为前提的。而审美智慧强调亦此亦彼的和谐思维。怀特海说："中国人和希腊人都达到了各自的某种完善的文明的程度，两者都值得赞扬，但是，即使完美也不能无止无休地重复。一个文明倘要以其最初的热情来维持自身，所需的就不只是学问，冒险精神是不可缺少的。所谓冒险精神就是对新的完美的追求。

结束语

总而言之，世界正在急遽变化，根据科学家的预测，这种变化是"指数型"的，也就是变化的速度会由很慢变得越来越快。从秦汉到民初，社会的变化并不大，而进入20世纪以后，其变化越来越目不暇接、光怪陆离。所有指数型的物理过程都引向系统的崩溃而告结束。如果说这一推断基本无误，那么，人类应如何来面向这一日益加速的社会进程，又如何来应对世纪之交的人生巨变？既然西方启蒙主义科学的"重塑"自然，以符合人类面貌的做法被证明是失败的，那么采取东方的方式，抛弃人类可以操纵环境的想法，而重在根据环境的需要调整自身，也许不失为可行之道。那首先就是改变人生观、世界观，重构人类的精神世界。

文化转型与文化冲突

所谓文化转型是指在某一特定时期内,文化发展明显产生危机和断裂,同时又进行急遽的重组与更新,如西方的文艺复兴,中国的魏晋六朝时期和五四时期。文化发展总是通过"认同"和"离异"两种作用来进行。"认同"表现为与主流文化一致的阐释,是在一定范围内向纵深的发展,是对已成模式的进一步开掘,同时表现为对异己力量的排斥和压抑,其作用在于巩固主流文化已经确立的种种界限和规范,使之得以发达和凝聚。我国汉代的"罢黜百家,独尊儒术"、"定于一尊"就是一例。"离异"则表现为批判和扬弃,即在一定时期内,对主流文化否定和怀疑,打乱既成规范和界限,对被排斥的加以兼容,把被压抑的能量释放出来,因而形成对主流文化的批判,乃至颠覆。这种"离异"作用占主导地位的阶段就是文化转型时期。在这种时期,人们要求"变古乱常",在一定程度上中断纵向的聚合,而以横向开拓为特征。横向开拓也就是一种文化外求,外求的方向大致有三:第一是外求于他种文化,如文艺复兴时期西欧文化对希腊文化的借助;汉唐之际中国对印度、西域文化的吸收;第二是外求于同一文化地区的边缘文化(俗文化、亚文化、反文化),如中国文学发展史中,词、曲、白话小说的成长都是包容了俗文化的结果;第三,外求于他种学科,如弗洛伊德学说与达尔文进化论对文学观念的刷新。

20世纪后半叶,人类正在进入一个新的文化转型时期。30年来,世界的巨变是过去任何历史时期都无法比拟的:电脑主宰了大工业生产,整个工业体系正在进行急遽的改组和更新，世界进入了信息时代。高速发展的电脑电讯、多媒体、互联网、信息高速公路正在极其深刻地改变着人类的思维方式、生活方式，以至生存方式；分割世界势力范围的殖民体系已经分崩离析，独立的亚、非、拉各民族国家构成了从未有过的、蓬勃发展的第三世界；作为20世纪前半叶帝国主义特征的垄断寡头经济被世界多元经济所代替，发达国家为了追求资源、廉价劳动力和市场，把他们的企业，包括技术、管理、名牌商标等等和平转移到发展中国家，以获取更大利润，解救国内经济危机。他们需要的是没有罢工，没有动乱的稳定环境，因此，世界可能获得一段时间的和平，这就为人类文化的交流、转型、发展创造了条件。

另一方面，人对世界的认识能力有了极大的提高。20世纪前半叶，爱因斯坦的相对论、马克思主义的社会革命论、弗洛伊德的精神分析学分别使人类对自然、对社会、对人本身都有了全新的认识。20世纪后半叶，人类经历着认识论和方法论的重大转型，即在逻辑学范式之外，现象学范式得到了很大程度的应用和普及。

逻辑学范式，是一种形式分析，通过"浓缩"，将具体内容抽空，概括为最简约的共同形式，最后归结为形而上的逻各斯或黑格尔的绝对精神。从这种范式出发，每一个概念都可以被简约为一个没有具体内容、没有实质、没有时间的纯粹的理想形式，一切叙述都可以简化为一个封闭的空间，在这个固定的空间里，一切过程都体现着一种根本的结构形式。例如许多英雄神话的叙述都可归纳为：生—入世—退缩—考验—死—地狱—再生—神化这样一个结构。许多这样的叙述结构结合成一个有着同样结构的"大叙述"或"大文本"，体现着一定的规律、本质和必然性。

现象学范式与逻辑学范式不同，它研究的对象不是抽象的、概括的形式，而首先是具体的人，一个活生生地存在、行动、感受着痛苦和愉悦的人。现象学强调对自觉经验到的现象作直接的研究和描述，尽量排除未经验证的先入之见，强调"诉诸事物本身"，亦即对具体经验到的东西采取尽可能摆脱概念前提和用过去的知识进行理性分析的态度，"回到直觉和回到自身的洞察"。经过这一"还原",一切已知的东西就成为感官中的现象,也就是通过直觉、想象等意识形式而被直接认识。这样的"还原"倒转了人们的认识方向,从面向客体转为面向意识。如果说过去逻辑学方式强调的是人对客观世界的种种现象和规律的认识,这些现象和规律对任何人来说都是一样的"客观存在",那么,现象学方式所研究的重点则在于客观世界是如何被主体所认识的。现象学范式首先从人的意识出发,在这个人的周围,没有什么绝对固定不变的客体,一切都不是固定的,都随着这个具体人的知识结构、思维方式、心情和视角的变化而变化。因此,现象学研究的不是一个固定不变的几何学空间,而是不断因主体的激情、欲望、意志、思维方式的变动的、开放的空间。当然,在现实生活中,逻辑学范式和现象学范式往往同时存在而运用于不同的领域,正如牛顿力学和量子力学可以运用于不同的领域一样。在文化研究的范围内,第二种范式起了消解中心、解放思想、逃离权威、发挥创造力等巨大作用,但它也导致了某种离散和互不相关,以至某种程度的社会解体。

由于物质世界和人类精神世界的巨变,人们不能不重新思考百年来主流文化的弊端并转而寻求横向开拓,以致力于新的发展。在这样的新的认识高度,回首百年历史,人们不能不看到百年来,人类被屠杀的数字远远超过了历史上任何一个世纪。帝国主义争夺市场的两次世界大战和不计其数的局部战争,使人类的自相残杀达到了空前的规模。高科技迅速发展带来的负面影响给人类生活造成了严重威胁:据统计,本世纪原子能泄漏事件达27次之多,核试验、核废料污染不断;日本奥姆真理教集中了日本相当优秀的高科技力量,目的却在制造有最高杀伤力的毒气;能源枯竭、环境恶化就更不用提了。精神方面对人的残害也更远胜于中世纪,仅奥斯维辛集中营,便虐杀了600万犹太人!俄国的古拉格群岛、中国的文化大革命,对人性的屈辱和迫害也都是空前的。这一切都说明文化转型的需要已迫在眉睫。

然而,20世纪末期毕竟是与过去不同了。瓜分势力范围、帝国主义大战、核战争、冷战等等毕竟已是昨日梦魇。从目前情况来看,文化冲突(民族、宗教、权力、野心等）似乎已占引发战争因素之首位（西亚、非洲、中欧、俄罗斯、印度半岛皆不乏实例），于是有了亨廷顿教授（Samuel Huntington）关于西方与非西方的文化冲突将引发世界大战的预言。这里对亨廷顿教授的预言先不置评，但他所提出的文化冲突问题的确是未来世纪最核心的问题之一。

文化冲突首先起源于文化压制。亨廷顿先生之所以紧张，首先是因为他从西方中心论出发，感到过去以西方为中心的文化建制正在衰落，随着殖民制度的崩溃，各民族文化正在彰显自己。对任何不带偏见者来说，这种彰显十分重要，因为没有差异就不会有发展。保存并发扬文化的多样性正是世界文化之幸，人类之幸。就举西方文化的发展为例，无论是非洲音乐对当代通俗音乐的影响、日本绘画对凡高、莫奈的影响、中国建筑对欧洲建筑的影响……都可以充分说明当代欧洲艺术的发展确实得益于我们这个世界仍然存在的文化差异。英国哲学家罗素早就说过："不同文化之间的交流过去已被多次证明是人类文明发展的里程碑。希腊学习埃及，罗马借鉴希腊，阿拉伯参照罗马帝国，中世纪的欧洲又摹仿阿拉伯，而文艺复兴时期的欧洲则仿效拜占庭帝国"①。不同文化的差异构成了一个文化宝库，经常诱发人们的灵感和创造性而导致革新。如果不再有这些差异，也就不再有激发人们灵感和创造性的文化资源；尤其是在目前的文化转型时期，发掘不同文化（无论强弱）的特殊独创性，以解决人类面临的共同问题，使人类文化得到全面更新，这对于21世纪的人类命运实在太重要了！

然而，世界文化的多样性发展确实正在受到多方面的威胁。最明显的威胁就是顽固存在的各种文化中心论，首先是西方中心论。西方文化界许多人总是顽强地认为西方文化是最优越的，包含最合理的行为模式和思维方式，最应普及于全世界。在比较文学学科领域内，这种西方中心论更为突出。自从1886年英国学者波斯奈特（H.M. Posnett）第一次用"比较文学"命名他

---

① 罗素（Bertrand Russeau）：《中西文化之比较》，转引自《一个自由人的崇拜》第8页，时代文艺出版社，1988年。

的专著到1986年中国比较文学学会成立，这一百年来比较文学发展的历史，几乎就是以泯灭亚、非、拉各民族文化特色为已任的历史。在比较文学极为兴盛的20世纪20年代末，著名的法国比较文学家洛里哀（Frederic Loliee）就曾在他那部名著《比较文学史》中公开作出结论：

"西方之智识上、道德上及实业上的势力业已遍及全世界。东部亚细亚除少数山僻的区域外，业已无不开放。即使那极端守旧的地方也已渐渐容纳欧洲的风气……从此民族间的差别将渐被铲除，文化将继续它的进程，而地方的特色将归消灭。各种特殊的模型，各样特殊的气质必将随文化的进步而终至绝迹。到处的居民，将不复有特异于其他人类之处；游历家将不复有殊风异俗可以访寻，一切文学上的民族的特质也都将成为历史上的东西了。……总之，各民族将不复维持他们的传统，而从前一切种姓上的差别必将消灭在一个大混合体之内——这就是今后文学的趋势。"①

不言而喻，作为核心，统治这个"大混合体"的当然是欧洲（包括美国），而在他看来，实现这样的趋势，正是比较文学的最终目的。现在看来，认同这种思想的比较文学家恐怕也还不在少数；今天它还蛰伏在许多西方学者的灵魂深处，要改变这种现象远非一朝一夕之事。

其实，也不仅是西方中心论，其他任何以另一种中心论来代替西方中心论的企图都是有悖于历史潮流，有害于世界文化发展的。例如有人企图用某些非西方经典来代替西方经典，其结果并不能解决过去的文化霸权问题，而只能是过去西方中心论话语模式的不断复制和新的霸权的出现。中国中心论也不能不说是一种潜在的威胁。中国本来就有"中央之国"、"定于一尊"、

---

① 洛利哀（Frederic Lolliee）：《比较文学史》，第352页，上海书店，1989年。

"统一至上"的传统,一旦"阔"起来,就难免会陶醉于"21世纪是中国人的世纪","过去西风压倒东风,现在轮到了东风压倒西风"之类的好梦。

更有甚者,还有某些"政治家"公然以维护世界文化一元化,将本国文化中心论强加于人,作为统治世界的首要决策。前面提到的亨廷顿教授最近就著文宣称:虽然"美国的流行文化和消费品席卷全世界,渗透到最边远和最抗拒的社会……在经济、意识形态、军事、技术、和文化方面居于压倒优势",但美国"要想重新唤起较强的国家特性感,还需要战胜美国存在的崇尚多样性及多文化主义的思想",他甚至得出结论说:"如果多文化盛行,如果对开明的民主制度的共识发生分歧,那么,美国就可能同苏联一道落进历史的垃圾堆!"为了维系这种"共识","增强人民之间的凝聚力",就必须制造一个"假想敌"。① 由此可见,要削弱各种"中心论",走向文化的多元化实在还有很长的路程。

危害世界文化多元发展的,除了各种中心论之外,更其严重的是科学的挑战。勿庸讳言,高速发展的电脑电讯、多媒体、互联网、信息高速公路正在极其深刻地改变着人类的思维方式、生活方式,以至生存方式。如果说前一个世纪之交,科学把人类引入到一个以原子为核心的物理世界,那么,在眼前的世纪之交,科学正在把我们引入一个崭新的以"比特"(bit,信息的基本单位)为核心的信息世界。信息网络使人们进入了一个"数字化生存"的时代。一切都可化作数字,通过电脑进行运算。这种运算不仅是数值运算,而且也包括逻辑判断和思维推理,因而大大促进了体力劳动向脑力劳动的转化,并取代了大量人类的脑力劳动。据估计,全世界汽车马力的总和是人类体力的100倍,而全球两亿台计算机的处理能力则是全人类计算能力的33万倍!多媒体作为互联网的终端,融合了电话、电视、电脑三种主要传媒的功能于一体,用声音、图象、文字和数据以及活动影象等多种媒介来传送信息,

---

① 塞缪尔·亨廷顿(Samuel Huntington):美国国家利益受到忽视,美国《外交》杂志1997年10月号,译文见《参考消息》1997年10月16—18日第3版。

为经济、政治、教育、文化、艺术、医疗、商务、金融、娱乐等社会生活的各个领域提供服务,制约着人类的思考和判断。目前,国际互联网已联结全世界近一亿人口,并正以空前速度向前发展。①

信息交往首先要有双方都能解码的信息代码。目前网络上通行的是英文,首先是ASCII（American Standard Code for Information Interchange）,即"美国信息交换标准代码"。虽冠以"美国"二字,但实际上已是国际标准代码。这种以某种语言为主导的跨国信息流是否会压抑他种语言文字从而限制人类文化的多样性发展呢？更严重的是信息的流向远非对等,而是多由发达国家流向发展中国家。随着经济信息、科技信息的流入,同时也会发生意识形态、价值观念和宗教信仰等文化的"整体移入",以至使其他国家民族原有的文化受到压抑,失去"活性",最后使世界文化失去其多样性而"融为一体"！历史已经证明任何"文化吞并"、"文化一体化"的企图都只能带来灾难性的悲剧结局。这将是下一世纪世界文化发展的重大危机,也是全人类在21世纪不得不面临的新问题。

文化多元发展遇到的种种阻碍和挫折及其远非乐观的前景,使一部分有识之士感到自身民族文化被淹没以至消亡的可能,奋起突出彰显本民族文化,这对于保护和发展世界文化的多样性无疑具有极为重要的意义。遗憾的是在这一潮流中,同时也发展了封闭、孤立、倒退的文化孤立主义。文化孤立主义无视数百年来各民族文化交往、相互影响的历史,反对文化交往和沟通,要求返回并发掘"未受任何外来影响的"、"只以本土话语阐述的"、"原汁原味"的本土文化。其实,这样的本土文化是根本不存在的。如果我们说的不是已成的、不变的传统文化遗迹如青铜器、古建筑之类,而是不断发展和积累的文化传统,那就必然蕴涵着不同时代、受着各个层面的外来影响的人们对各种文化现象的选择、保存和创造性诠释。企图排除历时性和并时性

---

① 参阅孙晓礼、刘华杰在"未来十年这个和欧洲社会最关切的问题"国际学术讨论会上的发言（即将发表）。

影响(超越时间和空间)去寻求本源,结果必然发现葱头剥到最后原来是空的。

文化孤立主义常常混迹于后殖民主义的文化身份研究,但它们之间有根本的不同。后者是在后殖民主义众声喧哗、交互影响的文化语境中,从历史出发为自身的文化特点定位;文化孤立主义则是不顾历史的发展,不顾当前纵横交错的各方面因素的相互作用,只执着于在一个封闭的环境中虚构自己的"文化原貌"。由此出发,就导致一种文化上的封闭性和排他性:只强调本文化的优越而忽略本文化可能存在的缺失;只强调本文化的"纯洁"而反对和其他文化交往和沟通,惟恐受到"污染";只强调本文化的"统一"而畏惧本文化内部的必然差异,特别是畏惧新的发展,以至对外采取文化上的隔绝和孤立政策,对内压制本文化内部求新、求变的积极因素,结果是导致本文化的停滞,以至衰微。为保卫这种顽固的孤立和隔绝而引发战争往往成为最后的选择。

综上所述,可以看到随着21世纪的到来,人类文化正面临一个比以往任何时期都更加深刻的文化转型时期,这一转型时期包含着多方面的危机:一方面是各种文化中心论仍然有形无形地对他种文化进行压制,威胁文化的多元发展,使文化的多样性日益削弱,导致世界文化资源无可挽回地流失,这种压制必然引起文化冲突,乃至诱发战争;另一方面,文化相对主义所造成的文化孤立和隔绝不能不引起一种文化与他种文化的对抗,这种对抗同样有可能诱发战争,同时又引向自身文化的衰微以至绝灭;另外,自然科学作为人类已难于控制的一种力量也向未来人类文化的多元发展提出了严峻的挑战。面对这样一些严重问题,面对即将到来的21世纪,研究人类历史和现状的人类学,研究人类心灵的文学,还有其他文化学、民族学等学科都应作出自己的回答。

关于中国文化面向世界的几点思考
——关于所谓"软实力"

中国文化面向世界的出发点不是单方面地向世界灌输中国文化,更不是只着眼于宣扬中国文化的"软实力",这些都是题中应有之义,但不应是我们的出发点。美国的约瑟夫·奈将"软实力"定义为:"一个国家通过内在吸引力在国际上获得其渴望的利益的能力",而文化吸引力是其中最重要的一个组成部分。从这个定义出发,他们提倡"软实力"的目的就是"获取他们所渴望的利益"。为此,他们极力膨胀自己的文化"软实力",压制其它文化可能产生的吸引力,以获得自身利益的最大化。中国文化面向世界出发点与此不同,我们的最大利益就是与世界多元文化共生,参与到正在形成的新的世界多元文化的格局中来,探究中国文化作为重要的一元,如何参与解决世界难题,如何反对单边统治、抵制精神殖民、开创新的精神世界。

面向世界,与世界沟通的途径很多,根本的一条是"对话"。"对话"的目的主要不是"说服"对方,同化别人,如我们过去说"打通思想"时所要的"我打你通",也就是统一思想,目的是让你的思想归顺于我的思想。我们这里所说的"对话",是要在不同思想的碰撞中产生出新的思想,这就是"生成性对话"。这样的"对话"需要对自己的文化有充分自觉,对别人的文化也有同情的了解,并作出自己独特的、有益的解释,不能仅仅按照一方的片面理解和利益去覆盖另一方。如果把"他者"完全置于自己的文化想象和利益之中,"他者"的特殊性就会被剥夺、被同化,对话也就失去了意义。因此,在这样的"对话"中,我与他人的关系不是合金式的"融合",而是一种"面对面"的关系。事实上,也正是因为有这样的相异性,一种文化才有可能对他种文化产生吸引力。如果本来就相同,就无所谓吸引力,如果融为一体,化为合金,也就不可能再互相吸引。这里所说的"生成性对话",或"广义对话"是指主体和客体处于完全平等的地位,对话的目的不是灌输,更不是吞并,而是中国一再提倡的"和实生物,同则不继",是真正平等的"切磋","如琢如磨",产生新的理解,擦出新的火花。

联合国教科文组织2001年11月2日第二十次全体会议通过了《世界文化多样性宣言》各国重申了文化间对话是促进和平的最佳保障的信念,断然驳斥了各种文化和文明之间不可避免地要发生冲突的这种论调。会议强调世界的文化财富,就是其对话的多样性,这种多样性被视为"人类的共同遗产","对人类来讲就像生物多样性对维持生物平衡那样必不可少",因此捍卫文化多样性是与尊重人的尊严密不可分的一种应尽的义务。《世界文化多样性宣言》,指出:"应把文化视为某个社会或某个社会群体特有的精神与物质,理智与情感的不同特点之总和。除了文学和艺术外,文化还包括生活方式、共处的方式、价值观体系、传统和信仰"。因此,《世界人权宣言》强调:"在多元化社会中,每个人不仅要承认各种差异,而且还要承认这种差异的多元化。只有这样,作为一种不断发展变化的进程并富有表现、创造及创新能力的文化多样性才能得到保护。"只有通过"生成性对话",这样的文化多样性才有可能得到实现和发展。如果像约瑟夫·奈那样将"文化吸引力"定义为:"在国际上获得其渴望的利益的能力",就只能是用自己所谓的文化吸引力对他种文化实行征服、吞并和取代,结果只能是反抗和斗争。中国从自己独特的文化吸引力出发,有自己独特的面向世界的方式,这种方式不同于美国的"软实力征服",而是一种平等、和悦的中国传统文化一向追求的"道并行而不悖"的尊重他人、共谋发展的新方式。

中国文化面向世界,与他种文化进行对话沟通已有悠久的历史。这种对话沟通近年来呈现出新的态势。其特点首先表现为中西学者在平等对话中,以中西文化为资源,探求如何解决人类共同面临的难题。例如西方政治学家认为现代政治的最大成功是个人权利,即人权。但人们发现其结果却是自私的合法化,并使自私无止境地发展为贪婪,贪婪即无止境地追求利益的最大化,这是一切冲突之源。人类的贪婪已经威胁到自然资源、社会安定和世界和平。当一切利益和价值以个人为准,排他利益至上,就在逻辑上拒绝了解决冲突问题的可能性。传承中国文化的中国学者认为个人无法独立生存,人的初始状态就是与父母和他人的关系,这首先就是一种社会合作状态。因此,社会的基因不是个人,而是人与人的关系。正如马克思所说"人是一切社会关系的总和"。有关个人和"关系"的讨论显然可能进一步推动人类对这一问题的理解,中国文化也就由此面向世界。这样的例子还很多,如关于"天下"与"帝国"的讨论"情与理性"的关系,"法治与礼治"的关系,中国的"三教合一"与西方的宗教战争,中国经学诠释与西方诠释学的关系,西方马克思主义与马克思主义中国化问题等等。由于参与讨论的学者一方面对自己的文化有深入的掌握,另一方面对他种文化也有一定的了解,从而打开了中国文化面向世界的新局面;过去西方学者多注重中国古代文化,少关注中国现代文化,多重视中国学者的资料搜集而无视他们的理论创造的现象也有很大变化。

总之,在全球化的大潮中,我们面对的是一个五千年连绵不断的伟大文明的复兴,是一个"文明型国家"的崛起,这种崛起的深度、广度和力度都是人类历史上前所未见的。我们有能力对世界文明作出原创性的贡献,也有能力汲取其他文明的一切长处而不失去自我。这是21世纪新人文精神的核心内容,也是我们面对世界文化的根本出发点。

三

中国文化面向新世界

中国文化面向世界的几点思考

一、面向世界文化的出发点

1. 对文化"软实力"的理解

任何国家都有传播其文化的愿望。但出发点各不相同。美国某些人把对外传播的本国文化力看作是征服别人的"软实力"。约瑟夫·奈将"软实力"定义为:"一个国家通过内在吸引力在国际上获得其渴望的利益的能力",而文化吸引力是其中最重要的一个组成部分。从这个定义出发,他们极力膨胀自己的文化"软实力",压制其它文化可能产生的吸引力,以获得自身利益的最大化。其结果就是新的精神殖民,实现对全球文化的单边统治,最后导致全球文化生态的毁灭和文化的枯竭。中国文化面向世界的出发点与此不同,不是单方面地向世界灌输中国文化,更不是只着眼于宣扬中国文化的"软实力",这些都是题中应有之义,但不应是我们的出发点。我们不能沿用美国的模式,走他们的老路。我们的出发点与此不同,我们的最大利益就是与世界文化多元共生,参与到正在形成的新的世界多元文化的格局中来,探究中国文化作为重要的一元,如何参与解决世界难题,如何反对单边统治,抵制精神殖民,开创新的精神世界。这才是中国传统文化今天新的显现和应用的伟大意义。

中国文化从来强调"和实生物,同则不继",认为差异是一切发展的契机。西周末年,伯阳父(史伯)同郑桓公谈论政局时,提出"和实生物,同则不继"的思想。他第一次区别了"和"与"同"的概念,他说:"以他平他谓之和,故能丰长而物归之。若以同裨同，尽乃弃矣。""以他平他"，是以相异和相关为前提的，相异的事物相互协调并进，就能发展；"以同裨同"则是以相同的事物叠加，其结果只能是窒息生机。中国传统文化一向重视差别，很早就认为"不同"是事物发展的根本。"和而不同"是中国传统文化的核心观念之一。孔子发展了这一思想，把"和而不同"作为做人处事的根本原则。并总结说"君子和而不同，小人同而不和"。

中国文化一向认为事物虽各有不同，但绝不可能脱离相互的关系而孤立存在，"和"的本义就是要探讨诸多不同因素在不同的关系网络中如何共处。儒家立论的基础是人和人的关系，道家立论的基础是人和自然的关系，都是在不同的领域内探讨如何和谐共处。"和"的主要精神就是协调"不同"，达到新的和谐统一，使各个不同事物都能得到新的发展，形成不同的新事物。中国传统文化的最高理想是"万物并育而不相害，道并行而不相悖"。"万物并育"和"道并行"是"不同"；"不相害"，"不相悖"则是"和"。庄子的最高理想是"太和万物"，使世界达到最完满的和谐。这种不断开放，不断追求新的和谐和发展的精神，为今天的多元文化共处提供了不尽的思想源泉。这决不是美国所谓"软实力"的概念所能概括的。

2. 对不同文化之间的对话的理解

多元文化共生最核心的问题就是世界不同文化之间的对话与沟通，与世界沟通的途径很多，根本的一条是"对话"。"对话"的目的主要不是"说服"对方，同化别人，而是要在不同思想的碰撞中产生出新的思想，这就是"生成性对话"。这样的"对话"需要对自己的文化有充分自觉，对别人的文化也有同情的了解并作出自己独特的、有益的解释，不能仅仅按照一方的片面理解和利益去覆盖另一方。如果把"他者"完全置于自己的文化想象和利益之中，"他者"的特殊性就会被剥夺、被同化，对话也就失去了意义。对话最忌讳的就是"人云亦云"，"我打你通"。因为我与他人的关系不是特点消失的合金式的"融合"，而是一种"面对面"的关系。事实上，也正是因为有这样一种面对面的相异性，一种文化才有可能对他种文化产生吸引力。

对话的关系是是真正平等的"切磋","如琢如磨",产生新的理解,擦出新的火花。

2000年,联合国教科文曾发布过一个《世界文化多样性宣言》,指出:"应把文化视为某个社会或某个社会群体特有的精神与物质、理智与情感的不同特点之总和。除了文学和艺术外,文化还包括生活方式、共处的方式、价值观体系、传统和信仰"等等。只有通过"生成性对话",这样的文化多样性才有可能得到实现和发展。中国从自己独特的文化力出发,有自己独特的面向世界的方式,这种方式不同于美国的"软实力征服",而是一种平等、和悦的、互动的方式。上面谈到的晏婴在有一次拜见齐侯时,齐侯对他说:"唯据与我和。""据"指的是齐侯侍臣,姓梁,名丘据。晏婴说:"梁丘据不过是求'同'而已,哪里谈得上'和'呢?"齐侯问:"'和'与'同'难道还有什么不一样吗?"这引出晏婴的一大篇"和实生物,同则不继"的议论。再如郭店竹简记载了另一个故事,说的是鲁穆公问孔子的孙子子思说:"何如耳可谓忠臣?"子思说:"恒称其君之恶者,可谓忠臣矣。"鲁穆公很不高兴,就去请教成孙弋。成孙弋说:"善哉言乎!夫为其君之故杀其身者,尝有之也,恒称其君之恶者,未之有也。夫为其君之故杀其身者,效禄爵者也。恒称其君之恶者,远禄爵者也,为义而远禄爵,非子思,吾恶闻之矣。"可见中国古人所看重的首先是不同意见的互动,是一种"生成性对话"而不是随波逐流,更不是逢迎权势者"抬轿子"的对话。对话的目的不是私利,而是真正地在相互的撞击中,产生新的思想。在全球化的语境下,这就是通过广义的平等对话,让不同文化根据自己的文化基因和现代解读,为解决世界共同的难题作出贡献。

二、平等对话,共同解决人类难题

中国文化面向世界,与他种文化进行对话沟通已有悠久的历史。这种对话沟通近年来呈现出新的态势。过去,中西文化对话,中国所面对的往往是强势文化的灌输和覆盖。研究中国文化的人的行为动机除了少数出于学术研究的兴趣外，大部分出于掠夺、猎奇、玩赏、压制。因此对中国古代文化比对中国现代文化感兴趣，对中国现代学者不重视，或只把他们仅视为资料搜集者。目前这种情况有了很大变化。

今天中西文化对话的特点，首先表现为中西学者在平等对话中，以中西文化为资源，探求如何解决人类共同面临的难题。例如目前人类深陷于自我制造的各种冲突中，从军事战争到经济战争，从资源争夺到社会斗争，从国际冲突到文化对峙。如何克服冲突，形成合作，是人类一直未能解决的最大问题。问题的根源就是由自私发展而来的贪婪。人们都追求趋利避害，首先维护自己的利益，这是无可厚非，也难于避免的，但贪婪是自私的无止境、无约束、不顾一切地追求利益最大化，这是人为的，是一切冲突之源。当一切利益和价值以一己之利为准，排他利益至上，这就在逻辑上拒绝了解决冲突问题的可能性。

中国传统文化与此不同，中国古人（如荀子）就认为个人无法独立生存，人的初始状态就是与父母和他人的关系，这首先就是一种社会合作状态。因此，社会的基因不是个人，而是人与人的关系。中国人讲"礼"，所谓"礼"，讲的就是在社会关系中的人如何存在，如父慈子孝、君义臣忠、兄友弟恭等等，这些都是讲在一种社会关系中如何存在，不是讲抽象的个人，而是讲处在社会关系之中的人。

以关系作为基因的社会科学显然比以个人为基因的社会科学更能促进合作。以关系作为基本单位去分析人类行为和价值观，思考重心不在个体而在关系，但并非否定个体利益，而是优先确保关系安全和关系利益以便更好保证各自利益，优先考虑关系的最优可能性以求开拓更大的可能利益和幸福。这是一种伦理主张，也是一种更为合理、更有远见的理性计算方法。孔子相信利益与道德之间存在着某种结合点。以关系作为基本单位就是试图发现一种更好的存在方式。首先是要建立一个更合理的理性概念，去代替单边主义的个人理性。关系理性优先考虑的是最优相互关系而不是最优单边策略，这意味着优先考虑的是互相伤害最小化然后才是排他利益最大化，这才是最强的风险规避。只有在互相伤害最小化的条件下,自身利益才更为可靠。关系安全(互相伤害最小化)和关系利益(互助和协作)是每个人的可及利益的限度和必要条件。追求排他利益最大化的单边主义无法解决冲突问题,也就永远处于风险之中,难免自取其祸,这反而不是真正理性的选择。

现代个体主义已经制度化而积重难返,它从两个方面迎合了人们的贪婪:一是以人权为名推卸人的义务而使人们互相疏远,为保卫个人权利而不顾其他;很多人已经看到这一点,他们强烈呼吁联合国除了"联合国宪章"和"人权公约"之外,还应该有一个有效的"责任公约"来规约每一个人对社会应尽的责任;二是对排他利益最大化进行无理性的合法化,如所谓"丛林法则","强者无敌"。而排他利益最大化本身就是侵略性的,因此增加并深化了许多本无必要的敌意和冲突。

与这种现代信条相反,孟子认为"仁者无敌",因为仁者更安全,不是因为他打败了一切敌人,而是因为他没有敌人。以关系作为基本单位是对理性更深刻的理解,因为冲突最小化是利益最大化的必要条件。社科院的赵汀阳教授认为,如果理性不能创造和谐,反而加深了敌意,理性就仍然有缺陷;如果理性增强了互相伤害,却不能增进互相信任和幸福,理性就仍然可疑;如果人以理性之名而选择了作法自毙的行为,理性就仍然不可行。因此我们需要深化启蒙。深度启蒙将以关系理性为核心去改进理性的概念,去建立以共在而不仅仅以存在为出发点的理性。可以说,深度启蒙试图以改造过的理性去复兴被现代所贬值的根本价值,真、善、美、正义、和谐等。赵汀阳的这些从中国文化出发,参与世界大问题讨论的看法已引起国际学术界的重视,在多次世界性学术会议中引发了讨论。他坚信如果改变不了世界,就先改变世界观,而世界将因此改变。

另一方面,许多外国学者也不仅停留在以中国文化为参照系重新认识自己的文化。他们更进一步企图从中国文化中吸取有用的东西来解决自己的难题。举一个例子。上世纪 60 年代,后现代主义实行的现代解构运动曾使一切权威和强制性的一致性思维都黯然失色，同时也使一切都零碎化、浮面化、疏离化，最终只留下一些思想碎片和一个众声喧哗、支离破碎的世界。他们提出粉碎一切权威，粉碎现代主义的宏大叙事，却并未策划出一个新的时代。后现代的离散性和碎片化使人越来越感到无法生活。20世纪末21世纪初，人们越来越感到后现代思潮的危机，于是有学者提出后现代思潮的转型——从"解构性"的后现代主义转向"建构性"的后现代主义。"建构性"后现代思潮的核心是"有机整体的系统观念"，即"关心和谐及这种和谐与万物的关联"，为不同文化的平等共生提供理论根据。例如其倡导者之一约翰·科布（John Cobb）就认为这种有机整体的系统观念说明各族文化都与人类文化相通，都有自己的特殊价值，这种特殊价值在某种条件下都可能成为有益于他种文化的普遍价值。他特别提到，西方后现代的价值与中国前现代的价值有很多可以结合的地方。他举例说，现代西方思想从分离和分类开始，如现代医学区分了病原体和健康细胞，将纯粹的与不纯粹的分开，消灭不纯粹的，即摧毁病原体细菌。中国传统文化所遵循的思维方式与此不同，不是分离和纯粹，而是个体与整体的协调，是使体内的各种力量达到平衡。科布认为当代西方思想与中国传统思想虽然看来不同，其实都是"深度"相通的，任何一种深厚的文化都可以发掘出有益于他种文化的普遍价值。他坚信未来哲学的发展方向必是西方文化和东方文化的互补和交融。

这样的例子还很多，如关于"天下"与"帝国"的讨论：作为欧美对外政策基础的"帝国理论"带来三个世纪的战争灾难，已经走到尽头。2005年，赵汀阳的《天下体系：世界制度哲学导论》描述了一个拥有普世正当性的中国的世界秩序模式。他指出希腊城邦开始了国家政治，而中国的天下体系则开创了世界政治。从"个人——民族国家——国际社会"这样由小到大的方向，它的最大思考单位止步于"民族国家"，而"国际社会"只不过是民族国家之间的利益博弈场；赵汀阳把目光转向中国古代的"天下"，发现这个几千年前提出的概念蕴藏着惊人的理论潜力：这种理想把"天下"看作是"至大无外"的思考单位，从"天下——国（诸侯）——家"这样由大至小的方向,思考如何实现各个层次的和谐,它不承认存在着无法被理解的绝对他者,而相信每个他者都是这个至大无外的"天下"的一个组成部分,因此也就排除了不可通约的、绝对的"文明的冲突",而这正是我们今日世界所渴求的。从此,"天下体系"作为不同于长期统治的"帝国理论"的另一种概念和思考方式,逐渐广为人知,引起世界思想界的重视。

海外华人历史学家、原香港大学校长王赓武教授用"天下和帝国"作为他2006年出任哈佛大学讲座教授就任演说的主题。2009年,著名的人文杂志《第欧根尼》(Diogenes)刊发了赵汀阳文章的英文版,更是引起了众多的热议。正如欧盟跨文化研究所所长阿兰·李比雄所说:"一个更新的天下理论可能有助于为我们生存的这个世界的混乱局面找到一条解决之道。"他认为这种"替换性"的思路可以帮助我们"撕破那种线性的逻辑","脱离那种目的论的时间和黑格尔式的历史愿景,而去考虑一种新的、开放的时间经验和历史经验"。关于"天下体系"的研究和讨论当然还仅仅是开始,会有很多质疑和不同意见。例如英国曼彻斯特大学柯岚安教授就认为虽然"天下体系"已成为"普世性世界政治模式的来源之一",但仍然有着严重的理论问题。从中国传统文化本身来看,"天下体系"本身也还需要一个扬弃和重新诠释的过程。更重要的是必须进一步研究在国际这一层面上,这一模式是否具有普遍意义,是否普遍可操作?它与其他模式之间是否兼容?是否可通约?如李比雄所说,这些都是跨文化研究试图提出和需要回答的问题。

再如"情与理性"的关系,以礼乐文化为主体的中国文化,其基础是儒、道、骚、禅相辅相成的华夏哲学、美学、文艺以及伦理政治。其核心不只是理性认识,而是既合理又合情的"情理交融的人性心理",是一种文化伦理的"情理"认识。中国美学讲的是"陶情冶性",它是一个塑造生命意识的过程,所以中国讲究心斋、养气、道器、虚实等等观念,抵制"物化",涵养"情性"已成为一种传统。如今,"物化"、"功利"不仅笼罩着社会生活的现实,甚至也侵蚀了本来可以超越这种物化而独立,并抵抗物化的"审美文化"本身。审美文化本来是要超越人类的物质利益生活层面而提升到精神高度,但现在却反过来,把人重新拉回到"物化"的层面,审美文化被作为"产业"或一种所谓"软实力"而被功利化和权力化。但是传统中国文化中的超越时空,讲究"空明若镜"的审美文化对于追求"诗意的栖居"的西方社会仍有着巨大的吸引力。总之,"情理"(reasonability)和单纯"理性"(rationality)之间的区分,具有十分重大的意义,而为当代西方研究者所重视。

再如诠释学的理论,现在我们的经典诠释使用的基本上都是西方经典诠释的框架,不仅哲学,还有社会学、文学、历史学、宗教学等等,这些方面的解释框架都是西方的。其实在经典解释上,我们有比西方更长的历史。我们从战国时期就有《左传》解释《春秋》,那是在公元前300、400年。西方的解释学虽然在古希腊已有亚里士多德解释柏拉图的思想,但并不占重要地位。西方真正对经典的诠释是从诠释《圣经》开始的,那就已经在公元200年之后,比我们要晚了四百年的时间。我们有非常丰富的解释经典的历史,正在编撰的《儒藏总目》,其中对五经的解释就有一万四千种书,我们自己没有把中国的诠释学总结出来,而19世纪末、20世纪初狄尔泰等把他们的诠释总结成为一种独立的系统,现在我们多半用他们总结出来的概念和原理。我们必须创造性地总结自己的诠释学,在中西思想的撞击中,我们一定能创造出对世界提供新思想的、新的中国诠释体系。

这样的例子还很多,如安乐哲等人提出的、以"共同批判实证主义和科学主义为核心"的儒家民主主义(他们认为这是杜威和孔子对话的产物);另外还有"法治与礼治"的关系,中国的"三教合一"与西方的宗教战争,西方马克思主义与马克思主义的中国化问题等等。由于参与讨论的学者一方面对自己的文化有深入的掌握,另一方面对他种文化也有一定的了解,从而打开了中国文化面向世界的新局面;中国文化也就由此面向世界。

三、面向世界需要对自己文化的自觉和对他人文化同情的了解

对世界展开中国文化,最需要对自己文化的自觉热爱,也需要对他人文

化的同情的了解。这里想举一个林语堂的例子。1938年,林语堂用英文写的,向西方介绍中国文化的《生活的艺术》一书出版,引起轰动,成为美国畅销书排行榜第一名,且持续时间长达52个星期。后来,此书在美国重印了40余次,并被译成十多种不同的语言,包括英国、法国、德国、意大利、日本、丹麦、瑞典、西班牙、荷兰等,直到今天它的影响力仍然不衰。林语堂1935年写的《吾国与吾民》也深受美国读者喜爱。诺贝尔文学奖获得者,美国作家赛珍珠说:"长期以来,我就希望他们中的某个人可以为我们所有的人写一本有关他们自己的中国的书,一本真正的书,渗透着中国人基本精神的书。"而《吾国与吾民》正是她所期待的那一本。她评价说:"我认为这是迄今为止最真实、最深刻、最完备、最重要的一部关于中国的著作。更值得称道的是,它是由一位中国人写的,一位现代的中国人,他的根基深深地扎在过去,他丰硕的果实却结在今天。"

70余年过去了。中国的经济地位、文化实力无疑大大超过了30年代,但是,为什么直到今天还不曾出现一本和林语堂以上两本书在国外的影响可以媲美的中国人自己写的书呢?我想这可能有以下几个原因:

首先是林语堂对中国文化有深刻广泛的了解和热爱,能够捕捉到中国文化的神髓,并以简约的形式传达给西方读者。林语堂虽然没有陈寅恪、钱钟书那样的家学渊源,文化根底(他出生于一个基督教牧师家庭,后来进入上海著名的教会大学圣约翰大学),但他勤于学习,努力实践。他不仅用英文写了《中国的智慧》、《孔子的智慧》和《老子的智慧》等综合性介绍,而且直接将中国文化名著译成英文,如陶渊明的《古文小品》、苏东坡的《东坡诗文选》、沈复的《浮生六记》、郑板桥的《板桥家书》、刘鹗的《老残游记》等。

其次,他的家庭背景和经历使他比较容易理解西方读者的文化趣味和内在需求,因此有可能针对他们的兴趣爱好,对中国文化给予准确、到位和贴切的解释。他总是把外国读者置于朋友的地位,"将心比心",尊重不同文化的差异,而不是向他们"灌输"、"宣传",更不是向他们炫耀什么"软实力"!

再次,林语堂以平和的心态、自由的精神、杰出的文学才能,从容自若、娓娓道来,在选题方面,不论题目,大至宇宙,小至苍蝇都可以成为其描写对象,做到了"有容乃大",易于接受。创造了一种所谓"娓语文体",与启蒙文体的高调、傲慢、急躁形成尖锐的对立。

更重要的是他的一切出发点都是基于坚定的跨文化思想的基础。这也许与他在美国哈佛大学研究比较文学的经历有关。1919年,他曾获得"半额奖学金",离开清华大学去哈佛比较文学系学习;与他同学的有吴宓和梅光迪等,林语堂深受他们的影响。他始终认为理想的生活应该是中西互补的,既要"努力工作",又要"尽情享受",而且这二者相互交融、不可分离。林语堂说,人生永远有两方面,工作与消遣,事业与游戏,应酬与燕居,守礼与陶情,拘泥与放逸,谨慎与潇洒。其原因在于人之心灵总是一张一弛,若海之有潮汐,音之有节奏,天之有晴雨,时之有寒暑,日之有晦明。宇宙之生律无不基于此循环起伏之理,所以生活是富有曲线的,也就是多样的。

30年代,著名的文化人往往会在自己40岁生日时,对自己过往的人生作一些回顾和小结,写下一段人生感言。1934林语堂40岁,他也写了《我的话·杂说》五则联语,既总结过去,也树立了今后的人生准则。其内容如下:

> 道理参透是幽默,性灵解脱有文章。
> 两脚踏东西文化,一心评宇宙文章。
> 对面只有知心友,两旁俱无碍目人。
> 胸中自有青山在,何必随人看桃花?
> 领现在可行之乐,补平生未读之书。

这说明他宽容通达的人生观和独立思考,以及汇通东西文化的宽阔视野。林语堂的一生,正是在这个基础上创造了至今无人企及的中西跨文化流通的实绩。

四、文化选择和释读之权在双方

面向世界的中国文化并不只是我们制作好了、端出去的一盘点心，而是在长期互动过程中逐渐形成的相互影响。中国文化面向世界，与他种文化进行对话沟通已有悠久的历史，特别是18世纪以来，中国文化正是通过伏尔泰、莱布尼兹、荣格、白璧德、庞德、奥尼尔、色加楞、米肖等西方主流文化的哲学家、思想家、文学家的融会贯通，包括误读和改写，才真正进入西方文化的。这些西方主流文化的大家并不全面熟悉中国文化，也并不精通汉语，但却从中国文化汲取了至关重要的灵感和启迪。这是一个十分复杂的过程，这首先是一种灵感的共鸣，不是一般汉学家的研究所能代替的。这个过程的目的首先都是为了寻找一个外在的视角，以便更好地审视和更深刻地了解自己。但要真正"外在于自己"却并不容易。人，几乎不可能脱离自身的处境和文化框架，他们对"异文化"的研究和吸取也就往往决定于其自身的处境和条件。

例如法国的伏尔泰（1694—1778），他穷尽一生精力，孜孜追求的理想，就是将法国变成一个能够具有宗教宽容精神的国度，而在他看来，中国就是这样的理想国的最优秀的范例。这是我们理解伏尔泰为什么推崇中国文化的关键。伏尔泰关于中国的知识，多半是作为他说明自己的思想时引述的例证出现的。在他的中国知识体系中，他最看重的，是他认为中国文化中存在着的那种宗教宽容的态度，而他一生致力的，可以说就是提倡宗教宽容，进一步说，提倡思想自由——这本也是西方启蒙时代的核心精神，是人本主义或者说人道主义概念中最核心的内容之一。当然，西方人对中国文化的认识本来就是真知与误解并存。伏尔泰以为中国的传统精神就是一种普遍的宽容精神。在他看来，中国人对于宗教的态度，就是最理想的宗教宽容的态度，他甚至认为，这就是中国之所以强大、繁荣和自信的根本原因。他切入中国文化的观察点是西方式的，而且，他本来的目的就不是要研究中国文化，而是要找到一个理想的实例来说明他从逻辑上确立起来的理想。伏尔泰的哲学思想就是对于思想自由,对于宗教宽容的执著。对于伏尔泰来说,中国是他对自身文化传统的批判中为自己设立的批判参照系提供了一个难得的良好例证。

在伏尔泰眼中,中国的确是一个相当理想的国度,无论是从政治制度、法律、对于宗教的态度还是从道德或者日常的待人接物的态度上都是如此。他认为中国这个巨大古国存在的理由就是因为中国人有着最好的道德和法律。"中国人最深刻了解、最精心培育、最致力完善的东西是道德和法律。儿女孝敬父母是国家的基础。"伏尔泰说:"世界上曾有过的最幸福、最可敬的时代,那就是奉行孔子的法律的时代。"特别重要的是"他(孔子)不是先知,他不自称得到神的启示,他所得到的启示就是经常注意抑制情欲;他只是作为贤者立言,因此中国人只把他视为圣人"。(《风俗论》上册,第253页)他认为更重要的是,中国人没有因此而将孔子神化"至于孔子本人,他享有一切荣誉——不是神的荣誉(神的荣誉谁也无法享有),而是一个人由于在神明的问题上,提出了人类理性所能够形成的最圣洁的看法而受之无愧的荣誉"。(同上)在伏尔泰看来,西方一些早期的宗教领袖或者活跃人物在后来的宗教中被当作先知,从而垄断了神意,并以这种垄断的身份压制其他的对于上帝的信仰方式,是一种最要不得的做法。而孔子之所以应该受到尊敬,就因为他不这样做,他的教导中,没有如西方宗教中的先知或者使徒那样一种通过垄断神意而将自身变成神的企图,而只是将自己当作一个人,而且,在他的教导之下,中国人后来也的确这样做了。①

德国的莱布尼兹(1646—1716)对中国的了解主要是通过读书和请教传教士。特别是通过与康熙皇帝有密切关系的闵明我神父(意大利人),向他提出30个有关中国的问题。上自天文,下至地理,从医药到军事,从航海

---

① 参阅《伏尔泰与中国文化》,陈宣良著,见乐黛云主编《中学西渐丛书》第二辑,首都师范大学出版社,2010年。

以至生活方式，养蚕、印刷等。闵是康熙的数学老师，他说康熙言行公正，对人民仁爱备至，生活节俭自制。莱布尼兹因而对中国有了强烈好感。他认为"在实践哲学方面，中国人为了使自己内部尽量少产生摩擦，把公共的祥和、人类共同生活的秩序考虑得非常周到。他们在其庞大的社会群体中所取得的成效比宗教团体的创始人在其小范围内所取得的要大得多"。他在他主编的《中国新事萃编》一万多字的序言中指出："中国人享有东方最聪明的民族这一盛誉，他们对其他民族起到的典范作用表明，自有耶稣使徒以来，世上大概还没有比这更伟大的事业值得耶稣使徒去从事。"他发现了二进制算术与伏羲六十四卦方圆图的对应关系。1716年逝世前几个月，他写了"论中国人的自然神学"。他极力主张不同民族文化之间的互相学习。他说："全人类最伟大的文化和最发达的文明仿佛今天汇集在文明大陆的两端，即汇集在欧洲和地球另一端的'东方的欧洲'——中国。大概是天意要使得这两个文明程度最高的，同时又是相隔最为遥远的民族携起手来，逐渐地把位于它们两者之间的各个民族都引入一种更为合乎理性的生活。"①

总之，在全球化的大潮中，我们面对的是一个五千年连绵不断的伟大文明的复兴，是一个"文明型国家"的崛起，这种崛起的深度、广度和力度都是人类历史上前所未见的。我们有能力对世界文明作出原创性的贡献，也有能力汲取其他文明的一切长处而不失去自我。这就是我们面对世界文化的根本出发点。我们不需要炫耀，不需要灌输，所谓"桃李不言，下自成蹊"，中国文化的价值必然会越来越成为世界关注的热点。

---

① 参阅《莱布尼兹与中国文化》，孙小礼著，见乐黛云主编《中学西渐丛书》第一辑，首都师范大学出版社，2006年。

以东方智慧化解文化冲突

文化根植于人的内心,征服只能是暂时的。中国的"和而不同"传统反对"趋同"或"混一",提倡在新的差异的基础上和交往的过程中产生新质;另一方面,由于形势的变化,西方人对探索和研究非西方文化产生了很大兴趣,不仅将非西方文化作为一个"他者"来加深对自己的认识,而且承认每个人的经历和愿望都具有同等价值,承认非西方文化是世界文化的重要组成部分。这些变化都有利于东西文化的沟通、促成文化冲突的化解。在这种情况下,具有悠久历史的中国传统文化有可能对化解文化冲突作出新的贡献。

一、文化冲突的化解

当代许多冲突是由文化冲突引起的。最近法国长达数周的骚乱很是发人深思。据报道,作为骚乱主角的年轻人固然承受着失业和贫困等压力,但这些物质问题过去就存在,并非导致这次骚乱的直接原因。有的国外传媒分析,骚乱是起于长期积累的愤怒,起于种族歧视和社会不公,这就是文化问题。同时我们也看到华侨和华裔无论在任何社会,都较少采取暴力,这也是文化使然。

企图对某种文化征服或消灭,也许可以暂时取得胜利,但结果总是"冤冤相报",制造出新的仇恨。中国文化强调的是"仇必和而解","和"首先是承认不同,没有不同就无所谓"和"。"仇必和而解",就是要允许在"和"的过程和结果中,双方都存在,而不是一方压倒另一方。如《尚书·尧典》:

"百姓昭明，协和万邦。"（"协和"的是"万邦"，而不是"一邦"）。"和"还有一个"不过分，得其中道"的意思。如《广韵》："和，顺也，谐也，不坚不柔也。"《新书·道术》："刚柔得适谓之和，反和为乖"，都是和谐适度的意思，恰到好处，适可而止，不是"过"，也不是"不及"，这不是"和二而一"，也不是"和稀泥"，而是"执其两端而用其中"，"中"既非甲端，亦非乙端，而是既包含甲的特点，也包含乙的特点的新事物。因此，"和"的结果不是"趋同"乃至"混一"，而是在新的基础上产生新质和新的差异，形成新的不同。当然，这并不排斥在漫长的社会发展进程中，人们会逐渐形成某些共同的价值标准，但即使是这些共同标准在不同的地区和民族也还有其不同的理解和不同的表现形式。

"仇必和而解"，就是冲突的化解。中国人讲究的是"冤仇宜解不宜结"，解即"化解"。"化解"就是沟通、对话，达到相互理解，以至"大事化小，小事化无"，疙瘩解开。

二、化解文化冲突的途径是文化自觉

多元文化共处最根本的核心就是文化自觉。关于这一点，著名的社会人类学家费孝通教授在他晚年极为成熟的思考中，曾经反复强调过。他说："文化自觉是指生活在一定文化中的人对其文化有'自知之明'，明白它的来历，形成过程，所具的特色和它发展的趋向，不带任何'文化回归'的意思，不是要'复归'，同时也不主张'全盘西化'或'全盘他化'。自知之明是为了加强对文化转型的自主能力，取得决定适应新环境，新时代对文化选择的自主地位。文化自觉是一艰巨的过程，首先要认识自己的文化，理解所接触到的多种文化，才有条件在这个正在形成中的多元文化的世界里确立自己的位置，经过自主的适应，和其他文化一起，取长补短，共同建立一个有共同认可的基本秩序和一套与各种文化能和平共处，各抒所长，联手发展的条件。"①

21世纪以来西方文化最值得注意的动向之一就是日益深化的"文化自觉"。早在第一次世界大战时,斯宾格勒就写了《欧洲的没落》,对西方文化问题进行了反思;今天的后期资本主义文化更是发生了深刻的危机,对这种危机的自觉越来越深刻。正如法国著名思想家埃德加·莫兰(Edgar Morin)2003年就曾指出的,科学技术促进了社会进步,同时也带来了对环境、文化的破坏,造成了新的不平等,以新式奴役取代了老式奴役,特别是城市的污染和科学的盲目,给人们带来了紧张与危害,将人们引向核灭亡与生态死亡。美国著名学者理查·罗蒂也曾提出,不管是在美国和中国,还是在巴西和俄罗斯,许多人都已经清楚地认识到美国追求霸权已到了无以复加的地步,全然不顾所作所为对于人类自由的影响。这是一个可怕的错误。波兰社会学家齐格蒙特·鲍曼在《现代性与大屠杀》中则更是强调,现代文明的高度发展,超越了人所能调控的范围,导向高度的野蛮。这些看法与早期资本主义追求自由、平等、博爱,解放人性的理想不异天壤之别。这些都是出于一种深刻的文化自觉。西方的文化自觉还表现在对于根深蒂固的西方中心论的反思上。意大利比较文学家——罗马知识大学的阿尔蒙多·尼兹(Armando. Gnisci)教授把对西方中心论的扬弃过程看作是一种自我批判的"苦修"过程,先进的西方知识分子已经觉悟到在后殖民时代抛弃西方"中心论"的必要和困难。

西方的文化自觉推动西方人更多地探索和研究非西方文化,特别是掀起了重新认识东方的热潮。这一趋势首先关联于从二元对立思维方式向互动认知思维方式的转变。过去,"认知"所描述的是一个可信赖的主体去"认识"一个相对确定的客体,从而将它定义、划分、归类到已有的认识论框架之中。互动认知的思维方式与主体原则相对,强调"他者原则";与确定性"普适原则"相对,强调不确定的"互动原则",即强调主体和他者在认知过程中

---

① 费孝通:《论文化与文化自觉》,第526页,群言出版社,2005年。

都有所改变,对主体和客体的深入认识都必须依靠从"他者"视角的观察和反思;一切事物的意义并非一成不变,而是随着主体在不同时空中的变化而变化。

在这样的情况下,中国文化势必成为一个十分重要的"他者"。正如法国学者于连·法朗索瓦(Francois Jullien)所说:"中国的语言外在于庞大的印欧语言体系,这种语言开拓的是书写的另一种可能性;中国文明是在与欧洲没有实际的借鉴或影响关系之下独自发展的、时间最长的文明……中国是从外部正视我们的思想——由此使之脱离传统成见——的理想形象。"他认为:"我们与希腊思想有某种与生俱来的熟悉,所以为了了解它,也为了发现它,我们不得不割断这种熟悉,构成一种外在的观点"才会构成对自己的新的认识。他最近在《道德奠基:孟子与启蒙哲人的对话》[①]一书中进一步研究了这一问题,他强调必须"有一点儿理论迂回的余地,借一个新的起点,把自己从种种因为身在其中而无从辨析的理论纷争之中解放出来"。

文化自觉和思维方式的改变使西方文化和非西方文化有了进一步接近和互相理解的可能。都有利于东西方文化的沟通、促成文化冲突的化解。如果我们真能有充分的文化自觉,做到费孝通先生所说的"各美其美,美人之美,美美与共,天下大同",文化冲突显然就会逐渐化解。

三、中国传统文化对化解文化冲突可能作出的贡献

中国对于传统文化的反思和批判已有百余年的历史。但过去往往受到"大国心态"或民族自卑心理的制约,尤其未能在新的世界语境中重新来诠释中国文化;上述西方思想文化的发展对中国文化研究起了很大的推动作用,掀起了国内外对中国文化再认识的热潮,特别是集中于从当前世界文化发展的需要出发,审视我国极其丰富的文化资源,在当前的文化冲突中,能作出何

---

① 北大学术讲演丛书之15,北京大学出版社,2002年。

种贡献，同时，也在与"他者"的对话中对自己进行重新再认识，特别是认识自己的缺点。这当然是一个漫长的过程，但已有一个很好的开端。我认为以下几点是中国文化所固有，而又可以作为当前世界文化重构之参照的几个重要方面：

1. 不确定性与"在混沌中生成"的宇宙观

中国道家哲学强调一切事物的意义并非一成不变，也不一定有预定的答案。答案和意义形成于千变万化的互动关系和不确定的无穷可能性之中。由于某种机缘，多种可能性中的一种变成了现实。这就是老子说的"有物混成"（郭店竹简作"有状混成"）。一切事物都是从这个无形无象的"混沌"之中产生的，这就是"有生于无"。"有"的最后结局又是"复归于无物"。"无物"是"无状之状，无物之象"，这"无物"、"无状"并不是真的无物、无状，因为"道之为物，惟恍惟惚。惚兮恍兮，其中有象；恍兮惚兮，其中有物"。这"象"和"物"都存在于"无"中，都还不是"实有"，它只是一种在酝酿中的无形无象的、不确定的、尚未成形的某种可能性，它尚不存在而又确实"有"，是一种"不存在而有"。这就是"天下万物生于有，有生于无"的道理。

从中国的宇宙观出发，最重要的就不是拘泥于人们以为是"已定的"，其实仍在不断变化的"确定性"，而是去研究当下的、即时的、能有效解决问题的、从现实当中涌现出来的各种可能性。随着主体视角和参照系的改变，客观世界也呈现着不同的面貌。主体对本身的新的认识也要依靠从"他者"的重新认识和互动来把握。70年代以来，中国推翻了由"两个凡是"锁定的僵死的"规律性"和"普适性"，坚持"实践是检验真理的唯一标准"，就是纠正了过分强调固定的规律性和普适性的西方思维模式，而运用了中国传统智慧对人的主观能动性的强调。正如朱熹所说："天即人，人即天。人之始生，得之于天；既生此人，则天又在人矣。" 天要由人来彰显。只有通过自由创造、具有充分随机应变的自主性而又与天相通的人，天的活泼泼的气象才能得以体现。

总之，一切事物的意义并非一成不变，也不一定有预定的答案，而是形成于千变万化的互动关系和不确定的无穷可能性之中。举例来说，正是从这一点出发，基于不变的立场和观点的世代复仇就不一定有一成不变的合理性和合法性。中国"和为贵"的哲学反对"冤冤相报，无有已时"，提倡"仇必和而解"，"一笑泯恩仇"。从鲁迅的小说《铸剑》中可以看到对"世代复仇"的反讽，在金庸的一些小说中也能看到复仇与和解的双重变奏。

上述《道德经》中论述的"惚恍"和"不存在而有"的宇宙观与当今的混沌科学思想有许多相通之处。《混沌七鉴——来自易学的永恒智慧》[①]一书的作者指出："《易经》对我们特别有启示。混沌的科学思想源于研究人员对气象学、电路、湍流等复杂物理系统的研究。很明显，《易经》的作者和注疏者曾长期深入思考过自然界和人类活动中的秩序和无序间的关系，他们最终将这种关系称为'太极'"。又说："欧洲、美国、中国的社会正处在一个巨变的时代，正如过去《易经》的作者和注疏者那样，此时此刻人们正试图洞察个体与集体的关系，寻求永恒变易中的稳定。我们的时代是一个来自方方面面的思想和感知产生出巨大能量的时代。当代世界的社会状况类似于物理系统中的非平衡态。新的相对稳定和意外结构有时会突然产生。或许，当未来社会朝我们未曾指望的方向发展时，混沌科学会帮助我们理解所发生的一切。"持有这种观点，就可以找到化解文化冲突的思想基础。

2. 与西方不同的多种思维方式

西方文化长期以来习惯于"主客二分"的思维方式，如罗素所说，笛卡儿体系提出来精神界和物质界两个平行而彼此独立的世界，研究其中之一能够不牵涉另一个。他们重视以主体为一方的对客体的切割、分类而加以认识。人们总是相信自己从客体抽象出来的"规律"，并将之崇奉为放之四海而皆准的普适性，他们崇尚抽象的规律性远远超过关心事物的特殊性和具体性。由此出发，现存集中的权力系统只能通过普适化、均一化、互相隔离的分类

---

① 《混沌七鉴——来自易学的永恒智慧》，约翰·布里格斯（美），戴维·皮特（英）著，陈忠等译，上海科技教育出版社，2001年，2003再版。

方法来管理世界，这就损坏了事物广泛联系的复杂性，也就损坏了真正有创意的自由发展。不可改变的规律性、普适性发展到极端，就是文化霸权的理论基础。

中国却讲究不同思维方式的共存。

首先是"一分为三"的原理和由此而产生的中庸之道。中国传统文化在强调承认一分为二的同时，也提出了"执两用中，一分为三"的原则。作为中国文化支柱之一的八卦，每一卦都是由三画组成的，由三而演化，至于无穷。所以说"太极元气，函三而一"①《史记·律书》提出："数始于一，终于十，成于三"。为什么说"成于三"呢？当两种原不相干的事物相遇，而构成一个"场域"，就产生了新的、不同于原来只有二者的第三个东西，这就是老子说的："道生一，一生二，二生三，三生万物"。《易经·系辞传》明确提出："易之为书，广大悉备，有天道焉，有地道焉，有人道焉。"所以《礼记·中庸》强调："可以赞天地之化育，则可以与天地参矣。"只有天、地是不够的，必须有第三因素"人"来"赞天地之化育"，才能成其为世界，这就是：天、地、人。《中庸》的真精神也就是要从"过"和"不及"的两端，找到一个中道，即所谓"执两用中"，执两端而用其中。这个"中"并不是两项旧物的"折中"，而是从"两端"构成的新的场域中产生出来的那个新的"三"。《汉书·何武传》中说："（何武）疾朋党。问文吏必于儒者，问儒者必于文吏，以相参验。"这就是执文吏和儒者两端，而得到一个既非"文吏"，亦非"儒者"的第三个新的意见。因此，人们在认识事物时，首先要"执其两端"然后，"求其中道"。这就是儒家的最高理想："极高明而道中庸"。这一智慧的结晶也许能救助日益趋向暴力、恐怖、极端的世界。

其次是"五行相生相克"。五行思想是中国认识论和方法论的另一个系统，最早见于《尚书·洪范》，后来的《左传》《国语》等多有论述。意谓世界万物皆由五种元素及其所构成的关系所组成。这五种元素是木、火、土、

---

① 刘歆：《三统历谱》，见《汉书·律历志上》，并参阅庞朴教授专著《一分为三》。

金、水,它既代表颜色——青、赤、黄、白、黑,又代表人体——肝、心、脾、肺、肾;也代表方向——东、南、中、西、北;时令——春、夏、长夏、秋、冬等等。五种元素既相生(水生木,火生土,金生水,木生火,土生金),又相克(水克火,火克金,金克木,木克土,土克水),循环往复,互相制约,无有已时。从多种元素相生相克,广泛联系出发,就必然重视事物的多样性,重视差别和相互联系,其结果必然是崇尚多元、尊重自然。

再次,中国的思维方式还反对直线冒进,而提倡多作回顾反省,即老子早就提出的"反者道之动"。数百年来无论是西方还是在西方影响下的东方,不管是人文科学还是社会科学,进化论的影响都十分深远。人们竭尽全力往前飞奔,对自然资源榨干了还要再榨,对人的生活享受了还要再享受,人类趋向未来的速度快了还要再快……这已经成为许多人的思维方式和生活模式。至于未来是什么,"新"是不是一定比"旧"好?万众所趋的目的地何在?人们究竟奔向何方?除了作为个体的人必然趋向的坟墓而外,没有任何真正具有确定性的回答可以被提供出来!中国古训所强调的与此截然不同,从老子的《道德经》开始,就强调"反者道之动",道的萌动,总是从回归开始,万物的运动都有一种复归的倾向,都要回到运动的原点,在新的认识和新的经验的基础上,重新再出发,从而上升到更高的境界,也就是战国竹简所说的"反辅":"太乙生水,水反辅太乙,是以成地,天地复相辅也,是以成神明……"可见"回归"、"反辅"是事物发展的根本条件,正如春夏秋冬的周而复始。中国哲学不重视以时间为主体的线性发展,而更重视向原点的复归,这就是"反本开新"。既然万物都在不断"回归"、"反辅"和再出发,而不是向某个方向盲目"飞奔",也就没有匆忙的必要。中国文化强调"听其自然",强调"万物静观皆自得",强调"无为",强调协同发展,但同时它又反对停滞不变,作为中国文化古远根源的《易》的核心就是发展变易。这对于"可持续发展",对于制止当今社会的盲目狂奔正是很好的参照和缓冲。其实,每当历史转折关头,人们总习惯于回归自己的文化源头,去寻找新的途径。西方文化的发展也往往要回顾和重新参照古希腊和希伯来。目前,在西方，回到原点，重新再出发，也已成为一种趋势。如果人们改变了"直线狂奔"，盲目奋进争夺的思维定势，习惯于回头看看，文化冲突也可能得到很大缓解。

另外，中国还有一种"负"的思维方式，如老子讲的"三十辐共一毂，当其无有，车之用。埏埴以为器，当其无有，器之用。凿户牖以为室，当其无有，室之用"。车轮、器皿、房间，有用之处，都不是其实体，而是由这些实体所构成的非实体的空间。又如中国画，画月亮，不是画月亮本身，而是画周围的云彩，中间那个空白的、没有画的地方才是月亮。这些都是强调要给人以空间，"有容乃大"，强调包容、宽厚。

3. 人与社会的关系的独到见解

西方对个人权利、自由意志的强调已发展到极端，但人只能镶嵌在与他人的关系中才能生存。一个人的权利只有在其他人能负责保证这些权利得以实现的条件下才实现。因此在他索取自身权利的同时必须负起保证他人权利得以实现的责任。如戴震所谓："欲遂其生，亦遂人之生，仁也。"儒家思想既不像自由主义模式那样，将社会作为实现个人目标的一种手段，也不像集体主义那样将个人作为实现某种社会理想的手段。儒家认为作为人类社群的"民"是天下国家的根本。"民为邦本，本固邦宁"，"天视自我民视，天听自我民听"，孔子既是精简政府职能的倡导者又是建立自治的人类社群的积极支持者。他说："为政以德，譬如北辰，居其所而众星拱之。"又说："听讼，吾犹人也。必也使无讼乎。"孔子理想的社会是一个政府少折腾、百姓无官司的社会。儒家的这些主张也许可以修正西方民主的弊端，有助于创造一种新型的、兼顾身心的、更合理的民主，也可以化解以一种意识形态一统天下，强加于人而爆发的文化冲突。

跨文化研究领域中的几个问题[①]

一、最新动态

1. 在中国文化中寻找普世价值

法国当代大儒汪德迈在《〈五经〉研究与翻译讨论会》上说:"面对后现代化的挑战,……曾经带给世界完美的人权思想的西方人文主义面对现代社会的挑战,迄今无法给出一个正确的答案。那么,为什么不思考一下儒家思想可能指引世界的道路,例如'天人合一'提出的尊重自然的思想,'远神近人'所提倡的拒绝宗教的完整主义以及'四海之内皆兄弟'的博爱精神呢?"其实有这种类似看法的还有不少"汉学家",如史华慈、安乐哲、郝大维等等,如安乐哲、郝大维在《通过孔子而思》一书中说:"我们要做的不只是研究中国传统,更是要设法使之成为丰富和改造我们自己世界的一种文化资源。儒家从社会的角度来定义'人',这是否可用来修正和加强西方的自由主义模式?在一个以'礼'建构的社会中,我们能否发现可利用的资源,以帮助我们更好理解哲学根基不足却颇富实际价值的人权观念?……"这些看法,大都是要求从中国文化中寻求可以利用来解决当今人类社会存在的种种问题,而这些中国文化中有特殊意义的理念,是否应具有某种"普世价值"的意义?否定文化中的"普遍价值"的言论,这是十分错误的。

[①] 本篇文章为在北京外国语大学的讲演。

2. 对"新轴心时代"的讨论

世界各地的思想界出现了对"新轴心时代"（500—700 B.C）的呼唤。雅斯贝尔斯说："人类一直靠轴心时代所产生的思考和创造的一切而生存，每一次新的飞跃都回顾这一时期，并被它重新燃起火焰。"自此以后，"轴心期潜力的苏醒和轴心期潜力的回忆总是提供了精神力量"。特别是中国、印度、欧洲，一方面是"轴心时代"的重要因素，另一方面，这三个地区都正处在一大转变的时期，他们都将会得到新的"复兴"机会，他们"新的飞跃都回顾轴心时期，并被它燃起新的火焰"。在这种情况下，重新探讨自己文化的源头，重视原始经典将是应有之义。自上个世纪简帛的出土，又再一次引起了西方对中国古代历史文献的关注，我记得第一个重要的郭店楚简国际学术讨论会是在美国达慕思大学召开的。自上个世纪末在西方"中国学"的"简帛热"到今天的《五经》研究与翻译问题，大概会是"海外中国学"（或"中国学"）的一个新领域、新视角。这一研究可能为世界对中国历史文化的研究开出一新局面。

3. 对国学的新思考

清华国学院 30 年代成立时，王国维、梁启超、陈寅恪、钱穆等四大导师都不是将国学研究孤立于世界。什么是国学？顾颉刚：国学就是用科学的方法去研究中国历史，研究中国历史的材料，是一个研究系统。林语堂：科学的国学是我们治学的目标。不是指一个对象而是指一个学问的体系。

陈来任院长提出国学的发展的四个阶段。第一阶段延续清代考据学、训诂学，加上近代意识。如章太炎《国故论衡》不突出"经"，而突出"子"，并对孔子有所批评（反对甲骨文研究）。第二阶段，胡适、毛子水等强调科学方法和疑古思潮的出现，第三阶段以清华国学研究院为代表。汉学化的国学跟世界学术研究接轨。如王国维、陈寅恪"把地下的实物和纸上的遗文互相释证"，"外来的观念和固有的材料相互参证"，"异国的故书和吾国的古籍相互补正"，与法国、日本的汉学研究接轨。当时在宗旨和实践方面都强调利用东方的古语言学、比较语言学来研究中国文化，与国际汉学界相一致，并得到他们的推重。北大守旧，沈兼士等相形见拙。陈寅恪始终和世界上的汉学研究联结在一起，在世界的学术的联系中建立中国国学研究的地位。提出了国学与国际汉学的接轨而不是排斥汉学，排斥外国人对中国的研究（只有中国人才懂得中国），关键是要有一个开放的视野。第四阶段提出"中国主体，世界眼光"西方汉学是西方学术的一部分。我们要领导世界新潮流，不仅与世界合流而且要成为主流。

国外有一些研究"中国问题"的学者，已经注意到要"摆脱自己的种族中心论"，从了解中国，借鉴中国历史文化的经验发展他们自身文化。我认为坚持我们自身文化的"主体性"，是必要的也是理所当然的。但是，要看到必须克服狭隘的民族主义情绪。文化上的"欧洲中心论"已经破产，我们决不能再提出个什么"中国中心论"来，什么"三十年河东，三十年河西"、"中国文化可以拯救世界"，这不仅是不可能的，而且是十分有害的提法。

4. 比较文学从低潮到高潮

20世纪后半期由于后殖民主义和文化研究的兴起，欧美比较文学处于迷途之中。不少比较文学系被兼并或停止招生。英国学者巴斯奈特提出"比较文学作为一门学科气数已尽"，只有"翻译"可以作为独立学科而存在。印度裔美国学者斯皮瓦克专门写了一本书论述比较文学消亡，就题名为《学科之死》。

21世纪，人们对比较文学有了与过去很不相同的认识。一般认为当代比较文学就是跨文化、跨学科的文学研究。这一看法已得到国内外学者的广泛认同。最近，曾宣告"比较文学作为一门学科气数已尽"的英国学者巴斯奈特又重新提出："反观那个主张，看来基本上是错误的"，并承认这是由于"没有考虑跨文化转换过程中的政治含义"。她指出，在西方，这在一定程度上导致了这个学科的衰落，而在世界的其他地方，比较文学却一派欣欣向荣！① 她希望比较文学学者，放弃对术语和定义的毫无意义的争辩，她认为比较文学的未来在于放弃以任何规定性的方法来限定研究的对象，而聚焦于最广泛意义上的文学观念，聚焦于对文本本身的研究，勾勒跨文化、跨时空边界的书写史和阅读史，承认文学流传所带来的必然的相互联系。斯皮瓦克则强调，比较文学若能走出欧洲中心的原点，不受由国际商业所决定的全球交换流的控制，就会有新的发展，形成新的学科。她认为新的比较文学需要"颠覆和摧毁"强势文化对新独立文化的"挪用"，也就是需要超越西方文学和西方社会，在"星球化语境中重置自身"②；为了比较文学的更新和发展，不少学者提出了建设性的意见。巴西作家和理论家奥斯瓦尔德·安德拉德认为比较文学对"单一意义"的拒斥，意味着坚持巴西的多声音和多元文化空间，最终从精神的殖民中得到解放③；她希望比较文学学者，放弃对术语和定义的毫无意义的争辩，她认为比较文学的未来在于放弃以任何规定性的方法来限定研究的对象，而聚焦于最广泛意义上的文学观念，聚焦于对文本本身的研究，勾勒跨文化、跨时空边界的书写史和阅读史，承认文学流传所带来的必然的相互联系。总之，他们都认为超越西方文学和西方社会，比较文学就会有新的发展，形成新的学科。苏源熙在他起草的美国比较文学学会"关于新的学科现状和未来发展报告"中提出"未来比较文学的发展策略，是回到"文学性"研究，在多元文化的视角下"重新考察'文学性'观念，以新的视角重返具有新意和新见解的文学研究"。④ 凡此种种，说明多元文化的认同和互相交往的需求不只是个人行为，不只是个别偶然的事例，而是

---

① Susan Bassnett.: *Reflection on Comparative Literature in the Twenty First Century*, Comparative Critical Studies, Edinburgh University Press, 2006, 3-11, 2006. 译文 "21世纪比较文学反思" 见《中国比较文学》2008年，第四期，第6页。黄德先译。
② Gayatri Spivak Chakravorty : *Death of a disciplinary*. New York, Columbia University Press, 2003。
③ 转引自 Bassnett. Susan:《21世纪比较文学反思》，第4页。
④ Saussy, Haun, ed. *Comparative Literature in an Age of Globalization*. Baltimore, Md.: Johns Hopkins University Press, 2006, p.20.

标志着世界文化的一种转向——从单边统治、西方中心的全球化转向共荣共存、多元互动的全球化，而以沟通人类精神为己任的比较文学势必更加繁荣，而有更大发展。

在这个基础上，2009年3月26日至29日，哈佛大学举办了美国比较文学学会年会。本次年会规模空前。据大会主席David Damrosch（戴若什）介绍，这次会议是哈佛历史上的最大会议，与会者来自世界五大洲，共有两千余名学者。北京大学外语学院世界文学研究所所长赵白生教授应邀参加本届年会，并作了大会的主题发言。听众兴趣浓厚，反响热烈。演讲一结束，来自欧洲、美洲和亚洲的学者纷纷要求与之约谈，寻求合作。

本届年会的主题为"全球语言，本土文化"，共设222个分会场。议题包罗万象，涉及了比较文学研究的各个领域，显示了全球化时代比较文学研究的勃勃生机。在两百多个议题中，比较受关注的前沿领域包括：全球语言、全球文类、生态批评与环境美学、跨媒体研究、跨国文学运动与物质文化、叙述911、本土文化的世界流通、欧洲的全球本土化、文学包装等。在众多议题中，"世界文学"研究无疑成为了本次年会的一大焦点。多个分会场就这一问题展开了深入的讨论，涉及的主题有"亚洲的世界文学：自我的他者"、"疆域界定：世界文学、翻译研究、文化研究"、"文学世界化、法律全球化"、"比较世界文学"、"什么是世界文学的世界？前现代的视角"、"大汇合？世界文学的政治经济学"。其中，"比较世界文学"这个专题组为期三天，场场爆满。来自不同大洲的学者分别从各自文化背景和学术传统出发，阐释了世界文学在亚洲、非洲、拉丁美洲、欧洲和美洲的具体语境和确切含义。

中国的"世界文学"研究在本届年会上备受瞩目。在多个分会场上，不少华裔学者和欧美学者都在发言中专门论述了中国的"世界文学"研究。值得一提的是，本次会议的主席还把重头戏留给了中国学者。赵白生教授作了大会的主题发言，哈佛大学特级教授宇文所安（Stephen Owen）主持了会议。来自世界五十多个国家的约两千名专家学者饶有兴致聆听了他的发言。

赵白生教授重点解释了北大世界文学教学的"四重奏模式"：课程训练、

国际会议、讲座系列和年度报告。他特别阐发了"四重奏模式"的学科理念：突破"五四范式"，发展"新五四范式"。简言之，"五四范式"实际上是一种西中模式，以西辅中，而"新五四范式"则放眼世界，互滋共兴。因此，研究生的学术训练则要关注五大洲，研习四门外文，至少要有两门是亚非语文。在他看来，世界文学的教育，不是单纯的知识教育，而是一种视野教育。世界文学的使命，就是培育一种世界视野。说到底，视野决定一切。最后，他提议，2011年在北京大学举办"世界文学大会"，并成立"世界文学学会"（WLA）——搭建世界文学的国际舞台。

这次会规模宏大，充分展示了学科的生命力。这会使更多的学者去参加下一届新奥尔良的美国比较文学年会，从而给这个学科带来无限的生机。这也是美国比较文学学会新任主席苏源熙（Haun Saussy）的厚望。会议上诞生了众多的国际合作项目。北大世界文学研究所将与哈佛、耶鲁等校合作创办"世界文学夏季学校"，让我们的世界文学真正走向世界。

突出的问题是世界文学与比较文学究竟是一个学科还是两个学科？在我看来，什么是世界文学？在中国当前的教育体制中，世界文学和比较文学是作为一门独立学科，从属于中国语言文学系的行政管辖，共同担负讲解外国文学（包括东方文学）并从中国文学的传统与现状出发，双向阐释与评析外国文学的任务。除此之外，高等学校还有讲授英、法、日、俄、西班牙等不同国别语言文学的外国语学院，北京大学则还有包括阿拉伯、印地、波斯、朝鲜、蒙古、越南等11个语种的东方语言学院。我们的信念是两种文化相遇的过程不是一个"说服"、"同化"或"混一"（成为合金）的过程，更不是"征服"或"吞并"的过程，而是在不同环境中，通过"生成性对话"，互识、互证、互补，转化为新物的过程。这种过程首先奠基于某种文化确实感到他种文化能使自己受益（包括认知和审美），其结果也不是"趋同"，而是各自提升，在新的基础上产生新质和新的差异，有如两个圆在某一点相切，然后各自沿着自己的轨道再发展，形成有别于原来的自己，也不同于"他者"的新的圆。在这个基础上，我们认为：在古—今文学的时间轴和中—外文学的空间轴形成的坐标上,其中的任一点,与一个阅读主体相联结,就是世界文学的一个组成部分,没有一个人能掌握全部世界文学,也没有一个人能称为是"世界文学专家"。比较文学与此不同,它是一种跨文化与跨学科的文学研究。事实上,讨论世界文学离不开讨论者本身的文化脉络,因为历史的每一时刻都从某一主体出发,沉淀着过去,应对着现在,创造着未来。从主体间性到文学间性到文化间性到语言间性的研究就是比较文学的核心。

《当代世界文学》杂志社社长戴维斯—昂第亚诺教授强调国外关注中国文学的模式目前已经发生转型,"即从带有判断性的遥远的学术视角变成了一种参与和合作的视角。也就是说,为了达到互相理解这一目标,我们用创造性的学术合作代替了曾经的那种对中国文学严谨的学术审视"。我想这一转型不只是发生在国外人士对中国文学的关注上,同时也发生在中国文学人对外国文学的关注上。进入21世纪以来,中国文学研究界发生了巨大变化,在平等对话的过程中,互识、互证、互补、双向阐释普遍代替了过去的单向吸收、借鉴、批判、仿制,这不仅是在世界文学与比较文学的学科范围内,而且正在遍及于中国古典文学、现代文学、文学理论以及外国国别文学研究的各个领域。当然,在这个转型的热潮中,还有许多未曾解决的理论问题和不断涌现的新问题:除我们曾长期讨论的"普适性和差异性的关系","坚守传统文化与接受外来影响的关系","自我与他者的关系"等传统问题外,还有强势文化对新独立文化的"挪用"以及后者终于从精神的殖民中得到彻底解放的问题,勾勒跨文化、跨时空边界的书写史和阅读史的问题,以及中国和世界正在经历的印刷文本文化的移位和媒体意象文化的兴起,及其两者交织互构的动态关系问题等等。

正如大卫·达莫诺释(David Damrosch)教授所说:"我们应该切实贯彻从脚下出发的观点,开展一场双向运动,即向内和向外的运动。我们要更多地把比较研究和我们所处的文学文化背景相结合,(在古今中外的坐标上)同时我们还要扩大我们的信条视角,来研究考量全世界多样的比较研究实践。"他认为对世界不同地方的文学构建加以比较研究是有价值的。这能够帮助各地学者直接思考自己本国传统以及本国对于世界文学接纳的关系，二者可能是共生的，也可能是一方支配一方，可能联系紧密，也可能毫无关联。学者们通过对于多种可能性的了解，可以避免在构建全球文学关系时的民族主义倾向。他坚信比较主义能够和国内传统也能和世界传统一道共同繁荣。他指出："将各国对待世界文学的方式进行比较研究，就可以更好地构建世界文学传统，我们既可以避免过分强调几个文学大国，也可以避免向外随意输出美国的多元文化主义，在中国，则可以避免将比较研究作为定义中国的世界地位的工具。"

"情"是中国文化的一个重要元素

"情"是中国传统文化的一个重要关键词。近年出土的、成书于公元前200余年前的郭店楚简《性自命出》篇更是明确记载:"道始于情,情生于性","性自命出","命自天降"。① 为什么说"道始于情"呢?这里说的"道"是指可以言说的那个"道",而不是"道可道,非常道"的那个高于一切,不可言说的"常道"。② 这可以从《性自命出》篇的第9节和第4节提到的"唯人道为可道也"得到证明。可见"道始于情"的"道"是指可以言说的人道,即社会之道、做人之道。"道始于情"就是说"人道"是从"情"开始的,社会和人的发端首先是由于人与人之间存在着"情";而"情生于性","情"是由人的本性中发生出来;人的本性又是由天命所赋予。"天命"按儒家的说法,有种种含义,但大体可以解释为一种超越于万物之上,可以支配万物的力量和必然性。"命自天降",是说"情"的存在不以人的意志为转移,而是"天"作为一种非人的力量所表现出来的必然性和目的性。

为什么说社会之道、做人之道是从"情"开始的呢?在儒家看来,这种天生的"情"首先表现为父母儿女之间天生的亲情。有了这种爱自己亲人的感情,才会"推及及人",作到"老吾老以及人之老,幼吾幼以及人之幼"而建构成社会,因此是社会人生的出发点。《郭店竹简·唐虞之道》谓:"孝

---

① 本篇引文以李零:《郭店楚简》校读本为准。
② 老子:《道德经》:"道可道,非常道。"

之放,爱天下之民"。对父母之爱的扩大,就是爱天下的老百姓。因此,《礼记·中庸》说"情欲未发,是人性初本。"① 又说:"仁者,人也,亲亲为大。"孟子也说:"亲亲,仁也。"(《告子下》)先秦儒家的社会伦理学说是建立在以家族"亲情"扩而大之的孔子"仁学"的基础之上的。中国古代社会是以家族为中心的宗法社会,亲情是维系家族的基础,也就是维系整个社会的基础。

既然是"情生于性","情"和"性"又是什么关系呢?可以说"性"是静止而深藏于内的,如孟子所说的,人皆有之的"恻隐之心","羞恶之心","恭敬之心","是非之心"之类。这些人的天性深藏于内,由于"物"(外在的东西)的刺激,发挥出来就表现为各种各样的"情",也就是说存在于心的"喜悦怒哀悲之气,性也""凡动性者,物也"。"性见于外","情"也,所以说"性静情动"②。"性静情动"之论,最形象的表述或为《礼记正义》引贺瑒③的话,他说:"性之与情,犹波之与水,静时是水,动则是波;静时是性,动时是情。"《礼记·乐记》也说:"人生而静,天之性也;感物而动,性之欲也","性之欲"就是"情"。

那么,"情"和"欲"又是什么关系呢?儒家的荀子强调"性恶",他常将"情"和"欲"分开来谈,认为无限制的"欲"是"恶"的根源,但他仍然承认"欲"是自然合理存在的。他说:"凡人有所一同:饥而欲食,寒而欲煖,劳而欲息,好利而恶害,是人之所生而有也,是无待而然者也,是禹、桀之所同也。"④ 关键在于"节用御欲","欲虽不可去,求可节也"⑤。但也有一些儒家并未把"情"、"欲"截然分为两个概念。如《礼记·礼运》曾有"何谓人情?喜、怒、哀、惧、爱、恶、欲七者弗学而能"之说,此处

---

① 《礼记正义·孔颖达疏》。
② 详见《楚简·性自命出》。
③ 贺瑒事迹见《梁书》卷48《贺瑒传》。
④ 《荀子·荣辱》。
⑤ 《荀子·正名》。

之"欲"是作为"人情"之一种而提出来的,或即指该篇下面所说的"饮食男女,人之大欲",肯定"饮食男女"是人性自然的要求,所以告子说:"食色,性也。"儒家不反对"情"和"欲",但提倡对"情欲"加以节制。《吕氏春秋》指出:"天生人而使有贪有欲。欲有情,情有节。圣人修节以止欲,故不过行其情也。故耳之欲五声,目之欲五色,口之欲五味,情也。此三者,贵贱、愚智、贤不肖欲之若一,虽神农、黄帝,其与桀、纣同。圣人之所以异者,得其情也。由贵生动,则得其情矣;不由贵生动,则失其情矣。此二者,死生存亡之本也。"①对于"情欲"的是否节制和是否节制得当被视为"死生存亡之本",足见其对于节制"情欲"的重视。关于"情欲"讲得最好的是朱熹,他说:"性所以立乎水之静,情所以行乎水之动,欲则水之流而至于滥也。"②他认为如果把"情"比作水,"欲"便是水的泛滥,他也认为"性静情动",而"欲"是对"情"不加节制地过度泛滥。

可见儒家对待"情"和"欲"的基本态度是节制。道家与此不同,庄子虽认为应该以"情欲寡浅"③为风。但他的根本原则是,顺应自然,而不是人为的"节制"。他认为"神人"的最大特点就是"致命尽情"④(成玄英疏谓:"穷性命之致,尽生化之情,故寄天地之间未尝不逍遥快乐。")只要率性之真,何必节制?所以说:"性情不离,安用礼乐?"⑤而"情"最根本的性质就是自然、率真,所谓"情莫若率"⑥。什么是率真?庄子说:"真者,精诚之至也。不精不诚,不能动人。故强哭者虽悲不哀,强怒者虽严不威,强亲者虽笑不和。真悲无声而哀,真怒未发而威,真亲未笑而和。真在

---

① 《吕氏春秋·仲春纪第二》。
② 《朱子语类·卷五·性理二》。
③ 《庄子·天地第十二》。
④ 《庄子·天地第十二》。
⑤ 《庄子·马蹄第九》。
⑥ 《庄子·山木第二十》。

内者,神动于外,是所以贵真也"① 真也就是自然,"真者,所以受于天也,自然不可易也。故圣人法天贵真,不拘于俗。愚者反此"。② 总之,能够"达于情而遂于命"的人,就是圣人,而最"可羞之事"乃是"以利惑其真而强反其情性"。③ 也就是因为利益而以假乱真,强制自然之情性服从于某种利害的打算。归根结底,庄子的思想和《郭店楚简·性自命出》的论述一样,强调自然之"情"乃是"道"的根本,因此说:"夫道,有情有信,无为无形"。④(道家有关"情"的主张,将另文论述)。

儒家强调"节制",什么才是节制,如何节制呢?"节制"的规范是"礼","礼"的基础是"差等"。既然儒家的社会伦理学说是建立在家族"亲情"和"推己及人"的基础之上的,爱别人不可能和爱自己的亲人一样,那就必然是"爱有差等"。《论语》第一章《学而》说:"弟子入则孝,出则悌,谨而信,泛爱众","爱众"是从"孝悌"推演出来,不是无差等地"博爱"一切人,这和作为基督教伦理基础的"上帝普爱世人"有根本的不同。"有差等",就必然要对这种"差等"有所规范,使人各安其位,以维持社会的稳定。这种规范就是"礼"。因为"礼"是从"亲亲"开始的,因此儒家强调,"礼"不是凭空制订而是从"情"而生。《郭店竹简·语丛一》明确指出:"礼作于情","礼因人之情而为之";《语丛二》又进一步说:"情生于性,礼生于情。"太史公也说:"余至大行礼官,观三代损益,乃知缘人情而制礼,依人性而作仪,其所由来尚矣。"⑤ 荀子在《礼论》中则更强调"礼"的"制欲"作用,他说:"礼起於何也?曰:人生而有欲,欲而不得,则不能无求;求而无度量分界,则不能不争;争则乱,乱则穷。先王恶其乱也,故制礼义以分之,以养人之欲,给人之求,使欲必不穷乎物,物必不屈於欲,两者相

---

① 《庄子·渔父第三十一》。
② 同上。
③ 《庄子·盗跖第二十九》。
④ 《庄子·大宗师第六》。
⑤ 《史记·卷23·礼书第一》。

持而长，是礼之所起也"。

然而，事实上，"礼"一旦形成并得到巩固，就反过来，对"情"加以严格限制。"礼"虽生于情，却有了自己的独立发展，而逐渐演变为仁、义、礼、智、信等行为规范，所以说"始者近情，终者近义"（《性自命出》）。"礼"最终规定着人的社会地位和行为，"越礼"之"情"受到社会礼教的极大压制，这种压制不仅是外在的，而且渗透到人的内心深处，成为难以摆脱的对人性的桎梏。这就在中国文化中形成了一种十分独特的现象：一方面是将"情"抬高到一切行为之源的高度，另一方面又把"情"压制到几乎被一切社会伦理道德窒息的最底层。也许正因为对其极端重视，所以无时无刻不对其管制约束，乃至禁锢。

这种现象在文学中表现得极为突出。中国文学的经典《毛诗序》指出诗的本质是"情"，"情动于中而形于言，言之不足故嗟叹之，嗟叹之不足故咏歌之……"但紧接着就说任何"情"都必须"止乎礼义"。"发乎情，民之性也；止乎礼义，先王之泽也"。这一原则成了中国文学写"情"时不可逾越的界限。这种社会对"情"的压制在中国小说中无所不在。值得注意的是这种对"情"的桎梏不仅表现在现实生活中的"非礼勿视"，"非礼勿动"等等，而且深藏于人的内心，无时无刻不钳制着人的感情。西方文学也常写到社会对于"情"的压制，但大部分是写外在的压迫，较少及于内心深层的自我束缚；莎士比亚笔下的朱丽叶和曹雪芹笔下的林黛玉同样为"情"而死，但前者可以去追求，后者却始终说不出口，更不用说付诸行动！杜丽娘要说出自己内心的"情"，也只能在死后"还魂"。中国许多美丽的爱情故事都只能假托于虚幻与鬼狐。

"情"要受"礼"的制约，就不能不和自然因"情"而生的"欲"相割裂。在中国传统文学中，"情"和"欲"基本上是截然分开的。贾宝玉可以对薛宝钗笼着玉环的粉臂怀有欲望，对已婚的秦可卿产生"性幻想"，但对于最钟情的林黛玉却始终是纯情无欲；彼此相爱的梁山伯和祝英台同床数年却始终在两人之间放着一碗清水，并认为这是神圣不可逾越的界限；至于与

"欲"有牵连的崔莺莺和卓文君等人则被视为"奔女",历来都受到传统文人苛刻的评判。西方文学中虽也有柏拉图式的爱情,有贞女和妖女的分野,但总的说来,"情"和"欲"是相结合的,多半认为"欲"与"情"伴生,是"情"的自然结果。中国文学由于"情动于中"必须"止乎礼义","不及于乱",这种桎梏深入骨髓,就不能不产生一些现在看来十分可笑的情景。《老残游记》第九回有一段描写,一位妙龄女郎深夜与男伴单独相对时,说的却是:"《关雎》序上说道:'发乎情,止乎礼义。'发乎情,是不期然而然的境界。即如今夕,嘉宾惠临,我不能不喜,发乎情也。……以少女中男,深夜对坐,不及乱言,止乎礼义矣。此正合圣人之道。"这种情景虽不无反讽,但在传统小说中是很典型的。

由于长期以来受到"礼义"的压制,中国传统小说在作为文学根本的"情"上,很难突破以下几种模式:其一是虚幻化,"上穷碧落下黄泉,四处茫茫皆不见",如《红楼梦》中的太虚幻境;"情"只能在灵河岸上,三生石畔,离恨天外的赤霞宫之类的地方去寻找;其二是距离化,拉开时间和空间的距离,用"等待戈多"式的无穷无尽的等待来淡化感情,使之就范,如牛郎织女、望夫石之类的传说,以及王宝钏18年独守寒窑等;其三是道德驯化,屈从于"礼义"的道德规范,如长诗《孔雀东南飞》。杨周翰先生曾指出与西方文学相对而言,中国少有婚前所写的热烈的情诗,却有更多怀念亡妻的哀婉的悼亡诗,[①]其原因恐怕也在于此。其四是功利化,以"发乎情"而不"止乎礼义",以至于"乱"的不幸故事作为反面教材,使人警醒,达到所谓"以情悟道","以幻解幻"的目的。有人说《红楼梦》也是"以'红尘'作为'看破红尘'的启蒙仪式"[②],有一定道理。许多短篇小说关于"情"的故事更是"看破红尘","因果报应"的注脚。

---

① 《镜子和七巧板·中西悼亡诗》。
② 叶舒宪:《激情》,上海文化出版社,2003年。

当然，也有与上述模式完全不同的另一种模式，例如宋玉在《高唐赋》和《神女赋》中所赞美的那个居于"巫山之阳，高丘之阻，且为朝云，暮为行雨"的巫山神女，她曾自由地来与楚怀王欢会，"自荐枕席"，但当楚怀王的儿子重游云梦又见到神女时，她却先是迟疑不决，"意似近而既远"，"若将来而复旋"，接着是"薄怒以自持"，"曾不可乎犯干"，最后是"摇佩饰，鸣玉鸾，整衣服，敛容颜"，"欢情未接，将辞而去"，不管襄王如何"惆怅垂涕，求之至曙"，也是枉然。有学者分析说神女两次出现时的不同态度反映了"超我"对"本我"的压抑，其实从神女的形象中，我们看不出任何压制和拘束，倒是活画出一个来无迹，去无踪，喜怒无常，使气任性，想来就来，想走就走的自由女性。如果她真是一个"超我"压倒"本我"的"守礼"之人，她又怎么可以自由自在地来到楚怀王的梦境，"自荐枕席"，而又不把这位国王的儿子楚襄王放在眼里呢？宋玉笔下的巫山神女和屈原塑造的山鬼一样，都是按自己的意愿来生活的美丽而勇敢的自由之魂。她们在中国文学史上，第一次展现了浓艳铺张而自由的女性之美。可惜她们所代表和体现的不受"礼义"压制的"情"并没有在正统文学中得到发展，而是深深隐入了民间文学的潜流。

在这样全方位的压制下，与文学创作中对"情"的窒息相对应，无论是中国的小说理论还是中国的诗论对人与人之间"纯情"的研究和强调都是很不够的。"纯情"的研究往往消解于"情理"和"情景"的研究之中。如《文心雕龙》谈到"情"的地方不少，但绝大部分是与"理"相连，"辨骚"、"明诗"、"诠赋"谈的都是"情理"；别的很多章节，谈的也是"情理"，如说："情理设位，文采行乎其中"（镕裁），"夫情动而言形，理发而文见"（体性）；"率志委和，则理融而情畅"（养气）；"控引情理，送迎际会"（章句）等等。"情景相触""情景交融"在中国文论中更被认为是创造艺术意境的根本。如谢榛在《四溟诗话》中说，"夫情景交融而成诗，此作家之常也"。"情景兼到，骨韵俱高"历来被认为是诗之极品。至于有关"纯情"的分析，尽管陆机早就强调"诗缘情而绮靡"，却未能得到深入发展，特别是在后来的小说、戏剧理论中，有关"情"的分析，尤其是有关"纯情"的心理分析更是常常付诸阙如。

郭店楚简倡言"道始于情"，中国文化曾对"情"给与极其崇高的地位。但同时又规定了"始者近情，终者近义"（《性自命出》），发自内心的"情"一旦外化为行为，就不能不受到"礼"的束缚和禁锢，甚至本身就演化为"礼义"。这一方面成全了儒家的最高理想："极高明而道中庸"，不为已甚，排除爆发力，造就了中国文学艺术的"中和之美"；另一方面，又不能不对千百年来道家所主张的自然之情，即率真的人性之情加以扼杀和压抑。

儒家的"君子"与道家的"至人"
——从他们对待忧乐的态度说起

一

"忧郁",首先见于《管子·内业》:"忧郁生疾,疾困乃死"。可见"忧郁",最初是与精神方面的疾病相联。《诗》三百篇中的《小雅·节南山》也有"心之忧也,如或结之",笺:"心忧如有结之者;结,郁结于心也"。《楚辞》中多次出现"郁邑(悒)"、"郁结",如"心郁邑余侘傺兮又莫察余之中情"(《惜诵》),"遭沉浊而污秽兮,独郁结其谁语"注:"郁结,思虑烦冤,无告陈也"。"郁邑"、"郁结"都是指不被理解,无处申诉,长期压抑,难于抒发缓解的一种深沉的精神痛苦。中医把这种精神痛苦导致的疾病称为"郁症",由"肝气郁结"引起,其典型症状是情志抑郁,心神受伤,精神恍惚,悲伤疑虑。"郁邑"、"郁结"也就是"忧郁"。

从广义来说,忧心、忧思、忧伤也都和忧郁相关。"忧"在中国是一个古老的用语,在《诗》三百篇中出现凡38次。大约有四方面的用法:

第一,诉说孤独、离别、思念之苦。如《秦风·晨风》中反复吟唱的"未见君崐子,忧心钦钦","未见君子,忧心靡乐","未见君子,忧心如醉",和《浍风·羊裘》中的"岂不尔思,我心忧伤"都是为离别和思念而生忧郁。

第二，为社会不公、自身遭受不幸、内心痛苦而忧郁，如《邶风·柏舟》："忧心悄悄，愠于群小"，《邶风·北门》："出自北门，忧心殷殷；终窭且贫，莫知我艰"，《小雅·苕之华》："心之忧矣，维其伤矣……知我如此，不如不生"。

第三，忧国忧民，如《小雅·节南山》："忧心如酲，谁秉国成，不自为政，卒劳百姓"，《小雅·正月》："正月繁霜，我心忧伤……忧心惨惨，念国之为虐"。以及《王风·黍离》中一唱三迭的"知我者谓我心忧，不知我者谓我何求？"。

第四，生死之忧，即由于生命的倏忽而逝所引起的忧伤，如《曹风·蜉蝣》："蜉蝣之羽，衣裳楚楚，心之忧矣，于我归处"，就是由蜉蝣的朝生夕死，想到生命的短暂而感忧伤。

以上这些"忧心"、"忧伤"，如果长期郁结于心，也就是"忧郁"。

二

在儒家经典《论语》、《孟子》中，"忧"被区分为外感的"忧"和内发的"忧"；前者指物质之"忧"，如个人遭遇坎坷、欲望不得满足而产生的"忧"，上述《诗经》中经常咏叹的前两种"忧"即这种"忧"；后者为精神之"忧"，指发自本性所追求的理想无法实现而产生的的忧。"一箪食，一瓢饮，在陋巷，人不堪其忧"（《论语·雍也》），这里的"忧"是前一种"忧"；"君子忧道不忧贫"（《论语·卫灵公》）的"忧"则是后一种"忧"。孔夫子明确地说："德之不修，学之不讲，闻义不能徙，不善不能改，是吾忧也"（《论语·述而》）。这是追求自身道德完善而产生的"忧"。"先天下之忧而忧"，这是忧国忧民的"忧"。儒家认为，作为一个君子，这种由道德和社会的不完善而产生的内在的"忧"是永远的。孟子说："君子有终身之忧，无一朝之患"（《离娄下》）。所谓"一朝之患"就是上面说的属于个人的、短暂的物质之"忧"；而"终身之忧"则是意欲突破种种困难以达到一种完美的道德理想和社会理想而又不能达到时的心理状态。儒家提出的这种"君子之忧"包含一种为改变现状而奋发争取的积极精神，甚至"知其不可为而为之"。这种"忧"与我们今天所理解的"忧郁"显然有所不同。

由于儒家对于君子之"忧"如此看重，因此有人认为这种忧患意识不仅是儒家思想的基本品格，而且也是中国文化的基础①。其实，在孔夫子看来，君子的基本品格不仅是"忧"，而且还必须包括"忧"的对立面"不忧"，也就是"乐"。他指出最重要的"君子之道"有三："仁者不忧，知者不惑，勇者不惧"（《论语·宪问》）。"仁者"是儒家最高的道德规范，而"不忧"居"君子之道"之首，足见"不忧"的重要。既然道德理想与社会理想都难得以实现，何以又能"不忧"呢？

孔夫子说："内省不疚，复何忧何惧？"（《论语·颜渊》）"内省不疚"就是孟子说的"仰不愧于天，俯不怍于人"（《孟子·尽心上》），也就是所谓"君子坦荡荡，小人常戚戚"和中国老百姓常说的："平生不作亏心事，夜半不怕鬼敲门"。儒家正是用这种主观的、内在的、自宽自解的办法来缓解佛家所说的精神上的"求不得苦"，以达到内心的平衡和与社会的和谐，既避免了激愤之情，也较少引向现代意义上的忧郁。

---

① 参见徐复观先生：《中国人性论史》第二章。

三

与儒家的"君子无日不忧,无日不乐"相反,道家的理想是"心不忧乐,德之至也"(《庄子·刻意》)。他们批评儒家说:"彼仁人何其多忧也!"(《庄子·骈拇》)又说:"绝学无忧"(《老子·十九章》),也就是弃绝儒家倡导的仁义礼智之类束缚人类本性的道德学问,才能真正无忧。道家又认为"至乐无乐,至誉无誉",因为"至乐"即无为之乐("无为诚乐"——《庄子·至乐》),也就是一般人认为的"无乐"。其实,道家的"无忧无乐"和儒家的亦忧亦乐一样,都是力图从主观方面寻求一种解决人类无法解决的大忧或大悲的设想。这一大忧、大悲就是生命的短暂和人类知识的有限。《庄子》载老子说:"人生天地之间,若白驹之过隙,忽然而已……已化而生,又化而死,生物哀之,人类悲之"(《徐无鬼》)。人类既无法控制生,也无法控制死;既不知道何所为而生,也不明白何所为而死;人类从一生下来,就不能不被这种无知、无能所困扰。因此,道家认为:"人之生也,与忧俱生"(《庄子·至乐》)。如何才能超脱于这种大忧大悲的困扰呢?道家提出了"至人"的最高理想。

"至人"理想的最高境界是像水一样涌流,无为而自然。"至人之于德也,不修而物不能离焉,若天之自高,地之自厚,日月之自明,夫何修焉!"(《庄子·田子方》)对于"至人"来说,儒家式的道德修练是完全不必要的,他犹如天一样自然地高,犹如地一样自然地厚,犹如日月一样自然光明。大自然不需要任何人为的加工,与大自然合一的"至人"还需要什么修炼呢!正如野鸭的腿虽短,接上一段便造成痛苦,野鹤的腿虽长,切断一节便造成悲哀,只有顺其本性,才能自然无忧。顺其本性就是无为。既然"天地有大美而不言,四时有明法而不议,万物有成理而不说","至人"以大自然为榜样,也应该:"不言"、"不议"、"不说",也就是无为。所以说"至人无为,大圣不作"(《庄子·知北游》)。懂得这个道理,"至人"就能超脱于生死苦乐。他将生死看作昼夜的自然交替,他"不知道悦生,也不知道恶死;出生不欣喜,入死不拒绝,无拘无束的去,无拘无束的来",他"不忘记自己的来源,也不追求自己的归宿,事情来了,欣然接受;忘掉死生,让其复返自然"[①]这样的人,连生死都置之度外,更何况世间的苦乐荣辱呢!所以说"至人神矣……乘云气,骑日月,而游乎四海之外。死生无变于己,而况利害之端乎!"(《庄子·齐物论》)可见道家的"至人"正是通过自然无为的途径,超越了大忧和大悲。

(四)

综上所述,《诗》三百篇、儒家经典、道家经典都谈到人类与生俱来的各种层次的"忧"。这些"忧"在各种文化中都有类似的根源,也都有相同或不同的表现。以儒、道为代表的中国文化特别着重于对"忧"的疏通和消解。这种疏通和消解并不依靠外在的神的力量,也不是依靠对神的信仰,而是依靠自身对生命和自然的认识与觉悟。无论是儒家"内省不疚"还是道家的"自然无为"都是用自身的精神力量来战胜与生命同在的大忧和大悲。这就使中国文化,特别是在极其丰富的抒情诗传统中,许多诗歌往往一方面显示着沉重的忧郁,另一方面又极力追求着对这种忧郁的超脱。曹操的"对酒当歌,人生几何,譬如朝露,去日苦多",最后从"山不厌高,水不厌深",寻求"天下归心"的事业中找到了寄托;杜牧的"六朝文物草连空,天淡云闲今古同,鸟去鸟来山色里,人歌人哭水声中"表现了对人事沧桑、命短暂的沉重的忧郁,这种忧郁同时又被世事如此、古今皆同的认识所缓解。因此,也许可以说中国的忧郁一般不是那种浓重的、无法自解、作茧自缚的忧郁,而常是带着一种像水中涟漪,不断消散的、淡淡的色彩。

---

① 见陈鼓应:《庄子今注今译》。

《多元之美》序

21世纪就这样来到了人间,人们都在思考未来。我们终于在人类公元第三个千年的第一个春天,在古老而又充满青春活力的美丽的北京迎来了来自世界各地的同行。

这次国际会议可以说已经筹备了五年!

1995年金秋,我们满怀信心,在北京大学组织了以"文化对话与文化误读"为题的国际学术研讨会并接待了第14届国际比较文学学会的全体理事。他们来自26个国家,共32位,加上到会的中国学者,那次国际会议共有百余人参加。会议开得十分成功,无论是学术水平,组织水平都给初次到访的国际比较文学学会理事们十分深刻的印象,再加上北京古城深厚的文化魅力,许多理事,包括当时的主席吉列斯比(Gerald Gillespie)和几位副主席都认为新世纪第一次国际比较文学大会必将在北京召开无疑!三年一次的国际比较文学大会一般都是600至800人的规模。我们曾竭尽全力为迎接这次大会的召开进行了各方面的准备。出乎意料的是1997年,在荷兰召开的20世纪最后一次国际比较文学大会上,600余人投票,我们竟以30票之差,莫名其妙地输给了比较文学还刚刚起步的南非!

但我们并不气馁,我们决定仍然要在新世纪的第一个春天在北京召开一次高水平的国际比较文学学术讨论会以迎接新世纪的来临。因为,我们坚信21世纪将是一个文化多元发展的世纪,一个中国文化对世界文化作出更大贡献的世纪!一个比较文学在人类心灵沟通的过程之中发挥更大作用的世纪!

这次意想中的大会终于在北京大学召开了！这就是2001年4月8日至10日以"多元之美"为题的盛大学术会议。"多元之美"化用了法国作家谢阁兰（Victor Segalen，1878—1919）一部美学论著的书名《论异国情调——多样性美学》。"多样性美学"原意为承认美在于差异，只有在差异感中才能产生美感。这是谢阁兰针对20世纪已初露端倪的全球标准化和无差异趋势而提出的，它在今天的文化语境中无疑具有更紧迫的现实意义。我们化用此词为会议主题，既是对谢阁兰思想的一种张扬，也是为了赋予其一层中国人独特的解读："多元之美"一方面指"美"的理论之"多元"，另一方面也指生活和艺术中不同的"美"的显示与聚合。

意大利著名思想家翁伯特·艾柯（Umberto Eco）最近提出，欧洲大陆第三个千年的目标是"差别共存与相互尊重"，他认为人们发现的差别越多，能够承认和尊重的差别越多，就能生活得更好，就能更好地相聚在一种相互理解的氛围之中。这和中国传统文化所强调的"和能生物，同则不继"颇有相通之处。"和"就是和谐沟通，使各种差异得以繁荣共生。法国著名比较文学家达尼埃尔-亨利·巴柔（Daniel-Henri Pageaux）在这次大会的发言中对此十分肯定。他说："从这次研讨会的提纲中，我看到'和谐'，'和实生物，同则不继'概念的重要性。中国的'和而不同'原则定将成为重要的伦理资源，使我们能在第三个千年实现'差别共存与相互尊重'。"

本次会议以文本研究为主体，主要讨论了以下五个方面的问题，即：多元文化发展中的翻译与接受；不同诗学体系的对话与沟通；多元文化中的形象与神话研究；世界文化语境中的东亚文学；现代西方理论与中国研究。应该说，每一方面都有新的收获。当然，不可能，也不期望作出面面俱到的结论，但总是提出了许多新的问题，或是对过去反复讨论过的问题有了进一步发展和深化，这充分显示在这里选登的各篇论文之中。

参与这次大会的各个方面都肯定了大会的成功。我们谨对积极参加这次大会并作出贡献的国内外学者表示深深的敬意，对为组织这次大会不辞辛劳的同学们表示衷心感谢。总而言之，我们在文学领域内共同完成了一次体现和促进文化多元化的创举，我们无愧于成为既抵制文化霸权主义，又抵制文化孤立主义的新世纪新文化的早春第一燕。

《中国文化西渐个案丛书》总序

经历了20世纪的两次世界大战,经历了原子弹轰炸广岛,经历了"古拉格群岛"、文化大革命等无可言状的精神苦难,人类曾梦想21世纪将是一个和平发展的美好的世纪;然而没有想到头一年就发生了9.11这样的恐怖袭击。战乱、暴动、屠杀遍及全世界!为什么会如此?原因当然多种多样,然而,深刻的文化冲突不能不说是众多原因中很重要的一个方面。目前,"文化霸权主义"和"文化割据主义"的冲突无疑已给世界带来了严重的灾难。前者企图以强大军事力量为后盾,强行推广他们的意识形态,以图覆盖甚至泯没其他民族文化;后者则采取文化隔绝封闭的孤立政策,不惜以恐怖灭绝手段,维护其停滞与不变,并与一切和他们的看法相悖的力量拼死抗争。随着高科技发展所带来的日益增强的武器杀伤力及其对自然生态无可挽回的破坏,这种冲突所带来的灾难还会越来越严重。

目前,全世界的有识者都在考虑如何才能化解这一场有可能将人类引向毁灭的冲突。法国前总理米歇尔·罗卡尔(Michel Rocard)曾指出:策划和平要比策划战争困难得多。同样,实行引向战争的"对抗",也比实行引向和平的"对话"困难得多!事实告诉我们,"文化霸权主义"和"文化割据主义"的"死硬派",恐怕是很难对话,也不大可能"化干戈为玉帛"的。但是,希望仍在于两者之间的、极其广大的、不同层次的反对战争、要求和平的人民。他们对文化冲突的遏制和对文化共存的自觉将决定世界的前程。

西方已有学者提出必须在经济全球化和科技全球化之外,寻求另一种全球化，即文化多元共生的全球化。"共生"不是"融合"，也不是简单的和平共处，而是各自保持并发扬自身的特点，相互依存，互相得益。多元文化共生的全球化，反对以一种文化打压或覆盖另一种文化，主张多种文化保持"共生"互利的状态，以收和平共处，相得益彰之效。多元文化共生的前提就是各民族对自身的文化有充分的自觉。

近世以来，西方文化始终处于强势文化的地位，西方今天的文化自觉首先表现在审视自己文化发展中的弱点和危机方面。早在20世纪初奥斯瓦尔德·斯宾格勒在《西方的没落——世界历史的透视》一书中已相当全面地开始了对西方文化的反思和批判，到了21世纪，这种反思和批判达到了更其深刻的程度。例如，法国著名思想家、高等社会科学院研究员埃德加·莫兰（Edgar Morin）指出，西方文明的福祉正好包藏了它的祸根：它的个人主义包含了自我中心的闭锁与孤独；它的盲目的经济发展给人类带来了道德和心理的迟钝，造成各领域的隔绝，限制了人们的智慧能力，使人们在复杂问题面前束手无策，对根本的和全局的问题视而不见；科学技术促进了社会进步，同时也带来了对环境、文化的破坏，造成了新的不平等，以新式奴役取代了老式奴役，特别是城市的污染和科学的盲目，给人们带来了紧张与危害，将人们引向核灭亡与生态死亡[①]。波兰社会学家齐格蒙特·鲍曼在《现代性与大屠杀》一书中更是强调，在西方，高度文明与高度野蛮其实是相通的和难以区分的……现代性是现代文明的结果，而现代文明的高度发展超越了人所能调控的范围，导向高度的野蛮！

有的学者不仅对上述以贪欲和聚敛为核心的文明进行了深入的反思，还进一步指出以物质为基础的现代发展观本身即将受到修正。可持续性的全球经济之目标应该是：通过将人类的生产和消费与自然界的能力联系在一起，通过废品利用和资源的重新补充，不断再生产出高质量的生活。在这样的生

---

① 参见"超越全球化发展：社会世界还是帝国世界？"，《迎接新的文化转型时期》第202页，上海文化出版社，2005年。

活中，重要的并非个人的物质积累，而是自我修养；并非聚敛财富，而是精神的提升；并非拓宽疆土，而是拓宽人类的同情。①可以说这是西方更深入、更触及精神方面的文化自觉。

如果说西方文化数百年来处于强势地位，其文化自觉在文化多元发展的大趋势下更多地倾向于审视自己文化的危机和弱点；那么，中国文化近百年来，作为一种弱势文化，不断受到西方文化的轻视和压抑，当代中国的文化自觉，首先就是与本民族文化复兴的强烈愿望结合在一起。正如我国著名的社会学家、人类学家、民族学家费孝通所说，中国的文化自觉首先是要了解自身文化的种子（基因），也就是民族繁衍生息的最基本的特点；其次，必须创造条件，对这些基本特点加以现代解读，这种解读融汇古今中外，让原有的文化基因继续发展，使其在今天的土壤上，向未来展开一个新的起点；另外，还要将中国文化置于全球化的语境之中，研究它与其他文化的关系，使其成为正在进行的全球文化多元建构的一个组成部分。这是我们过去从未遭遇，也全无经验的一个崭新的领域。

近年来，西方文化显示了对他种文化的强烈兴趣，特别是对中国文化的兴趣。他们首先把中国文化作为一个新的参照系，即新的"他者"，以之作为参照，重新反观自己的文化，找到新的认识角度和新的诠释。因为"中国的语言外在于庞大的印欧语言体系，这种语言开拓的是书写的另一种可能性；中国文明是在与欧洲没有实际的借鉴或影响关系之下独自发展的、时间最长的文明……中国是从外部正视我们的思想——由此使之脱离传统成见——的理想形象"②。不但是作为参照，还要从非西方文化中吸收新的内容。2004年里查·罗蒂访问复旦大学哲学系时说："我隔了20年再次来到上海，中国的变化简直可以用奇迹来形容。这个奇迹不是改变了我的思考，而是进

---

① J. 里夫金：《欧洲梦：欧洲梦是如何悄悄地使美国梦黯然失色》，重庆人民出版社，2006年。
② 《迂回与进入·前言》第3页，三联书店，1998。

一步印证和强化了我已有的看法,那就是中国是未来世界的希望。"① 一些美国汉学家的著作也体现了这种认识论的改变,如安乐哲(Roger Ames)和大卫·霍尔(David Hall)合作的《通过孔子而思》(Thinking Through Confucius)、斯蒂芬·显克曼编撰的《早期中国与古代希腊——通过比较而思》等。类似观点的著作还很多。

另外,改变殖民心态,自省过去的西方中心论,理顺自己对非西方文化排斥、轻视的心理,这一点也很重要。意大利罗马大学的尼兹教授认为克服西方中心论的过程是一种困难的"苦修"过程。他把比较文学这一学科称为"非殖民化学科"。在《作为非殖民化学科的比较文学》一文中,他说:"如果对于摆脱了西方殖民的国家来说,比较文学学科代表一种理解、研究和实现非殖民化的方式;那么,对于我们所有欧洲学者来说,它却代表着一种思考、一种自我批评及学习的形式,或者说是从我们自身的殖民意识中解脱的方式。……它关系到一种自我批评以及对自己和他人的教育、改造。这是一种苦修(askesis)!"② 没有这种自省的"苦修",总是以殖民心态傲视他人,多元文化的共存也是不可能的。

总之,许多先进的西方知识分子提出人类需要的不是一个单极统治的帝国世界,而是一个多极均势的"社会世界",一个文明开化、多元发展的联盟。要达到这个目的,人类精神需要发生一次"人类心灵内在性的巨大提升",它表达的是对另一个全球化的期待,这就是全球的多极均衡、多元共存,也就是一个"基于生活质量而非个人无限财富积累的可持续性的文明"。从这种认识出发,他们一方面回归自身文化的源头,寻求重新再出发的途径;另一方面广泛吸收非西方文化的积极因素,并以之作为"他者",通过反思,从不同视角更新对自己的认识。这些新发展构成了与过去的汉学(中国学)

---

① 《文汇周报》,2004 年 7 月 27 日。
② 阿尔蒙多·尼兹《作为非殖民化学科的比较文学》,《中国比较文学通讯》,1996 年,第一期,第 5 页。

很不相同的"新汉学"。

反观中国,有关中西文化关系研究的著作日益增多,特别是汉学(或中国学)研究更是蓬勃发展。新世纪以来,出现了《20世纪西方哲学东渐史》(14卷,首都师范大学出版社)、《跨文化沟通个案研究丛书》(15卷,文津出版社)等系统总结性的大型综合丛书,引起了广泛关注,前者还获得了国家图书大奖。但总的说来,显然研究西方对中国的影响的著作较多,从反方向研究中国文化对西方文化影响的专著却相对较少,尤其缺少这方面的综合性系统研究。特别是对于西方主流文化中的中国文化因素,更是几乎付诸阙如!事实上,中国文化正是通过伏尔泰、莱布尼兹、荣格、白璧德、庞德、奥尼尔、色加楞、米肖等主流文化的哲学家、思想家、文学家的融会贯通,包括误读和改写,才真正进入西方文化的。这些西方主流文化的大家并不全面熟悉中国文化,也并不精通汉语,但却从中国文化汲取了至关重要的灵感和启迪。这是一个十分复杂的过程,包括误读、改写、吸收和重建,这种研究不是一般通行的汉学研究所能代替的。这个过程的目的首先都是为了寻找一个外在的视角,以便更好地审视和更深刻地了解自己。但要真正"外在于自己"却并不容易。人,几乎不可能脱离自身的处境和文化框架,他们对"异文化"的研究和吸取也就往往决定于其自身的处境和条件。当他们感到自身比较强大而自满自足的时候,他们在异文化中寻求的往往是与自身相似的东西,以证实自己所认同的事物或原则的正确性和普适性,也就不免将异文化纳入本文化的意识形态而忽略异文化的真正特色;反之,当他们感到本文化暴露出诸多矛盾,而对现状不满时,他们又往往将自己的理想寄托于异文化,将异文化构建为自己的乌托邦。从意识形态到乌托邦构成一道光谱,显示着西方文化主流学者对中国文化理解和吸收的不同层面。

本丛书企图对这个充满着误读、盲点和过度诠释,同时又闪耀着创意、灵性和发展的非常复杂的过程进行饶有兴味的探索,比较全面、系统地清理中国文化进入世界文化主流的历史现象,对在这方面有重大贡献的代表性历史人物,进行系统研究。首先是对相关资料进行全面收集,其次是对于误读、吸收和重建等文化现象进行分析，最后上升到对两种文化相遇时所产生的种种理论问题进行探讨和总结。

《中国文化西渐个案丛书》第一辑包括以下 5 种：1.《莱布尼兹与中国文化》； 2.《白璧德与中国儒家》；3.《卡夫卡和他的中国想象》；4.《现代美国诗人史耐德与中国文化》；5.《庞德与中国文化》；已出齐。第二辑包括《伏尔泰与中国文化》，《美国诗与中国禅》、《黑塞与中国文化》、《荣格与中国文化》、《布莱希特与中国文化》等。预计在年内出齐。

四

比较文学是跨文化对话的前锋

比较文学发展的三个阶段

一、第一阶段

作为一门独立的学科，比较文学从19世纪70、80年代在欧洲正式诞生，它的建立是以以下几个重要事件为标志的：1877年匈牙利的梅茨尔在布达佩斯创办了《比较文学学报》（后来更名为《比较文学杂志》），这是世界上第一本比较文学杂志；1866年新西兰奥克兰大学英国文学教授波斯奈特出版了第一本以《比较文学》命名的专著；1897年法国学者戴克斯特在里昂大学创办了第一个比较文学讲座，题目是《文艺复兴以来日耳曼文学对法国文学的影响》。此前，1829年就有威尔曼（1790—1867）在巴黎大学作过题为"18世纪法国作家对外国文学与欧洲思想的影响的考察"的讲演，圣伯夫曾称他为"比较文学的真正哥伦布"。

法国最早、最有成就的比较文学学者是布吕纳季耶（1849—1906），他将达尔文的进化论引入文学研究，用来解释国际间的文学联系。他的主张和观点直接影响了他的学生——后来成为早期法国比较文学的重要学者戴克斯特和贝茨。戴克斯特（1865—1900）是第一位大学的比较文学教授，他最重要的贡献是将比较文学做为大学的一门学科。他在里昂大学举办了第一个比较文学讲座。在讲座中，他强调比较文学研究与国别文学研究不同，一方面应保存某一文学的民族特征，另一方面又必须超越国界，研究各国文学间的相互影响与关系。他的博士论文《让－雅克·卢梭和文学世界主义之起源》（1895年）成为第一部科学的比较文学学科专著。贝茨（1861—1903）的不可磨灭的功绩是在1897年发表了最早的比较文学的工具书《比较文学书目集》。其中共收集书目2000条，后来又增加至3000条。他还发表了《海涅在法国》、《比较文学研究》等专著。

法国学派的第一位代表人物是巴尔登斯伯格（1871—1958），他是第一个系统地采用严密的考证方法研究外国文学对法国文学影响的学者。他用大量时间查阅了法国1770—1880年间的报刊、书籍、杂志，捕捉实证的细微迹象和舆论动向，写出了《歌德在法国》（1904年）、《文学史研究》（论文集，1907年、1910年、1939年）、《1787—1815年间法国流亡贵族的思想动向》（1925年）、《巴尔扎克所受的外来影响》（1927年）等著作。这些著作都是以实证的方法，以事实为依据，来研究不同国家文学之间的关系，成为比较文学法国学派的典范。1921年他创办了杂志《比较文学评论》。这份杂志成为法国比较文学的重要阵地。30年代初，又在梵·第根的协助下，创立了巴黎大学的现代比较文学研究所，使巴黎大学在以后的几十年间成为了国际比较文学的中心。

梵·第根（1871—1948）是第一位全面系统地阐述和总结法国学派观点的学者。1931年他发表了《比较文学论》[①]，对比较文学的历史、方法、成果作出系统和全面的探讨与总结。他为比较文学作出了界定，认为比较文学应是文学史的一支，它应像一切历史科学一样，将尽可能多的来源不同的事实集中在一起，对每一事实作出充分解释，并把它当作研究欧洲各国文学作品相互关系的实证，把各国文学"归附"到"欧洲文学之总体历史中去"。他强调比较文学的目的是要从文学间的事实联系出发，研究作家所受的外来影响，以证实各国文学作品之间的相互关系，由此将精确细微的考证定为比较文学的研究方法。他第一次将文学研究分为国别文学、比较文学和总体文学三大范畴，强调国别文学是一切文学研究的基础和出发点，比较文学是研

---

① 此书1937年由戴望舒翻译成中文，由上海商务印书馆出版发行。

究两国文学间的相互关系，是国别文学的必要补充，并在国别文学之间架起桥梁，而总体文学是研究两国以上的文学关系。梵·第根的《比较文学论》为法国比较文学在理论和方法上作出了系统的总结，同时也为初创期的国际比较文学学科的发展奠定了基础，在比较文学发展史上占有重要地位。

继承并发展梵·第根的理论，确立了法国学派理论体系的是卡雷与基亚。卡雷（1887—1958）是巴尔登斯伯格的学生。他在理论上继承了前辈的观点，把研究国际文学间的事实联系作为比较文学的目标，同时也重视不同民族作家之间的精神联系。他在为卡雷《比较文学》所作的序中说："比较文学……研究国际间的精神关系，研究拜伦与普希金、歌德与卡莱尔、司各特与维涅之间，以及各国文学作品之间，灵感源之间与作家生平之间的事实联系。"①基亚（1921—）是卡雷的学生，他在1951年发表了《比较文学》一书，卡雷为此书发表了纲领性的序言。这部书在继承梵·第根观点的基础上，进一步发展和完善了法国学派的理论，成为一部在国际比较文学界影响颇大的比较文学的教科书。与梵·第根的《比较文学论》相比，基亚更为强调有实际关系的文学间的影响研究，更突出了"事实联系"的重要。他给比较文学下的定义是：

比较文学就是国际文学的关系史。比较文学工作者站在语言的或民族的边缘，注视着两种或多种文学之间在题材、思想、书籍或感情方面的彼此渗透。②

在国际比较文学发展史上，法国学派是开创者。法国学派以其丰富的学术成果证明了比较文学的科学价值，使其真正成为了一门独立的学科；它的

---

① 卡雷《比较文学序》，转引自张汉良《比较文学研究的方向和范畴》，载台湾《中外文学》第6卷，第10期第99页，1978年。
② 〔法〕基亚：《比较文学》，颜保译，北京大学出版社，第4页，1983年版。

理论对本学科起到了奠基的作用。但是法国学派也存在一定的历史局限性，它将比较文学限定为文学关系史，把研究的视野局限于欧洲文化圈，同时又过分拘泥于实证方法，强调各国作家与作品之间的事实联系，而忽视了文学自身发展的规律和独特的审美特征。这些偏颇潜藏着自身发展的危机。特别是欧洲中心论成为比较文学的理论核心。如洛里哀在《比较文学史》中所说：

> 因各民族接触愈密的结果，向来各个所具的特性必将渐归消灭……西方智识上，道德上及实业上的势力，业已遍及全世界。东部亚细亚除极少数山僻的区域外，业已无不开放，即使那极端保守的地方也已渐渐容纳欧洲的风气。如是欧亚两洲文化之渐趋一致已属意中之事。

二、第二阶段

比较文学在美国的起步并不比法国晚。沙克福德1871年在康奈尔大学作了题为"总体文学还是比较文学"的学术报告，成为美国第一位涉足比较文学领域的学者（比戴克斯特的系列讲座1897早10年）。后来盖利于1887—1889年在密执安大学开设了"文学批评的比较"专题讲座，以后比较文学在美国逐步兴起。1899年哥伦比亚大学成立了美国第一个比较文学系，1903年哥伦比亚大学比较文学系主任伍德贝利创办了美国第一本《比较文学杂志》①。1908年哈佛大学也成立了比较文学系，1910年由萧菲尔创办了《哈佛比较文学研究》杂志

在美国比较文学形成的早期，伍德贝利和钱德勒曾提出过一些重要的观点。钱德勒曾提出，比较文学应从文学运动入手研究主题、类型、环境、渊源、影响及传播，探讨文学的美学问题，寻求国别文学的共同发展规律。这些观点无疑对美国比较文学的发展产生过重要影响。

---

① 法国比较文学著名学者巴尔登斯伯格和意大利学者克罗齐参加了《比较文学杂志》的编辑工作。

40年代以后，美国比较文学有了新的发展。1942年，哥伦比亚大学在克里斯蒂的倡导和努力下成立了比较文学委员会，同年还创办了《比较文学通讯》。二战后，随着形势的发展和人民心态的转变，美国比较文学得到迅速发展。美国著名的耶鲁大学和印第安纳大学率先开始了比较文学研究，各所大学都陆续成立了比较文学系或比较文学专业。1950年《比较文学书目》①由北卡大学出版社出版。1952年《比较文学与总体文学年鉴》问世。1960年美国正式成立了比较文学学会，这些成果都说明，比较文学在二战后的美国出现了蓬勃发展的势头。

从50年代起，美国著名的耶鲁大学和印第安纳大学成为孕育美国学派的摇篮。美国学派几位重要的代表韦勒克、列文、雷马克、韦斯坦因等都出自这两所大学。美国学派真正形成的标志是自成一体理论的创立，上述这些学者创建的平行研究和跨学科研究的理论，集中体现了美国学派比较文学的重要特征。

1958年9月，国际比较文学学会第二届年会在美国北卡罗来纳州大学举行（由于北卡大学位于教堂山，因此人们经常把这次会议称为"教堂山会议"），耶鲁大学教授韦勒克（1903—1995）作了《比较文学的危机》②的发言，对法国学派进行了挑战性的尖锐的批评，这个发言引起国际比较文学界的强烈反响，也拉开了美国学派与法国学派之间的论争。这篇论文成为了美国学派的宣言书。

韦勒克批评法国学者片面强调研究两国文学之间的影响及其来源等，已把比较文学变成了文学研究的"外贸"。这样做就不能完整地研究艺术品，因为"艺术品决不仅仅是来源和影响的总和"，它们是一个整体③。韦勒克接受新批评的观点，他说："我已把艺术作品的研究称之为'内在'，而把

---

① 本书由法国著名学者巴尔登斯伯格和瑞士学者弗里德里希合编。
② 韦勒克《比较文学的危机》中译文见北京师范大学比较文学研究组编《比较文学研究资料》，北京师范大学出版社，1986年。
③ 同上书，第53页。

对艺术作品与作家思想的关系、艺术作品与社会的关系研究称之为'外在'。"他认为，关于内在的研究就是文学性的研究，比较文学应该注意文学性，因为这是美学的中心问题，是文学艺术的本质。他还批评法国学派将文学史、文学批评和文学理论三者隔离开来，而把比较文学仅仅局限于文学史的研究，把总体文学与比较文学机械地分离开来的观点。他指出，法国学者强调的是本国文学对别国文学的影响，即便是讲外国作家对法国作家的影响，也是在证明法国比别国更能准确地理解和接受，这样的研究必然违背比较文学反对民族主义的宗旨，而成为宣传狭隘的民族主义的工具。韦勒克指出，比较文学和总体文学之间人为的界限应当废除，比较文学应是以文学作品本身为研究中心的"跨国别"的文学研究。

韦勒克的发言打破了法国学派一统天下的局面，引发了长达十年的美、法学者间的争论。这一争论促进了人们对比较文学的学科定位、研究对象及研究方法的重新思考，对比较文学学科的发展起到极大的推动作用。

对美国学派在理论上有重大建树的还有雷马克和奥尔德里奇。雷马克（1916—）是印第安纳大学教授，他的《比较文学的定义和功用》一文充分代表了美国学派的观点。在这篇论文中，他不仅分析了法国学派影响研究的局限性，而且为比较文学下了一个全新的定义：

> 比较文学是超越一国范围之外的文学研究，并且研究文学与其他知识和信仰领域之间的关系，包括艺术（如绘画、雕刻、建筑、音乐）、哲学、历史、社会科学（如政治、经济、社会学）、自然科学、宗教等等。简言之，比较文学是一国文学与另一国文学或多国文学的比较，是文学与人类其他表现领域的比较。①

---

① 雷马克《比较文学的定义和功用》，见张隆溪选编《比较文学译文集》，北京大学出版社，第1页，1982年版。

从这一定义里，我们可以看到，他首先强调的是"比较文学是一国文学与另一国文学或多国文学的比较"。这就否定了法国学派对比较文学与总体文学的界定，认为比较文学可以研究跨越两国以上的文学现象。其次，他提出了比较文学可以跨学科，可以超出文学界，研究"文学与其他知识和信仰领域之间的关系"的新主张。

奥尔德里奇（1915—2002）主编的《比较文学的内容与方法》，是美国学派一部重要的理论著作。在这本书的开头，他就明确提出：

> 比较文学最简单的定义，可以理解为通过一个以上民族文学的视野来研究文学现象，或者研究文学与其他知识的关系。①

奥尔德里奇的观点与雷马克相同，同时又进一步探讨了文学之间的类同和对比的关系。他认为类同指的是"两部没有必然关联的作品之间在风格、结构、语气或观点上所表现的类同现象"，对比则不仅在寻找共同点，也研究其歧异点。他将没有直接事实联系的比较文学称之为"纯粹比较"，充分肯定了平行研究的价值和意义。

从以上美国学者提出的观点看，他们强调的是比较文学的跨国界和跨学科的特点。就跨国界而言，美国学派和法国学派都是认同的，他们之间的分歧在于：法国学派把比较研究局限在两个国家之间，美国学派则认为可以在两个和多个国家之间进行比较；法国学派强调不同国家间存在的事实联系的研究，美国学派侧重文学的艺术特征和美学价值的比较研究，即所谓超越事实联系的平行研究。至于跨学科研究，法国学者尚未涉及，那是美国学派的创见。

美国学派提倡的平行研究，强调对各国文学的内在联系、共同规律、民

---

① 转引自卢康华、孙景尧《比较文学导论》，黑龙江人民出版社，第50页，1984年。

族特征进行比较研究，强调对文学作品的美学价值的发掘，使比较文学回归其文学研究的本位，避免了史学化的倾向；他们提倡的"跨学科研究"要求通过对文学与其他学科的关系的考察来研究文学，有利于更好更全面地把握文学的特点和文学的本质。值得注意的是，此时美国的比较文学学者已开始关注东方文学，尤其是对中国文学产生了浓厚的兴趣，重视东西方异质文化的文学之间的沟通。美国学者的这种远见卓识使比较文学突破了西方文化区域的藩篱，向着真正具有世界意义的国际性学科迈进。

20世纪60、70年代以后，美、法两派的对立与分歧逐步消除，转而走向了融合，两派相互认可，公允地评价对方。1963年，法国著名的比较文学学者艾田伯发表《比较不是理由》一文，在总结过去的论争时，不仅承认了比较文学研究应包括那些相互之间并没有直接联系的文学的比较研究，而且还提出"历史的演进"和"美学的沉思"两者不仅不对立，而且必须互相补充、互相结合的观点。1970年，韦勒克发表了总结性的专论——《比较文学的名称与性质》，从五个方面总结了当时国际比较文学学者的共识：1.比较文学是一种没有语言、种族和政治界限的文学研究。2.对于比较文学来说，研究历史上毫无关系的语言和风格方面的现象，同研究从阅读中可能发现的相互影响和平行现象一样很有价值。3.比较文学不能只用来研究文学史，而且也要用来进行文学评论，评价当代文学。因为文学史、文学理论和文学批评是文学研究的三个领域，它们是相互关联的，国别文学的研究不能离开由这三部分组成的文学的总体研究，比较文学也是一样。4.比较文学是从国际的角度来研究一切文学，一切文学创作和经验都有统一的一面，因而存在着从国际的角度来展望建立全球文学史和文学学术这一遥远的理想。5.比较文学的性质和对象决定了它不可能局限于运用单纯的比较方法，在比较文学论述的过程中，"描绘、特征刻画、阐释、叙述、解说、评价等方法都同'比较'一样经常被应用"。这些主张代表了60、70年代，乃至80年代初期国际比较文学发展的趋向。

三、第三阶段

经过数十年法国关于文学传播及其相互影响的研究和第二次世界大战后美国关于并无直接关联的文学之间的平行研究和跨学科研究,比较文学已有百年历史。但是,中国比较文学并不是这一历史的直接分支,它虽出现在同样的时代语境,受着世界比较文学的重大影响,有时甚至是塑形性影响,但却有着自己发生、发展的独特过程。

20世纪的一百年,是中国学术文化史从传统向现代转型、并在中外学术的冲突和融通中曲折地走向成熟和繁荣的一百年。在这一百年中,比较文学先是作为学术研究的一种观念和方法,后是作为一门相对独立的学科,在中国学术史上留下了自己深刻而独特的足迹。比较文学在20世纪中国的发生、发展和繁荣,首先是基于中国文学研究观念变革和方法更新的内在需要。这决定了20世纪中国比较文学的基本特点。学术史的研究表明,中国比较文学不是古已有之,也不是舶来之物,它是立足于本土文学发展的内在需要,在全球交往的语境下产生的、崭新的、有中国特色的人文现象。

20世纪伊始,清政府一方面是对改革派"横流天下"的"邪说暴行"实行清剿,一方面也不得不提出"旧学为本,新学为用"的口号,并于1901年下令废除八股,1905年废除科举并派五大臣出洋考察,1906年又宣布预备立宪,改革官制等。在这样的形势下,有头脑的中国人,无论赞同与否,都不可能不面对如何对待西方文化的问题,也不能不考虑如何延续并发扬光大中国悠久文化传统的问题。在这样的形势下,西学东渐成为不可阻挡的时代潮流。在西学的冲击下,传统文人难以单靠汉语文学立身处世,于是,出国留学、学习外语便成为新的选择。连林纾那样的倾向保守的人士,尽管无法掌握外语,却与人合作,译出了三百多种外国小说,并在晚年哀叹"平生最大的遗憾是不通外文"。中国比较文学的开端首先是与这一社会现实的需要联系在一起的。

这一开端及其后来的发展决定了中国比较文学与西方比较文学的诸多不

同。如果说比较文学当初在法国及欧洲是作为文学史研究的一个分支而产生的，它一开始就出现于课堂里，是一种纯学术的"学院现象"，那么，20世纪伊始，比较文学在中国，却并不是作为一种单纯的学术现象，也不是在学院中产生，它与中国社会，与中国文学由传统向现代的转型密切相关，它首先是一种观念、一种眼光、一种视野，它的产生标志着中国文学封闭状态的终结，意味着中国文学开始自觉地融入世界文学之中，与外国文学开始平等对话。看不到这一点，就看不到比较文学在中国兴起的重大意义与价值。

这第一点不同决定了中国比较文学与欧洲比较文学的第二点不同，那就是法国及欧洲的比较文学强调用实证的方法描述欧洲各国文学之间的事实联系及其传播途径，而中国的比较文学一开始就具有强烈的中外（主要是中西）文学的对比意识或比照意识，也就是跨文化的对比意识或比照意识。欧洲比较文学要强调的是欧洲各国文学的联系性、相通性，而中国比较文学则在相通性之外，更强调差异性和对比性。从这一点看，初期欧洲比较文学的重心在认同和传播，不在差异的比较，而初期中国比较文学的重心却在差异的比较而不在认同，它所强调的，是从差异的比较中认识自己，在彰显自己的过程中学习他人。

第三点，中国比较文学从一开始就是在中西古今的坐标上来进行的，从来没有完全脱离过中国传统文化的根基。中国比较文学的奠基者王国维就曾明确提出："学无新旧，学无中西"。何以言"学无新旧"呢？因为"事物必尽其真，道理必求其是"，而真伪、是非"虽圣贤言之，有所不信焉，虽圣贤行之，有所不慊焉"，故不能"一切尚古"；而任何事物"其因存于邃古，其果属于方来"，因此不能"一切蔑古"。何以言"学无中西"呢？因为"知力人人之所同有，宇宙人生之问题，人人之所不得解也。具有能解释此问题之一部分者，无论其出于本国或出于外国，其偿我知识上之要求而慰我怀疑之痛苦者则一也"。[①]加之，"世界学问，不出科学、史学、文学，故中国

---

① 《论近年之学术界》，《静庵文集》，第115页。

之学，西国类皆有之，西国之学，我国亦类皆有之，所异者广狭疏密耳。"①因为，"知力人人之所同有，宇宙人生之问题，人人之所不得解也……具有能解释此问题之一部分者，无论其出于本国或出于外国，其偿我知识上之要求而慰我怀疑之苦痛者，则一也。"因此，今天的中国实在是"无学"之患，而非"中学、西学偏重之患"。

他的治学之道正是如此。例如他在与西方的比照中提出以满足"纯粹之知识和微妙之感情"和以"解除人生之怀疑与痛苦"的需要为指归的哲学与美术才是最尊贵、最神圣的②，可惜这种最尊贵最神圣的哲学与美术却是中国历来最缺少的。中国诗歌中多充斥着"咏史、怀古、感事、赠人之类的题目"，而很少有对于灵魂的追问，更少对于超越现实利害的内心痛苦的描述；中国戏曲小说亦"往往以惩劝为旨，其有纯粹美术上之目的者，世非惟不知贵，且加贬焉"，"纯粹美术上之著述，往往受世之迫害而无人为之昭雪者。"③以至"小说、戏曲、图画、音乐诸家皆以俳优倡优自处，世亦以俳优倡优畜之"。没有西方的参照，不大可能提出这样的问题；没有广博的中国文化基础，也不可能作出这样的结论。

中国比较文学在20世纪初发轫，20年代后作为一门学科开始孕育，尽管由于时代和政治的原因，中国大陆地区的比较文学在60至70年代处于一种沉潜状态，但台湾、香港地区的比较文学却在这一期间率先繁荣起来，成为中国比较文学大发展的前驱。1979年，改革开放后的大陆学术界，压抑了多年的学术热情和创造力像井喷一样迸发。比较文学作为一种最具开放性、先锋性的学科之一，得到了迅速的复兴和迅猛的发展。中国比较文学在此时的崛起，具有其重大历史意义。众所周知，20世纪80年代前后，世界更全面、更深入地进入了全球化时代。多元文化共存的要求与帝国文化霸权和文化原

---

① 《国学丛刊序》，《求善·求美·求真：王国维文选》，第110页，徐洪兴编选，上海远东出版社，1997年。
② 《文学小言》，同上，第192页。
③ 《论哲学家与美术家之天职》，《静庵文集》，第120页。

教旨主义之间形成了尖锐对立，不同文化体系之间的人们急需相互理解、沟通和对话，文学的任务首先是研究人，作为跨文化文学研究的比较文学，对促进不同文化之间的人的相互认识和理解有着独特作用，因而显得更其重要。

事实上，在全球资讯时代，人类所面临的问题仍然是历史上多次遭遇的共同问题：如生死爱欲问题，即个人身心内外的和谐生存问题；权力关系与身份认同问题，即人与人之间的和谐共处问题；人和外在环境的关系问题，即人与自然之间的和谐共存问题。追求这些方面的和谐是古今中外人类文化的共同目标，也是不同文化体系中的文学所共同追求的目的。深入了解不同文化中的文学对这些共同困惑的探索，坚持进行文学的交流互动，就有可能把人们从目前单向度的、贫乏而偏颇的全球主义意识形态中解救出来，形成以多元文化为基础的另一种全球化。因此，当代比较文学第三阶段的特征，首先是有关不同文化体系中，即异质文化之间，文学的互识、互补和互动。

中国比较文学所以能成为全球第三阶段比较文学的集中表现者，首先是由于中国作为发展中国家，它不可能成为帝国文化霸权的实行者，而将坚定地全力促进多元文化的发展；其次，中国具有悠久的文化历史，深厚的文化积淀，为异质文化之间的文学研究提供了取之不尽、用之不竭的源泉。第三，长期以来，历史上中国和印度、日本、波斯等国已有过深远的文化交往；近百年来，中国人更是对外国文化和外国语言勤奋学习，不断积累（包括派送大批留学生和访问学者）使得中国人对外国的了解（包括语言文化修养），一般来说，要远胜于外国人士（特别是欧美人士）对中国的了解。这就使得中国比较文学有可能在异质文化之间的文学研究这一新的时代高度，置身于建构新的比较文学体系的前沿。第四，中国比较文学以"和而不同"的价值观作为现代比较文学的精髓，对各国比较文学的派别和成果兼收并蓄。上世纪30年代初，梵·第根的《比较文学论》、洛里哀的《比较文学史》都是在出版后不久就被名家翻译成中文的。到20世纪末，中国翻译、编译出版的外国的比较文学著作、论文集（包括俄国、日本、印度、韩国、巴西）已达数十种，对外国比较文学的评价分析文章数百篇，绝大多数的中国比较文学教材都有评介外国比较文学的专门章节。或许在世界上任何一个国家,也都没有像中国学者这样对介绍与借鉴外国的比较文学如此重视,如此热心。最后,还应提到中国传统文化一向文史哲不分,琴棋书画、舞蹈、戏剧相通,为跨学科文学研究提供了全方位性的各种可能。

总之,可以说20世纪的中国比较文学既拥有深厚的历史基础,又具有明显的世界性和前沿性。它接受了法国学派的传播与影响的实证研究,也受到了美国学派的平行研究与跨学科研究的影响,它既总结了前人的经验,又突破了法国比较文学与美国比较文学的欧洲中心、西方中心的狭隘性,使比较文学能真正致力于沟通东西方文学和学术文化,从各种不同角度,在各个不同领域将比较文学研究深入导向崭新的比较文学发展的第三阶段。

代表世界比较文学发展第一阶段的法国比较文学,开创了以文献实证为特色的传播和影响研究。在这方面,中国有自己独特的研究历史。这不仅是简单的方法选择问题,而且也是研究的必需。举例来说,中国一千多年间持续不断的印度佛经及佛经文学的翻译,为中国比较文学学术研究留下了丰富的学术资源。在宗教信仰的束缚下,在宗教与文学的杂糅中,古人很难解释这段漫长而复杂的历史。到了20世纪20年代后,胡适、梁启超、许地山、陈寅恪、季羡林等将比较文学的实证研究方法引入中印文学关系史,在开辟了中外文学关系史研究的同时,显示了中国在比较文学实证研究方面得天独厚的优越条件,也为中国的中外文学关系研究贡献了第一批学术成果。整个20世纪中国现代文学对外国文学的接受史,其范围之广、影响之深,在全世界范围来看也是绝无仅有的。此外,中国文学在东亚的朝鲜、日本、越南诸国的长期的传播和影响,也给中外文学关系、东亚文学关系的实证研究展现了广阔的空间。因而,在20世纪中国比较文学中,实证的文学传播史、文学关系史的研究不但没有被放弃,反而是收获最为丰硕的领域。中国学者将中国学术的言必有据、追根溯源的考据传统,与比较文学的跨文化视野与方法结合起来,大大焕发这一研究的生命力,在这个领域中出现的学术成果以其学风的扎实、立论的严谨和科学,而具有其难以磨灭的学术价值和长久的学术生命。

50年代后,代表世界比较文学发展第二阶段的美国比较文学,突破了法国学派将比较文学定位为文学关系史的学科藩篱,提倡无事实联系的平行研究和文学与其他学科之间的跨学科研究,取得了很大成绩。中国比较文学在这方面也有自己独到的收获。1904年王国维的《红楼梦评论》,1920年周作人的《文学上的俄国与中国》,20年代茅盾的中国神话和北欧神话研究,钟敬文的《中国印欧民间故事之类型》,以及1935年,尧子的《读西厢记与Romeo and Juliet(罗蜜欧与朱丽叶)》等已为中国比较文学开创了平行研究的先河。后来,钱锺书的《中国诗与中国画》、《读〈拉奥孔〉》、《通感》、《诗可以怨》,以及杨周翰的《预言式的梦在〈埃涅阿斯纪〉与〈红楼梦〉中的作用》以及《中西悼亡诗》等,都是跨文化研究与跨学科研究的典范之作。70年代,以钱锺书《管锥篇》为代表的多项式平行贯通的研究实践,更是别开生面的平行研究之楷模。当然,在发展中,有波折,也有洄流,例如在平行研究中,人们有意识地在中外文学现象的平行比较中,寻求对中国文学及中国文化的新的理解和新的认识,并在平行比较中尝试为中国文学作进一步科学的定性和定位。但对于平行研究中的可比性问题,陈寅恪等前辈学者早就提出了质疑,随着80年代后平行研究的兴起,也出现了一些"X比Y"式的牵强附会的比附现象,在受到季羡林等先生的批评后,中国的平行研究才有了更好的发展。"跨学科的文学研究"也曾受到一些质疑。有人提出"它是文学与其他学科之间的关系研究,还是在文学研究的方法和视角上对其他学科的借鉴?"其实,这两者的结合与相互为用是显而易见的。也有人认为只有当"跨学科"同时也是"跨文化"时,才能视为比较文学等等。但"跨学科的文学研究"仍然在曲折中前进,1989年中国社会科学出版社出版的《超学科比较文学研究》一书初步展现了中国比较文学学者这方面的成绩,杨周翰教授在为这本书写的序中特别指出:"我们需要具备一种'跨学科'(interdisciplinary)的研究视野:不仅要跨越国别和语言的界限,而且还要超越学科的界限,在一个更为广阔的文化背景下来考察文学。"

此外，还应提到世纪之初，王国维独辟蹊径，从另一个侧面进入了比较文学。他以外来思想方法烛照中国文学，用西洋的术语概念来解读和阐释《红楼梦》和以屈原为代表的中国诗歌以及宋元戏曲等中国作品，努力使外来思想观念与中国固有的文学作品相契合，虽然没有更多直接的比较，但与表层的直接比较相对而言，王国维在比较文学方面的探索，更具有跨文化的世界文学眼光，体现了一种"他山之石、可以攻玉"的内在的比较观念，因而更能够深刻地切入比较文学的本体，并由此开中国比较文学的阐发研究之先河。以A文化的文学理论阐释B文化的文学作品，又以B文化的文学理论阐释A文化的文学作品，这样的双向阐发在中国的跨文化文学研究中占有很重要的地位，以至有些台湾学者提出阐发研究就是中国学派的特色。

总之，中国比较文学并非只是被动地接纳外来的学科理念，而是从自己的历史出发，在自己独特的研究中试图作出自己的判断；中国比较文学作为世界比较文学的第三个发展阶段，不是外来学派的一个分支，它发出了自己独特的声音，表现了自己独到的思考，显示了自己固有的特色，为世界比较文学作出了独一无二的贡献。

近年来，中国比较文学沿着上述发展路径，又开创了一些新的领域，特别表现在以下几方面：

第一，学科理论的新探索。中国比较文学学者结合中国比较文学实践，积极探索全球化时代跨越东西方文化研究的比较文学新观念和新理论，对比较文学的观念有所推进。例如倡导"和而不同"的多元文化共存与互补观念；强调差异、互识互补、和谐相处，并通过文学促进世界文化的多元共存；建立异质文化之间文学交流的基本理论；探索东西方文学对话的话语机制与方法等等。

第二，文学人类学新学科的建立。文学人类学是文学与人类学交叉研究的硕果，是"中西神话比较研究"的延伸，也是近20年来中国比较文学跨学科研究催生出的最具活力的一个新领域。自1991年至今，"中国文化的人类学破译"系列共800余万字相继出版，包括对《诗经》、《楚辞》、《老子》、《庄子》、《史记》、《说文解字》、《中庸》、《山海经》等上古经典的人类学现代诠释，在世界文化语境的参照下，对这些难解的上古经典作了极有创见的文学和人类学解读。

第三，翻译作为一门独立学科的出现。中国是一个翻译大国，不仅有着两千多年的翻译历史，而且从事翻译工作的人数和翻译作品的数量在全世界都遥遥领先。据统计，20世纪的最初10年，文学翻译作品占我国全部文学出版物的五分之四。今天，各类翻译作品也占到了我国全部出版物的将近二分之一。文学翻译不只是文字符号的转换，而且是文化观念的传递与重塑，翻译文学不可能脱离译者自己的文学再创造而存在，翻译家的责任不仅是有创造性地再现原意，而且还要在"无法交流处，创造交流的可能"，也就是在两种语言相切的地方，不仅传输外来语言而且发展本土语言。因此，译成中文的翻译作品应是中国文学的一个不可或缺的重要组成部分，翻译文学史应是中国文学史的一个重要分支，这已成为中国比较文学界的共识。

第四，海外华人文学与流散文学（diaspora）的相遇。近年来过去的华人文学研究不仅包容了海外作者用华文写的作品，而且包容了海外华人及其后裔用不同语言写的文学作品。这种研究的重点在于观察和分析不同文化相遇、碰撞和融合的文学现象，并进一步以这些作品为核心展开异国文化的对话和不同文化的相互诠释。近几年来，这种研究迅速汇入世界性的以漂泊流浪的作家作品为主体的"流散文学"的探讨。这方面的学者不仅致力于引进西方的流散写作理论，而且通过总结中国流散写作的理论和实践，直接与国际学术界进行有效的对话。中国在全世界的移民为数众多，历史悠久，这种研究必将为未来的世界文学史的重写作出不可替代的贡献。

第五，关于文学关系的清理。钱锺书先生早就指出："从历史上看，各国发展比较文学，最先完成的工作之一都是清理本国文学和外国文学的相互关系，研究本国作家与外国作家的相互影响。"近年关于中外文学关系研究的最大进展是将20世纪中国文学和世界文学作为一个整体来进行探讨，全面研究20世纪中国作家所体现的中国传统文化继承与西方文化影响的互动。

15卷跨文化个案丛书《中国现代作家在古今中西文化坐标上》的出版，就是一个明显的例证。"中国文学在国外"的研究也有了长足的进展。12卷本的《外国作家与中国文化》无疑是20世纪一部重大的学术成果。季羡林教授认为，由于中国、印度、波斯、日本、朝鲜和其他阿拉伯国家历史悠久的积累，形成了与西方不同的庞大而深邃的、独立的文学理论体系，可惜从事文学理论研究的人往往"知西而不知东"，这是很大的遗憾。近年来，关于东方比较文学的研究有了新的可喜的进展。此外，比较诗学、跨文化生态文学研究、形象学研究，以及中国少数民族文学比较研究等，也都创造了可观的成绩。

比较文学在中国的兴起，使中国学术文化发生了一系列深刻变化。这主要表现为研究视野的扩大，新的研究对象的发现和文学观念与方法的更新等。在以文学理论、文学批评、文学史为主体的文学研究方面，更其如此。诸如《现代学术视野中的中华古代文论》、《中国现代文学接受史》、《中国古代文学接受史》、《多种文学·多种文学理论·多种文学史》、《中国翻译文学史》，特别是6卷本的《中国象征文化》、8卷本的《中国形象：西方的学说与传说》等，都是这一论点的实证。

总之，中国比较文学作为全球比较文学的第三阶段，它的基本精神是促进不同民族文化之间的理解和平等对话；它既反对"文化霸权主义"，又反对"文化原教旨主义"，始终高举人文精神的旗帜，为实现跨文化和跨学科沟通，维护多元文化，建设一个多极均衡的世界而共同努力。展望未来，我们对中国比较文学和世界比较文学的前景抱有美好的期待。我们对20世纪一百年的比较文学学术史的总结和书写，就是要通过对有关方面的传统学术遗产的梳理、盘点和评说，进一步激活我国固有的学术传统，同时使新世纪的比较文学从过去一百的传统中获取足够的营养和应有的启示，以获得健康的发展。

毋庸讳言，人类正在经历一个前所未有、也很难预测其前景的新时期。在全球一体化的阴影下，促进文化的多元发展，加强人与人之间的理解与宽容，开通和拓宽各种沟通的途径，也许是拯救人类文明的唯一希望。奠基于中国文化传统的中国比较文学,作为世界跨文化与跨学科文学研究的第三阶段,必将在削减帝国文化霸权,改善后现代主义造成的离散、孤立、绝缘状态等方面起到独特的重要作用。

展望 21 世纪的中国比较文学[①]

一、近世中国面对西方的三次浪潮

1，1860—1895 共三十五年，以洋务运动为核心，在器物层面上敞开大门，引入西方的造船、军械等同时，也引入西方的流程管理、工艺管理、等社会技术层面的规范。如鲁迅之入水师学堂、矿业学堂。

2，1924—1945 共二十年，统一南北，改换旧帝制、旧文化。造就了以 30 年代为核心的文化繁荣。1931 年，比较文学体制的建立。

3，1978 至今三十年，全面向西方开放，它的特点是发生于中国文化，具有中国特色。在文学方面，则是带来了比较文学的全面繁荣。

二、世界进入 21 世纪的主要特点

如果对经济和科技来说，全球化意味着规范化和一体化；那么，对文化的发展来说，全球化却是意味着自由多元的各民族文化或不同地区的文化在全球范围内互相欣赏和全球共生。换句话说，也就是文化多元共生的全球化是 21 世纪精神生活的重要核心。特别是在此"经济增长万能"和"个人绝对自由"受到质疑，人们要求重新定义人类状况，重新考虑人类的生存意义和生存方式，铸造新的精神世界之时。

历史已经证明，两种文化以上世纪 30 年代为核心不是一个说服、同化

[①] 本篇文章为在北京外国语大学的讲演。

或混一（成为合金）的过程，更不是征服或吞并的过程，而是在不同环境中，通过生成性对话互识、互证、互补，转化为新物的过程（当然其中也有驯化、皈依、融合，也就是一种文化消亡的过程）总的说来，文化相遇并互相作用的过程首先奠基于某种文化确实感到他种文化能使自己受益（包括认知、审美和启发灵感的功效），但其结果不是趋同，而是各自提升，在新的基础上产生新质和新的差异，有如两个圆在某一点相切，相互作用，然后各自沿着自己的轨道再发展，形成有别于原来的自己，也不同于他者的新的圆。在这个过程中，以沟通人类情感和心灵为己任的文学无疑占有十分重要的位置；以研究主体间性、文学间性、文化间性，以至语言间性为核心的比较文学更是如此。

2008年下半年，发生了两件大事，标志着世界文化的重大转折。一件是法国作家让·玛丽－居斯塔夫·勒克莱齐奥以其"世界主义"的全部作品获2008年诺贝尔文学奖；另一件是有50%肯尼亚黑人血统和复杂文化背景的巴拉克·侯赛因·奥巴马当选为美国总统，这两件事引发了全世界的欢呼与轰动。

勒克莱齐奥生于法国南部海岸城市尼斯，长大后赴英国求学，毕业后在泰国教书，后来又在美国、非洲、亚洲等多地执教，并游历了许多国家。他的母亲是毛里求斯人，夫人是非洲摩洛哥人，他们目前主要居住在印度洋西南部岛国毛里求斯。勒克莱齐奥的大半辈子都是在复杂多样的文化熏陶中度过的。他的作品在很大程度上反映了他的经历。这些作品不仅表现了对西方文明的不满，而且直接表现为对他国文明的追求，如《沙漠》、《寻金者》、《乌拉尼亚》等。他所写的带有很强自传性质的作品，如《奥尼恰》、《非洲人》等也往往与异国风情联系在一起。他对中国有很深的怀念，对老舍情有独钟。1983年就写过《老舍，一个北京人》，后来又为法语版的《四世同堂》写了序。他认为老舍是最有力、最真诚地表达了中国革命的必要性、东方与西方相遇的必要性的作家之一，足以和狄更斯、萨克雷、陀思妥耶夫斯基等作家并驾齐驱。他的名著《乌拉尼亚》写一位法国地理学家在墨西哥勘探地貌时，意外发现了一个乌托邦式的理想王国——乌拉尼亚。这里的人都是来自全世界的流浪者,在这里人人平等,没有贫富和阶级,人人过着安居乐业的生活。无论从勒克莱齐奥的经历、兴趣和追求,都足以说明他是一个多元文化或跨越不同文化的前驱者。

奥巴马总统就更无需多加介绍了。他的父亲是来自肯尼亚的非洲人,他6岁时即随母亲与继父(印尼人)在印度尼西亚生活过多年,他自己的家庭,包括妻子、女儿也都属于有色人种。美国人认为奥巴马身上所体现的多元文化正是可以超越种族的明证,这不仅没有对他产生负面影响,反而使他易于得到各方面的认同。奥巴马的巨大成功在种族歧视根深蒂固的美国,哪怕在十年前也是很难想象的。显然,最激动人心的不只是这两位名人自己的才能和魅力,而是他们所受到的普遍热烈而真诚的欢迎。他们的遭遇并不是孤立的案例,在世纪转折处,我们看到很多肯定和赞赏多元文化的现象,例如关于比较文学问题,本世纪以来曾经有过许多争论,在欧美也曾经历过一个相当严重的低潮。但近几年,情况有了根本的转变。

三、20 世纪末欧美比较文学的低潮与复苏

20 世纪后半期由于后殖民主义和文化研究的兴起,欧美比较文学处于迷途之中。不少比较文学系被兼并或停止招生。英国学者巴斯奈特提出"比较文学作为一门学科气数已尽",只有翻译可以作为独立学科而存在。印度裔美国学者斯皮瓦克专门写了一本书论述比较文学消亡,就题名为《学科之死》。

21 世纪,人们对比较文学有了与过去很不相同的认识。一般认为当代比较文学就是跨文化、跨学科的文学研究。这一看法已得到国内外学者的广泛认同。最近,曾宣告"比较文学作为一门学科气数已尽"的英国学者巴斯奈特又重新提出:"反观那个主张,看来基本上是错误的",并承认这是由于"没有考虑跨文化转换过程中的政治含义"。她指出在西方,这在一定程度上导致了这个学科的衰落,而在世界的其他地方,比较文学却

一派欣欣向荣！①她希望比较文学学者放弃对术语和定义的毫无意义的争辩，她认为比较文学的未来在于放弃以任何规定性的方法来限定研究的对象，而聚焦于最广泛意义上的文学观念，聚焦于对文本本身的研究，勾勒跨文化、跨时空边界的书写史和阅读史，承认文学流传所带来的必然的相互联系。斯皮瓦克则强调，比较文学若能走出欧洲中心的原点，不受由国际商业所决定的全球交换流的控制，就会有新的发展，形成新的学科。她认为新的比较文学需要"颠覆和摧毁"强势文化对新独立文化的"挪用"，也就是需要超越西方文学和西方社会，在"星球化语境中重置自身"②；为了比较文学的更新和发展，不少学者提出了建设性的意见。巴西作家和理论家奥斯瓦尔德·安德拉德认为比较文学对"单一意义"的拒斥，意味着坚持巴西的多声音和多元文化空间，最终从精神的殖民中得到解放③；她希望比较文学学者，放弃对术语和定义的毫无意义的争辩，她认为比较文学的未来在于放弃以任何规定性的方法来限定研究的对象，而聚焦于最广泛意义上的文学观念，聚焦于对文本本身的研究，勾勒跨文化、跨时空边界的书写史和阅读史，承认文学流传所带来的必然的相互联系。总之，他们都认为超越西方文学和西方社会，比较文学就会有新的发展，形成新的学科。苏源熙在他起草的美国比较文学学会"关于新的学科现状和未来发展报告"中提出"未来比较文学的发展策略，是回到文学性研究，在多元文化的视角下重新考察文学性观念，以新的视角重返具有新意和新见解的文学研究。"④凡此种种，说明多元文化的认同和互相交往的需求不只是个人行为，不只是个别偶然的事例，而是标志着世界文化的一种转向——从单边统治、西方中心的全球化转向共荣共存、多元互

---

① Susan Bassnett: "Reflection on Comparative Literature in the Twenty First Century", Comparative Critical Studies, Edinburgh University Press, 2006, 3-11, 2006. 译文 "21 世纪比较文学反思" 《见中国比较文学》2008 年, 第四期, 第 6 页。黄德先 译。
② Gayatri Spivak Chakravorty: Death of a disciplinary. New York, Columbia University Press, 2003。
③ 转引自 Bassnett, Susan: "21 世纪比较文学反思", 第 4 页。
④ Saussy, Haun, ed. Comparative Literature in an Age of Globalization. Baltimore, Md.: Johns Hopkins University Press, 2006, p.20.

动的全球化，而以沟通人类精神为己任的比较文学势必更加繁荣，而有更大发展。

四、转向的原因——从对抗到对话

以上转向的原因是多方面的。

1. 首先是进入 21 世纪，科技发展如全球互联网、移动通讯等使人与人之间的频密沟通成为可能；转基因、干细胞、克隆等生物工程技术使生命可能通过人为的手段复制、改写、优选而更凸显了人类生命的一致性；而纳米技术使人类能够实现对微观世界的有效控制，有了更宽阔的视野。这些革命性的新知识、新技术贯穿到人类生活的每一细节，导致了所谓"时空紧缩"，人类对时间和空间都有了和过去根本不同的认识；

2. 人类的过度发展造成地球的超负荷运转，导致了对地球资源的空前消耗和争夺，为了对付这种局面，对抗（战争）已被证明为不可取，可能的途径只有对话；

3. 另一方面，20 世纪的两次世界大战给人类留下了惨痛的记忆，物质的损毁和精神的创伤都要求我们对那一时代残酷的经验进行反思，重新定义人类状况，重新考虑人类的生存意义和生存方式，这种重新定义只能在全世界各民族的对话中进行；

4. 20 世纪前后，哲学的转向在很大程度上改变了人们的思维方式。现象学和以怀特海为代表的过程哲学相继扭转了西方主体和客体可以互不参与的二元对立的倾向，使西方哲学进入了一个主体与客体互动的新阶段。中国传统哲学虽从来强调客观世界与主体不可分离。但缺少现代诠释和现代实践。今天，西方哲学与中国哲学互为他者，重新反观自己，通过对话而生成进一步的互识、互证和互补并将其推延至全球，必将是人类相互理解，构建和谐社会，造就人类新的世界观和人生观的新起点。

5. 加之，文化冲突越来越严重地影响着全球人类的未来。"文化霸权主义"和由文化封闭主义发展而来的"文化原教旨主义"的尖锐对立，已经使全世界处于动荡不安之中。事实证明要制止这种冲突，不能通过暴力，只能通过对话。

因此，对话，特别是跨文化对话成为处理世界各种问题的一个越来越重要的关键词。在跨文化对话中，文学对话（包括不同文化之间的文学对话、古代与现代作家作品之间的对话、作者与读者的对话、作者与作者的对话等等）是跨文化对话中最易于理解和沟通的。在文学的领域内，总是可以找到人类许多共同的问题和感受。例如，人的生、死、爱、欲等问题是古今人类共同的问题。死，是任何人都不能幸免的。陶渊明认为"纵浪大化中，不喜亦不惧，当尽便须尽，无复独多虑"，十分放达；美国作家海明威认为，人的一生，开始时有如一条活泼嬉闹的小溪，它从山上流下来，不断溅起浪花，和各种石头、花草亲吻，然后，变成壮阔的大河，最后慢慢地、平静地自然消融于大海，流入永恒。陶渊明和海明威属于不同时代，不同文化，但他们谈的是同一个问题（尽管语言不同，要通过翻译），人们从中可以找到共同的话语，会同样有所领悟，同样受到启发。

文学里有很多共同的东西，无论古今中外，都有很多共同的题目在对话，有很多相通的感受在交流。再举一个例子，1931年1月12日，62岁的法国著名作家安德烈·纪德（1869—1951）给一位28岁的普通的中国留学生张若名写了一封热情洋溢的信。他说："你无法想象你的工作（指对纪德的研究）给我带来了多么大的鼓舞和慰藉……通过你的大作，我似乎获得了新生。多亏了你，我又重新意识到自己的存在……您使拙作生辉，我感激之至！给你写信，就像对挚友一样，向你说出的'谢谢'，是真正发自内心的"。[①] 纪德与张若名过去远隔重洋，处境天差地别，素昧平生，他怎能如此引一个年仅28岁的张若名为知音，又对她的博士论文《纪德的态度》给予如此发自内心的崇高评价呢？事实上，每一部伟大的作品都是根据自己不同的生活方式、思

---

① 纪德原信和译文见《中法大学月刊》1931年1卷1期；原信并见于《北京政闻报》（*La Politique de Pekin*）45期，1931年11月7日。

维方式，对人类的共同问题作出自己的回答。这些回答包含着一个民族历史传统的回声，同时又受到属于不同时代、不同群体的当代人的解读。不同文化、不同时代的人们通过这样的解读，可以互相交往，互相理解，得到共识。

正因为这样的转向，作为跨文化文学研究的比较文学才迅速扭转了在欧美的颓势，而越来越受到重视。在目前风起云涌的文化转向的浪潮中，跨文化文学研究的思想、理论和方法必将迅速扩展到文学研究的各个领域，而为世界文化的发展作出更大贡献。

五、中国比较文学的发展现状

世界进入21世纪，中国比较文学除了对学科的常规研究如中外文学关系、形象学、主题学、文类学等，都有了长足的进展外，特别在以下几方面，有了较大的突破。

1. 比较诗学的新进展

世界进入后现代时期，比较诗学有了根本的改变。各色各样的理论（theories）代替了原有的大哲学体系。这些理论不仅跨越学科，也跨越不同文化，这正是萨义德以"理论旅行"命名的后现代理论的特征。新的比较诗学力求突显原创诗学、国别诗学、民族诗学在理论及美学价值上呈现出来的共通性、普遍性与世界性；同时在共通性、普遍性与世界性中追寻不同诗学的差异性、特殊性与民族性，进行解释学的视域融合，进而形成有解释力的可流通的诗学观念，最终汇入到多元化的流动性的世界诗学的潮流之中。这就是在中外文诗学的汇通与整合中生成的"第三种诗学"。这种诗学已成为当下本土诗学与国际诗学汇合的前沿理论，其中不可避免地包含着混杂、误读、汇通与创新等因素，它既非原有的任一种外国诗学，亦非中国固有的传统诗学，而是在材料间性、美学间性与学科间性的基础上，通过互动而生成的、广泛吸收外来诗学、以本土特色为主体的多元的新诗学。

2. 文学人类学与国内少数民族文学比较研究的新视野

文学人类学与国内少数民族文学比较研究已成为目前中国比较文学研究

的一个十分重要的生长点。从事这方面研究的比较文学学者首先觉悟到：西方学院式文学专业教育遮蔽和压抑了本土知识的发展，形成了文本中心主义、大汉族主义、中原中心主义三大流弊，他们认为应更加重视活态文学，多元族群互动文学和口传文学，充分发挥其融合故事、讲唱、表演、信仰、仪式、道具、唐卡、图像、医疗、出神、狂欢、礼俗等的文化整合功能，逐步完成从仅仅局限于文学性和文学内部研究的范式，走向文学的文化语境还原性研究范式的演化。这将大大扩展我们对本土遗产的多样性、丰富性和独特性的认识。即将出版的《文学人类学教程》根据中国文化内部多样性与多源性的构成特征，根据中原汉民族的建构过程离不开周边少数民族的文化迁移、传播与融合运动的事实，力求突破划分多数与少数、主流和支流、正统和附属、主导和补充的二元对立的窠臼，提出重建文学人类学意义上的中国文学观，倡导从族群关系的互动及其相互作用的建构过程入手，在中原王朝叙事的历史观之外，寻找重新进入历史和文学史的新途径和新材料。他们据此认为过去对中国"作为多民族共存之共同体及其传统之多源与多样"理解不足，因此特别强调结合中国多民族国家的历史传统，进行跨民族文化和跨学科的比较研究，并将人类学的田野分析方法引入比较文学，在讨论近代中西交往中的族群书写问题时，既重视宏大理论，也触及细微的民间案例，特别强调要"学会尊重弱小和边缘"。继2001年《南方民族文学关系史》和2004年《中国各民族文学关系研究》出版后，"中国少数民族文学研究资料库"及《多民族国家的文学比较》等大项目正在进行之中，从比较神话学视角探讨中华文明起源的宏大计划也已提上日程。

3. 华人流散文学（diaspora）研究

海外华人文学是世界最大的移民和侨民文学创作群体。上世纪90年代中期以后，中国比较文学界开始聚焦华人流散文学的特殊诗学话语，诸如华人流散文学的文化身份追寻、中华文化意识及其与当地本土文化意识的碰撞与交融，华人流散文学的边缘性与世界性等。新世纪以来，数以百计的著作和大量学术论文提出了有关华人流散文学深化和发展的一系列理论话题，例如：海外华人文学的本土性、流散性与现代性及其世界性、边缘性与跨文化性的研究等；还有海外华人文学的文化诗学和艺术审美问题，华人流散文学中母语与非母语文学的比较研究，以及以非汉语表现中国人和中国文化的作品的跨语际研究等等。目前，研究华人文学在世界不同地域的不同的历史语境中，与其本土文化的冲突、融合、衍生的发展过程，从人类文化、世界文学的总体背景，来考察中华文化和华人文学及其整体命运与特点已成为中国比较文学的一个重要热点。

4. 文学翻译观念的更新

中国是一个翻译大国，不仅有着近二千年的翻译历史，而且从事翻译工作的人数和翻译作品的数量在全世界也都遥遥领先。文学翻译不只是文字符号的转换，而且是文化观念的传递与重塑，翻译文学不可能脱离译者的文学再创造而存在，翻译家的责任不仅是创造性地再现原意，而且还要在"无法交流处，创造交流的可能"，也就是在两种语言相切的地方，发展本土的语言。因此，翻译文学不等于外国文学，译成中文的文学翻译作品应是中国文学的一个不可或缺的重要组成部分。自2001年起，《21世纪中国文学大系》已把"翻译文学卷"与其他"小说卷"、"散文卷"一样，正式列入这个大系，每年一本，至今已出七本。《中国现代翻译文学史》以及《中国20世纪外国文学翻译史》等专著相继出版。翻译学正在从传统的外语教学学科中独立出来，十五所高等院校已正式设立了独立的翻译学专业和硕士点。

5. 文学与宗教学的跨学科研究

文学与宗教学的跨学科研究有了深入发展。近年来，连续举办了每年一届的暑期国际学术研讨班。讨论了"文学与文化的宗教诠释"、"文化研究与神学研究中的公共性问题"、"文学与文化研究的神学进路"、"汉学、神学、文化研究"、"神学与诗学"等问题。《基督教文化学刊》至今已出版19辑，包括"诗学与神学"、"诗性与灵性"等专辑，《神学美学》和《圣经文学研究》等多卷学术辑刊也已陆续出版，其作者队伍扩展到宗教学、哲学、史学、人类学、社会学等多个学科，成为业绩显著的跨学科研究的前锋。

世纪之交出版的《20世纪中国文学研究丛书》也已史无前例地包括了中国文学与佛学、基督教、伊斯兰文化之关系等方面的专著。

在这个发展的基础上，国外对于中国比较文学也有了不同的看法。《当代世界文学》杂志社社长戴维斯-昂第亚诺教授在一次会议上强调国外关注中国文学的模式目前已经发生转型，"即从带有判断性的遥远的学术视角变成了一种参与和合作的视角。也就是说，为了达到互相理解这一目标，我们用创造性的学术合作代替了曾经的那种对中国文学严谨的学术审视。"哈佛大学比较文学系主任大卫·达莫诺释（David Damrosch）教授也说："我们应该切实贯彻从脚下出发的观点，开展一场双向运动，即向内和向外的运动。我们要更多地把比较研究和我们所处的文学文化背景相结合，同时我们还要扩大我们的信条视角，来研究考量全世界多样的比较研究实践。"他认为，对世界不同地方的文学构建加以比较研究是有价值的。这能够帮助各地学者直接思考自己本国传统以及本国对于世界文学接纳的关系，二者可能是共生的，也可能是一方支配一方，可能联系紧密，也可能毫无关联。学者们通过对于多种可能性的了解，可以避免在构建全球文学关系时的民族主义倾向。他坚信比较主义能够和国内传统、也能和世界传统一道共同繁荣。

我想这一转型不只是发生在国外人士对中国文学的关注上，同时也发生在中国学人对外国文学的关注上，即从过去单向吸收、借鉴、批判、仿制，单方面的吸取，转为采取一种参与和合作的视角，也就是一种"创造性的学术合作"，也就是在中国文化的基础上会通中西文学。这不仅是在世界文学与比较文学的学科范围内，而且正在遍及于中国古典文学、现代文学、文学理论以及外国国别文学研究的各个领域。因为大家认识到讨论文学，任何时候都离不开讨论者本身的文化脉络，而历史的每一时刻都是从某一主体出发，沉淀着过去，应对着现在，创造着未来，所有文学研究都离不开动态的时间和空间，也离不开和他者的关联。

六、当前存在的问题

但这只是说明摆在我们面前的是更多、更新的问题。改革开放以来,中国比较文学界讨论过许多重大问题,并得到大体一致的结论。例如,我们讨论过比较文学与世界文学的关系。一般认为,在古今文学的时间轴和中外文学的空间轴形成的坐标上,其中的任一点与一个阅读主体相联结,就是世界文学的一个组成部分,没有一个人能掌握全部世界文学,也没有一个人能称为是"世界文学专家"。比较文学则是一种跨文化与跨学科的文学研究。以文学为核心,从主体间性到文学间性到文化间性到语言间性的研究,就是比较文学的主要内容。因此,可以说世界文学为比较文学研究提供了资源和基础,而比较文学为世界文学研究提供了理论和视阈。

关于"跨学科文学研究"纳入比较文学,是否会使比较文学整个学科漫无边际的问题也曾有过一些争议,但正如周翰教授1989年在《超学科比较文学研究·序》中所说:"我们需要具备一种跨学科(interdisciplinary)的研究视野:不仅要跨越国别和语言的界限,而且还要超越学科的界限,在一个更为广阔的文化背景下来考察文学。"中国的"诗画同源",礼、乐、舞共生等,早就在这方面有着深厚的传统。

总之,进入21世纪以来,中国文学研究界发生了巨大变化,当然,在这个转型和发展的热潮中,还有许多未曾解决的理论问题和不断涌现的新问题:

第一、普适性和差异性的关系

中国古话说:"物之不齐,物之情也。"可以说,没有差异就不成其为世界。但是差异在世界上并非各不相干,而是在某种普世性之下共存。上世纪殖民体系瓦解后,一部分新独立国家的人民急于构建自己的身份认同,强调了不同文化之间的差异,以抵制某些强势文化以"普世价值"为旗帜覆盖其他各族文化的企图,这是完全必要的;但是也有一些国家坚持不与外界沟通,片面强调不同文化之间的绝对差异,即"不可通约性"。既无共同点,又"不可通约",这就否定了对话和沟通的可能,最后演变为封闭停滞的文化原教旨主义。那么,文化的普世价值,文化交往中的普世性,也就是同的因素究竟是否存在,或者说占一个什么地位呢?

中国哲学早就强调"易有三义——变易、不易和易简"[①]。变易就是指因时、因地而变的特殊性,不易则是从多种特殊性中抽象而来的、长久存在的普适性。黑格尔在《逻辑学》第118节中关于同异的思考对我们很有启发,他的意思是:如果坚持不可通约性、只谈相异而无视相同,则一切人文活动(例如宣讲相异性理论本身)就都失去了意义。因为没有相通之处,就没有接受的可能。事实上,正是21纪的生态危机、能源危机、道德危机、文化冲突危机等等一系列共同危机,迫使我们必需共同协商面对,这才有了对话的迫切需要和可能。俄国思想家别林斯基在其《文学的幻想》一文中说得最清楚。他说:"只有遵循不同的道路,人类才能够达到共同的目标;只有通过各自独特的生活,每一个民族才能够对共同的宝库提出自己的一份贡献。"事实上,没有共同的目标(普世价值),也就无需对话;另一方面,没有各自独特的生活,也就没有了对话的内容,结果是无话可对。

应该说,普世性寓于差异性之中,正是有了差异性,普世性才有意义,反之亦然。只强调差异,把差异变成了各个互不相干的孤立存在,而排除了作为差异之间对话、沟通、互补的共同基础,结果只能是既取消了普世性又取消了差异性。中国古代提出的"和而不同"的精髓首先是强调一种动态的发展。西周末年(约公元前7世纪),伯阳父(史伯)同郑桓公谈论当年政局时,曾对"和实生物,同则不继"的思想作了较详尽的解释。他说:"以他平他谓之和,故能丰长而物归之。若以同裨同,尽乃弃矣。"作为"和"的定义的"以他平他"是什么意思呢?"平",古代与辨、辩通假,意谓辨别、品评。唐代称宰相为"平章",就是指对事物辨别、品评,并加以抑扬的人。

[①] 《周易正义》卷首引郑玄云:"易一名而含三义:易简一也;变易,二也,不易三也。"郑玄(128—200),见《十三经注疏·周易正义》,第5页,北京大学出版社,1999年。

因此,"以他平他"就是不同事物在突显和消长中,互相比评,互相超越而达到新的境界。这种"以他平他",而能使物"丰长"的对话不是"各说各话",也不是一方压倒另一方,而是一种能产生新的理解和认识,从而为双方带来新的发展的生成性对话。用今天的话来说,就是一种互识、互动、互为主观的发展之道,也就是通过差异的对话而得到发展。人为地使差异性和普世性之间发生深刻的断裂,片面强调差异之间的"不可通约"显然是不可取的。特殊性与普世性之间的断裂,影响了各方面的和谐,使对话难以进行,社会难以发展。重新沟通和弥合这种断裂,回返普遍与特殊的正常关系是发展多元文化,保护文化生态,缓解文化冲突,更是使比较文学得以蓬勃发展的重要环节。

第二,坚守传统文化与接受外来影响的关系

文化包含两个层次:一是传统文化,即民族文化传承下来的已成之物,如经典文献、各种古器物等,这是全然不可更改的,只能原封不动,永远保存;另一个层面是文化传统,这是一种对已成之物不断进行重新诠释,而构成的、不断变化的将成之物,如不同时代对同一经典文献的不同解读,这种解读因时因地而变,不断发展,构成新的谱系。

不分这两个层次,就会片面强调文化越纯粹、越守旧越好,中国长期以来流行着一种说法,即"越是民族的,越是世界的"。如果是针对第一个层面来说,这无疑十分正确;但如果从第二个层面来看,就会发现所谓民族的远非封闭的,更不是一成不变。它必然在与他种文化的互动中得到发展;民族和世界也不是割裂、互不相干的,民族的有时会变成世界的,世界的有时也会变成民族的。况且,民族的要得到世界的认可和喜爱,在突出自身特点的同时,还必须考虑其受众的期待视野和接受屏幕。总之,对于文化的第一层面必须保持其纯粹,对于文化的第二层面则必须通过对话和沟通,力求其变化、发展和更新。

那么,不同文化之间不可避免地渗透和吸收是否有悖于保存原来文化的特点和差异呢?这种渗透交流的结果是不是会使世界文化的差异逐渐缩小,乃至因混同、融合而消失呢？从历史发展来看，一种文化对他种文化的吸收总是通过自己的文化眼光和文化框架来进行的，也就是要通过自身文化屏幕的过滤，很少会全盘照搬而多半是取其所需。例如佛教传入中国，佛教经典曾"数十、百倍于儒经"，但佛藏中"涉及男女性交诸要义"的部分，"惟有隐秘闭藏，禁止其流布"[①]。这说明本土文化在文化接触中首先有自己的选择。同时，一种文化对他种文化的接受也不大可能是原封不动地移植。一种文化被引进后，往往不会再按原来的轨道发展，而是与当地文化相结合产生出新的，甚至更加辉煌的结果。印度佛教传入中国，产生了禅宗、华严宗和宋明理学，希腊文化和希伯来文化传入西欧，成为西欧文化的基石。这种文化异地发展，孳生出新文化的现象，在历史上屡屡发生。由此可见，两种文化的相互影响和吸收不是一个同化、混一的过程，而是一个在不同环境中转化为新物的过程。其结果不是趋同，而是各自提升，在新的基础上产生新质和新的差异。有如两个圆形在某一点相切，然后各自沿着自己的轨道再发展。

第三、自我与他者的关系

对话中的他者与自我也是一个十分复杂的问题。我们常从自我出发，将对方设想得和自己一样，总想同化对方。结果是牺牲对方的特色而使他者和自我趋同。如果想双方都在自己的基础上，沿着各自的方向发展，形成生成性对话，那就需要如勒维纳斯所特别强调的，应该从他者出发，关注他者最不清楚，甚至最不可能理解的那一面。因为他者是我所不是，不仅仅是因为他的性格、外貌和心理，更重要的是因为他的相异性本身。正是由于这种相异性，我与他人的关系才不像通常所认为的那样是一种'融合'，而是一种'面对面'的关系"。[②] 只有充分显示这种"面对面"的相异性，他者才有可能成为可以反观自我的参照系。然而，只强调相异性，往往就会各不相干，

---

① 《寒柳堂集》，上海古籍出版社，1980年版，第155页。
② 勒维纳斯：《时间与他人》。参阅杜小真著：《勒维纳斯》三联书店（香港）1994。

难于达到理解和沟通的目的；不强调相异性，又会牺牲对方的特色而使他者和自我趋同，对话也就不再存在。理想的状况应是双方都从他者受到启发，发展出新的自我。这种他者与自我的悖论正是产生生成性对话的最有意义、也最困难之处。

第四，不同文化对话的话语问题

平等对话的首要条件是要有双方都能理解和接受，可以达成沟通的话语。话语有如游戏规则，对话时双方都要遵守某些规则，形成最基本的认同，否则对话就无法进行。正如我们不能用下象棋的规则来下围棋一样，规则不同，游戏就无法进行，对话只能终止。

在跨文化对话过程中，最困难的是要形成一种不完全属于任何一方，而又能相互理解和相互接受的话语。目前，发展中国家所面临的，正是多年来发达世界以其雄厚的政治经济实力为后盾所形成的，在某种程度上已达致广泛认同的一整套有效的概念体系。这套话语无疑促进了欠发达地区各方面的进步；然而，不可否认，也压制了该地区本土原有的生活方式和思维方式以及本土话语的发展。近来有关"失语症"的提出有一定道理，但以此否定数百年来以西方话语为核心形成起来的当代话语，代之以前现代的本土话语，或某种原来并不存在的"新创的话语"，是不现实的。某些人主张去发掘一种绝对属于本土的、未经任何污染的话语，但他们最后会发现这种话语根本就不存在，因为文化总是在与其他文化的相互作用中发展的；况且，即便有这样的完全本土的话语，它也既不能用来诠释现代生活，也不能被对话的另一方所理解而达到沟通的目的。事实上，西方话语本身经过数百年积累，汇集了千百万智者对于人类各种问题的思考，并在与不同文化的交往中得到了丰富和发展，抛弃这种话语，生活将难以继续；然而，只用这套话语及其所构成的模式去诠释和截取本土文化，那么，大量最具本土特色和独创性的、活的文化就会因不能符合这套模式（或概念系统）而被摒除在外，果真如此，所谓对话就只能是同一文化的独白，无非补充了一些异域资料而已，并不能形成真正互动的生成性对话。

如何才能走出这一困境？最重要的是要寻求一个双方都感兴趣的中介，也就是一个共同存在的问题，从不同文化立场和角度进行讨论。要做到这一点首先要在对话中保持一种平等的心态。不少西方人不了解，也不愿意了解他种民族的文明，而是固执地、也许并不带恶意地认为自己的文化就是比其他文化优越，应该改变和统率其他民族的文化。要改变这种心态，远非一朝一夕可以作到。意大利一位研究跨文化文学现象的学者、罗马知识大学的阿尔蒙多·尼兹（Armando Gnisci）教授特别指出，要改变这种西方中心思想、必需通过一个他称为"苦修"（askesis）的过程。他说："我们必须确实认为自己属于一个'后殖民世界'，在这个世界里，前殖民者应学会和前被殖民者一样生活、共存。它关系到一种自我批评以及对自己和他人的教育、改造。这是一种苦修（askesis）。"①另一方面，许多过去被压抑的民族，由于十分敏感于捍卫自己固有的文化，以至保守、封闭、拒绝一切对话，结果是自身文化的停滞和衰竭。要消除这样的心态，同样是一个苦修的过程。只有在这样的基础上形成新的话语，对话才能进行。

除了这些我们曾长期讨论而尚未得到很好解决的问题之外，还有许多新的问题不断涌现，如强势文化对新独立文化的"挪用"，以及后者终于从精神的殖民中得到彻底解放的问题；如何勾画出跨文化、跨时空边界的书写史和阅读史的问题；以及中国和世界正在经历的印刷文本文化的移位和媒体意象文化的兴起，及两者交织互构的动态关系问题等等。

陈寅恪曾总结说："真能于思想上自成系统，有所创获者，必须一方面吸收输入外来之学说，一方面不忘本来民族之地位。此二种相反而适相成之态度，乃道教之真精神，新儒家之旧途径，而二千年吾民族与他民族思想接触史之所昭示者也。"②中国文学经过百年来中国文学在古今中外文化激烈冲撞中的推进，文学研究积累了丰富的经验，今天的文学研究将在这个基础

---

① 阿尔蒙多·尼兹：《作为非殖民化学科的比较文学》，罗湉译，《中国比较文学通讯》，1996，第1期，第5页。
② 陈寅恪：《冯友兰中国哲学史下册审查报告》，《金明馆丛稿二编》，第252页。

上参照世界文化当前语境,回归原点再出发。正如列维·斯特劳斯所说:一种纯粹和整体的知识不能从特定的政治现实以及时代状况中获得,而只能借助于追本溯源,回到"尚未损害,尚未败坏的自然"。中国文学研究也是如此,恰如中国著名作家格非从他自身的创作实践所总结的,"整个中国近现代的文学固然可以看成是向外学习的过程,同时也是一个更为隐秘的回溯性过程,也就是说,对整个传统的再确认过程"。① 一方面是空间性坐标,即在费孝通先生所说的"机械文明"和"信息文明"两个文明重叠的挤压下,与世界的情愿和不情愿的交往;另一方面是时间性的坐标,也就是格非所说的那个更隐秘的,向传统回归的过程。中国文学发展的百年历史急需要在这个纵的和横的坐标上来进行总结。

事实上,无论是文学研究还是文学创作,现代人从传统文化的土壤中生长出来,同时又过着现代生活,受着现代教育,从物质到精神都或多或少受着外来影响;中国文化百余年来,无时无刻不与外来文化发生种种接触。古今中外纵横交错,表现为非常复杂的循环往复,现在到了在新的形势下,根据新的需要,更系统、更深入地进行诠释的时候。这一切都为当下文学的发展提供了新的思路和条件。在当前世界的大变局中,在形成全球性的文化多元格局中,文学是一个十分重要的环节;同时,这个进程又将给文学研究的发展和更新带来新的契机,从而根本改变当前文学研究的格局。在古今中外的坐标上,为文学研究重新定位,让跨文化文学研究的根本精神贯彻于文学研究的各个领域,这就是当前中国比较文学,也就是跨文化文学研究所面临的形势和任务。

七、作为跨文化对话前沿的比较文学及其发展的第三阶段

回首历史,中国比较文学在 20 世纪初发轫,20 年代后作为一个学科开

---

① 《汉语写作的两个传统》,《文汇报》2005 年 12 月 3 日。

始孕育。80年代后，作为最具开放性、先锋性的学科之一，得到了迅猛发展。90年代前后，世界更深入地进入全球化时代，与此同时，单向度的、贫乏而偏颇的全球主义意识形态的弱点随之暴露无余，而以多元文化为基础的另一种全球化的诉求被强有力地提了出来。这种诉求大大促进了比较文学的发展，使之超越以法国比较文学为核心的第一发展阶段和以美国比较文学为核心的第二发展阶段，进入以多元文化体系文学的互识、互证、互补为核心的比较文学发展的第三阶段。

在跨文化对话中，文学可以起很大的作用。首先是文学的伟大凝聚力。历史证明任何伟大的文学或艺术作品总是较少功利打算，而体现着人的生、死、爱、欲等古今人类共同的话题。如佛教提出的"人生八苦（生、老、病、死、憎厌聚、爱别离、求不得、五蕴盛）。这些共同话题使读者产生共鸣，同时又是作者本人的个人经验、个人想象与个人言说。伟大作品被创造出来，不管作者是否愿意，总是从自身文化出发，带有不可避免的自身文化的色彩；在被解读时，读者一方面带有自身的文化先见，一方面又因人们对共同经验的感知和理解而突破了不同文化之间的隔阂，产生了新的阐释。事实上，每一部伟大的作品都是根据自己不同的生活方式、思维方式，对共同问题作出自己的回答。这些回答鸣响着一个民族悠久的历史传统的回声，同时又受到属于不同时代、不同群体的当代人的解读。不同文化的人们通过这样的解读，可以互相交往，互相理解，得到共识，形成共同的话语。

进一步考察当今比较文学存在的语境，就会发现我们正处于一个后现代思潮的转型时期。上世纪60年代兴起的后现代解构思潮轰毁了过去笼罩一切的"大叙述"，使一切权威和强制性的一致性思维都黯然失色，同时也使一切都零碎化、离散化、浮面化，最终只留下了现代性的思想碎片，以及一个众声喧哗的、支离破碎的世界。后现代思潮夷平了现代性的壁垒，却没有给人们留下未来生活的蓝图，未提出建设性主张，也未策划过一个新的时代。

到了20世纪末21世纪初，人们反思了"解构性后现代思潮"的缺陷，提出以"过程哲学"为基础的"建构性后现代主义"，主张将第一次启蒙的成绩与后现代主义整合起来,召唤"第二次启蒙"①。如果说第一次启蒙强调的是解放自我,个人自由,其方法论核心是工具理性,其根本追求是"重塑"自然以符合人类需要;那么,第二次启蒙则是强调尊重他者,尊重差别,多元互补,强调责任和义务,揭示自由与义务的内在联系;他们认为工具理性使人们难以摆脱以功利为目的的行为动机,人类必需大力增强以真善美的和谐统一为旨归的审美智慧;他们号召超越"人类中心主义",高扬生态意识,提倡抛弃人类可以操纵环境的想法,而重在根据环境的需要调整自身。第二次启蒙的这些主张与中国文化的传统价值有很多相通之处,如"和实生物,同则不继","欲遂其生,亦遂人之生","道始于情,情生于性","天人合一"等。这些都为打通中外古今的跨文化文学研究提供了新的理论基础和广阔空间。

可以说中国比较文学既拥有深厚的历史基础,又具有明显的世界性和前沿性。它接受了法国学派的传播与影响的实证研究,也受到了美国学派的平行研究与跨学科研究的影响,它既总结了前人的经验,又突破了法国比较文学与美国比较文学的西方中心的狭隘性,并有相当数量的学者,长久以来卓有建树地致力于印度文学、阿拉伯文学和拉美文学的研究,使比较文学能真正致力于沟通东西方文学和学术文化,从各种不同角度,在各个不同领域将比较文学研究深入导向崭新的比较文学发展的第三阶段。

总之,人类无可逃脱地面临着全球跨文化对话的紧迫性。促进对话,避免对抗是每一个当代人的责任。以跨文化对话文学研究为己任的比较文学更是位于前沿。在即将到来的21世纪的第二个十年我们要张开双臂,敞开胸怀,摆脱任何派别和地域的局限,站在时空的最高点,观察全球,理解世界,探索人类;打通古今中外各民族的文学,沟通人的灵魂,塑造对宇宙、对人生的新的观念,参与构建适合于21世纪人类生存的共同伦理;特别是在普遍

---

① 参阅王治河著《后现代化呼唤第二次启蒙》,见《世界文化论坛》,2007年1/2月号。

与特殊、纯粹与更新、自我与他者、本土话语和外来话语等关系上积极开拓寻求新的突破。让我们弥缝精英和大众的断裂，思想理论研究和作品细读的断裂，团结一致，携起手来，迈向21世纪第二个十年的新平台，为重新考虑人类的生存意义和生存方式，铸造新的精神世界而共建伟业。

比较文学的国际性与民族性

上世纪60年代以来,一些比较文学家曾提出:"比较文学就是从一种以上的民族文学的眼光或结合一种或另一种甚至几种知识学科,对任何文学现象所作的研究"① 这里所说的民族文学指的大体是西方文化体系内部的各民族文学;直到70年代,著名的《比较文学与文学理论》一书的作者乌尔利希·韦斯坦因(L. Weistein)教授仍然认为东西异质文化间的比较文学是不可行的,比较文学只能在同一文化体系内进行。

20世纪下半叶,比较文学学科有了很大发展,80年代以来,许多有识见的比较文学家都在力求突破西方中心论和殖民主义意识形态。特别是从亚、非、拉第三世界的视角来看,随着后殖民阶段的到来和后结构主义理论的广泛影响,比较文学这一学科正在呈现出空前未有的蓬勃生机,预示着未来的更大发展。西方中心论的隐退带来了多元文化的繁荣,提供了比较文学发展的新的可能性;后殖民主义的深入人心,促使各民族力求返本归原,充分发掘本民族的文化特点,大大丰富和发挥了自己的民族性;与此同时,世界进入信息时代,高速信息网络、电子邮件等等使快速的跨文化传递成为现实,全世界各种文化的地区和人民,都可以在同一时间接受到同一信息,以至任何自我封闭、固守一隅、逃避交往的企图都可以受到成功的抵制。这一切使

---

① Owen Aldridge: *Comparative Literature: Matter and Method*, Illinois University press. 1969, p.1.

比较文学可以不再局限于同质的西方文化体系内部，而在欧美、非洲、亚洲、拉丁美洲的异质文化的对比和共存中获得了空前未有的广阔空间。

目前我们首先感到的是文学和比较文学的非殖民化问题。回首20世纪，可以看到它集中反映了以往几个世纪建立起来的殖民体制和专制政体造成的灾难和祸害：两次世界大战、屠杀犹太人、古拉格群岛、文化大革命、恐怖主义……人类死伤无数。现在殖民体制虽已结束，但殖民主义在人类思想和心灵上的影响却仍然根深蒂固，亟待清除。我认为作为欧洲文艺复兴发源地的意大利的比较文学家、罗马知识大学的阿尔蒙多·尼兹教授在他的《作为非殖民化学科的比较文学》一文中率先提出这个问题具有十分重大的意义。他指出：对原来的西方殖民国家来说，比较文学学科代表一种理解、研究和实现非殖民化的方式。

对于一向持有优越感和权力意志的身份卡的欧洲知识分子来说，认识到自己属于一个后殖民世界，要学会和过去殖民地的普通人民一样生活、共存并不容易，这一方面靠自我批评，另一方面也还要靠对方的合作和善意。他说：

> 不能仅靠我们的力量，以我们的哲学传统下的心理状况为基础，就能实现这种"苦修"；相反，这只有通过比较、倾听他人，以他人的视角看自己之后，才可能实现。通过这些手段，我们最终才会向他人，也向我们自己学习那些我们永远不能通过别的方法发展的东西。如今，这一切无需离家就可以实现，因为其他人已前来与我们相会。他们的目的不是武力征服，或以文化优越性压人一头，而是希望平等尊严地生活在我们当中。①

---

① 阿尔蒙多·尼兹：《作为非殖民化学科的比较文学》，罗湉译，《中国比较文学通讯》1996年第1期，第5页。

尼兹教授认为，在不可避免地被定义为"后殖民"的世界，欧洲知识分子要摆脱自身的殖民倾向，就意味着接受与其他民族文化平等共存的逻辑。"这个逻辑建立在欧洲与摆脱欧洲殖民的人平等互利的基础上"。他特别强调"对于一个欧洲知识分子来说，这确实是今天最迫切、最重要的精神任务和批评任务"①尼兹教授的意见显然代表了正在欧洲发展壮大的比较文学的最新动向，他热切地呼唤着亚、非、拉各地知识分子，特别是比较文学学者的回应。

从曾经被殖民或半殖民地区的视角来看，当前最重要的问题之一，就是在后殖民的全球语境下，如何对待自身的传统文化的问题。由于这些地区的传统文化长期以来受到西方文化的灌输和扭曲，一旦从殖民体制压制下解脱出来，人们首先想到的自然是如何恢复发扬自身的固有文化，使其传播四海。这种倾向完全合理，无可非议。但与此共生的往往是一种极端的民族情绪，特别是对历史悠久、文化灿烂、传统深厚的民族来说，更容易滋长这种情绪。在沉醉于这种情绪的人们看来，既然自己的文化已经被压制了几百年，如今为什么不应该扬眉吐气，"独逞雄风于世界"？他们认为西方中心的隐退就意味着另一中心如东方中心取而代之。显然，这样的思维方式不可能创造出任何新事物，以"东方中心论"来代替过去的"西方中心论"，只能是在新的时代和环境下，对过去西方中心思想的变形和复制，即一种文化对另一种文化的压制。事实上，一种文化能否为其他文化所接受和利用，决非一厢情愿所能办到的。这首先要看该种文化（文学）是否能为对方所理解，是否能对对方作出有益的贡献，引起对方的兴趣，成为对方发展自身文化的资源而被其自觉地吸收。今天，东西方文化的接触只能是和过去完全不同的，以互补、互识、互用为原则的双向自愿交流。这种交流正是后殖民时代比较文学的基础。

关于如何对待后殖民时期的本土传统文化以发展比较文学，除了上述调整心态的问题之外，还有两个十分重要的问题需要思考，其一是如何理解传

---

① 同上书，第6页。

统文化，用什么样的传统文化去和世界交流？其二是如何交流，通过什么方式交流？

我们所说的文化并不等于已经铸就的、一成不变的"文化的陈迹"，而是在永不停息的时间之流中，不断以当代意识对过去已成的文化既成之物加以新的解释，赋予新的含义；它是正在进行着的当前整个社会的表意活动的集合，包括意义的产生、传达以及各种释义活动，因此，文化应是一种不断发展、永远正在形成的将成之物。显然，先秦、汉魏、盛唐、宋明和我们今天对于中国文化都会有不同的看法，都会用不同时代当时的意识对之重新界定。我们今天用以和世界交流的中国文化也不是所谓固有的、原封不动、只待发掘出来的"宝贝"，而首先是我们用当代意识对这些既成之物——包括哲学典籍、文学艺术作品、既成的经济法律制度等加以诠释和利用。毋庸置疑，在信息、交通空前发达的今天，所谓当代意识不可能不被各种外来意识所渗透。事实上，任何文化都是在他种文化的影响下发展成熟的，脱离历史和现实状态去寻根，寻求纯粹的本土文化既不可能，也无益。即便中国从来不是殖民地，当代中国人也很难完全排除百余年来的西方影响，复归为一个纯粹传统的中国人，正如宋明时代的人不可能排除印度文化影响，复归为先秦两汉时代的中国人一样。因此我们用以和世界交流的，应是经过当代意识诠释的、现代化的、能为现代世界所理解，并在与世界的交流中不断变化和完善的中国文化。

至于如何交流，用什么方式交流，这里存在着一个难解的悖论。要交流，首先要有交流的工具，也就是要有能以之相互沟通的话语。所谓话语，也就是双方都能认同和理解的一套言谈规则。文化接触首先遇到的就是用什么话语沟通的问题。若完全用外来话语沟通，本土文化就会被纳入外来文化的体系之内，失却本身的特点，许多宝贵的、不符合外来体系的独特之处就会被排除在外而逐渐湮没；如果完全用本土文化话语沟通，则不仅难以被外来者所理解，而且纯粹的本土文化话语也很难寻求，因为任何文化都是在外来文化的不断影响和交流中发展的。只有正确理解这一悖论，才能实现真正的文化接触。法国理论家皮尔·布狄厄（Pierre Bourdieu）在他的《文化生产场》一书中提出的折射理论对思考这一问题颇有启发。他认为社会现象在文学中的反映不可能直接发生，而必须通过文学场的折射。文学以它的历史、特点以及约定俗成的默认成规等构成一个文学生产场，场外的社会现象只能通过折射而不能直接在这个场内得到反映，因为它必然因文学场的作用而发生变形，正如一支筷子在水中的折射变形一般，不可能和在场外全然一样。将这一理论运用到文化的接触和对话中，可以说甲文化与乙文化相接触也必然产生这种折射现象。属于甲文化的群体或个人进入乙文化时，必然带着他自身的文化场——思维方式、默认成规等，而使甲文化在他的研究和陈述中发生折射而变形。例如当中国文化进入外国文化场时，中国文化必然经过外国文化的过滤而变形，包括误读、过度诠释等；同样，外国文化进入中国文化场，也必然受到中国文化的选择并透过中国式的读解而发生变形。其实，历史上任何文化对他种文化的吸收和受益都只能通过这样的选择、误读、过度诠释等变形，才能实现。常听人说唯有中国人才真正能了解中国，言下之意，似乎外国人对中国的了解全都不值一顾。事实上，根本不需要外国人像中国人那样了解中国，他们只需要按照他们的文化成规，择取并将他们感兴趣的部分改造为他们所需要的东西。法国的伏尔泰、德国的莱布尼兹都曾从中国文化受到极大的启发，但他们所了解的中国文化只能通过传教士的折射，早已发生了变形，而这种变形又正是他们能以得到启发的前提。今天我们再来研究伏尔泰和莱布尼兹如何通过其自身的文化框架，来对中国文化进行了解和利用，又可以为我们提供一个崭新的视角，来对自己熟悉的文化进行别样的理解。这样，就在各自的话语中完成了一种自由的文化对话。这里所用的话语既是自己的，又是已在对方的文化场中经过了某种变形的。历史上不同文化之间的互利、互识多半是通过这样的方式来进行。例如古代中国在自己的文化场中，用自己的话语与印度佛教对话，结果是创造了中国佛教的禅宗。

英国哲学家罗素认为，不同文化之间的交流过去已被多次证明是人类文明发展的里程碑。希腊学习埃及，罗马借鉴希腊，阿拉伯参照罗马帝国，中世纪的欧洲又模仿阿拉伯,而文艺复兴时期的欧洲则仿效拜占庭帝国。显然,上述希腊、罗马文化吸收了其他文化之后,仍然主要是希腊、罗马文化,但又不同于接触他种文化之前的希腊、罗马文化。正如中国作家鲁迅所说,吃了牛羊肉,也不见得会类乎牛羊。由此看来,世界文化的未来发展也不会造就洛里哀所预言的那种文化"大混合体"①,而仍是具有不同特点的各民族文化的共存。

以上所说,只是过去文化接触的历史现象,当然也还可以更自觉地寻求其他新的途径。例如可以在两种话语之间有意识地找到一种中介,这个中介可以充分表达双方的特色和独创,足以突破双方的现有体系,为对方提供新的立足点,来重新提出追问,并得出新的结论。例如共同解决人类面临的问题就可以是一种中介,尽管人类千差万别,但总会有构成人类这一概念的许多共同之处。从文学领域来看,由于人类具有大体相同的生命形式(男与女,老与幼,人与人,人与自然,人与命运等)和体验形式(欢乐与痛苦,喜庆与忧伤,分离与团聚,希望与绝望,爱恨,生死等),以表现人类生命与体验为主要内容的文学一定会面临许多共同问题,如文学中的死亡意识、生态环境、人类末日、乌托邦现象、遁世思想等。不同文化体系的人对于这些不能不面对的共同问题,都会根据他们不同的历史经验、生活方式和思维方式作出自己的回答。只有通过这样的多种文化体系之间的对话,这些问题才能得到我们这一时代的最圆满的解答,并向未来开放回答这些问题的更广阔的视野和前景。在这种寻求解答的平等对话中,可能会借助旧的话语,但更重要的是新的话语也会逐渐形成。这种新的话语既是过去的,也是现代的;既是世界的,也是民族的。在这样的话语逐步形成的过程中,世界各民族就会达到相互的真诚理解。

从后殖民时代的今天回顾过去,百年来比较文学的发展固然有很多问题,但仍创立了伟大的功勋,应很好继承,特别是近年来美国以文学理论为核心,

---

① 参阅洛里哀:《比较文学史》,傅东华译,上海书店1989年版,第352页。

法国以形象学、心态史为重点的比较文学的新发展，更是值得认真总结。正如西方文化五百年来为人类文化的发展作出了辉煌贡献，我们任何时候都不能以反对西方中心论为由，对之加以忽视和否定，否则就会导致人类文化的全面倒退。我们只能在这个已有的、雄厚的基础上前进。其实，这一基础也是属于全人类的，因为它是以殖民地所提供的物质财富为基础，并吸收了这些地区的某些精神资源才得以形成。那种排斥任何西方影响，执迷于重返本土的文化部落主义不仅在理论上不可取，而且在实践上还可能成为文化战争的根源，威胁人类未来的发展。

回顾近二十年来比较文学发展的历史，文学理论成为比较文学的核心并不是偶然的。上世纪80年代初，耶鲁大学的比较文学系系主任保罗·德·曼（Paul de Man）认为"比较文学研究的核心无疑是理论"。他曾在1979年提出："根本没有任何理由能证明，为什么此处提出的对普鲁斯特的这种分析，在技术上稍作调整之后，不能运用到弥尔顿或但丁或荷尔德林身上。"[①] 应该补充说，许多中外批评家的实践证明，如果某一理论真正是有价值的，也同样可以运用到中国作品或其他文化的作品里。有价值的理论确实有其普遍性，前美国比较文学学会会长查尔斯·伯恩海默（Charles Bernheimer）在总结最近二十年来理论对各地区文学研究的影响时说：

> 受福柯的影响，与权力的控制机制相联系的话语分析，替换了感到过于独立自足的修辞研究；受巴赫金的影响，语言更多地被视为一套套差异巨大的话语，它们是在社会差异和冲突中产生，而且就是社会差异和冲突本身的产物，而不是索绪尔所说的自足的结构；受法兰克福学派，尤其是本雅明（Walter Benjamin）的影响，物质社会实践被视为复杂的心理诗意动能的表现；而较年轻的批评家们也发挥出极大的影响力，他们表明了文学形式如何植根于总体历史与意识形态结构之中，这里仅举

---

① Paul de Man: *Allegory of Readings*, Yale University press, 1979, p.16.

几位杰出者：爱德华·赛义德（Edward Said）、C. 斯皮瓦克（Gayatri Spivak），促发了人们对目前正迅速发展的殖民和后殖民研究的兴趣；杰姆逊表明马克思主义分析能富有成效地把后结构主义的洞见运用于文学和文化批评；斯蒂芬·葛林伯雷（Stephen Greenblatt）让学生搜索档案，以寻找能为文学文本提供新的惊人的历史语境的材料。①

查尔斯·伯恩海默提到的上述各种理论在中国文艺界也都并不陌生，它们大部分曾被译成中文，并曾用以解释中国文学现象，形成海峡两岸都曾盛行一时的中国比较文学的阐发研究。这种现象是否有悖于中国比较文学的民族性呢？在这样的阐发研究中，应该说，生搬硬套、削足适履的现象确实存在，盲目崇尚西方，唯新是骛的殖民心态也并非完全没有。但是，总的看来，这些理论的涌入为中国文学研究打开了新的思路，提供了新的视角，有助于发掘新材料，提出新问题。从理论上说，这些西方理论进入中国语境，受到中国文化框架的过滤和改造，又在中国的文艺实践中经过变形，已经中国化，而不再是原封不动的原来的西方理论；事实上，如果我们摆脱东西方二元对立的既定思维模式，从全球化的新角度来看，那么，无论某一理论出自何方，只要它合理、有用，能解决实际问题，便都可以采纳利用。产生于西方资本主义社会的马克思主义在东方工业尚不发达的国家起了如此翻天覆地的作用，就是一个最雄辩的例证。

当然，以上所说的还只是问题的一方面；另一方面，在过去的殖民体制下，殖民地、半殖民地国家民族的文化创造性不可避免地被西方殖民主义的文化霸权所压抑，这大大影响了用非西方文化来阐释西方文化的可能。在后殖民状况下，多元文化的发展必然会带来各民族文化的现代化和新的繁荣。这就使得产生于非西方文化土壤的理论也有可能用来阐发西方文化，作出有益贡

---

① Charles Bernheimer: *Comparative Literature in the Age of Multiculturalism*, The John Hopkins Universiy Press, 1995, P. 7；王柏华译，《中国比较文学通讯》，1996年第3期，第8页。

献而被西方所利用。这种双向阐发，正是文化对话的又一种方式，必然会对人类文化发展作出新的贡献。最近，出现一种很有意思的文化现象：过去研究东方文化的学者，如汉学家，多少被视为神秘人物，处于边缘地位，与比较文学不搭界；从事比较文学研究的学者或由于非西方语言太难，或由于心理上的原因，对于非西方文化多半采取或敬而远之，或不屑一顾的态度。但近年来，这种情形有了改变。一些著名的比较文学家开始关注东方文化的状况和发展，如比较文学耆宿、法国的艾琼伯（Rene Etiemble）在20世纪80年代末完成了他的巨著《中国的欧洲》；国际比较文学学会前会长厄尔·迈纳于90年代初发表了他的《比较诗学——东方与西方》；前国际比较文学学会会长佛克玛教授在他主编的《比较文学史》中，谈到现代主义和后现代主义时，也加进了有关东方的内容；而一些著名的汉学家也开始进入比较文学领域，例如几乎在同一时期，对中国传统小说和现代文学深有研究的加拿大汉学家米列娜·多列热诺娃（Milena Dolezelova-Velingerova）也发表了她的几乎与厄尔·迈纳教授的书同名的专著《诗学——东方和西方》。所不同的是前者集中于西方与日本，后者集中于西方与中国。一些卓有成就的中年汉学家如斯蒂芬·欧文（Stephen Owen）、武夫冈·顾宾（Wolfgang Kubin）等也都或明或暗，或多或少在自己研究中国文学的著作中注入了比较文学的理论和方法。1993年，美国比较文学学会会长查尔斯·伯恩海默在题为《世纪转折点上的比较文学》的关于美国比较文学十年的总结和未来发展的报告中，特别强调"比较学者应对所有民族文化之间的巨大差异保持敏锐的体察，因为正是这种差异为比较研究和批评理论提供了基础。"他要求比较文学学生扩大语言视阈，争取能至少涉及一门非欧洲的语言，并更多地考虑"一种母语在创造人的主体性，构建认识论的模式、幻想、群体生活的结构，锻造民族性的特质，表达对政治和文化霸权的抵抗和接纳的态度时所扮演的角色"。这一切都形成了很好的语境和机遇，促使我们更好地总结和发掘自己民族文化（文学，特别是诗学）传统的特色，在双向阐发中使其成为推动世界文化向前发展的重要资源。

由以上的分析可以看出，文学理论和方法最具有国际性，而国际性的基础又正是民族性。对不同民族的文化和文学理论的研究最容易把比较文学学者凝聚在一起并进行有效的对话。因此，文学理论理所当然地在比较文学学科中占有着核心的地位。当然，这里所说的理论是指有关文学本身的、在抽象层面上展开的理论研究。它与文学批评不同，它并不诠释具体作品的成败得失；它与文学史也不同，并不对作品进行历史评价。但文学文本永远是理论的基础。文学理论研究文学文本的模式和程式，以及文学意义（文学性）如何通过这些模式和程式而产生。它应提供一整套能说明所有作品的共同性和差异性，以及判明其历史地位的原则和方法。文学理论不只是文学经验的综合，也不只是以往文学演化的总结，而是在这个基础上研究其可能的抽象的样式并试图说明这些样式如何控制文学文本的生成和表意。它一方面汇集文学的知识，将其汇入现代哲学、语言学、符号学、美学、传播学等理论所构成的理论系统，一方面又利用这些理论所取得的新成果。它不仅研究文学所反映的一定文化历史内容，而且更重要的是研究特定的文化历史内容如何在文学作品中得到反映，即如何被形式化。在这里更重要的是形式的运作，包括形式、技巧的使用，以及在不同时代、不同文化体系中文学意义产生的方式和程式。

当代文学理论进一步发展所面临的问题就是如何总结世界各民族文化长期积累的经验和理论，从不同角度来解决人类在文学方面所碰到的问题。在各民族文学理论交流、接近、论辩和相互渗透的过程中，无疑将熔铸出一批新概念、新范畴和新命题。这些新的概念、范畴和命题，不仅将在东西汇合、古今贯通的基础上使文学理论作为一门理论科学，进入世界性和现代性的新阶段，而且在相互比照中，也会进一步显示各民族诗学的真面目、真价值和真精神。在这一过程中，新世纪的比较文学肯定会得到全面的、新的发展。

伯恩海默教授在他的报告中指出："目前文学研究中的进步潮流所导致的多文化的、全球的、跨学科的倾向本质上是带有比较特征的。"比较文学的这一特征将使这门学科在人文科学研究中保持其前沿地位。总之，在这世纪之交的文化转折时期，比较文学这一学科不是岌岌可危，而是面临着更远大、更光辉的发展。中国比较文学界已作好各方面的准备，迎接这一伟大新阶段的到来。

全球化时代的比较文学：中国视野[①]
——在 17 届国际比较文学年会上的发言

国际比较文学学会年会第一次在中国境内召开，我感到十分高兴，我谨代表中国比较文学学会向大家致以最热烈的欢迎，并向大会组织者欧阳教授和他的工作团队致以最诚挚的敬意和感谢。

我今天的发言包括以下三个问题：

一、反本开新与参照他者

1997 年，当我们在荷兰莱顿相聚时，我们都曾梦想即将到来的新世纪会是一个和平发展的美好世纪。然而，不幸的是我们在新世纪看到的却是各种文化陷阱和文化冲突正在将人类引向不确定的，也许是毁灭的深渊。为了救助人类，全世界的有识之士都在进行深刻的反思，希望找到一条通向幸福和平的途径。在寻找的过程中，一方面是回返自身的文化源头以探索新的文化资源，如中国古训所强调的"反本开新"；另一方面，是以他种文化为参照，重新发现自身文化发展的特点与可能。

从中国来看，近年来，关心世界、关心人类的知识分子十分重视对古老的中国传统文化进行现代诠释，希望能从六千年的中国文明中发掘出对缓解

---

① 本篇英文标题为——Comparative Literature in the Era of Globalization: From the Chinese Perspective.

世界文化危机有益的智慧。我只想举一个例子：目前很多人在讨论中国的思维方式。中国的思维方式是多种多样的，有万物相生相克，广泛联系，互相转化的阴阳五行的思维方式（水克火，火克金，金克木……木生火，火生土，水生木等）；也有"极高明而道中庸"，"执两用中，一分为三"的思维方式。（这个"中"并不是折中，而是从"两端"中产生出来的那个新的三）。多种思维方式的基础是中国哲学认为，一切事物的意义并非一成不变，也不一定有预定的答案，而是形成于千变万化的互动关系，在不确定的无穷可能性之中，由于种种机缘，其中的一种变成了现实。这就是老子说的"有物混成"，"有生于无"，最后又都将"复归于无物"。既然事物的意义并非一成不变，而是形成于千变万化的互动关系之中，那么，"万物并育而不相害，道并行而不相悖"的"和而不同"的理想就成了中国文化所追求的最高价值之一。重视差别，认为不同是事物发展的根本，提倡"和实生物，同则不继"也就成了中国传统的行为准则。这种思想为文化多元共处提供了不尽的思想源泉。例如从这种思想出发，以不变立场为基础的"世代复仇"就失去了依据，不是"仇必仇到底"，而应是千余年前的北宋学者张载所主张的"仇必和而解"。这种以西方文化和社会现实为参照的，对中国古代文化所作的现代的选择和诠释显然对世界有益。

从西方来看，许多学者也都在重新叩问自己的文化源头，他们更关注的是在他种文化的参照下，对自己熟知的文化，如何进行新的审视和发现。正如法国汉学家于连·法朗索瓦在《为什么我们西方人研究哲学不能绕过中国？》中所说的，"穿越中国"是"为了更好地阅读希腊"，是为了"创造一个远景空间，切断西方人对希腊思想原有的某种与生俱来的熟悉"。他说："为了再了解和再发现，不得不割断原有的熟悉，构成一种外在的观点"，即从"远景思维的空间"，从"他者的外在的观点"，构成对自己的新的认识。而中国正是一个十分重要的他者，因为"中国的语言外在于庞大的印欧语言体系，这种语言开拓的是书写的另一种可能性；中国文明是在与欧洲没有实际的借鉴或影响关系之下独自发展的、时间最长的文明……中国是从外部正视我们的思想，并由此使之脱离传统成见的理想形象"。这类以中国作为他者，反观西方的著作与日俱增，如于连·法朗索瓦（Francois Jullien）的《迂回与进入》（*Le Detour et L'acces*），美国汉学家安乐哲（Roger Ames）与哲学家郝大维（David Hall）合写的《孔子思想发微》（*Thinking through Confucius*），《预期中国：通过中国和西方文化的叙述而思》（*Anticipating China: Thinking through the narratives of Chinese and Western Culture*），显克曼（Stephen Shankman）的《赛琳和圣贤：古代希腊与中国的知识与智慧》（(*The Siren and the Sage: Knowledge and Wisdom in Ancient Greece and China*)）等等。总之，"反本开新"和"参照他者"的现实需要使在不同文化之间建立一种崭新的关系成为可能。西方的汉学研究、理论研究和比较研究合为一体，正在成为一种新的趋势，这无疑为跨文化的文学研究，也就是比较文学研究开创着前所未有的新的可能。

二、跨文化和跨学科的文学对话

比较文学是一种跨文化和跨学科的文学研究，对于促进不同文化之间的认识和对话有独特的作用。事实上，在全球资讯时代，人类面临的仍然是历史上多次遭遇的共同问题：如生死爱欲问题，即个人身心内外的和谐生存问题；权力关系与身份认同问题，即人与人之间的和谐共处问题；人和外在环境的关系问题，即人与自然之间的和谐共存问题。追求这些方面的和谐是古今中外人类文化的共同目标，但这种普遍性在不同历史时期和不同地域、不同文化环境中有完全不同的表现而形成不同的文化特殊性。可以说从古至今，各种不同的文化都在竭力探索这些有关生存之道的共同困惑，深入了解不同文化对这些共同困惑的探索，坚持进行持续的交流互动，也许可以把我们从目前单向度的、贫乏而偏颇的全球主义意识形态中解放出来，而形成以多元文化为基础的另一种全球化。

在沟通普遍性与特殊性，发展文化多元化，保护文化生态等方面，文学艺术可以作出自己的特殊贡献。任何伟大的艺术作品总是体现着人类经验的某些共同方面，而使读者产生共鸣，同时又是作者本人的个人经验、个人想象与个人言说。伟大作品在被创造时，不管作者是否愿意，总是从自身文化出发，很难避免自身原有的文化局限；在被解读时，又因人们对共同经验的感知和理解而超越了不同文化之间的隔阂。文学涉及人类的感情和心灵，较少功利打算，不同文化体系的文学中的共同话题总是十分丰富的，诸如关于死亡意识、生态环境、人类末日、乌托邦想象、遁世思想等等，不同文化体系的人们都会根据他们不同的生活和思维方式对这些问题作出自己的回答。这些回答回响着悠久的历史传统的回声，又同时受到当代人和当代语境的取舍与诠释。这就是多种不同文化体系之间文学的互识、互证、互补。互识是对不同文化间文学的认识、理解和欣赏；互证是在互相参证中找到共同问题，证实其共同性，或反证其不同性，以达到进一步的理解和沟通；互补则是以原来存在于一种文化中的思维方式去解读另一种文化的文本，从而获得对该文本全新的诠释、理解和补充。通过多种不同文化体系之间文学的互识、互证、互补和多次往返对话，人类共同关切的问题就能得到我们这一时代的比较圆满的解答，同时为这些问题开放更广阔的讨论的视野和前景，人们的思想感情也就由此得到了沟通和理解。比较文学研究的价值就在于此。

　　以上所述，本来就是比较文学题中应有之义，目前强调提出，就因为它所处的背景——时间和空间全然不同了。全球化和信息化大大缩小了不同文化接触的空间。如果说轴心时代形成的四大文化体系或八大文化体系过去只能处于相对独自发展的隔离状态，百年比较文学绝大部分也只能始终停留在同一文化体系内部；而今天的第二个轴心时代，各大文化体系间的文学不能不形成互识、互证、互补和多次往返对话的明显态势。特别是西方文化与中国文化之间的互动更是取得了很大成绩。

　　事实上，当前许多优秀的比较文学著作都充分体现了上述不同文化之间的互识、互证和互补的内容，如厄尔·迈纳（Earl Miner）教授的《比较诗学：文学理论的跨文化研究札记》，宇文所安（Steven Owen）教授的《中国文论读本》、欧阳桢教授的《透明之眼》(*Transparent Eye*),还有叶维廉关于道家美学的研究,李欧梵关于现代性的讨论都是明证。更值得一提的是:由国际比较文学学会主编的多卷本《用欧洲语言撰写的比较文学史》不仅加进了《东亚比较文学史》一卷,而且在伯顿斯和佛克马主编的《后现代主义》分卷中也加进了中国和其他非西方地区的现、当代文学内容。另外,还有许多汉学家的新著,也出现了新的开拓。在中国,这类著作的新成就更是有目共睹。另外,西方与非洲、西方与印度的跨文化文学研究也都在蓬勃发展。

显而易见,西方过去曾经是独立发展的三股力量——文学理论、比较研究和汉学研究正在逐渐结合成一股不可忽视的学术潮流,这是前所未有的。这就不可避免地使比较文学研究进入了一个崭新的阶段。如果说第一阶段是以法国的影响研究为核心,第二阶段是以美国的平行研究为核心;那么,现在就应是世界性的、以跨异质文化与跨学科的文学研究为核心的比较文学发展的第三阶段。

跨学科文学研究是比较文学的又一个支柱。由于自然科学对人类生活越来越深刻的影响,21世纪文学的跨学科研究可能会更多地集中于人类如何面对科学的发展和科学的挑战。科学的发展曾为文学提供了许多前所未有的新观念。19世纪,进化论曾全面刷新了文学理论、文学批评以及文学创作的各个领域,20世纪,系统论、信息论、控制论、热力学第二定律以及熵的观念对文学的影响也决不亚于进化论之于19世纪文学。21世纪人类将经历一个过去连想也不敢想的生物学世纪。人类遗传密码将被破译,人类即可开始探究生命的蓝图。这将深刻地改变现有的哲学、伦理、法律等观念。对于基因的排列和变异的研究,克隆技术的实现,以及人类在宇宙空间存在的心态所引起的种种道德伦理问题,这一切都对人文科学提出了新的挑战。人类已经不由自主地被分裂为懂科技和不懂科技的两类,其间的鸿沟越来越深,而懂科技也无非是只懂自然科学和技术中的一个极小部分,如果没有人文精神的指引,科学家只是为利润而工作,那么,这种分裂所带来的灾难将是无可估量的。以上这些问题无一不首先显示在文学中。千奇百怪的科幻小说、科幻电影预先描写了科学脱离人文目标，异化为人所不能控制的力量时人所面临的悲惨前景。跨学科的文学研究，特别是自然科学与文学研究之间的整合和互动，必将为比较文学的发展翻开全新的一页。

三、中国比较文学的本土性和国际性

中国比较文学是在中国本地破土而出的、20世纪中国文学研究的一个分支，它既不是舶来之物，也不是古已有之，它的产生是与中国人振兴国家民族的愿望，更新和发展本民族文学的志向分不开的。它始于推介外国文学，特别是翻译外国小说，并在世界文学的语境下重新认识自己，以寻求发展新路，它的根基始终是根深叶茂的中国文学传统。20世纪第一个十年，林纾、王国维、鲁迅的著作都足以说明这一点。

中国比较文学自存在以来，就是和关切人类生活的人文精神联系在一起的。1985年，由三十六所大学和研究机构共同发起的中国比较文学学会在深圳成立，国际比较文学学会主席佛克玛（Douwe Fokkema）、美国比较文学学会前会长艾德礼（Owen Aldridge）、美国普林斯顿大学比较文学系主任厄尔·迈纳，法国巴黎第四大学比较文学教授雪弗列（Yves Chevrel）、美国杜克大学教授詹明信（Frederic Jemeson）等十四名外国著名学者和多名港台著名学者都参加了大会。与此同时，我们还举办了由他们担任主讲、并有二百余名国内年青教师参加的比较文学讲习班，为中国比较文学的全面复兴和发展奠定了基础。学术讨论会按当年季羡林、杨周翰、李赋宁等老教授所商订的七个专题进行，即"比较文学方法论"、"比较文学与中国现代文学"、"比较诗学与美学"、"东方比较文学"、"中国少数民族文学比较研究"、"中西神话比较研究"、"总体文学与科际整合"等，大会按照钱锺书先生提出的"讨论者大可以和而不同，不必同声一致"的原则进行，这个原则一直贯彻到如今。

中国比较文学二十年来一直沿着以上七个专题的方向发展，近年来又有新的开拓与创获，特别值得推介的有以下几方面：

（一）对比较文学观念的推进

近年来，中国比较文学学者结合中国比较文学实践，积极探索跨越东西方文化研究的比较文学新观念和新理论，取得了可喜的进展；出版了许多比较文学理论探索的著作，如北京大学、四川大学、北京师范大学、首都师范大学的比较文学理论专著，以及一大批青年学者的比较文学理论新作，在比较文学理论方面前进了一步，主要的推进有如下几点：一、倡导"和而不同"的多元文化共存与互补观念，强调差异、互识互补、和谐相处，并通过文学促进世界文化的多元共存。二、提出跨文化的比较文学观念，建立了异质文化之间文学交流的基本理论。三、探索了东西方文学对话的机制与方法，通过东西方对共同话题的讨论，建设能够相互理解的新的话语。今年8月在山东召开的比较文学全国教学研讨会将在二十三种教材的基础上对此进行总结。

近年来，中国比较文学学者结合中国比较文学实践，积极探索跨越东西方文化研究的比较文学新观念和新理论，取得了可喜的进展；出版了许多比较文学理论探索性著作，如乐黛云、陈跃红、张辉等著《比较文学原理新编》（北京大学，1998），曹顺庆等著《比较文学学科理论研究》（巴蜀书社，2001）、《比较文学论》（四川教育出版社，2002），陈惇、刘象愚《比较文学概论》（北京师范大学出版社，2000），张铁夫主编《新编比较文学教程》（湖南人民出版社，1997），陈惇、孙景尧、谢天振主编《比较文学》？以及杨乃乔、方汉文、王向远等中、青年比较文学学者的新著，在原有比较文学原理的基础上，大大地前进了一步，为世界比较文学观念的推进作出了贡献。主要的推进有如下几点：

1. 倡导"和而不同"的多元文化互存与互补观念。中国学者首倡以中国古代智慧"和而不同"来指导中国比较文学研究，主张东方与西方文学求同存异、互识互补、和谐相待，促进世界比较文学携手共进。这一独特的比较文学观念，既引导了中国比较文学健康发展，又推进了世界比较文学观念的进步。

2. 提出了跨文化、跨文明的比较文学观念。面对全球化语境，中国学者提出了以跨越东西方异质文化为基础理论的跨文化比较文学研究理论，提出了全世界比较文学观念发展的三个阶段，即：（1）以影响研究为基础理论特征的欧洲阶段；（2）以平行研究和跨学科研究为基本理论特征的北美阶段；（3）以跨越东西方异质文化或文明为基本理论特征的新阶段。在这第三阶段，重点求异，即东西方文学中的异及其文化或文明的异质性，从异质的探求中发现东西方互补的巨大价值，从不同中求差异互补中的和，即真正做到尊重差异，才能真正互识互补，才能真正做到东西方彼此尊重的多元并存。

3. 提出了东西方文化与诗学平等对话的观念，并探索了对话的机制与方法。许多学者皆较深入地探讨了东西方文学与诗学对话的问题，力图建立能够与西方文论对话的平台，从深层学术规则中探索东西方不同的学术规则及话语模式，并沿着"不同话语，共同话题"的基本对话路径，参照巴赫金的对话理论，总结出一套适合中西对话的基本观念。这种对话研究，将中国比较文学观念推进和深化了一大步。

（二）文学人类学和对中国古代经典的现代诠释

文学人类学是近20年来中国比较文学跨学科研究催生出的最具活力的一个新领域。自1991年至今，"中国文化的人类学破译"系列共800余万字相继出版，包括对《诗经》、《楚辞》、《老子》、《庄子》、《史记》、《说文解字》、《中庸》等上古经典的人类学现代诠释，特别是最近出版的第八种——《山海经的文化寻踪》，在世界文化语境的参照下，对这部最神奇难解的上古经典作了极有创见的解读，作者认为《山海经》是一种"神话政治地理学"的想象原型标本，也是中华文明一源四方的同心方世界观的文本出处，其中充满了既有妖魔化，也有乌托邦化的文化他者的瑰奇想象。2003年出版的《文学与人类学——知识全球化时代的文学研究》（叶舒宪著）一书，立足本土文化，为中国文学研究的知识创新提供了具有前瞻性的见解与可操作的方略。如强调本土话语与域外话语的互动、文献文本与田野文本的互动、中心话语与边缘话语的互动等。

（三）关于翻译文学的研究

中国是一个翻译大国，不仅有着二千多年的翻译历史，而且从事翻译工作的人数和翻译作品的数量在全世界都遥遥领先。据统计，20世纪的最初十年，文学翻译作品占我国全部文学出版物的五分之四。今天，各类翻译作品也占到了我国全部出版物的将近二分之一。文学翻译与一般文字翻译不同，不只是文字符号的转换，而且是文化观念的传递与重塑，翻译文学不可能脱离译者的文学再创造而存在，翻译家的责任不仅是有创造性地再现原意，而且还要在"无法交流处，创造交流的可能"，也就是在两种语言相切的地方，发展本土的语言。因此，译成中文的翻译作品应是中国文学的一个不可或缺的重要组成部分。我国率先出版了《中国现代翻译文学史》（谢天振、查明建著）和《中国译学理论史稿》（陈福康著），最近又出版了《翻译论》（许钧著），都是开风气之先的力作。

（四）海外华文文学与流散文学研究

中国比较文学界对海外华文文学的研究有很大进展，这种研究从理论上将海外华文文学视为不同文化相遇、碰撞和融合的文学现象，进一步展开了异国文化的对话和不同文化的相互诠释。近几年来，这种海外华文文学研究迅速扩展为全球规模的、用不同语言写作的海外华人文学的研究，汇入世界性的流散（diaspora）文学的研究。这方面的学者不仅致力于引进西方的流散写作理论，而且还通过总结中国流散写作的理论和实践，直接与国际学术界进行了有效的对话。中国在全世界的移民为数众多，历史悠久，这种研究必将为未来的世界文学史的重写作出不可替代的贡献。最近出版的两卷本《美国华裔文学研究》（程爱民编）和《本土以外——论边缘的现代汉语文学》（饶芃子、费勇著），显示了这方面的实绩。目前，南京师范大学、广东暨南大学和北京清华大学已成为这方面研究的重镇。

（五）关于文学形象学研究的新进展

对中国比较文学来说，文学形象学也是一个新兴的领域。在多次国际学术会议中，北京大学都主持了有关中西文学形象互看互识的讨论。2000年由北京大学主办的"多元之美世纪比较文学大会"特别突出了文学形象学的主题；特别值得一提的是刚出版的 8 卷本《中国形象：西方的学说与传说》（周宁编著），这部巨著相当全面地汇集了有史以来西方人对中国的看法以及他们所塑造的各色中国形象，为形象学的进一步研究打下了坚实的基础。

（六）关于中外文学关系的研究

这方面最大的进展是将 20 世纪中国文学和世界文学作为一个整体来进行探讨。复旦大学的研究项目，《二十世纪中外文学关系》、《外来思潮流派理论在中国现代文学史上的影响》就是以此为指导的；北京大学的《中国现代作家在古今中外文化坐标上》也是全面讨论 20 世纪中国作家所体现的中国传统文化继承与西方文化影响的互动。至于"中国文学在国外"的研究，80 年代已出版了中国文学在法国、英国、德国、日本等八种，最近两年又以更大规模出版了十卷本《外国作家与中国文化》（钱林森主编），进一步研究了阿拉伯、俄罗斯、印度等不同文化的作家与中国文化的关系。

（七）关于东方地区文学的研究

我国著名学者季羡林教授早就指出，由于中国、印度、波斯、日本、朝鲜和其他阿拉伯国家历史悠久的积累，形成了与西方不同的庞大而深邃的、独立的文学理论体系，可惜从事文学理论研究的人往往"知西而不知东"，这是很大的遗憾。近年来，这方面有了新的可喜成绩。1996、1998 年相继出版的《东方文论选》（曹顺庆编）、《中外比较文论史·上古卷》（曹顺庆著）涵盖了上述各个东方民族的重要文学理论；《东方文学交流史》（孟昭毅著）分章论述了中国和东北亚、东南亚、西亚和南亚各地区的文学关系；北京大学严绍璗教授以中日韩三国文学为基础，开辟了文学发生学的新视野，取得了重要成绩。刚刚出版的《东亚文学导论》从中日韩文学复杂的多边关系出发，整体地研究了东亚文学所隐含的多样性和相似性，是引导学生关注东方文学的一部好教材。

此外，比较诗学、跨文化生态文学研究，以及中国少数民族文学比较研究等，也都创造了可观的成绩。当然，以上所说都只能是挂一漏万，难以概括全局。

至于在教学方面，目前中国绝大部分大学都已开设了比较文学课程，设有博士点或硕士点的大学已达五十余所，比较文学在许多师范大学特别受到关注，全国第一个比较文学系已在首都师范大学创立，他们的毕业生逐年把比较文学所贯穿的人文精神和国际精神带到了中学。全国中外文的比较文学刊物已出版八种，北京大学和上海师大还建立了大型国际性比较文学网站和数据库。目前，中国比较文学学会会员已达九百余人，各地的省级比较文学学会都有自己的活动，最红火的是四川、上海、江苏、广东和山东，另外，陕西、贵州、湖南、吉林等地方学会也都承办过全国的比较文学年会。中国比较文学学会所属的中国比较文学教学研究会、文学人类学学会、传记文学研究会、后现代研究中心等，也都在积极开展工作。中国比较文学教学研究会主办的全国比较文学教学研讨会即将在今年8月15日召开。

毋庸讳言，人类正在经历一个前所未有、也很难预测其前景的新时期。在全球"一体化"的背景下，促进文化的多元发展，加强人与人之间的理解与宽容，开通和拓宽各种沟通的途径，也许是拯救人类文明的唯一希望。我相信奠基于中国文化传统的中国比较文学，作为世界跨文化与跨学科文学研究的一个组成部分，将在削减全球主义意识形态，改善后现代主义造成的离散、孤立、绝缘状态等方面起到独特的作用。

双向诠释与比较文学

一、从符号和意义说起

意义如何产生,符号怎样被理解和诠释,是我们首先要讨论的问题。例如我们在街上走,红灯是不能走的,黄灯是要等一等的,绿灯就是可以走了。在这种情况下,红、绿、黄就是一种符号,颜色的符号。这个符号的意义是很清楚的,全世界差不多都一样。在符号学中,红、绿、黄被称为"符征"或"能指",它们所表示的意思被称为"符义"或"所指"。有些符号的意义却不那么清楚。比方说:谁戴了绿帽子了,这个意思中国人大概都知道,准是他的夫人有了婚外恋。但是在西方,如果你跟他说你戴了绿帽子了,他就会感到很奇怪,绿帽子在什么地方?他不会明白这个意思。西方人表现同样的意思是把两手放在头上表示长了两个角,我们中国人也不知道他是什么意思。所以说符号在不同的文化里有不同的意义。一般来说,符号和意义是结合在一起的。随着时代的转换,文化的不同,它经常发展变化。再举一个例子,在中国,我们常常说"红白喜事",红喜事就是结婚,白喜事就是丧事。红和白也是颜色。在中国,红代表喜庆,白代表悲伤。家里死了人,大家都要穿上白的丧服,西方则不同,死了人穿的是黑丧服;结婚时,中国人穿红礼服,西方人则戴白纱。如果你不懂得这个习惯,穿错了,轻则被骂一顿,重则被赶出门。但是,在中国也有变化,我们看现在的婚纱照片,也都是白颜色的纱,很少人再穿红颜色的纱了。可见符号和意义是在不断变化的。

我们说诠释,或说阐释也好,英文都是同一个字:"interpretation",

就是理解并解释一件事、一句话或一个字,对其意义进行探讨。对意义进行探讨是一门学问,在西方是一门很重要的学问,叫作"诠释学",或者"阐释学",英文都是(Hermeneutics),其源头是从解释《圣经》开始的。这是思想方法上一种非常重要的进展,本文只能介绍一下它的主要原则,并联系到比较文学来进行一些讨论。

二、诠释与"成像"

在人类文化持续发展的过程中,每一个作者都不能不受制于时间和空间的局限。解释者也是一样,他的理解和解释也会受到时间和空间的局限。随着时间的进步,解释可以不断变化,不断前进,它本身就是构成历史的一个很重要的方面。还是举一个例子来说,《红楼梦》大家都看过。人们对《红楼梦》的解释是很不一样的。最早的时候,很多人认为这是一本描写清代宫廷秘史的书,他们作了很多索隐,指明谁谁谁是康熙皇帝,谁谁谁又是康熙皇帝的爱妃,哪个细节又是隐射宫廷中的什么事情。这样一种索隐的方式是较早用来解释《红楼梦》的。后来就有人说这不是讲宫廷的事情,讲的是《红楼梦》作者自己,是曹雪芹的自传,他怎么样生活在一个豪门家庭,然后逐渐败落,最后崩溃。又有人说全书是在解释一种"色即是空,空即是色"的观念,是解释佛教的一种原理,《红楼梦》里形形色色的东西,无非是说明人生的悲欢离合最后都是空的,也就是"四大皆空"。到了毛主席时代,毛主席说《红楼梦》是一部阶级斗争的历史,围绕着贾家、王家、史家、薛家四大家族的阶级斗争就形成了《红楼梦》。后来还有多种不同的解释。可见一本书一个作品,会有很多不同的解读方法,时代变了,历史变了,解释的人不同了,解释也就不断变化。不管是什么解释,永远是暂时的,不会是永远都一样。有人说,以上解释《红楼梦》的方法显然不是都对,应该找到一个正确的解释法!什么是正确的解释法呢?从诠释学的观点来看,并没有对或不对的绝对标准。由于解读者本身的不同,对作品的解释也就不同,不能说哪一种解释就是绝对的对,哪一种解释则是绝对的不对。这是一种很自然的现象，随着历史的进展，对作品就有不同的解释，这种不同正说明作品的生命力。如果一个作品永远只有一种解释，那这种作品就不会有人再看了。总是重复，有什么意思呢？文学史也就不可能再向前发展。

欣赏文学，欣赏者首先自己要有一种能力，即"成像"能力。也就是说，有能力将书上写的文字在你的想象中变成你自己想出来的人物形象，小说唯一的传输工具只有文字，一切色彩、景象、人物都只能通过文字，靠我们的想象去构造出来。作者写小说的时候也不可能像电视那样，把什么都写出来，他会留下大量空白，不是作者着力写的地方都要靠读者自己去想象和补充。看一本伟大的小说，我们大都会构想出其中的重要人物大概是什么样子。看《红楼梦》，就会想象出女主人公林黛玉大概是一个什么样子。你心中的林黛玉跟我心中的林黛玉的样子也肯定不一样。你觉得她是这样，我觉得她是那样，这决定于我们不同的趣味爱好和生活环境。如果你是一个受压抑的、孤独的人，你就会将林黛玉想象成一个可爱的形象；如果你是一个一帆风顺的人，你就会将林黛玉想象成一个不可爱的形象。读托尔斯泰的安娜·卡列尼娜也是一样。总之，大家心目中都有自己根据作品中的文字构想出来的"那一个"，这就叫做"成像"能力。有的人根本没有这种能力，他觉得看小说没意思，他看不出味道来，他们懒于想象，久而久之，就丧失了想象的能力。电视却不同，一切都是别人想好的，色彩、景象、人物……一目了然，没有自己去想象的余地。例如我们看电视，电视里出来一个林黛玉，那是电视导演和演员理解并构造好了的林黛玉，和你过去从小说的文字中构想出来的那个林黛玉肯定不一样。如果你根本没有看过小说《红楼梦》，那你就只能"吃别人嚼过的馍"，接受别人想象中的形象。

解释学就是要研究人们在接触同一个作品时，如何产生不同的理解，创造出不同的形象，换句话说，也就是用不同的方式来解释作品。有的艺术品类更需要这种主观的人的构思。例如音乐，一曲交响乐，你能看到的只是乐谱，豆芽菜一样的，横的、竖的、下行的、上行的，光有这个乐谱，普通人不知道是什么，也听不见音乐。必须依赖一个懂音乐的人在自己的头脑中把音乐构造成各种画面和形象,然后演奏出来。如果没有对乐谱的解读,没有通过解读把它构成形象并演奏出来,那就没有音乐。根据乐谱演奏出音乐,就依靠这种"成像能力"和"诠释能力",不同的人会有不同的诠释,因此,指挥很重要。指挥同样的曲子,同样的乐团,不同的指挥会指挥出不同的水平,给听众不同的感受,这就是因为指挥本人主观上有他对乐曲的不同理解和不同的成像能力。我们对指挥的欣赏,首先是欣赏他对作品的解读。

不同的人们,不同的主体在不同的时间和空间对同一个对象有不同的解释,这种解释是没有止境的,因为个体的精神世界总是在不断发展变化,所以对作品的解释也是在不断发展变化的。例如《论语》,尽管它的每一个字在不同的时代并没有变化,可是由于时代和解释主体的变化,对它的解释也有很大不同。春秋时代的人对《论语》有不同的理解,汉代"定于一尊",独尊儒术,百家争鸣没有了,只能有一种解释,那就是董仲舒的解释。直到魏晋时期,形成了新的思想解放运动,对《论语》才有了新的解释。到了宋代,朱熹创建了新儒家,又更新了对《论语》的解释,今天又有不同的解释。"成像"和解释总是与时俱进,不断变化的。

三、对话与沟通

要诠释首先要理解,不理解就无法诠释。理解和诠释都是一种对话。创作活动是作者和作品的对话,它阐明作者对社会和生活的认识;阅读活动是读者和作品的对话,它阐明读者对作品的认识。这种对话是一种精神活动,首先是一种理解,我对你理解后,我自己发生了一种变化。因为我原来不认识你是谁,现在我认识你了,我对你有理解,有解释,这是我的变化,我不是你不认识的那个我了;那么你呢?你也有变化,因为你是被我认识和解读以后的那个你了,不管你同不同意我的解读,都会对你产生影响。例如我对你说:我觉得我从你身上发现了一个崇高的英雄,开始时,你也许会觉得我是在胡说八道。可是你还是会从心里想想,他为什么会认为我是一个英雄呢,是不是有点道理呀?这就对你产生了一点影响,你已经不是从未听到过这种话的那个你了。读书也是一样,读过这本书的你和没有读过这本书的你已经不同;这本书被你读过和未曾被你读过也有所不同,至少它增加了一个读者,增加了一个人的新的评价和看法。显然,这种对话和沟通组成了主体和客体的变化。

对话和沟通必须要有共同的话语,就是我讲的话你能懂,你讲的话我能懂。这里所说的话语不是我们一般说的语言(language),不是指我说中国话,你也说中国话,我们就可以沟通了的那种语言。我们常常会碰到大家都说中国话,但还是"鸡说鸡话","鸭说鸭话",各说各话,互相并不理解的情形。原因就是没有共同的话语(discourse)。话语有如游戏规则,当我们在一起对话,互相解读的时候,双方都要遵守这些规则,否则就没法沟通。例如打球,踢足球有踢足球的规则,打排球有打排球的规则,我们不能用打排球的规则来踢足球,或者用踢足球的规则来打排球。规则不同,游戏就无法进行,对话只能终止。一个十分前卫的后现代派画家和一个非常保守的冬烘学究谈不到一块(无法沟通),就是因为没有共同话语。

那么,作品的意义究竟是怎样构成的呢?我们读一部作品,就是和这部作品构成了一个共同语境。我们可以来看看这个过程:读一部作品,往往有不同的方式。第一种方式是传统的方式,我们先要了解作者写这部作品时的心态,是抒发他的忧郁呢,是讽刺现实呢,是表示他对美好生活的向往呢?我们还要知道作者写作时的社会环境,他是高高在上呢,还是在人民中间呢?这就是说:首先要了解作者的社会环境和他的心态,这就是孟子说的:"知人论事",知道这个人,论及他周围的事件,要不然你就不会知道他写的是什么意思,就无法和作者沟通,也就是没有共同话语,无法对话。

第二种方式,作者并不重要,因为作者已经死了。他原来想写什么,别人并不知道,你认为这是作者原意,你有什么根据?你无法证明它。就算作者没有死,也很难完全相信他自己的解释,因为这个原意他自己也很难说清楚,如果他能说得很清楚,那就可能是"主题先行"或"图解式创作"了。况且,许多作家的创作过程都证明原来的设想在创作过程中常有很大改变,故事结局往往与最初的想法不同。创作还要受作者艺术技巧的限制,他本来想写一个非常美好的人物,但是他自己的技术有限,思想水平有限,道德修养有限,他写出的那个形象不一定就如他心里想写的那个形象那样美好。那么,大多数读者的共同看法是否就是作品的意义呢?也不一定。因为读者因人而异,所处的社会地位不同、兴趣不同、心情不同,对作品的看法也就不同。因此,西方的新批评派认为作品的意义只能摒除作者和读者的参与,从作品本身来分析,即由作品的语言、肌质(texture)、修辞等等来决定。这是文学诠释学的一个进展。

第三种方式,新批评派只讲作品本身,把作品跟作者和读者都隔断了,跟社会也隔断了,作品成了一个孤立的东西,这样也很受局限。后来就有了结构主义批评,结构主义批评是把一个作品放在很多作品当中,从他们的关系中来寻找意义。结构主义认为作品都是在某种共同的结构关系之下来写的。我们在比较文学里讲主题学,认为有很多主题是类似的,像希腊神话,很多都是写英雄人物不满足于现状,要离开家,去寻找金羊毛,去寻找美人海伦,寻找圣杯等等。大概都是有一个任务促使他离开家,到外地去流浪、漂泊,经历了很多危险,然后成熟起来,最后成功返回家乡。我们从西方很多作品都可以归纳出这样一种结构:离家——经历苦难——对人生了有了新的领悟——回家。中国是不是也一样呢?的确是,你看过《西游记》吧?孙悟空在花果山上是猴王,本来生活是很舒适的,又有花又有果,很自由自在。不过,这种生活过久了,他就有一种意愿,要冲出花果山,出去看看外面的世界,就像希腊英雄要去找金羊毛一样,要走出自己的出身地。于是,孙悟空到了天上,大闹天宫,被金星老儿关在鼎里面炼了九九八十一天,给炼出了一副火眼金睛,经历了八十一难,最终修成正果。再看看《红楼梦》,贾宝玉本来是一块顽石,女娲炼五彩石补天时剩下的。中国的神话:男人打仗,女人补天,男人打仗时,把天捅了个大窟窿,伟大的女性女娲炼石补天,补了这个窟窿,洪水才不泛滥了。贾宝玉这块通灵的顽石不愿意永远生活在那个永恒的大荒山上,青埂峰下,他跟着渺渺真人、茫茫大士来到了大观园的花花世界，经历了一番悲欢离合，人生痛苦，最后又回到他的大荒山去了。从结构来看，也都是离家——经历苦难——对人生有新的领悟——回家，是一样的。同样结构的作品还很多，比较文学将这类作品的共同主题称为"启悟主题"。把一个作品放在很多共同结构中来分析和理解就是结构主义的方法。由此可见，理解和解释一个作品可以有三种不同的方法：一种是通过作家的环境、作家的意愿来解释；第二种是通过作品本身来解释；第三种方法是通过作品的整体、结构来解释；当然还有第四种，那就是通过读者、读者反应理论这个角度，完全通过读者来解释作品。由于读者不同，时代社会不同，对一个作品的解释就不同。过去，我们通常是通过这四种方法来认识作品，与作者对话，与作品对话，形成共同话语的。无论用什么方法，通过作品来构成作者和读者的对话都是一种理解和诠释的过程。

四、诠释循环与过度诠释

在理解和诠释的过程中，有一个诠释循环的问题。什么是诠释循环呢？比方说，读书的时候，你要理解一句话，必须把它放在整个文章的脉络中来了解，才有意义。孤立地解释一句话或一个字往往是不准确的。但是，要了解整个篇章，又必须先了解每一句话、每一个字的意思。这是一个悖论：要了解每一个字，必须先了解其语境，也就是全篇的意思；要了解全篇的意思，又必须先了解每一个字，每一句话的意思。换句话说，也就是：要了解局部，必须了解整体；要了解整体，又必须了解每一个局部。这样一种诠释的矛盾，在理论上称为诠释循环。这也就是中国考据、训诂学中所说的："推末以至本，探本以求末"。"推末以至本"是说：我们在认识事物的时候，要从最末尾、最表面、最细微的地方入手，寻根问底，找到最根本的东西。而这个最末尾、最表面、最细微的东西，又必须放在一个整体的语境中，找到它的根本，才能够穷尽地理解它的意思，这就是"探本以求末"，所以，这是一个难解的悖论。我们只能是：一方面了解局部的；另一方面探索整体的；再从对整体的了解，返回来看那局部的是不是跟我们原来了解的一样。这样地循环往复，才能对事物有正确的理解和解释。由于诠释循环，我们可以看到对事物意义的认识是在螺旋式地不断前进发展的。

那么，这样的诠释循环是不是永无止境的呢？时代在不断改变，对一件事、一本书是不是可以永远有不同的诠释？例如说《红楼梦》是一部自传体小说，是一部宣传佛家思想的小说，是一部宣传宫廷秘史的小说，是一讲部阶级斗争的小说……应该说这是自由的，永无止境的，但是不是就没有限制呢？有没有诠释的无限性呢？大概是在1999年，在西方的诠释学界，有一个关于诠释有没有最后界线，有没有"过度诠释"的争论，争论的结果出了一本书，由北大学生翻译的，题目是《诠释与过度诠释》，诠释到底有没有度可循？有的人一直坚持诠释是没有度的，也无所谓过度，只要他个人有这种感受，他就可以这样解释。他情绪好的时候，是这样解释；他情绪悲哀的时候，也许是另外解释。但也有人不同意这种说法，他们认为诠释还是有一个度的，越过这个度，诠释就不再有效。什么是这个度呢？什么东西决定了这个度？这个度在哪里？讨论的结果大家公认一点：诠释一个作品时，还是有过度诠释的问题，会有一个公认的度。这个度不在于作者的意图，不在于作者想写什么，也不在于读者的意图，这个读者想把它看成一本什么样的作品。度应是在作品本身，作品的语言本身所能接受的限度。作品都是语言写成的，这个语言大家都有公认。比方说，"我吃了饭"这句话，你不能解释为"我没吃饭"。所以，语言本身是有限度的。最后的限制，这个度就在于作品本身语言文字所能允许的范围。但也有人在辩论：那也不一定呀！语言文字本身也在变呀！比方说，"表叔"的原意是"父亲的表弟"，样板戏《红灯记》唱词里有："我家的表叔数不清，没有大事不登门"，"表叔"的意思，指的是革命同志，是带着联络图来联系工作的革命同志，这已经是第二层意思了；后来，表叔的意思又变了，特别在香港。《红灯记》里有一段唱词，问那个新来者是来干什么的？他说，"我是卖木梳的，要现钱"，这是暗语。后来，在大陆与香港刚刚通商的时候，有些香港人对大陆人看不起，觉得他们很土，到了香港，就为攒钱，又没有发财的眼光，只会"要现钱"！所以，有些香港人就把这类低层次的商人叫作"表叔"。可见"表叔"这两个字的意思在不断变化。语言文字在变,诠释的范围也就随之在变,而且是没有止境地变,因此,诠释可以是"度"的。这当然也有一定道理,可是作为一本书来说,整个语言运用的变化恐怕不会变得那么厉害。例如《红楼梦》,你说它是阶级斗争的历史也好,什么什么的历史也好,都可以说。可你不能说这是一本侦探小说吧?你硬说这就是一本侦探小说,恐怕别人也是不能接受的。这就是诠释的度,过了这个度,就是"过度诠释"。

五、互动认知与双向诠释

上面我们谈到的文学作品理解和诠释的四种方式都属于逻辑学认知方式。逻辑学认知方式,认同主体世界与客观世界的分离,一般说来,是一种内容分析,通过浓缩,即归纳,将客观事物的具体内容抽空,概括为最简约的共同形式,最后归结为形而上的逻各斯或黑格尔的绝对精神,再通过演绎,发展为不同的具体形式。从这种方式出发,每一个概念都可以被简约为一个没有身体、没有实质、没有时间的纯粹的理想形式,一切叙述都可以简化为一个封闭的空间,在这个固定的空间里,一切过程都体现着一种根本的结构形式,所有内容都可以最后概括为这一形式。如上所述,许多文学作品的叙述都可归纳为:原有的"缺失"过渡到"缺失得以补救"或"缺失注定无法补救",最后或成功或失败这样一个结构。许多这样的叙述结构结合成一个有着同样结构的大叙述或大文本,体现着一定的规律、本质和必然性。

互动认知与此不同,它认为主体和客体并非截然两分,客体并无与主体认识完全无关的、自身的确定性。主体和客体都是在相互认知的过程中,发生变化,重新建构自身,共同进入新的认知阶段。正如苏东坡的一首诗所说:"横看成岭侧成峰,远近高低各不同;不识庐山真面目,只缘身在此山中。"身在庐山,就肯定不知道庐山到底是什么样子。只有站在庐山之外,离得比较远来看它,才能了解它的全貌。所以,在理解和诠释一件事物时,我们应看到,主体的位置、主体的移动和主体的心情对客体的解释都会有影响。

那么，我们在讨论对话的话语和对话的方式时，就要观照由于主体的变化而引起的客观事物的变化，同时也要观照由于客观事物的变化所引起的主观认识的不同。

因此，互动认知与逻辑学认知不同。它研究的对象不是形式，不是从具体事物升华而来的归纳和演绎，而首先是具体事物，是一个活生生地存在、行动，感受着痛苦和愉悦的身体，它周围的一切都不是固定的，而是随着这个身体的心情和视角的变化而变化。因此，这种认知方式研究的空间是一个不断因主体的激情、欲望、意志的变动而变动的、开放的、动态的空间。从这种认知方式出发，人们习惯的深度模式被解构了：中心不再成其为中心，任何实体都可能成为一个中心；原先处于边缘的、零碎的、隐在的、被中心所掩盖的一切，释放出新的能量；现象后面不一定有一个固定的本质；偶然性后面不一定有一个必然性，能指后面也不一定有一个固定的所指（即所谓"能指漂浮"）。例如，我们过去认为历史的确定性应是不成问题的，但从双向诠释的认知方式看来，历史可以解构为"事件的历史"和"叙述的历史"两个层面：前者指发生过的真实事件，如某年某月日本投降，这是无法改变的。但真实事件被目睹的范围毕竟很小，我们多半只能通过叙述来了解历史，而叙述的选择、详略、角度、视野都不能不受主体的制约，所以说一切历史都是当代史，也就是当代人（包括过去某一时代的当代人）所叙述和诠释的历史。

原来相对固定的大叙述框架消解后，各个个体都力求发挥自身的特点和创造力，于是，强调差别的要求大大超过了寻找共同点的兴趣。意大利著名思想家和作家恩贝托·埃柯在1999年纪念波洛尼亚大学成立900周年大会的主题讲演中提出，欧洲大陆第三个千年的目标就是"差别共存与相互尊重"。他认为人们发现的差别越多，能够承认和尊重的差别越多，就越能更好地相聚在一种互相理解的氛围之中。

在差别的相互作用中求得发展有各种复杂的途径，其中特别重要的就是他者原则和互动原则。总之是强调对主体和客体的深入认识必须依靠从他者视角的观察和反思；也就是说由于观察者所处的地位和立场不同，他的主观世界和他所认识的客观世界也就发生了变化。因此，要真正认识世界（包括认识主体），就要有这种他者的外在观点，要参照他人和他种文化从不同角度对事物的看法。有时候，自己长期并不觉察的东西，经他人提醒，往往会得到意想不到的理解。这种由外在的观点所构成的远景思维空间，为认识的发展提供了广阔的可能性。从自我的观点来阐释他者，再从他者的观点来阐释自我，这就是双向阐释。

既然一切随空间、时间、地位、视角的变化而不同，那么，一切事物的意义也就并非一成不变的了。事实上，世界万物都在千变万化的互动关系中，在不确定的无穷可能性中，因种种机缘而凝聚成一种现实。老庄哲学将这种蕴藏着众多可能性、不断变化的混沌状态称为道。《道德经》21章说："道之为物，惟恍惟惚。惚兮恍兮，其中有象；恍兮惚兮，其中有物。"这里说的"象"和"物"都是尚不存在而又确实已有的某种可能性，这种可能性将随各种因素的互动，随主观和客观的动态演化而成为一种现实，这就是老子说的"有物混成"。中国哲学、中国思维方式，大都讲究功能、关系、机缘，在不同的机缘下面，很多事物结合在一起，很多的可能性就变成了一种现实性。可能性是很多很多的，但只有一种成为现实。对事物的认识不可能一成不变，它必然根据主体和客体的不同演化而呈现出不同的样态，因此，理解的过程也就是互动的、双向的重新建构的过程。

六、双向诠释与文学研究

如上所述，双向诠释就是首先了解对方，然后从对方的角度和视野来观察和进一步了解自己，使双方对自己和对方都有了新的认识。自经济、科技全球化时代提出文化多元化问题以来，如何推进不同文化间的宽容和理解成为学术界十分关注的热点问题。以"互为主观"、"互为语境"、"互相参照"、"互相照亮"为核心，重视从他者反观自身的理论逐渐为广大理论界所接受，并为多元文化的发展奠定了重要基础。

在这种情况下，中国作为一个最适合的他者，日益为广大理论家所关注。

许多著作大都不再用主客二分的方式把中国和或西方作为独立于主体的固定对象来进行分析,而是如弗朗索瓦·于连所说:"我不认为能够把书页一分为二:一边是中国,另一边是希腊……因为意义的谋略只有从内部在与个体逻辑相结合的过程中才能被理解。"也就是说,中国或西方文化都不是一成不变的,它必然根据个体(主体)在不同时代和不同情况下的不同理解而呈现出不同的样态,因此,理解的过程也就是重新建构的过程。

多元文化发展的需要不仅为西方汉学带来了突出的变化,同时也为西方非汉学的理论界带来了新的气象。过去,主流文化的代表如黑格尔、马克斯·韦伯等虽也曾提到过非西方文化,但在他们的理论体系中,非西方文化只是一种陪衬,往往是处于"未入流"的地位。如今情况不同了。一些非汉学家的理论家开始用以上"互为语境"的方式,以一种"非中心论"的心态,来探讨西方和非西方文化,并以此为基础建构新的理论。美国很有影响的理论家弗·杰姆逊多次访问中国,并在北大开设了"后现代主义与文化理论"课程,他虽不懂中文,却借助翻译大量阅读了鲁迅、老舍等人的作品,观看了大量中国电影,并将他的心得汇入了他的理论。他在上世纪 90 年代出版的新著《地理政治美学:世界体系中的电影和空间》(*The Geopolitical Aesthetic*)就是从跨文化与跨学科的角度,用双向诠释的方法来讨论西方世界与第三世界电影叙述的功能和意义冲突的。欧洲的杰出理论家翁贝尔托·埃科(Umberto Eco)1995 年访问中国,在北京大学发表演说,提出:"了解别人并非意味着去证明他们和我们相似,而是要去理解并尊重他们与我们的差异",他强调他的北京之行,不是像马可·波罗那样,要寻找西方的"独角兽"(Unicorn),而是要来了解中国的龙。他强调:"人们发现的差别越多,能够承认的差别越多,就能生活得更好,就能更好地相聚在一种相互理解的范围之中。"这就从根本上动摇了西方中心论的基石。

这些理论的新发展同时也深刻地改变着西方比较文学研究的方向。比较文学这一学科虽然已有近一个世纪的历史,但过去多局限在以希腊和希伯来文化为基础的西方文化体系内,对非西方文化则往往采取征服或蔑视的态度。

自全球化时代提出文化多元化问题以来,这一情况有了极大改变,比较文学和比较文化研究迅速突破了封闭的西方文化体系,进入西方文化与非西方文化相互参照的范围。这种急遽变化不能不使一些对非西方文化不重视、不理解、也无准备的西方学者感到困惑,甚至使一些仅局限于西方文化体系的比较文学教学和研究机构陷于停顿,引起一片比较文学危机的惊呼。其实,这只是就封闭的、以欧洲中心论为核心的旧式比较文学而言,如果将新兴的比较文学定义为跨文化的文学研究,那么,这种比较文学显然正在全世界勃兴。一些敏感的比较文学家早已看到这一点,并将其研究方向转向异质文化的文学研究。如两次连任国际比较文学学会会长的美国著名学者厄尔·迈纳最新的名作《比较诗学:文学理论的跨文化研究札记》就是以东西方诗学互为语境的研究为核心的;由国际比较文学学会主编的九卷本《世界比较文学史》原来只包含欧美文化而号称"世界",现在不仅加进了《东亚比较文学史》一卷,而且在现代、后现代的一卷中加进了中国和其他非西方地区的现、当代文学的内容。

如果说过去的中国比较文学往往着重于用西方理论模式单向地研究中国文学现象,虽有很多缺陷,但也取得了重大成就,那么,在互动认知和双向诠释被广泛认同的今天,以跨文化、跨学科文学研究为己任的比较文学学科必将获得空前发展。西方学术界原来互不相干的三个学术圈子:汉学研究、理论研究、比较文学研究正在迅速靠拢,并实现互补、互识、互证。在这样的大好形势下,中外合力,新兴的比较文学研究必将为21世纪文化的重建作出重大贡献。

"学科之死"与学科之生

上世纪末,有关比较文学"学科之死"的论调甚嚣尘上。近几年来这些论调有了很大改变。过去强调"学科之死",理由无非是"女性研究、后殖民理论、文化研究等跨文化研究全面地改变了文学研究的面貌",因此不再有原来意义上的比较文学;而过分强调比较文学的规定性,也就是"过分限定研究对象的方法"又几乎灭绝了比较文学发展的生机;最重要的当然是斯皮瓦克等人提出的"全球化强迫人们接受相同的价值观和无处不在的交换体系,由主张单一意义的殖民强权来推动的比较文学的早期模式早已不能发展"。

今天,许多比较文学学者改变了看法。最早提出"学科死亡"的巴斯奈特坦承当时"一是要宣布比较文学的死亡,一是想提升翻译研究的形象。今天反观那个主张,看来基本上是错误的"。写了《学科之死》一书的斯皮瓦克则强调"复调观"是后殖民思想的核心,比较文学若走出欧洲中心的原点,不受由国际商业所决定的全球交换流的控制,就会有新的发展,形成新的学科。为了比较文学的更新和发展,不少学者提出了建设性的意见。例如斯皮瓦克提出,新的比较文学需要"颠覆和摧毁"强势文化对新独立文化的"挪用",也就是需要超越西方文学和西方社会,在"星球化语境中重置自身";苏源熙在他起草的美国比较文学学会《关于新的学科现状和未来发展报告》中提出:"未来比较文学的发展策略,是回到'文学性'研究,重新考察'文学性'观念,以新的视角重返具有新意和新见解的文学研究。"① 巴西作家和理论家奥斯瓦尔德·安德拉德认为，比较文学对"单一意义"的拒斥意味着坚持巴西的多声音和多元文化空间，最终从精神的殖民中得到解放；巴斯奈特则希望比较文学学者，放弃对术语和定义的毫无意义的争辩，她认为比较文学的未来在于放弃以任何规定性的方法来限定研究的对象，而聚焦于最广泛意义上的文学观念，聚焦于对文本本身的研究，勾勒跨文化、跨时空边界的书写史和阅读史，承认文学流传所带来的必然的相互联系。

事实上西方比较文学的这种新的转向与中国比较文学学者关于比较文学第三阶段发展的思考正相吻合。数年前，我们已提出比较文学发展第三阶段的主张②，指出中国比较文学的产生与中国社会和中国文学由传统向现代的转型密切相关，它从一开始就在中西两种异质文化之间进行，跨越了区域界限，具有更广阔的世界文学视野。长久以来，我们一直把"跨文化、跨学科的文学研究"视为比较文学学科最根本的性质和范围，强调重视研究的历史维度，提倡在时间和空间，也就是在古今中外的坐标上进行深入的文学研究。事实上，中国作为发展中国家，它不可能成为帝国文化霸权的单边实行者，而是坚定地全力促进多元文化的发展，为建设一个多元化的全球化而努力；中国具有悠久的文化历史，深厚的文化积淀，为异质文化之间的文学研究提供了不尽的源泉；长期以来，中国和印度、日本、波斯等国已有过深远的文化交往，近百年来，中国人更是对外国文化和语言勤奋学习，使得中国人对外国的了解要远胜于一般外国人对中国的了解。这就使得中国比较文学有可能在异质文化之间的文学研究中置身于建构新的第三阶段比较文学的前沿。

反观《二十一世纪比较文学反思》一文，作者和当代西方比较文学界也提出了许多值得思考和讨论的问题。例如巴斯奈特和斯皮瓦克似乎存在着一

---

① Saussy, Haun, ed. *Comparative Literature in an Age of Globalization*. Baltimore, Md.: Johns Hopkins University Press, 2006, p.20.
② 所谓第三阶段是指继法国学派和美国学派之后的、全球化时代的一个新阶段。见"比较文学发展的第三阶段"，乐黛云著，《社会科学》2005 年第 9 期，上海。

种矛盾。斯皮瓦克认为新的比较文学需要"颠覆和摧毁"强势文化对新独立文化的"挪用",换句话说,它需要"超越西方文学和西方社会,在星球化语境中重置自身";巴斯奈特则认为,西方文化传统的影响仍然不可阻挡地贯穿到今天任何人的书写意识中,欧洲经典是决不可"颠覆和摧毁"的,而"比较文学需要着手解决的基本问题"正是"关注经典和奠基性文本在欧洲和北美之外的作用和地位"。她指责斯皮瓦克的主张是过于"政治化",而当前比较文学的"核心问题既是政治的也是审美的"。从中国比较文学的观点来看,我们既反对强势文化对新独立文化的宰制和挪用,也反对针对欧洲传统经典的"颠覆和摧毁"。我们承认两者都同样重要,我们认为任何一种文化和文学的消失都是人类的损失;我们所要做的是促进两者之间的对话,这种对话所产生的互识、互补和互动的结果,不是同化,不是融合,不是合而为一,而是相得益彰,将双方原有的特点发展到新的极致,以丰富全球化的多元文化。这将是比较文学发展的新阶段,也就是我们所期盼的比较文学发展的第三阶段。

其实,斯皮瓦克对她提出的比较文学将"超越西方文学和西方社会,在星球化语境中重置自身"的主张也是缺乏自信的。她认为比较文学这个"衰亡学科"目前"还只是未来一个明确学科的前身",是一个"将成"的学科,一个只具有"将发生"性质的学科。① 也就是一个目前尚不存在的学科。这显然是一种并不符合现实,也不符合逻辑的说法。因为任何"将成之物"(Things becoming)都只能产生于"已成之物"(Things become)。没有"已成之物","将成之物"又可能在什么基础上形成和再生呢?断绝了比较文学发展了两个多世纪的历史,新的比较文学是不可能凭空出现的。就连第一个宣布"比较文学作为一个学科气数已尽"的巴斯奈特,也不能不承认虽然这个学科在其发源地"已经衰落",但"在其他地方,比较文学却一派欣欣向荣",而

---

① Spivak, Gayatri Chakravorty. *Death of a Discipline*. New York: Columbia University Press, 2003: 6.

她所着力关注的欧洲经典和奠基性文本在欧洲和北美之外的作用和地位,要比在原殖民主义和帝国主义国家得到的评价要高得多。巴斯奈特终于不能不认为比较文学"正是作为一个坚实的研究领域"而存在。否定这种存在显然是不明智的。

应该说,巴斯奈特在《二十一世纪比较文学反思》中提到的一些想法是很有创意,值得中国比较文学借鉴和深思的。特别是以下四点:1. 她重提克罗齐所说,比较文学研究应"把文学作品置于各种关系之中,置于世界文学史的整体之中,来全面解释文学作品,来研究它在这些关系中存在的理由。"① 巴斯奈特并进一步指出比较文学所要研究的,不仅是实际文本生产时刻的历史,也要把它理解为文本跨越时空的接受史。2. 她特别强调读者对比较文学的意义,认为要让这个学科有意义,要提出真正创新的研究文学的方法,就要凸显读者的作用,对阅读过程本身进行比较,而不是预先定界来选择特定的文本进行比较,这将从根本上改变人们的阅读过程,改变比较的整个观念。因此,比较文学既存在于不同学者对同一话题的研究中,更重要的是还存在于阅读过程中,真正的比较来自于将不同的文章并置,研究读者对这种并置的反应,并在历史语境中考察这些文本。3. 她再次强调比较文学的核心问题既是政治的也是审美的,强调比较文学对"文学性"研究的回归的特别意义。4. 她还提到全球流动的话语对比较文学学者是有益的。文学和哲学运动中的交换和转换模式,可与全球信息流的转换模式进行比较,文化资本及其传输理论是非常有价值的比较方法等等。这些都值得我们认真思考和学习。

总之,认真思考和学习各个地区的不同群体提出的有益而有创意的主张,是百年来中国比较文学从一开始就建立起来的传统,也是其得以迅速发展的

---

① Croce, Benedetto. *Comparative Literature*. Hans-Joachim Schultz and Phillip H. Rhein. *Comparative Literature: The Early Years.* Chapel Hill: University of North Carolina Press, 1973: 222.

根本原因。百年来，中国比较文学接纳了法国学派的传播与影响的实证研究，也受到了美国学派的平行研究与跨学科研究的熏陶，它既总结了前人的经验，又突破了法国比较文学与美国比较文学的西方中心论的狭隘性，使比较文学能沿着跨文化与跨学科的轨道，真正致力于沟通东西方文学和学术文化，和世界各地比较文学一起，共同完成建构世界比较文学发展第三阶段的历史使命。

王国维——汇通古今中西文化的先驱

王国维(1877—1927)童年时代就不喜欢《十三经注疏》之类,而更倾心于《史》、《汉》、《三国》。这大概是由于父亲曾接触一些新思想,并曾送他就读于京师同文馆毕业生陈寿田的缘故。他自幼的理想就不是参加科举,而是外出留学。1901年赴日,他广泛接触了西方哲学、伦理学、逻辑学、社会学等。1902年他翻译了日人桑木严翼的《哲学概论》,1903年又翻译出剑桥大学教授西季威克(Sidgwick Henry)的《西洋伦理学史要》,这使他对西方哲学有了比较系统的认识。

相当深厚的国学和西学基础使王国维很早就有可能站在汇通中西古今的高度来展开对各种社会人生问题的探索。他很早就提出:"讲今日之学,未有西学不兴,而中学能兴者;亦未有中学不兴,而西学能兴者";他相信深通西洋哲学是昌大中国哲学的必由之路。所谓"深通",就是要参照西方理论来综合探讨中国长期讨论的一些问题,例如他在1901年写的《论性》,以康德的知识论来检讨中国关于"性善和性恶"的讨论;1904年写的《释理》,以语言学的方法,考察"理"字的中西语源及其语义之变迁并论定理性无助于化恶为善;1905年写的《原命》以叔本华因果律评"自由意志论",说明人类受多种牵制,自由难以实现,并提出责任观念等。王国维对中国哲学和文学的贡献无一不是在汇通中西古今的基础上取得的。

王国维的最大贡献可以说是在古今中西文化脉络中实现了中国文学的一个重大转折,即从功利朝向非功利的转折。他首先指出:西方文化认为"哲学与美术之所志者,真理也",发明真理的是哲学家,以记号表之者是美术家。他们所追求的是天下万世之功绩,"故不能尽与一时一国之利益合,且有时不能相容,此即其神圣之所存也"。中国则与此相反,往往缺乏这种不含任何功利打算,纯粹追求真理的传统。他指出中国最完备的,是道德哲学和政治哲学,周、秦两宋间的形而上学只是为了巩固道德哲学和政治哲学的根底而已;因此,"凡哲学家无不欲兼为政治家者";文学方面更是如此,王国维指出,中国诗歌中多充斥着"咏史、怀古、感事、赠人之类的题目",却很少有对自我灵魂的追问,更少超越现实利害的自我内心痛苦的描述;中国戏曲小说亦"往往以惩劝为旨",以至"纯粹美术上之著述,往往受世之迫害而无人为之昭雪。"他举例说:"'自谓颇腾达,立登要路津。致君尧舜上,再使风俗淳'非杜子美之抱负乎?'胡不上书自荐达,坐令四海如虞唐',非韩退之之忠告乎?'寂寞已甘千古笑,驰驱犹望两河平',非陆务观之悲愤乎?如此者世谓之大诗人矣……无怪历代诗人多托于忠君爱国劝善惩恶之意。"在他看来,以当前"社会及政治之兴味为兴味者"决非真正之哲学,文学也是一样。他把为政治、为社会,甚至为道德的文学都称为"餔餟的文学";把为名为利,为"个人之汲汲于争存者"的文学称之为"文绣的文学",他认为这些都决非真正的文学,因为它们都是出于"生活之欲"的需要,而不是出于"纯粹之知识和微妙之感情"以及"解除人生之怀疑与痛苦"的需要。而"生活之欲"为一切生物所共有,只有"纯粹之知识和微妙之感情"以及"解除人生之怀疑与痛苦"才为人类所独禀。因此,真正的文学家不应是"以文学为生活",而应是"为文学而生活"。王国维第一次从西方文化反观中国,明确肯定了在言志和载道之外,哲学和美术尚有自己的独立价值。

在这个基础上,王国维参照西方文化发展的脉络,第一次在中国哲学和美学中突出强调了对真的追求,他所提出的一系列新概念,如境界、直观、隔与不隔等,都是从这里出发的。在中国传统哲学中,真往往是作为一种精神境界的追求而不是作为本体被提出来。例如儒家认为:"诚者,天之道;

诚之者，人之道。"(《中庸》)诚也是一种真，它是本然存在的（天之道），但它的实现必然通过人（人之道）。庄子也有类似的说法，他说："真者，精诚之至也。不精不诚，不能动人。"但对庄子来说，真同时又是一种本然存在的状态："真者，所以受于天也，自然不可易也。"① 可见儒道两家所说的真，都既是客观的（自然不可易的"天之道"），又是主观的（精诚之至的"人之道"）。王国维正是在这个基础上，在美学的范围内，通过他提出的核心观念境界、直观、不隔等，对真的本义进行了深入的探讨。

王国维给境界所下的定义是："能写真景物，真感情者，谓之有境界，否则谓之无境界。"可见真是定义境界的关键。那么，什么是真呢？在王国维看来，真有两方面的意义：一是主观情感之真，一是客观事物之真。两者实一而二，二而一者。因为客观事物之真虽取诸自然，却必经诗人的生发使之跟他自己的美的理想相合。故在王氏，描写客观事物的"生动直观"与抒发作家主观情感的"寄兴深微"是统一的，而非相妨的。在王国维的思想体系中，"有境界"就是真，真也就是能直观和不隔。直观即超脱一切功利打算，不受任何概念约束的"审美直观"；能直观，就是不隔。如冯友兰所说，真就是不隔，就是"作者直观所得，没有抽象的概念，没有教条的条条框框，所以作者能不假思索，不加推敲，当下即是，脱口而出，这就是不隔。"② 可以说，有境界就是直观，就是不隔，就是真。

由上面的分析，可以看出王国维一直努力把中国传统文化中讨论的天道之真与人道之真结合起来，其结合点就是境界、直观、不隔。他的探讨显然是在康德、叔本华的启发下进行的。王国维所说"真景物"与"真感情"之真，都属于理念之真，也就是他在《叔本华之哲学及其教育学说》中所说的："美术上之所表者则非概念，又非个象，而以个象代表其物之一种之全体，即上所谓实念（即理念）者是也。故在在得直观之，如建筑、雕刻、图画、

---

① 《庄子·渔父》。
② 冯友兰：《哲学史新编》第 6 册，人民出版社 1989 年，197 页。

音乐等，皆呈于吾人之耳目者。唯诗歌（并戏剧、小说言之）一道，虽藉概念之助以唤起吾人之直观，然其价值全存于其能直观与否。"[①]在《孔子之美育主义》一文中，又进一步说："美之为物，不关乎吾人之利害者也。吾人观美时，亦不知有一己之利害，德意志之大哲人汗德，以美之快乐为不关利害之快乐（Disinterested Pleasure）。至叔本华而分析观美之状态为二原质：（一）被观之对象，非特别之物，而此物之种类之形式；（二）观者之意识，非特别之我，而纯粹无欲之我也。"显然，王国维关于哲学和美学之真的论述，正是在这些论断的启发下发展的。

在反对功利的、求真的基础上，王国维为中国文学批评开创了完全不同于以往的文学批评的新视野。写于1904年的《红楼梦评论》、1906的《屈子文学之精神》和1910年的《人间词话》，勾画了这一文学批评新视野的主要轮廓。

王国维首先是在与西方文学的比照中看到中国文学之不足。他说："回顾我国民之精神界则奚若？试问我国之大文学家，有足以代表全国民之精神，如希腊之鄂谟尔（荷马），英之狭斯丕尔（莎士比亚），德之格代（歌德）者乎？吾人所不能答也。其所以不能答者，殆无其人欤？抑有之而吾人不能举其人以实之欤？二者必居一焉。由前之说，则我国之文学不如泰西；由后之说，则我国之重文学不如泰西。前说我所不知，至后说，则事实较然，无可讳也"[②]。在阅读和考察了一些西方哲学和文学之后，王国维认为中国文学的弱点就在于太多地强调了"微言大义"、"寄托讽刺"、"兴观群怨"之类的以文学作为政治教育、改良社会之工具的要求，而忽略了文学作为超脱利害关系的、类似于游戏的独立本性。

其次，他认为文学的根本目的就是对灵魂的叩问，回答人生的根本问题，求得人生痛苦之解脱。在《红楼梦评论》第二章开头，他引用并翻译了

---

① 《叔本华之哲学及其教育学说》，《静庵文集》，54页，62页。
② 《教育偶感四则》，《求善·求美·求真：王国维文选》，125页。

德国诗人袁伽尔①的诗："愿言哲人，昭余其故，自何时始，来自何处？"（Ye men of lofty wisdom say/ What happened to me then, / Search out and tell me where, how, when, and/ Why it happened thus.）"从何处来，往何处去？"这正是当代学者丹尼尔·贝尔提出的"原始问题"。丹尼尔·贝尔认为这类问题"困扰着所有时代、所有地区和所有的人。提出这些问题的原因是人类处境的有限性以及人不断要达到彼岸的理想所产生的张力。"②也就是王国维在《叔本华与尼采》中指出的矛盾的根源就在于人的有限性和宇宙时空的无限性："志驰乎六合之外，而身局乎七尺之内，因果之法则与空间时间之形式束缚其知力于外，无限之动机与民族之道德压迫其意志于内，而彼（指尼采）之知力意志犹夫人之知力意志也？彼知人之所不能知，而欲人之所不敢欲，然其被束缚压迫者与人同。"

艺术的任务正在于揭示这种矛盾，"描写人生之苦痛及其解脱之道"，因此，"欧洲近世之文学中所以推格代（歌德）之《法斯特》（通译《浮士德》）为第一者，以其描写博士法斯特之苦痛及其解脱之途径，最为精切故也"。《红楼梦》所以是中国千年未遇的"绝大著作"，也就是因为《红楼梦》提出了对人"从何处来，往何处去？"这一问题的深及灵魂的叩问，并寻求解脱。

文学不同于哲学，不是通过抽象的论辩而是透过具体的人物的命运来提出和解答问题。王国维认为《红楼梦》一开始，就通过贾宝玉的来历提出了欲的问题。那就是这块顽石"因见众石俱得补天，独自己无才不得入选，遂自怨自艾，日夜悲哀"，可见人生之痛苦实从欲望而起。王国维说："生之本质为何？'欲'而已矣。'欲'之为性无厌，而其原生于不足。不足之状态，苦痛是也……然则人生之所欲，既无以逾于生活，而生活之性质，又不外乎苦痛，故欲与生活与苦痛三者一而已……而《红楼梦》一书，实示此生活、此痛苦之由于自造，又示其解脱之道，不可不由自己求之者也。"王国维认

---

① 袁迦尔：(Burger, Gottfried August 1747—1794)，今译伯格，或比格尔。德国诗人，狂飙运动的重要代表，德国民间歌谣诗歌的奠基人。
② 丹尼尔·贝尔：《资本主义文化矛盾》，第218页，三联书店，1989年。

为《红楼梦》所示的解脱之道有两途：通常人之解脱是由于个人苦痛之阅历而自求将之结束。如金钏之堕井也，司棋之触墙，尤三姐、潘又安之自刎等。他们"求偿其欲而不得"，只好自我结束；因此，这并不是真正的解脱；真正的解脱应是"知生活与苦痛之不能相离，由是求绝其生活之欲而得解脱之道"。《红楼梦》中，唯"拒绝一切生活之欲"的"贾宝玉、惜春、紫鹃三人"才是真正之解脱者，因为只有他们的痛苦才是由于意识到欲望是一切痛苦之源头而产生的痛苦。而惜春、紫鹃二人又与贾宝玉不同，前者之解脱"存于自己之苦痛。彼之生活之欲因不得其满足而愈烈，又因愈烈而愈不得其满足，如此循环，而陷于失望之境地，遂悟宇宙人生之真相，遽而求其息肩之所（或自杀或出家）。"贾宝玉的解脱与此不同，那是"非常之人，由非常之智力而洞观宇宙人生之本质，始知生活与苦痛之不能相离，由是求绝其生活之欲，而得解脱之道。"此种解脱是美术的、悲感的、壮美的（即歌德所说的那种"于生活中足以使人悲，于美术中则吾人乐而观之"的那种美）。由于这两种解脱之不同，故"此《红楼梦》之主人公所以非惜春、紫鹃而为贾宝玉者也"。王国维对《红楼梦》和对屈原的分析和评论，挣脱了古往今来中国文学批评或功利至上，或含混模糊的成规，为中国文学批评开辟了一片崭新的天地。

王国维所以能作到这样，正因为他能以中国文化为根基，将古今中西融为一炉，从中受到启发，按自己的认识和需要来决定取舍，同时又能以西方文化作为一个广阔的参照系，在与他者的比照中，反观自己的缺点和特色。如他自己所说："知力人人之所同有，宇宙人生之问题，人人之所不得解也……具有能解释此问题之一部分者，无论其出于本国或出于他国，其偿我知识上之要求而慰我怀疑之苦痛者，则一也"，况且"学术之所争，只有是非真伪之别耳。于是非真伪之别外，而以国家、人种、宗教之见杂之，则以学术为一手段，而非为一目的也。未有不视学术为一目的而能发达者，学术之发达，存于其独立而已。"[①] 本着这种"解释宇宙人生之问题"的追求，

---

① 《论近年之学术界》，《王国维文选》，第80，81页。

王国维不仅从中国，也从西方汲取精神资源。正是这样，他才能在古今中西的坐标上，创建出一个前所未有的新的高度。

王国维为探诗艺美学之本而拈出境界一语，置之于气质、兴趣、神韵之上，认定"有境界自成高格"①。而他所言的境界之核心，乃是气象，即"真情真景"中的生命感②。有深沉的情，即"以人类之感情为其一己之感情"，就有"血书"写成的文学。有深刻的真，就有景在耳目不隔之感③。这是王国维在《人间词话》、《宋元戏曲史》中对意境的基本规定。但是，在《孔子之美育主义》之中，王又将"磅礴万物以为一"、"我即宇宙，宇宙即我"看作是审美境界的特征④。一方面强调气象，突出生命感，一方面强调人天冥合，突出宇宙感，其中已经隐含着个体与整体的巨大矛盾，美学话语已经充满了紧张。

---

① 王国维：《人间词话》，第一则："词以境界为上。有境界，则自成高格，自有名句。"周锡山编：《王国维文学美学论著集》，第348页，北岳文艺出版社，1987年版。
② 王国维：《人间词话》，第十则："太白纯以气象胜。"周锡山编：《王国维文学美学论著集》，第351页，北岳文艺出版社，1987年版。
③ 王国维：《人间词话》，第十八则："后主之词，真所谓以血书者也……后主俨有释迦、基督担荷人类罪恶之意……"第五十六则："大家之作，其言情也必沁人心脾，其写景也必豁人耳目。"周锡山编：《王国维文学美学论著集》，第353、365页，北岳文艺出版社，1987年版。
④ 王国维：《孔子之美育主义》，见刘刚强编：《王国维美论文选》，第4—8页，湖南人民出版社，1987年版。

"比较既周,爰生自觉";"取今复古,别立新宗"
——重读鲁迅在日本的四篇著作

鲁迅（1881—1936）生活的年代比林纾和王国维略晚一些，在他广泛接触社会的时候，中国社会矛盾更趋复杂尖锐，西方各种思潮更加大量涌入中国，其规模之大而纷乱，影响之深而复杂，在世界文化史上也是少见的。在这样的情况下，鲁迅已不可能像王国维那样完全沉入脱离现世的纯思考与纯文学的灵魂叩问，他不能不首先考虑到国家和民族的前途。正如列宁所指出：中国战斗的民主主义思想体系，首先是与"使中国避免走资本主义道路、即防止资本主义的愿望结合在一起的"①。他也不能不更多地考虑到西方哲学与美术也有其消极的，不适合中国现状的一面，而更重视批判和取舍。

一、青年鲁迅在日本

鲁迅在日本留学的期间（1902—1909）远较王国维长。这一方面使他能有一个较远的立足点来观察中国的社会现实，不至于"当局者迷"；另一方面也给予他更多时间来深入考察西方文化与文学。

1901年"辛丑条约"签定至辛亥革命（1911）的十年间，到日本留学的中国学生达数千人，其中多数倾向于反清革命。他们出版了许多书报，其

---

① 《列宁全集》第18卷第154页。

中十多种杂志是先后由各省留日同乡会或以各省留日同人名义出版的，内容上也偏重报道各省当时的政治、社会和文化问题，并从事科学的启蒙宣传，如《浙江潮》、《河南》、《江苏》、《汉声》、《洞庭波》、《云南》、《四川》等。鲁迅于1902年4月到达日本，同年11月，许寿常、陶成章等即在东京组织了百余人的浙江同乡会，并出版了《浙江潮》月刊。鲁迅写的《中国地质略论》、翻译的《斯巴达之魂》、《地底旅行》的一部分，都发表在1903年的《浙江潮》上。鲁迅后来在日本完成的几篇重要论文如《文化偏至论》、《摩罗诗力说》等，则大多陆续发表于后来的《河南》杂志（1907年），《破恶声论》则以"迅行"的笔名发表于1908年出版的第8期《河南》。

在日本留学期间，鲁迅正是生活在革命思潮最为炽烈的日本留学生集团当中，他曾回忆这时的情况说："时当清的末年，在一部分中国青年的心中，革命思潮正盛，凡有叫喊复仇和反抗的，便容易惹起感应。"①鲁迅从来不像当时有些学者那样，幻想借助外力，依靠资本主义国家来复兴中国，就连认为帝国主义可能不干涉中国革命或与中国革命无关的天真想法，鲁迅也从来没有过。他一直强调帝国主义对中国的严重威胁："强种鳞鳞，蔓我四周，伸手如箕，垂涎成雨，造图列说，奔走相议，非左操刃，右握算，吾不知将何以生活也！"②他揭穿了一切"友好"、"帮助"的假面具，暴露了他们来到中国的真实目的："中国者，中国人之中国……然彼不惮重茧，入吾内地，狼顾而鹰瞵，将胡为者。诗曰：'子有钟鼓，弗鼓弗考，宛其死矣，他人是保'，则未来之圣主人以将惠临，先稽帐目，夫何怪焉。左兴诸子，皆最著名，其他幻形旅人，变相侦探，更不知其几许……"③又在《破恶声论》中说："吾华土之苦于强暴亦已久矣！未至陈尸，鸢鸟先集，丧地不足，益以金资，而人亦为之寒饿野死……"④帝国主义派遣了自己的大使、商人、

---

① 《杂忆》，《鲁迅全集》第1卷220页。
② 《中国地质略论》，《鲁迅全集》人民文学出版社，1998年，第8卷，3页。
③ 同上，4页。
④ 《破恶声论》，《鲁迅全集》第8卷33页。

政客、教士、科学家，深入中国内地，从各方面进行细密的研究和考察，鲁迅指出他们的全部目的就是要准备条件，对中国实行进一步的压榨和瓜分，而帝国主义侵略剥削的结果就是中国人民的"寒饿野死"。因此，鲁迅十分同情于人民群众的反帝运动，远在义和团运动失败不久的1903年，鲁迅就说："忽见碧瞳晰面之异种人，指挥经营，丁丁然日凿吾土，必有一种不能思议之感想，浮游于脑，而惊，而惧，而愤，挥梃而起，苛刘之以为快！"① 表示了对当时千百万群众这种反帝情绪和要求的热烈赞同。

鲁迅认为在这样严重的威胁下，非"左操刃，右握算"是不能为生的了。而回顾国内封建统治，更是感到民族沦亡的危机。他把中国之沉沦归因于国内专制暴政与国外帝国主义侵略。鲁迅说："往者为本体自发之偏枯，今则获以交通传来之新疫，二患交伐，而中国之沉沦遂以益速矣！"② 鲁迅深刻地洞察了几千年来的封建统治乃是中国社会长期停滞不前的主要原因。他批判封建统治说："中国之治，理想在不撄……有人撄人，或有人得撄者，为帝大禁，其意在保位，使子孙王千万世，无有底止，故性解（Genius）之出，必竭全力死之"③。鲁迅看到统治者为了维持其长期统治，就不得不堵塞一切进步发展的途径，使社会生活永远保持原状，凡有提倡进步发展，有才能，有智慧的人，在这样的社会必然遭到扼杀。而愚民政策就是统治者扼杀进步的武器。鲁迅就是在这样的思想状态下在日本接触西方文化的。

二、"首在审己，亦必知人，比较既周，爰生自觉"

鲁迅首先是在"审己知人"的比较中来寻求文明的发展之路的。在经过对多种文化的考察后，鲁迅针对当时的时论说："将以富有为文明欤，则犹太遗黎，性长居积，欧人之善贾者，莫与比伦，然其民之遭遇何如矣？将以路矿为文明欤，则五十年来，非澳二洲莫不兴铁路矿事，顾此二洲土著之文

---

① 《中国地质略论》，《鲁迅全集》第8卷，17页。
② 《文化偏至论》，《鲁迅全集》第1卷，57页。
③ 《摩罗诗力说》，《鲁迅全集》第1卷，68页。

化何如矣？将以众治为文明欤？则西班牙、波陀牙二国，立宪且久，顾其国之情状又何如矣？若曰惟物质为文化之基也，则列机括，陈粮食，遂足以雄长天下欤？曰惟多数得是非之正也，则以一人与众禺处，其亦将木居而芧食欤？"①什么才是当前最需要的文明？鲁迅认为以上这些主张都只是"抱枝拾叶"，"已陈旧于殊方"的"迁流偏至之物"，如果"举而纳之中国"，"馨香顶礼"，那就非常危险。

通过对犹太民族、非澳二洲土著、西班牙、波陀牙等国的比较考察，鲁迅认为19世纪西方文明中"至伪至偏"的东西就是"物质"和"众数"。前者指的是"人惟客观之物质世界是趋，而主观之内面精神乃舍置不之一省"，其结果是："诸凡事物，无不质化，灵明日以亏蚀，旨趣流于平庸，人惟客观之物质世界是趋，而主观之内面精神，乃舍置不之一省。重其外，放其内，取其质，遗其神，林林众生，物欲来蔽，社会憔悴，进步以停。"②后者指的是"同是者是，独是者非"，无视个人的独创和个性，"以多数临天下而暴独特者"，以至"古之临民者，一独夫也；由今之道，且顿变而为千万无赖之尤，民不堪命矣，与兴国究何与焉？"③在鲁迅看来，西方文明发展到这个地步，亦非自觉的选择，而是"不得已"。今天中国则可按照自身的需要来决定取舍，他说："物质也，众数也，其道偏至，根史实而见于西方者不得已，横取而施之中国则非也。"④

中国所能取于西方文明的是什么呢？为了回答这个问题，鲁迅在《文化偏至论》中追溯了西方文明数百年的历史，特别是19世纪后半叶的思想史。从"以极端的个人主义现于世"的斯契纳尔（M.Stirner），"奋发疾呼，谓惟发挥个性，为至高之道德"的契开迦尔（S.Kierkegaard），以"意力为世界之本体"的勖宾霍尔（A.Schopenhauer），到"以更革为生命，多力善斗，

---

① 《文化偏至论》，《鲁迅全集》第1卷，56页。
② 同上 53页。
③ 同上 46页。
④ 同上 46页。

即连万众不慑"的伊勃生（H.Ibsen）……最重要的当然是希冀"意力绝世，几近神明之超人"的尼采！在这些人中鲁迅最看重的无疑是伊勃生和尼采。他特别赞赏伊勃生所表现的"睹近世人生，每托平等之名，实乃愈趋于恶浊，庸凡凉薄，日益以深，顽愚之道行，伪诈之势逞；而气宇品性，卓尔不群之士，乃反穷于草莽，辱于泥途，个性之尊严，人类之价值，将咸归于无有。则常为慷慨激昂而不能自已也，如其《民敌》一书，谓有人保守真理，不阿世媚俗，而不见容于人群；狡狯之徒，乃巍然独为众愚领袖，借多陵寡，植党自私，于是战斗以兴，而其书亦止。"至于尼采，鲁迅则更赞之为："斯个人主义之至雄桀者矣，希望所寄惟在大士天才；而以愚民为本位，则恶之不殊蛇蝎，意盖谓治任多数，则社会元气，一旦可隳，不若用庸众为牺牲，以冀一二天才之出世，递天才出而社会之活动亦以萌。即所谓超人之说，尝震惊欧洲之思想界者也。"①

鲁迅正是在比较了德国的斯蒂纳、叔本华、尼采，丹麦的克尔凯郭尔，挪威的易卜生等多种文化的不同思想家的基础上，结合中国情况，提出"掊物质而张灵明，任个人而排众数"的正面主张。鲁迅说："故今之所贵所望，在有不和众嚣，独具我见之士，洞瞩幽隐，评骘文明，弗与妄惑者同其是非，惟向所信是诣，举世誉之而不加劝，举世毁之而不加沮。有从者则任其来，假其投以笑傌，使之孤立于世，亦无慑也，则庶几烛幽暗以天光，发国人之内曜，人各有己，不随风波，而中国亦以立。今者古国胜民，素为吾志士所鄙夷不屑道者，则咸入自觉之境矣，披心而嗷，其声昭明，精神发扬，渐不为强暴之力，谲诈之术之所克制。"②从这一段话可以清楚地看到鲁迅虽然是比较参照了以上不同文化的不同思想家的哲学主张，得出自己的结论，这结论的根本目的是唤起广大人民的自觉，激发他们内在的创造潜力，使中国得以自立于世界民族之林。这与上述思想家的主张又是截然不同的。鲁迅所

---

① 《文化偏至论》，《鲁迅全集》第1卷52页。
② 《破恶声论》，《鲁迅全集》第8卷25页。

追求的审己、知人和比较，目的只有一个，就是产生清醒的自觉。

三、取今复古，别立新宗

鲁迅对于西方文化不仅在比较中选择，而且在接受中根据中国的实际情况加以批判取舍，乃至改造。在日本时期，影响鲁迅最深的是进化论，思想上接受最多的是尼采，但他对两者都同样采取了严格的批判态度。

在研究中西文化思想交流时，常常会发现某种思想尽管在西方已经受到质疑甚至过时，但在中国却发生了不同的作用，被赋予了新的内容。鲁迅和进化论的关系就是典型的一例。进化论首先赋予鲁迅认识世界的基本出发点。鲁迅是一个无神论者，他对生命的起源一开始就有着科学的了解。他讽刺了那些坚不承认"猴子变人"的顽固派，不懈地宣传"有生始于无生"，宣传"人类进化的历史"；进化论还赋予鲁迅比较彻底的发展观念，使他相信世间一切都在发展着、变化着。在他的早期著作中，谈到每一问题，都是首先回溯其历史发展。如《科学史教篇》、《人之历史》、《摩罗诗力说》、《文化偏至论》等都是如此。他强调："诚以人事连绵，深有本柢，如流水之必自原泉，卉木之茁于根荄，倏忽隐见，理之必无。故苟为寻绎其条贯本末，大都蝉联而不可离。"[①] 鲁迅论证了事物的出现必有其历史根据和一定的发展过程。他坚信一切事物的发展变化虽然极其复杂，但总是向上的、进步的。他说："世界不直进，常曲折如螺旋，大波小波，起伏万状，进退久之而达水裔。" 尽管"世事反复，时势迁流，终乃屹然更兴，蒸蒸以至今日！"[②] 正是由于进化论的影响，鲁迅当时相信进步，相信未来。

将这种进化论的观点用于对社会历史的分析，鲁迅对"泥古"派和"蔑古"派都不能认同。鲁迅说："盖凡论往古人文，加之轩轾，必取他种人与是相当之时劫，相度其所能至而较量之，决论之出，斯近正耳。惟张皇近世

---

① 《文化偏至论》，《鲁迅全集》第1卷47页。
② 《科学史教篇》，同上28页。

学说，无不本之古人，一切新声，胥为绍述，则意之所执，与蔑古亦相同。盖神思一端，虽古之胜今，非无前例，而学则构思验实，必与时代之进而俱升，古所未知，后无可愧，且亦无庸讳也。"① 这就是说，一切事物都有其历史阶段而不断从低级向高级发展。新生的，属于未来的东西不断发生；过去的、腐朽的东西不断衰亡。一切"古已有之"是不对的，割断历史也是错误的。对于任何事物加以评价，都必须把它放在一定的历史阶段来考察。由此，鲁迅认为"心神所注，辽远在于唐虞"之人，"为无希望，为无上征，为无努力……非自杀以从古人，将终其身更无可希冀经营……"②那些"掊击旧物，惟恐不力"的"轻才小慧"之徒则更是不足为训。他所追求的是："外之既不后于世界之思潮，内之仍弗失固有之血脉，取今复古，别立新宗。"③

同样由于进化论的影响，鲁迅认为事物的发展并不是和平地进行，而是通过不断的斗争过程来实现的。鲁迅说："平和为物，不见于人间。其强谓之平和者，不过战事方已或未始之时。"④又说："人类既出而后，无时无物，不禀杀机……使拂逆其前征，势即入于苓落……不幸进化如飞矢，非堕落不止，非著物不止，祈逆飞而弦，为理势所无有……人得是力，乃以发生，乃以曼衍，乃以上征，乃至于人所能至之极点。"⑤静止是相对的、暂时的、属于现象的，只有进化、发展才是绝对的、永久的、属于本质的。

如上所述，鲁迅主要是接受了进化论积极的方面，这在他后来的思想发展中一直起着积极作用；对进化论的消极方面鲁迅从来都是采取批判态度的。他所处的社会环境和地位使他对社会达尔文主义根本不能认同，如果说社会达尔文主义是持"优胜劣汰，弱肉强食"的理论来压制劣者，吞食弱者，那么，恰恰相反，鲁迅是要用同一个道理来激发劣者赶上优者，弱者变成强者。鲁

---

① 同上26页。
② 《摩罗诗力说》，《鲁迅全集》第1卷，67页。
③ 《文化偏至论》，同上56页。
④ 《摩罗诗力说》，《鲁迅全集》第1卷，66页。
⑤ 同上67、68页。

迅认为弱小的邦国都应该使自己强大起来，而且"使其自树既固，有余勇焉，则当如波兰武士贝谟之辅匈牙利，英吉利诗人裴论之助希腊，为自繇（同由）张其元气，颠扑压制，去诸两间，凡有危邦，咸与扶掖，先起友国，次及其他，令人间世，自繇具足"①。鲁迅一直对弱小民族怀着深厚的同情，他以极大努力不倦地介绍波兰、匈牙利、捷克等国的文学和人民生活，同时十分憎恶强者持进化论幌子对弱国进行侵略，他把帝国主义者称为"兽性爱国之士"，揭露他们说："盖兽性爱国之士，必生于强大之邦，势力强盛，威足以凌天下，则孤尊自国，蔑视异方，执进化留良之言，攻小弱以逞欲，非混一寰宇，异种悉为臣仆不慊也！"②鲁迅接受进化论，但却把"进化留良之言"作为帝国主义侵略的假面具和盾牌而加以驳斥，这是与鲁迅当时的反帝爱国思想密切相联的。

鲁迅对尼采的态度也是一样。鲁迅在日本留学时期，"尼采思想，乃至意志哲学，在日本学术界正磅礴着"③。在上述鲁迅探讨过的"大士哲人"中，尼采对于资本主义文明"庸俗颓靡"的批判和对于创新的执著追求很快就吸引了鲁迅的注意。他谈得最多的就是"深思遐瞩，见近世文明之伪与偏"的尼采。唐弢认为："鲁迅是由嵇康的愤世，尼采的超人，配合着进化论，进而至于阶级革命论的。"④，郭沫若指出王国维和鲁迅"两位都曾醉心于尼采"，并强调："不可忽视地，两位都曾经历过一段浪漫主义的时期，王国维喜欢德国浪漫派的哲学和文艺，鲁迅也喜欢尼采，尼采根本就是一位浪漫派。"他们都曾正确地把鲁迅和尼采思想上的联系看作鲁迅思想发展某一阶段的重要特点。

鲁迅在《文化偏至论》中引尼采名著《查拉图斯特拉如是说》中的话说："反而观乎今之世，文明之邦国矣，斑澜之社会矣，特其为社会矣，无确固之崇信，

---

① 《破恶声论》，《鲁迅全集》第8卷34页。
② 同上32页。
③ 郭沫若：《鲁迅与王国维》，见《沫若文集》第12卷第535页。
④ 唐弢：《鲁迅的杂感》，载《鲁迅风》创刊号。

众庶之于知识也,无作始之性质,邦国如是,岂能淹留?"①"无确固之崇信"就是只重物质而没有精神上的坚定信仰;"无作始之性质"就是随波逐流,无独创精神。尼采的这段话正是鲁迅把19世纪文明之通弊概括为"物质"和"众数"的基础。值得注意的是鲁迅接受尼采的思想是把它作为一种武器,意在挽救垂危的国家民族。他所面临的问题首先是怎样使自己和同胞从帝国主义、封建主义的压迫下解脱出来;而尼采却是处于一个向垄断的帝国主义过渡的资本主义强国,他所面临的问题首先是怎样遏制日益兴起的群众革命运动。这就使鲁迅虽然接过尼采的口号,运用尼采的某些思想形式,但目的与内容都与尼采不同。例如鲁迅提倡"尊个性",目的是突破当时"万喙同鸣,鸣又不揆诸心"的庸众纷扰的局面,要使人们各有独立思考的能力和自己的创见,做到"人各有己","人各有己而群之大觉近矣",目的显然在于"群之大觉"。他提倡"张精神",也是期望"古国胜民"具有百折不回之意志力,然后能在"狂风怒浪之间","以辟生路"。鲁迅知道真正能做到"尊个性而张精神"的人并不多,"所属望只一二士立之为极,俾众观赡"。"人群有是,乃如雷霆发于孟春,而百卉为之萌动,曙色东作,深夜逝矣。"可见鲁迅的根本目的在于"曙色东作"唤起"群之大觉"。只有这样,"沙聚之邦"才能"由是转为人国"。"人国既建,乃始雄厉无前,屹然独见于天下"②。这就是青年鲁迅的最高理想。可见鲁迅虽然接受了尼采的超人学说,和尼采一样认为"惟超人出,世乃太平,尚不能然,则在英哲","与其抑英哲以就凡庸,曷若置众人而希英哲?"但鲁迅心目中的超人和英哲显然正是少数先觉者,他们的任务就在于广泛唤起群众的自觉和心声。这和尼采力图巩固极少数人对绝大多数人统治的理想显然有着本质的区别。鲁迅"尊个性而张精神"的思想确实来自19世纪末叶的新理想主义和唯意志论,尤其是来自尼采。且不论这些思想在彼时彼地影响如何,在此时此地对鲁迅本人

---

① 《文化偏至论》,《鲁迅全集》第1卷49页。
② 《破恶声论》,《鲁迅全集》第8卷23、25页。

来说确是产生了积极进步的影响,使他得以突破"竞言武事"的洋务派和"金铁国会立宪"的改良派,看到救国之根本在于对国内外旧有之文明进行"掊击扫荡",唤起人民之自觉。

但鲁迅对于尼采并不是没有批判的。如果说1907年鲁迅所瞩望的还是"惟超人出,世乃太平",那么,到了1919年,他已经感到尼采的超人"太觉渺茫",他批判了自己在前一阶段所接受的尼采的"置众人而希英哲"的思想,认为最现实、最有希望的还是每一个人都能贡献自己即便是微薄的力量。但鲁迅决非全面否定尼采的超人学说,他的着重点显然是"确信将来总有犹为高尚犹近圆满的人类出现",鲁迅所不同于尼采的是认为不必等候那"炬火",而应该"能做事的做事,能发声的发声,有一分热,发一分光,就令萤火一般,也可以在黑暗里发一点光"[①]。同时鲁迅仍然认为尼采的"破坏一切偶像"的主张对于中国社会仍有巨大的冲击力。鲁迅看到中国传统积习太深,即使小小改革也不免付出重大牺牲,"凡中国人说一句话做一件事,倘与传来的积习有若干抵触",便"免不了标新立异的罪名,不许说话,或者竟成了大逆不道,为天地所不容",甚至"可以夷到九族"。因此他认为在中国,要立志作一个改革者,偶像破坏者,就必须像尼采那样不怕孤立。不仅"决不理会偶像保护者的嘲骂",而且也"不理会偶像保护者的恭维"。他特别引了尼采名著《查拉图斯特拉如是说》中《市场之蝇》的一段话儆醒人们:"他们又拿着称赞,围住你嗡嗡的叫,他们的称赞是厚脸皮,他们要接近你的皮肤和你的血。"[②] 后来,鲁迅祝愿中国的青年们"都只是向上走,不必理会这冷笑和暗箭",要像尼采所说的海,"能容下你们的大侮蔑"。[③] 1921年,鲁迅还说绥惠略夫"确乎显出尼采式的强者的色彩来",这"强者的色彩",就是"用了力量和意志的全副,终身战争,就是用了炸弹和手枪,

---

① 《随感录第四十一》,《鲁迅全集》第1卷325页。
② 《随感录第四十六》,《鲁迅全集》第1卷333页。
③ 《随感录第四十一》,《鲁迅全集》第1卷325页。

反抗而且沦灭"①。

直到1934年写《拿来主义》时，鲁迅对尼采的态度才有了更明显的改变，他说："尼采就自诩过他是太阳，光照无穷，只是给予，不想取得。然而尼采究竟不是太阳，他发了疯。"②第二年，在《〈中国新文学大系〉小说二集序》中，他又进一步分析了这个问题，指出尼采的超人哲学只有两条出路：一条是发狂和死，另一条是"安于空虚，或者反抗这空虚，即使在孤独中毫无'末人'的希求温暖之心，也不过蔑视一切权威，收缩而为虚无主义者。"③但这也并不排斥鲁迅有时也还采用尼采的某些思想形式来说明问题。例如1933年在《由聋而哑》中，鲁迅就用尼采的"末人"这个概念来说明，"用粃谷来养青年，是决不会壮大的，将来的成就且要更渺小，那模样可看尼采所描写的'末人'"。他大声疾呼，指责反动派正是"要掩住青年的耳朵，使之由聋而哑，枯涸渺小，成为末人"。④

青年鲁迅曾以尼采的新理想主义（新神思宗）和唯意志论（意力说）为理想，但他的目的与尼采相反，是在于使中国避免资本主义的缺陷，改造国民精神，提倡奋发自强以挽救民族危亡。鲁迅早就指出尼采学说本身充满着矛盾⑤，他正是把尼采学说中某些有用部分加以吸收改造来充实和阐明自己的观点的。

无论是对进化论还是对尼采思想，鲁迅都充分体现了从中国的实际情况和需要出发，对西方思想在接受中批判和改造的宝贵精神。

四、跨多种文化的文学研究

由于鲁迅不像王国维那样，更多专注于对灵魂的叩问，而是更集中于探

---

① 《译了〈工人绥惠略夫〉之后》，《鲁迅全集》第10卷，169页。
② 《拿来主义》，《鲁迅全集》第6卷，38页。
③ 《〈中国新文学大系〉小说二集序》，《鲁迅全集》第6卷，254页。
④ 《由聋而哑》，《鲁迅全集》第5卷，277页。
⑤ 《察拉图斯忒拉的序言·后记》，见《新潮》第2卷，第5期。

讨现实的国民觉醒问题,因此他对文学的看法与王国维也多所不同。鲁迅是这样来回答"什么是艺术"这个问题的,他说:"盖凡有人类,能具二性:一曰受,二曰作。受者譬如曙日出海,瑶草作华,若非白痴,莫不领会感动。既有领会感动,则一二才士,能使再现,以成新品,是谓之作。故作者出于思,倘其无思,即无美术,然所见天物,非必圆满,华或槁谢,林或荒秽,再现之际,当加改造,俾其得宜,是曰美化……"① 鲁迅一方面指出艺术是客观事物的再现,一方面指出这种再现经过人的感兴才能成为艺术的再现。因此,鲁迅说:"美术者有三要素,一曰天物,二曰思理,三曰美化。""美术云者即用思理以美化天物之谓。"鲁迅强调指出"天物"是第一性的,用以"美化"天物的"思理"是第二性的。不但反映自然现象的艺术是这样,在社会领域内,鲁迅也持同样见解。他说:"诗歌说部之所记述,每以骄蹇不逊者为全局之主人,此非操觚之士,独凭神思构架而然也,社会思潮,先发其朕,则迻之载籍而已矣。"② 这就是鲁迅对文学与社会的关系的看法。

根据这样的原则,鲁迅1907年作的《摩罗诗力说》和《文化偏至论》比较分析了多个民族文学发展的特色。他首先指出印度、希伯来、伊朗、埃及等都是"负令誉于史初,开文化之曙色"的文化古国,但由于其国力丧失,文事凋零,"至大之声渐不生于彼国民之灵府",政治上的衰微带来了文学上的沉寂;结果只能是"煌煌居历史之首,而终匿迹于卷末"了。鲁迅进一步将这几个文明古国与俄国作了比较,俄国也是大国,也曾沉默无声,但"俄之无声,激响在焉。俄如孺子,而非喑人。俄如伏流,而非古井";因此,19世纪前半叶就有果戈理等人,以"不可见之泪痕悲色,振其邦人。"③ 鲁迅在对多种文化的对比考察中,论证了文学特别是诗歌对于民族文化、民族精神的伟大意义。这种跨文化的对文学与文化的关系的考察,在中国文学发

---

① 《拟播布美术意见书》,《鲁迅全集》第8卷,45页。
② 《文化偏至论》,《鲁迅全集》第1卷,50页。
③ 《摩罗诗力说》,《鲁迅全集》第1卷,64页。

展史中是一种崭新的思想和方法。

鲁迅写《摩罗诗力说》，要旨在于"举一切诗人中，凡立意在反抗，指归在动作，而为世所不甚愉悦者悉入之"。鲁迅把这类诗人称为摩罗诗派。摩罗，通作魔罗，是梵文 Mara 的音译，意即魔鬼。英国湖畔诗人之一苏惹（通译骚塞）在他的长诗《审判的幻影》序言中曾暗指拜伦是"恶魔派诗人"，要求政府禁售拜伦作品，并在一篇答复拜伦的文章中公开指责拜伦是"恶魔派"首领，后来把雪莱等多人也都归入这一派。鲁迅的《摩罗诗力说》就是为传"摩罗诗派"的"言行思惟，流别影响"而写。

《摩罗诗力说》以拜伦为中心，对他的生平与诗作作了详尽介绍，特别强调了他的热爱自由，反抗暴力，为独立自由人道而战，"举一切伪饰陋习，悉与荡涤"；同时强调了他的爱憎分明，同情弱小，"遇敌无所宽假，而于累囚之苦，有同情焉。"又将他诗歌写作的主要特点概括为激情充溢，精神勃郁，"以全心、全情感、全意志与多量之精神而成诗……凡一字一词无不即其人呼吸精神之显现，中于人心，神弦立应。"① 鲁迅认为同属"恶魔诗派"的雪莱也是"神思之人，求索而无止期，猛进而不退转……品性之卓，出于云间，热诚勃然，无可阻遏"。鲁迅突出了他与拜伦的不同，强调他自幼"爱山河林壑之幽寂……心弦之动，自与天籁合调，发为抒情之什，品悉至神"的艺术特色，以及他对生死神秘的追寻。特别应提到的是：即便是对于自己最赞赏的拜伦、雪莱，鲁迅在接受中，也包含着清醒的批判。事实上，拜伦的怀疑与绝望，雪莱的形而上思想与"爱莫能助的哲学"这些浪漫主义的阴郁和温柔的一面，都没有出现在鲁迅的视野中心。与雪莱关系密切的浪漫主义大诗人济慈则因其诗缺少"摩罗"气息而为鲁迅很少论及。

鲁迅在谈到其他有共同的反抗主题的诗人时也都强调了他们各自不同的特点。例如在谈到普希金时，鲁迅认为他"虽有裴伦之色，然又至殊"，这种"至

---

① 《摩罗诗力说》，《鲁迅全集》第 1 卷，81、82 页。

殊"首先在"普式庚（即普希金）所爱，渐去裴伦式勇士，而向祖国淳朴之民"。其原因按鲁迅分析，是由于俄罗斯国情和国民性之不同和普希金本人与拜伦性格之不同所致。① 鲁迅又进一步分析了普希金和来尔孟多夫（通译莱蒙托夫）"二人之于裴伦，同汲其流而复殊别。普式庚在厌世主义之外形，来尔孟多夫则直在消极之观念。故普式庚终服帝力，入于平和，而来尔孟多夫则奋战力拒，不稍退转。"鲁迅又说："来尔孟多夫亦甚爱国，顾绝异普式庚，不以武力若何，形其伟大。凡所眷爱，乃在乡村大野，及村人之生活；且推其爱而及高加索土人。此土人者，以自由故，力敌俄人者也。"② 另外，还比较了二人对拿破伦的不同态度，对大自然的不同态度等。其他对波兰的密克微支、斯洛伐支奇、克拉旬斯奇三诗人，匈牙利的裴彖飞等都用了同样的方法进行了介绍。这种将有类似主题和类似精神的作品集中在一起，加以比较分析，可以说是类似比较文学主题学的一种方法。

鲁迅在研究以拜伦、雪莱为首的"摩罗诗派"时，还特别注意了追踪它的流播和影响。他指出拜伦、雪莱"转战反抗，其力如巨涛，直薄旧社会之柱石。余波流衍，入俄则起国民诗人普式庚，至波兰则作报复诗人密克微支，入匈牙利则觉爱国诗人裴彖飞；其他宗徒，不胜具道。"③ 他指出普希金深受拜伦的影响，当普希金谪居南方时，"始读裴伦诗，深感其大，思理文形，悉受转化，小诗亦尝摹裴伦；尤著者有《高加索累因行》，至与《哈洛尔特游草》相类。"④ 而"裴伦之摩罗思想，则又经普式庚而传来尔孟多夫"。来尔孟多夫"为禁军骑兵小校，始仿裴伦诗纪东方事，且至慕裴伦为人"，同时"来尔孟多夫又近修黎（雪莱），修黎所作《解放之普洛美迢》感之甚力，于人生善恶竞争诸问，至为不宁，而诗则不之仿"⑤。鲁迅对其影响的相同处和

---

① 同上88页。
② 《摩罗诗力说》，《鲁迅全集》第1卷，91页。
③ 同上99页。
④ 同上87页。
⑤ 同上89页。

不同处都注意到了。此外如分析密克微支所受拜伦和普希金的影响，斯洛伐支奇作品中所显示的"惟裴伦东方诗中能见之"的特点，以及裴彖飞的"尝治裴伦暨修黎之诗，所作率纵言自由，放诞激烈，性情亦仿佛如二人。"①显然，鲁迅跨越多种文化，将以拜伦、雪莱为首的"摩罗诗派"的源流影响，从英国到俄国到波兰到匈牙利连成一气，进行了渊源和流播的考察，虽然还不是严格意义上的实证影响研究，但至少是应用了影响研究的方法，取得了前所未有的成果。

总之，鲁迅的坚定信念是："欲扬宗邦之真大，首在审己亦必知人，比较既周，爰生自觉。自觉之声发，每响必中于人心，清晰昭明，不同凡响。"这段话既宣示了青年鲁迅的理想和目标，也说明了鲁迅所采用的主要方法——比较。而他所关注的领域主要是文学，这就不能不在他的研究中注入了多种比较文学的因素。无论是文化与文学的跨学科研究，跨文化的平行研究，接受和影响的研究，他都作出了独特的贡献，可以说是开中国比较文学之先河。以上事实充分说明了中国比较文学的产生，既不是古已有之，也不是舶来之物，而是中国文学发展本身的要求。

---

① 同上98页。

中国比较文学的创业元勋吴宓教授

吴宓教授可以说是中国第一批以比较文学作为一门学科来进行研究和实践的创始人。1917年9月,吴宓到达美国进入维金尼亚大学英文系,一年后即转入哈佛大学比较文学系,以系主任白璧德为师,首选他开的两门主课:一门是比较文学第11:"19世纪浪漫主义运动",另一门是法文第17"法国文学批评",同时还选了比较文学第12:"18及19世纪的各体小说",还选了"法国文学史大纲"和"德国文学史大纲"。可见吴宓一开始就是在多种文学互动的语境下,师从比较文学名师,以比较文学和多种文学为核心来进行学习的。1920年,吴宓升入哈佛研究院,除修习各国文学、历史外,他仍接着选修比较文学第19"各体戏剧"等课程,并写出了《历史与文学中所记叙之法兰西国王路易十一世》,《孔子孟子之政治思想与柏拉图及亚里斯多德比较论》等有关比较文学和比较文化的学术论文。

有了这样的学术基础,1921年吴宓一回国就创办了以"昌明国粹,融化新知"为旗帜的《学衡》杂志。按照吴宓当年的解释:"昌明国粹"是因为:第一,新旧乃相对而言,并无绝对界限,没有旧,就没有新;第二,人文科学与自然科学不同,不能完全以进化论为依据。不一定新的就比旧的好;第三,历史有变有常,常就是经过多次考验,在人类经验中积累起来的真理。这种真理不但万古常新,而且具有普遍的世界意义。"融化新知"则主要是指吸收西方的新思想、新方法、新知识。《学衡》派"引介西学"的热情,并不亚于当时的自由派和激进派。但他们强调应对西方学说进行全面系统的研究，慎重择取，与中国文化传统相契合，并适用于中国之需要。应该说，直到今天，这两条原则也还是比较文学与比较文化学科的基础。

1925年，吴宓担任清华学校研究院主任，他所设计的课程也都是根据比较文学与比较文化的理念来进行的。例如当时的"文学课程分为文学专题和作家研究两类。文学专题有"比较文学专题"、"法国文学专题"、"近代文学专题"、"近代中国文学之西洋背景"、"近代德国戏剧"、"文学与人生"、《源氏物语》等，作家研究有拉丁作家、乔叟、莎士比亚、弥尔顿、但丁、歌德、近代作家海贝尔、沃尔夫、乔埃斯等。语言课则有"高等英文文字学"、"英语教授法"和"翻译术"三门。"① 当时吴宓开设的"中西诗之比较"，"文学与人生"，温德开设的"文艺复兴时期的文学"、王文显开设的"戏剧概要"等都是以比较文学的方法来讲授的。在吴宓的影响下，1929至1931年，清华大学聘请了英国新批评派领袖之一、英国剑桥大学英国文学系主任瑞恰慈来清华任教，开设了"比较文学"和"文学批评"两门课程，他的助手瞿孟生根据他的观点和讲稿写成了《比较文学》一书，这是"比较文学"作为一门学科在中国的开始。

吴宓开设的"中西诗之比较"详细内容已难于追寻，但"文学与人生"由当时听课的王岷源教授根据吴宓原稿翻译和整理出了详细教学提纲。从中可以看到全部课程都贯穿了跨文化和跨学科的方法。课程一开始就强调了"一多并在，情智双修"的宗旨：前者强调了本土文化及对多种文化的包容，是一种跨文化原则；后者则主张情感和智识同时增长，通过文学欣赏提高道德水平，可以视为文学和伦理学的一种跨学科整合。全部课程自始至终都贯穿着这两条原则，恰如李赋宁先生所说："这门课包括文学、历史、哲学三方面人文科学的全部内容，吸收了古今中外诗人和哲学家思想感情的精华，融会贯通，成为吴宓先生的学术体系，开中西比较文化与比较文学研究之先

---

① 《清华大学校史》，清华大学出版社出版，167页。

河".① 遗憾的是吴宓先生珍藏的课程讲义由于种种原因至今未能公诸于世！1932，1936年，吴宓教授又执教于北京师范大学和北京大学，使他的思想得以广泛传播。

吴宓教授不仅在教学上，而且在他毕生的研究工作中，也多贯串着比较文学和比较文化的原则。他的《希腊文学史》中就有《荷马史诗与中国文章比较》的专节，另外还有一节专论希腊教训诗与中国古代教训诗的异同。在《诗学总论》中，他比较了中西诗歌的韵律节奏；在《余生随笔》中，他讨论了东西诗学由贵族化向平民化发展的共同趋势和"遇必穷愁"等共同问题；在写《书〈人境庐诗草自序〉后》时，他又将这篇自序与华滋华斯的《抒情歌谣集再版序言》相提并论。在翻译方面他也曾有很多创见，他曾引德莱登的话，说翻译有直译、意译和拟作三种，而自己认为："三者之中，直译，窒碍难行，拟作，并非翻译，过与不及，实两失之。唯意译最合中道，而可以为法。"他用意译的方法翻译过很多著作，如《白璧德论欧亚两洲文化》、《中国欧洲文化交通史略》、《孔子老子学说对于德国青年之影响》等等。

由于以上事实，中国比较文学界始终以吴宓教授为本学科的创业元勋。有关吴宓先生的纪念会和学术讨论会在先生的故乡西安多次召开。2004年12月，时值先生诞辰110周年，陕西省比较文学学会、陕西师大文学院与外国语学院又联合举办了"纪念吴宓诞辰110周年大会暨第四届吴宓学术研讨会"。会议宗旨是"倡导吴宓先生的真诚精神，振奋中华文化，重塑学人之魂，重振大学雄风"。会议始终贯彻这一宗旨，除学理的探索外，一组发自肺腑的文章更是动人心魄！特别是多年与吴宓先生共事的孙法理教授所写的《从〈文学与人生〉看吴宓先生》，还有蔡衡教授的《学习吴宓的真诚精神，做人，做事，做学问》，以及高益荣先生的《"宁可杀头，也不批孔"》等，都是从为人、处世、治学等方面赞颂了吴宓先生的高风亮节，真诚精神及其对当

---

① 李赋宁:《学习吴宓先生的〈文学与人生〉》。

前世人的警醒！尤其是王泉根教授的《今昔学术的比较》从吴宓先生谈到"汇通与专业，专业与职业，有我与无我"三大区别，分析了当今学术界的弊端，很值得一读。

最后，还要对老友、80高龄的比较文学元老蔡衡教授献上我最真诚的敬意和谢意。数十年如一日，他沿着吴宓先生的脚步，作为吴宓先生忠诚的后来者，在开拓中国比较文学的道路上默默耕耘。自1987年在西安主办第二届"中国比较文学年会暨国际学术讨论会"以来，他接连在西安召开过四届吴宓学术研讨会。他既无后台，又不长于公关，其中辛苦，自可想见！这次来到西安，见他仍然事必躬亲，奔前顾后，英姿不减当年！会议结束后，当与会代表按原订计划前往吴宓先生故里为先生扫墓时，蔡衡老兄不顾已感风寒，在风雨迷蒙中仍是奋然前行，更是令我深深感动！"世间自有好人在"，是他们支撑起整个民族的灵魂。

朱光潜对中国比较文学的贡献

一、深厚的古今中西文化底蕴

朱光潜具有深厚的中国文化底蕴。他是南宋大哲学家朱熹的后裔,出生于安徽省桐城县这个文化积淀十分深厚的文化名城。他的祖父在这里主持过桐乡书院。他的父亲终身在家乡开私塾办学,思想也较为开明,不仅结交过一些新学的朋友,还亲笔写了"绿水青山任老夫逍遥岁月,欧风亚雨听诸儿扩展胸襟"这样的楹联挂在家中。朱光潜从小熟读并背诵了大部分传统蒙学经典,并自学《史记》、《战国策》等书,他曾说:"像《项羽本纪》那种长文章,我很早就能熟读成诵。王应麟的《国学纪闻》也有些地方使我很高兴。"①

十五岁时,朱光潜进入家乡实行新式教育的洋学堂——孔城高等小学,仅读一学期,就升入著名的桐城中学。桐城中学为桐城派大师吴汝纶所创办。他的目标是想为国家培养融贯中西的栋梁人才。他为该校题写的校联为:"后十百年人才,奋兴胚胎于此;合东西国学问,精粹陶冶而成",横批:"勉成国器",已经很重视中西文化的汇通。总之,十余年的中小学教育不仅给朱光潜打下了深厚的国学基础,而且使他对西方新学也多有接触和向往。

1918年二十一岁,朱光潜考上官费到香港大学学习英国语言文学、教育学、生物学和心理学。这一段心理学学习,对朱光潜一生的学术研究产生

---

① 《从我怎样学国文说起》,《朱光潜全集》第3卷,第441页。

了极大影响。他后来在悲剧心理学和文艺心理学等方面取得卓越成果,主要即得益于此。在港大时期,朱光潜最喜欢的课程是英国文学:莎士比亚的《哈姆莱特》和《李尔王》、弥尔顿的《失乐园》和《复乐园》、狄更斯的《大卫·科波菲尔》和《双城记》等,他特别欣赏以华兹华斯、柯尔律治为代表的英国浪漫主义文学,并与其中所表现的伸张个性的精神和忧郁感伤的情调,发生了深深的共鸣。他说:"我想尽我这一点微薄的力量,设法使我的学生们珍视精神的价值。"① 通过港大的学习,朱光潜初步奠定了中西学识兼备的知识结构。

1925年,朱光潜考取安徽官费留英,入苏格兰的爱丁堡大学文科。选修英国文学、哲学、心理学、欧洲古代史和艺术史。在欧洲求学的八年里,他对克罗齐、尼采、叔本华、康德等人作了较深入的研究,并受到深刻的影响。他曾说:"我接触西方文学是从浪漫派诗歌入手的。浪漫主义的基本要求是个人情感想象的自由伸展",又说:"我由于学习文艺批评,首先接触到在当时资产阶级美学界占统治地位的克罗齐,以后又戴着克罗齐的眼镜去看康德、黑格尔、叔本华、尼采和柏格森之流。"② 朱光潜在这里系统地追溯了自己所受西方思想影响的源流。

如上所述,朱光潜接触西方文化时,已有相当深厚的中国文化基础。这使他从一开始就是在古今中西的坐标上选定自己的出发点和生长点,力求古今中西相通而无偏废。

二、"一切价值都由比较得来"

在这样深厚的中西文化积淀的基础上,朱光潜强调"一切价值都由比较得来"③。在《谈趣味》一文里,他说:"文艺不一定只有一条路可走。东边的景致只有面朝东走的人可以看见,西边的景致也只有面朝西走的人可以

---

① 《回忆二十五年前的香港大学》,《朱光潜全集》第9卷,第186—187页。
② 《我的文艺思想的反动性》,《朱光潜全集》第5卷,第15页。
③ 《谈文学·文学的趣味》,同上,第4卷,第176页。

看见。向东走者听到向西走者称赞西边景致时觉其夸张,同时怜惜他没有看到东边景致美。向西走者看待向东走者也是如此。这都是常有的事,我们不必大惊小怪。理想的游览风景者是向东边走之后能再回头向西走一走,把东西两边的风味都领略到。这种人才配估定东西两边的优劣"①。他明确地指出:"概括地论中西诗的优劣,一如概括地论中西文化的优劣一样,很难得公平允当。中诗有胜过西诗的地方,也有不及西诗的地方,各有胜境,很可以互相印证。"②他总结自己的学术经历说:"就我个人的经验来说,起初习文言,后来改习语体文,颇费过一番冲突与挣扎。在才置信语体文时,对文言文,颇有些反感,后来多经摸索,觉得文言文仍有它不可磨灭的价值。专就学文言文说,我起初学桐城派古文,跟着古文家们骂六朝文的绮靡,后来稍致力于六朝人的著作,才觉得六朝文也有为唐宋人所不可及处。在诗方面,我从唐诗入手,觉宋诗索然无味,后来读宋人作品较多,才发现宋诗也特有一种风味。我学外国文学的经验也大致相同,往往从笃嗜甲派,不了解乙派,到了解乙派而对甲派重新估定价值。"③

从以上的论述中,可以看出:第一,文学研究的基础是知,照朱光潜所说:"根本不知"是"精神上的残废",犯这种毛病的人失去大部分生命的意味;"知得不正确"是"趣味低劣",是"精神上的中毒",可以使整个的精神受腐化;"知得不周全"是"趣味窄狭",是"精神上的短视","坐井观天,诬天貌小"。他认为比较首先应了解被比较事物的各个方面,"各种理论像从周围各点拍摄的照片一样,有时拍出的甚至只是被照物体无关紧要的部分,我们若相信某一种理论就会失之偏颇。为了对物体的全貌有一个清楚的了解,我们就必须把从不同角度拍摄的所有照片加以比较。第二要尊重被比较者的特点和来龙去脉。"每个大诗人都前有所承,后有所发。这便是所

---

① 《我与文学及其他·谈趣味》,同上,第3卷,第346—347页。
② 《研究诗歌的方法》,同上,第9卷,第209页。
③ 同上。

谓'源流'。如果只读某一诗人的作品，不理会他的来踪去向，就绝不能彻底了解他的贡献。每一国的诗都有一个绵延贯串的生命史，拿各时代的成就合拢来看，是一个完整的、有生命的东西，中间有脉络可寻。"① 在他看来，每篇成功之作都有自己独特的个性，即便同属一类的作品，有时也差别很大，要"通过比较，扩大眼界，加深知解"。因此在比较的时候，就不是拿一个同样的标准来衡量不同的作品，而是要对比较对象"深体会，广参较"，寻出它们的"不同特点"和"共同文心"。第三，比较不仅能增加新的知识，而且能"互相印证"，也就是认知乙派之后，又可以反过来，对原先的甲派重新估定价值。他以自己为例说："我开始爱好中诗，领略中诗的优美，是在读过一些西诗之后。从西诗的研究中，我明白诗的艺术性和艺术技巧，我多少学会一些诗人看人生世界和应用语文的方法。拿这一点知解来返观中诗，我在从前熟诵过的诗中发现很多的新的意味。拿从前的诗话或论诗的文章来看，我的见解有与前人暗合的，也偶有未经前人道及的。浅尝已如此，深入当有较大的收获。因此我想研究中诗的人最好能从原文读西诗（诗都不能翻译）。多读西诗或许对于中诗有更精确的认识。西诗可以当作一面镜子，让中诗照着看看自己。"② 这就是现在谈得很多的比较文学的"双向阐发"。

三、中西比较诗学的开山之作——《诗论》

1933年，朱光潜在法国斯特拉斯堡写完了《诗论》初稿，同时完成了毕业论文《悲剧心理学》，获文学博士学位。同年7月回国，任北京大学西语系教授。朱光潜回忆说："那时胡适之先生长文学院，他对于中国文学教育抱有一个颇不为时人所赞同的见解，以为中国文学系应邀请外国文学系教授去任一部分课。他看过我的《诗论》初稿，就邀我在中文系讲了一年。抗战后，我辗转到了武大，陈通伯先生和胡先生抱同样的见解，也邀我在中文系讲了

---

① 《研究诗歌的方法》，同上第9卷，第205页。
② 《研究诗歌的方法》，《朱光潜全集》第9卷，第209页。

一年《诗论》。我每次演讲,都把原稿大大修改一番。"① 因此,直到1942年才出版。在1934年和1935年间,朱光潜还在报刊上发表了《中西诗在情趣上的比较》、《谈趣味》、《长篇诗在中国何以不发达》、《从"距离说"辩护中国艺术》等有关中西比较诗学的重要篇章。

在1942年写成的《诗论·抗战版序》中,朱光潜再次强调:"一切价值都由比较得来,不比较无由见长短优劣。现在西方诗作品与诗理论开始流传到中国来,我们的比较材料比从前丰富得多,我们应该利用这个机会,研究我们以往在诗创作与理论两方面的长短究竟何在,西方人的贡献究竟可否借鉴。"《诗论》在西方诗学的参照下,深入分析这种异同的社会原因、历史原因、伦理道德原因等等。《诗论》以中国文学为主体全面论述了诗的起源,诗与谐隐,诗的情趣与意象,情感思想与语言文字的关系,诗与散文,诗与音乐,诗与绘画等各个领域。总起来说,朱光潜对于中西诗学的比较研究有以下几个特点:

第一,用多种实例详细陈述中西文学现象的同或异,很少用孤证说明问题。例如关于中西爱情诗的比较,朱光潜指出:"西方关于人伦的诗大半以恋爱为中心。中国诗言爱情的当然也很多,但没有让爱情把其他人伦抹煞。朋友的交情和君臣的恩谊在西方诗中不甚重要,而在中国诗中则几与爱情占同等位置。把屈原、杜甫、陆游诸人的忠君爱国爱民的情感拿去,他们诗的精华便已剥丧大半。"朱光潜认为恋爱在从前的中国实在没有现代中国人所想得那样重要,在中国诗中,谈友谊往往比谈爱情更重要,他说:"在许多诗人的集中,赠答酬唱的作品往往占其大半,苏李,建安七子,李杜,韩孟,苏黄,纳兰成德与顾贞观诸人的交谊古今传为美谈,在西方诗人中,如歌德和席勒,华兹华斯与柯尔律治,济慈和雪莱,魏尔伦与兰波诸人虽亦以交谊著,而他们的诗集中叙友朋乐趣的诗却极少。"② 他还指出:"西方爱情诗

---

① 《诗论·抗战版序》,同上,第3卷,第4页。
② 《谈中西爱情诗》,同上,第9卷,第483页。

大半写于婚媾之前,所以称赞容貌诉申爱慕者最多;中国爱情诗大半写于婚媾之后,所以最佳者往往是惜别悼亡。西方爱情诗最长于'慕',莎士比亚的十四行诗,雪莱和布朗宁诸人的短诗是'慕'的胜境;中国爱情诗最善于'怨',《卷耳》、《柏舟》、《迢迢牵牛星》,曹丕的《燕歌行》,梁玄帝的《荡妇秋思赋》以及李白的《长相思》、《怨情》、《春思》诸作是'怨'的胜境"①。从艺术方面来说"西诗以直率胜;中诗以委婉胜;西诗以深刻胜,中诗以微妙胜;西诗以铺陈胜,中诗以简隽胜。"②这些都是用大量实例来说明诗歌现象,在双方的多方面对照中既加强了相互的认识,也加深了对自己的认识。

第二,在列举不同的诗歌现象之后,朱光潜并不停留于现象,而是进一步深入分析产生这些差异的社会原因、历史原因、伦理道德原因等等。例如关于产生中西爱情诗之差异的原因,朱光潜就曾作了分析,指出主要有三层原因:"第一,西方社会表面上虽以国家为基础,骨子里却侧重个人主义,爱情在个人生命中最关痛痒,所以发展较充分,以至掩盖其他人与人的关系。中国社会表面上虽以家庭为基础,骨子里却侧重兼善主义,文人往往费大半生的光阴在仕宦羁旅,'老妻寄异县'是常事。他们朝夕所接触的往往不是妇女,而是同僚与文字友。第二,西方受中世纪骑士风气的影响,女子的地位较高,教育也比较完善,在学问和情趣上往往可以与男子契合。在中国得之于朋友的乐趣,在西方往往可以得之于妇人女子。中国受儒家思想的影响,女子的地位较低。夫妻恩爱常起于伦理观念,在实际上志同道合的乐趣颇不易得。加以中国社会理想侧重功名事业,'随着四婆裙'在儒家看是一件耻事。第三,东西恋爱观相差也甚远。西方人重视恋爱,有'爱情至上'的标语。中国人重视婚姻而轻视恋爱,真正的恋爱往往见于'桑间濮上'。潦倒无聊,悲观厌世的人才肯公然寄情于声色,像隋炀帝、李后主几位风流天子

---

① 《中西诗在情趣上的比较》,《朱光潜全集》第3卷,第76页。
② 《谈中西爱情诗》,《朱光潜全集》第9卷,第485页。

都为世所诟病"①。

第三，朱光潜在进行中西诗歌比较时努力避免片面性和绝对化，但要以简短的结论来概括一种文化，一类诗歌的特色恐怕是很难作到的。例如他在指出"西诗偏于刚而中诗偏于柔。西方诗人所爱好的自然是大海，是狂风暴雨，是峭岩荒谷，是日景；中国诗人所爱好的自然是明溪疏柳，是微风细雨，是湖光山色，是月景"②。这样的概括虽是事实却不免以偏概全。朱光潜也曾提出这种概括式比较的局限，他说："西方未尝没有柔性美的诗，中国也未尝没有刚性美的诗，但西方诗的柔和中国诗的刚都不是它们的本色特长"。③更重要的是这样的概括式比较总是难免透露着比较者的主观心态和成见，在后来者进行再比较时，这种心态和成见也应是比较分析的对象之一。例如朱光潜得出结论说："西方诗比中国诗深广，就因为它有较深广的哲学和宗教在培养它的根干。没有柏拉图和斯宾洛莎就没有歌德、华兹华斯和雪莱诸人所表现的理想主义和泛神主义；没有宗教就没有希腊的悲剧，但丁的《神曲》和弥尔顿的《失乐园》。中国诗在荒瘦的土壤中居然显出奇葩异彩，固然是一种可惊喜的成绩，但是比较西方诗，总嫌美中有不足。我爱中国诗我觉得在神韵微妙格调高雅方面往往非西诗所能及，但是说到深广伟大，我终无法为它护短。"这不可避免地透露着比较者的主观见解和趣味，特别是不免以西方文学为主体来评判中国文学。这样的结论也可能为很多人所不能赞同，但在进行新的中西诗歌比较时，这种评价本身就是一个研究对象，也不失为一个很好的参照系。

四、阐发研究的实绩

《诗论》刚出版，知名学者张世禄就指出："朱氏此书里所列各章，讨论诗学上的各种问题，都引用西洋文艺的学说，以和中国原有的学说来相参

---

① 《中西诗在情趣上的比较》，《朱光潜全集》第3卷，第75页。
② 同上，第77页。
③ 同上。

合比较，以和中国诗歌的实例来衡量证验，这已经足以指示我们研究中国文学的一个必由之途径。却又一方面，对于西洋的各种学说，也并非一味盲从，往往能融会众说，择长舍短，从中抉取一个最精确的理论，以作为断案；并且有时因为看到了中国的事实，依据了中国原有的理论，回转来补正西洋学说的缺点，这就接受外来的学术而言，可以说是近于消化的地步"。① 当时在清华大学听朱光潜"文艺心理学"这门课的季羡林回忆说："这一门课非同凡响，是我最满意的一门课，比那些英、美、法、德等国来的外籍教授所开的课好到不能比的程度……他介绍西方各国流行的文艺理论，有时候举一些中国旧诗词作例子，并不牵强附会，我们一听就懂。对那些古里古怪的理论，他确实能讲出一个道理来，我听起来津津有味。"② 罗大冈谈到朱光潜学术研究的成就时，也特别称赞他"用中国文学（主要是诗词）以及艺术（主要是绘画）举一些例子，来阐明西方的美学基本概念"，认为这方法很值得发扬光大。③ 可见这种以新的西方文学理论诠释中国文学现象和用中国的文学艺术来阐明西方文学理论的做法已为当时所普遍接受。它的功用在于一方面对中国原有的文学现象作出前所未有的新的解释，另一方面又使西方那些"古里古怪"的理论容易被接受和理解。

朱光潜曾说："中国向来只有诗话而无诗学。刘彦和《文心雕龙》条理虽缜密，所谈的不限于诗。诗话大半是偶感随笔，信手拈来，片言中肯，简练亲切，是其所长；但是它的短处在零乱琐碎，不成系统，有时偏重主观，有时过信传统，缺乏科学的精神和方法。"④ 他认为文学批评是中国文学发展的一个很薄弱的环节。他到英国留学不久撰写的《中国文学之未开辟的领土》一文，就特别指出："受西方文学洗礼后，我国文学变化之最重要的方

---

① 张世禄：《评朱光潜〈诗论〉》，《国文月刊》第58期，1947年7月出版。
② 季羡林：《他实现了生命的价值——悼念朱光潜先生》，《文汇报》1986年3月14日。
③ 罗大冈：《值得敬重的智力劳动者——赞朱光潜先生的学风》，《人民日报》1986年5月26日。
④ 《诗论·抗战版序》，《朱光潜全集》，第3卷，第4页。

向当为批评研究（literary criticism）。在这个方向，借助于他山之石的更要具体些，更可捉摸些。"他又指出："在书眉上写些'清远闲放'，'超然而来，截然而止'之类，一失之于笼统，二失之于零乱，对于研究文学的人实没有大帮助。"①试图建立中国现代文艺理论体系一直是朱光潜追求的一个重要学术目标。建立这样的理论体系不可能横空出世，全无依傍，西方文艺理论是一个当然的参照；而当时在西方文艺界，比较盛行的理论就是克罗齐的"直觉论"和立普斯的"移情说"和布洛的"距离说"等。这些理论不仅当时在西方盛行，而且与中国的一些传统说法也颇能相契合。

例如他选择克罗齐的"形象直觉说"，不仅因为它在当时的欧洲十分盛行，而且也与中国的"物我两忘"境界，"万物静观皆自得，四时佳兴与人同"等说法就很合拍。克罗齐在他的《美学》里开章名义就说："知识有两种，一是直觉的（intuitive），一是名理的（logical）"。朱光潜说："'美感经验为形象的直觉'是克罗齐的说法。我以为这个学说比较圆满，因为它同时兼顾到美感经验中我与物两方面。就我说，美感经验的特征是直觉，就物说，它的特征是形象"②。他又进一步解释说："'美感的经验'就是直觉的经验，直觉的对象是上文所说的'形象'，所以'美感经验'可以说是'形象的直觉'"③。这种直觉只是一种形象观照，与名理、判断、价值无关，正如老子所说："'为学日益，为道日损'……学是经验知识，道是直觉形象本身的可能性。对于一件事物所知的愈多，愈不易专注在它的形象本身，愈难直觉它，愈难引起真正纯粹的美感。美感的态度就是损学而益道的态度。"④例如当欣赏一棵

---

① 《中国文学之未开辟的领土》，第8卷，第139页。钱锺书先生在《谈艺录》中曾从多个角度揭示"理论系统"的通病，同时对"片段思想"的学术价值给予充分肯定。他指出"诗话"是一种"片段性"的文学批评形式，是若干没有直接关联或逻辑联系的知识片段的连缀，虽然结构比较松散，内容比较驳杂，行文比较散漫，但作者的种种玄思妙想、审美感悟以至美学趣味、生活情趣都可以得到比较本真地呈现，它也就更贴近人的生命体验、更贴近所考察的作品、更具文学性和可读性。
② 《近代美学与文艺批评》，《朱光潜全集》第3卷，第409页。
③ 《文艺心理学》第一章，第1卷，第208页。
④ 同上第210页。

树时，如果总想到它是否值钱？在植物学上属于哪个门类，那就不可能直觉地感受到它的美了。因此，克罗齐所说的"直觉"也就是中国所说的"用志不分，乃凝于神"。"美感经验就是凝神的境界。在凝神境界中，我们不但忘却欣赏对象以外的世界，并且忘记我们自己的存在。纯粹的直觉中没有自觉，自觉起于物与我的区分，忘记这种区分，才能达到凝神的境界……其实美感经验的特征就在物我两忘。"① 朱光潜又说："物我两忘的结果就是物我同一。观赏者在兴高采烈之际，无暇区别物我，于是我的生命和物的生命往复交流，在无意之中我以我的性格灌输到物，同时也把物的姿态吸收于我。比如欣赏一棵古松，玩味到聚精会神的时候，我们常不知不觉地把自己心中的清风亮节的气概移注到松，同时又把松的苍劲的姿态吸收于我，于是古松俨然变成一个人，人也俨然变成一棵古松。总而言之，在美感经验中，我和物的界限完全消灭，我没入大自然，大自然也没入我，我和大自然打成一气，在一块生展，在一块震颤。"②

"物我"一直是中国诗话中一对常用的概念。早在宋代黄彻所著的《䂖溪诗话·序》中就曾评论杜甫的诗："一言一咏未尝不出于忧国恤人，物我之际则淡然无着。"也就是把"物我之际"与"忧国恤人"对举，前者意味着人与自然的沟通，后者意味着人与社会的关系。后来的诗话，如《对床夜话》的"了生死，齐物我"，《艺概》的"物我无间"，《说诗晬语》的"有乐天安命语，有物我同得语"等，都是把"物我"作为一对很重要的概念来论述。朱光潜用中国传统诗话中的"物我"观念来阐明克罗齐的直觉论，同时用克罗齐的直觉论来进一步阐明中国诗歌传统中的"物我说"，就取得了以下的效果：第一，既引进了克罗齐的新观点，又加深和更新了对"物我"说的旧理解；第二，既然二者有共同之处，且相辅相成，即可证明二者在一定程度上展示了中西文学共同的"诗心"和"文心"，证明了中西文学的共

---

① 《文艺心理学》第1卷，第一章，第213页。
② 同上，214页。

同原理；第三，直觉论与"物我说"的双向阐释改进了双方的缺点，在这个过程中新的理论也随之产生（另文专论）。

为了进一步阐明"物我"关系，朱光潜又介绍了布洛的距离说和立普斯的移情说。距离说是他讨论和运用得最多的理论之一。《悲剧心理学》、《谈美》、《诗论》等几部主要著作，及许多谈论美学和文艺问题的文章如《悲剧与人生距离》、《从"距离说"辩护中国艺术》等，都有详尽的分析。在《文艺心理学》第二章，朱光潜指出，距离把我和物的关系由实用的变成欣赏的，"就我说，距离是'超脱'；就物说，距离是'孤立'。从前人称赞诗人往往说他'潇洒出尘'，说他'超然物表'，说他'脱尽人间烟火气'，这都是说他能把事物摆在某种'距离'以外去看。反过来说，'形为物役'，'凝滞于物'都是说把事物的利害看得太'切身'，不能在物和我中间留'距离'来。"① 显然，距离说所强调的观点，与"美感经验是形象的直觉"的认识是相一致的，两者都是要从实用世界"跳开"，为美感经验的发生创造条件。但是克罗齐认为：人都有直觉能力，因而"人是天生的诗人"②。他多少把审美经验从生活的整体中剥离出来，并将其纯粹性和独立性过分夸大，似乎每当人直觉一个形象和意象时，他就是一个"审美的人"，与"科学的人"和"实用的人"无涉。其实在现实中三者是同一个人，"形象的直觉"，即美感经验之所以会发生，关键就在于他对现实生活采取了一种审美态度，即在心理上与对象拉开一段距离来观照它。朱光潜用距离说来补充直觉说，一方面，解释了审美直觉发生的先决条件，使被克罗齐抽象化了的直觉说回到实际生活中来，不至于"忽视有利或不利于产生和维持审美经验的各种条件"③。另一方面，他对距离说的阐述也拓展了它自身的意义。朱光潜说："他（布洛）好像并没有认识到自己的理论打破了形式主义美学的狭隘界限，扩大了

---

① 《朱光潜全集》第1卷，第218页。
② 克罗齐：《美学原理》，《朱光潜全集》第11卷，第146页。
③ 《悲剧心理学》第二章，《朱光潜全集》第2卷，第233页。

艺术心理学的范围，使之能包括比抽象的纯审美经验广大得多的领域……本章中阐述的距离概念尽管大体上还是他的观点，却已经扩展到了他所不可能预见的程度。"①

有了审美距离，也就是有了产生美感的条件，但具体的美感究竟是如何产生的呢？为说明这个问题，朱光潜引进了立普斯的移情说。立普斯对移情作用的阐发并不完善。在立普斯那里，移情作用只是一个"单向外射"的过程，只是主体把自己的情感移到外物上去，仿佛觉得外物也有同样的情感。朱光潜却认为"美感经验中的移情作用不单是由我及物的，同时也是由物及我的，它不仅把我的性格和情感移注于物，同时也把物的姿态吸收于我。所谓美感经验其实不过是在聚精会神之中，我的情趣和物的情趣往复回流而已"。②这是一个"双向交流"的过程。"比如观赏一棵古松……古松的形象引起清风亮节的类似联想……我就于无意之中把这种清风亮节的气概移置到古松上面去，仿佛古松原来就有这种性格。同时我又不知不觉地受古松的这种性格影响，自己也振作起来，模仿它那一副苍老劲拔的姿态。所以古松俨然变成一个人，人也俨然变成一棵古松。真正的美感经验都是如此，都要达到物我同一的境界，在物我同一的境界中，移情作用最容易发生。"③朱光潜认为这种一面"推己及物"，一面"由物及我"的双向交流，才是移情作用发生的实际情况。

由此可见，朱光潜所以能对移情说作出这样的阐释，能在立普斯单向外射说的基础上，进一步提出物我双向交流、物我互相交感的论点，关键在于他是在中国传统思想"物我同一"（天人合一）的思想基础上来接受和阐释西方文艺思想的。在这种接受和阐释的同时，他对他所引进的西方文艺思想也提出了质疑，进行了改造。对这一点，朱光潜是直言不讳的。他在《文

---

① 同上。
② 《谈美》，同上，第22页。
③ 同上。

艺心理学》第 8 章中说："我们在分析美感经验时，大半采取由康德到克罗齐一线相传的态度"，也就是"把美感经验划成独立区域来研究，我们相信'形象直觉'、'意象孤立'、以及'无所为而为地观赏'诸说大致无可非难。"但是朱光潜指出这里有两个根本的缺陷。首先，在艺术活动中，直觉和思考更递起伏，进行轨迹可以用断续线表示。形式派美学在这条断续线中取出相当于直觉的片段，把它叫做美感经验，以为它是孤立绝缘的。这在方法上是一种大错误，因为在实际上直觉并不能概括艺术活动全体，它具有前因后果，不能分离独立"。形式派美学的做法未免是"以偏概全，不合逻辑"。① 再则，"我们固然可以在整个心理活动中指出'科学的'、'伦理的'、'美感的'种种区别，但是不能把这三种不同的活动分割开来，让它们孤立绝缘。实际上，'美感的人'同时也还是'科学的人'和'伦理的人'"② 这种清醒的认识，正是在中西诗学的双向阐释中，中国重视社会人伦的传统对西方形式主义美学的补充和修正。

由此可见，朱光潜正是如张世禄先生所说，用西方文艺理论，与中国原有的文论参合比较，又以中国诗歌作为实例来衡量证验，融会众说，择长舍短；同时亦补正西方学说的缺点。他始终是以中国文化、中国现实为出发点。意大利威尼斯大学汉学系主任马利奥·沙巴蒂尼教授（Prof. Mario Sabattini）说："朱光潜的《文艺心理学》是移植西方美学思想之'花'，接中国道家传统文艺思想之'木'。每逢克罗齐观点与道家文化思想上发生抵牾时，他总是毫不犹豫地摈弃克罗齐的理论，或者对其加以必要的修正。"如果他说的"道家传统文艺思想"是泛指中国传统文艺思想，我想他说的是对的，朱光潜正是试图用这样的方法来促进中国文艺理论的发展。马利奥·沙巴蒂尼说朱光潜在"不少地方误解了克罗齐的理论"，我认为跨文化的阅读不可能不产生误解，因为这里要经过作者和读者的两重文化视野的过滤。侧重和理

---

① 《文艺心理学》，《朱光潜全集》第 1 卷，第 315 页。
② 同上。

解都不可能完全重合。要紧的是误读是否合情合理，是否有价值。马利奥·沙巴蒂尼又说：这些"'修正'往往正毁坏了克罗齐的理论基础"。① 其实，如果要求的不是某种学说原封不动的"全盘移植"，而是盼望其在异地的传播和发展，那就不应把原理论的某些改变视为毁坏，而是视为更新。朱光潜和克罗齐之间的对话不是那种一方"吃掉另一方的"或说"统一于另一方"的对话，而是通过双方的互动产生新质的"生成性"对话。从这个观点来看，沙巴蒂尼教授所批评的，正是朱光潜在中西诗学的阐发研究中所作出的创造性贡献，就这一点来说，朱光潜不但发展了中国传统诗学，也发展了20世纪以克罗齐为代表的西方形式主义诗学。

---

① 马利奥·沙巴蒂尼（Mario Sabattini）：《朱光潜〈文艺心理学〉中的"克罗齐主义"》，载《东方与西方》第20卷第1、2期合刊（1970年6月出版）。该文中文摘要译文《外国学者论朱光潜与克罗齐美学》（申奥译），载《读书》1981年第3期。

附录：对话一束

文化趋同还是文化多元

金耀基　乐黛云

乐黛云（以下简称乐）　目前，经济和科技的全球一体化看来已不可避免，那么文化是否也会全球一体化呢？正在高速发展的电脑电讯、多媒体、互联网极其深刻地改变着人类的思维方式、生活方式，以至生存方式。目前，网络上通行的是英文，这种以某种语言为主导的跨国信息流是否会压抑他种语言文字从而限制人类文化的多样性发展呢？更严重的是信息的流向远非对等，而是多由美国流向其他国家。随着经济信息、科技信息的流入，同时也会发生意识形态、价值观念和宗教信仰等文化的"整体移入"。今天，摇滚乐、音乐电视、科幻动作片等美国文化产品大量涌入世界各国，您认为这会不会使一些其他国家、民族原有的文化受到压抑，失去活性，最后重新成为文化霸权的牺牲品呢？您是否赞成有的人所说的，文化也必然最后"融为一体"呢？在您看来，各民族文化是否会"趋同"？我想，文化环境就如同自然的生态环境一样，只能在不同群落的互相制约和互相促进中才能前进；如果世界文化真的趋同，以至于成为一元，那将会变得多么索然无味啊！那么，对于文化发展的前景您是如何看待的呢？

全面进入世界经济体系的后果

金耀基（香港中文大学教授、副校长，以下简称金）　对于这个问题我也有同感。现在可以说真正是跨国经济和世界经济一体化的时代。中国如果进入 WTO 的话，那就是进入了世界经济体系。这个体系的根本性质就是资本主义经济体制，这是我的基本看法。我们可以看出，始于亚洲的金融风暴，不到一年的时间里已经开始影响全世界，从这一方面来看，这个经济体系本身的体系性是很强的。中国可以说是这场大风暴中唯一没有被牵涉进去的大的经济体制，原因就在于它没有全面性地进入这个世界经济体系，而一旦进入 WTO，整个情况就会改观。国际货币基金（International Monetary Fund）实际上是以美国为主的，当它看到一个国家或地区发生问题时，就会提出它自己的诊断，并要求这个国家或地区根据它的诊断去做，这时，国家的经济主权就要受到根本性的影响，今天，世界出现的是一个全球资本主义（global capitalism）。

大家都知道，索罗斯在这次金融风暴中就公开作投机性的投资。事实上，投机在金融市场上是一种合理的做法，投机是资本主义所必然包含的现象。我们可以回溯到几年前他打击英镑的时候，那时英镑全线溃败，而索罗斯从中获利十一亿美元。国际货币基金在这次亚洲金融风暴中高姿态地渗入与干预，它一旦进入就彻底地改变了当地的经济结构，经济主权也就会随之而丧失。到现在为止，出现严重问题的国家中，只有一个不肯接受国际货币基金的支持，那就是马来西亚，它是以实行外汇管制来应付危机的。我们知道，连索罗斯自己都说，现在已经形成了全球资本主义，但是这种全球资本主义中基本的全球性机制并不完善。他要求美国与国际货币基金组织结合起来，采取措施使全球的金融体系合理化。我们且不管此举是出于何种心态，但以上情况给我们这样一种感觉：全球资本主义的合理秩序并不存在。

让我们回到中国进入 WTO 的问题上来，全球经济体系已经大行其道，这已不是一个纯粹的经济问题，政治问题也非常重要。在政治方面，18 世纪以来的民族国家（nation state），从现代性意义上说，是现代性的主要构成。在国际政治上，现代性表现得最强烈的地方就是主权观念，今天就连这个观念也遭到经济的挑战了。其他因素也是一样，比如环保问题，早已经超越了行政疆界和政治疆界，毋庸置疑已经是一个主权国家无法独立解决的问题。所以有人说，民族国家一方面太大，处理小问题有尾大不掉之嫌；另一方面又太小，处理大问题力不从心。这个问题就又回到了人类追求一个世界性体系的政府的观念上来，甚至可以追溯到康德的 one world history 会否实现。严格说来，今天，关于 one world history 的命题又开始出现了。又如人权问题，特别是目前科索沃问题，英国首相布莱尔实际上不只紧跟克林顿的做法，还提出了一个新的理论——Doctrine of International Community，可以翻译为"国际社会的新政策"。他就主张"人权高于主权"。

经济主权和文化霸权

乐　这是我们很难接受的。从科索沃战争来看，他们的逻辑其实是：谁有霸权，谁就有强权；谁有强权，谁就代表人权，谁一旦自封为代表人权，他就可以侵犯别人的主权！

金　这件事情在未来国际政治上具有深远的意义。我刚才讲过，经济主权在全球资本主义下已经没有绝对的意义，科索沃事件更涉及到国家主权问题。在这个世界性的转变当中，正如您所提到的，经济有其体系性。比如上街买一件东西，实际上是你在一部异常复杂的大机器中的一个行为。时至今日，经济问题已经不只局限于经济领域，体系化现象就牵涉到您刚才所说的文化问题。文化在今天，已经日益显现出文化生产与消费的问题，文化变为产品，文化变为大众消费品。许多新事物纷然杂陈，精英文化（elite culture）与大众文化（mass culture）的界限已被打破。而这些新事物也呈现出全球化的趋向。在文化全球化的趋向下，西方的文化产品正波涛汹涌地流入中国。我想指出，我们今天与美国的贸易是出超，那么在文化交流上情况如何？事实上，是大量的入超，是一面倒的入超。今天，文化的世界性太多地表现在非精神产品方面，包括食品。食品是非常重要的文化表征（culture symbol），我们今天是否可以想象在经济开放的中国没有麦当劳的情景？我可以这样讲，只要天下有喜欢小孩子的人，麦当劳就会存在。暂且不说麦当劳进入中国有哪些经济、文化的因素，就连抵抗了很久的英国，麦当劳最终也还是进入了英伦三岛。由此看来，我们先不必讲东方、西方的问题，就是在西方内部也存在着扩张性，西方自身也是全球化过程的一部分。正如有的学者指出，"麦当劳化"（Mac Donaldzation）已使食品文化（food culture）变为一种世界性的东西。

乐　中国菜是否也是世界性的呢？

金　中国菜有其世界性的因素，但中国菜太复杂，太艺术性，因此较难系统化。所谓系统化，就是大量地生产和消费，无论在世界哪一个角落都可以轻易复制。文化的消费生产是与经济生产结构相结合的，文化与经济密不可分、无法脱离。我是一个相当保守的人，但是今天传真、E-mail、信息高速公路的频繁介入，让我们不禁疑问：国界在哪里？文化的疆界又在哪里？原来关于空间（space）和地点（place）的概念也已经相互脱离、截然两分。这一切我并不认为是后现代，而是现代化后期的现象，或说是高度现代化的现象。

这就带出另外一个观点：我们身处同一个全球区域内，原来相互隔离时尚可，而今天一旦结合在一起，尽管时间相同，却生活在截然不同的空间中。有些可能刚刚进入现代化，有些则已经发展到高度现代化。这些现象在全球化过程中又增加了大量新问题。比如中国申请进入WTO，声言不是以发达国家的身份进入，而是以发展中国家的身份进入，这里面已经存在一些争议了。再比如中国对民主、人权的理解和西方不一样，争议就更大。有些有关人权的整个国际社会的标准，如果我们表示目前无法做到，那就不能被别人所认同。但是我们能不能把自己孤立起来说："我就是不要！？"

乐　但所谓"整个国际社会的标准"又都很难说可以真正代表整个国际社会，是吗？

金　是的，为什么所谓国际社会标准就是以西方世界为准，这背后隐藏的是一种文化霸权问题，暂且不谈。现在我们只讲情势，当西方指责中国的人权问题时，我们难道能够说"我就是不讲人权"吗？当他们说你应该要求民主时，你能说"我就是不讲民主"吗？我们只能说：中国目前首先要解决的是吃饭问题、经济问题。这些话说出口时口气已经相当软了。也就是显得理不够直，气不够壮。

我举这些例子是想表明，全球化已经不限于某一方面。传统的经济的发展与科技相脱离，而现代的工业革命和后工业革命完全是以科学技术为后盾，所谓科技革命就是以知识为基础的。在经济趋同的情况下，文化是否也会趋同？正是因为全球化，才促成全球进入现代化；也正是因为全球各地都在推动现代化，才会造成全球化。这两方面是互为因果的。我不能完全接受的一个观点是：全球化完全是西方现代性的扩张。在某种意义上，这么说并没有错，但是我认为它不能完全揭示全球化的现象。应该承认，全球化出现后，促使有些社会走向了现代化。

全球化与后现代主义

金　唯其因为全球化，所以很明显地出现了西方主体性之外的所谓他者（the other）；也是因为全球化，原来可能根本被忽略、遗忘、压迫或吞噬掉的东西重新被发现。这可以说是一种辩证性的存在。我们可以说，正是因为全球化，他者才会出现，在西方现代性的扩张中是看不到他者的，而在全球化过程中却可以看到。后现代主义强调他者的问题，我认为也是在关注全球化的某些现象。北京大学也把几位法国思想家的书译成中文出版，如福柯、利奥塔，他们都有一个共同点：批判西方自启蒙以来将其西方的特殊性解释为世界的普遍性，他们在反启蒙的立场上提出疑问：怎么可以把西方的特殊性看成是全球性、普世性的呢？今天，这种观点在西方已经成为一个重要的声音。它与这些学者的基本史论观点密切相关，他们根本不相信有所谓普世性真理，这是在哲学层次上对西方文化、思想的反省、批判。原来的普世性论断（universal claim）已受到了很大的质疑。

这种声音在五四时期是听不到的，五四是一个现代主义的话语，现代主义（modernism）是现代性（modernity）发展过程中出现的一种文化情景，是

cultural dimension of modernity。现代主义对现代性是有距离的，它对现代性有肯定，但也有批判。后现代主义则有一部分是批判现代主义的，在另一方面它是承接现代主义的任务，继续深化批判现代性的。后现代主义宣布了"现代的终结"。什么是现代性？正像我刚才讲到的，民族主义是现代性非常重要的构成因素，个人主义和民主也是重要的构成因素，这些因素共同构成一种制度性的表现。现代主义基本上出现于文学、绘画、建筑等，然后其观念逐渐进入社会和政治方面，后现代主义也是如此。因为后现代主义对于现代主义的批判，20世纪80年代开始，现代性问题重又被提出。

乐　现在有许多这方面的讨论。

金　伯曼（Marshall Berman）写的 *All Solid Melt into Air*，他是借用马克思的一句话：所有坚硬的东西通通化为乌有。他是研究现代主义的，他特别提到19世纪包括陀斯妥耶夫斯基在内的人们对于现代性的批判态度，但同时也有肯定的一面，也即对现代性是 ambivalent 的。

让我们重新回到文化是否会趋同的问题上来，我认为也许会。为什么说也许而不说一定呢？因为坦白讲这个问题太复杂了，实在没有一种理论或陈述使我感到心悦诚服。我想后现代主义的他者概念的提出是以前从未有过的，今天在西方思想界、学术界的主流话语中提出，应该说是对于非西方文化某种程度上的尊重。承认与尊重他者，不同文化之间才会有真正对话。

对话（dialogue），它必须建立在理性的、平等的基础上。不同文化间，对话理应存在，但目前是否有真正的对话呢？从实际来讲，在这次的亚洲金融危机中我们可以看到，东西方并不存在真正的对话，所存在的还是一种权力关系。所以，我只能说，承认和尊重文化上的他者的理论观点，在强势的西方国家没有，其实长期以来，包括中国这样大的文明国家，甚至包括五四时期的一流人物，都不见得有这样的自觉性。

假如今天你问我是否应该有不同的文化，我的回答当然是应该有，或者说我希望有。但是究竟在全球化趋向下会不会有不同的文化？这个问题很难回答，但我倾向于觉得会有不同的文化。

全球化与一体化

乐　我自己也是这样看的,因为文化的多元实在非常重要,如果没有多元的文化就没有资源,就很难发展。完全一致的文化景观将是单调乏味的。问题是在目前这种全球化、一体化的状况下如何保持文化的多元性。同时,我想知道您对于全球化(globalization)和一体化(unification)如何看待,它们是不是一回事呢?

金　全球化和一体化并不完全一样,但全球化至少包含一个重要的趋势,就是uniform,也就是homogenization,即同质化。现在后现代主义强调heterogeneity,即异质性,从本质上承认异质性,承认不同。一些简单化的现代主义认为最终人都是一样的,我不认为有这种可能。这里面其实牵扯到一个很重要的问题:究竟是什么东西引起不同?

中国正在实行科教兴国,必然要普及科技。作为一个国家的政策制定者,不注重科技几乎是不可能的。在这种情况下,不同何以成为可能,我们要找出其理论根据。如果说我们中国特殊,那么究竟是哪里特殊?国家很大、人很多,这都不算是真正的特殊性;中国还是一个贫穷的国家,这也不是特殊性。这些都不足以证明可以保存文化的多元性。唯一的解释还是回到文化。中国文化或是其他文化自有其文化语法(culture grammar)和审美观,无论你是否喜欢,都会繁衍发展。那么文化是否会变化呢?文化基因是否完全不变呢?从整体来看,我认为没有一种文化是不变的。不过,即使西方文化触动了中国文化的基因,产生了一定的变化,中国文化也不会变成与西方相同的文化,因为其他条件已经不完全一样了。我认为文化之可以不同,其中文化的主体性起着决定性的作用,决定了保留哪些,舍弃哪些。这方面加拿大的一位哲学家 Charles Taylor 有很好的论述。

以美国的民主为例,不用说黑人和妇女很长时间之后才获得民主,事实上每个人所分享的民主还是各有其不同之处。就算是以西方的一个国家作为单位,这个单位本身也不是完全一致的。我与您一样,我不希望世界上出现完全一体性的局面，从美学观点上更不希望如此。那么能不能够呢？目前我们基本上还只能在文化层面本身来讨论这个问题。我们来讲生活世界（life world），与系统世界（system world）相区别，根据哈贝马斯的观点，经济、科技等已经进入了系统世界，有一整套令我们束手无策的理性规则。我非常铁佩的一位学者，伯克莱的前任校长 Clark Kerr，也是香港中文大学董事会的 life member，他对于现代大学的认识和观念可称当今第一人。作为社会学家，他曾写过一本书，主要内容是工业主义的逻辑，就是说任何一个人进入工业体系后最终不可能不一样，它必然会产生一种汇同，工业主义的逻辑是不依人的意志为转移的。在经济和科技方面都存在这种现象。但是除去经济和科技之外，文化本身又如何呢？我们的衣食住行中有多少能不受经济与科技影响呢？因此趋同论有一定的说服力。不过，我们的生活世界毕竟还受文化语法的影响，美国归美国，中国还是中国，即使在西方文明圈中，法国、德国、意大利还各有其文化的面貌。讲到文化多元的问题，我自己除了要在理性上说服自己之外，跟您一样，还是希望文化是多元而非一体的。您也曾经问过我亨廷顿在这方面的看法。

亨廷顿也有对的一面

乐　在亨廷顿的文化冲突论中，似乎经济方面的冲突比较小，而文化冲突将取代经济冲突，并进而引发世界大战。

金　这是他在讲到全球政治时对于未来冲突的预期性看法，不过，在整个论证的过程中，他有一些相当值得称道的观点，比如他说越来越多的国家实行现代化，正是这一点才摆脱了早期无法避免的西化。亨廷顿认为，未来即使有科技的普及和西方势力的扩张，仍将至少有七八个大的文明存在。我认为，他的这些观点已经或多或少跳出了对于东方/西方的区域划分，是从全球化的角度出发的。恐怕我们在谈全球化的时候，最基本的就应当跳出东西方的区分。我们探讨全球化，最重要的一点就是全球本位的立场，以及摈弃西方和非西方的畛域之分。所谓全球本位就是全球加上地方，有人创造了这样一个词：glocalization，既是全球的，又是地方的，我译作"全球地方共存性"。今天，地方的东西越来越有可能变为全球化的。

乐　越是民族的就越是世界的吗？

金　正是这个意思。我认为，全球（global）与地方（local）这两个词应该逐渐取代另外两个词：东方和西方。在我看来，亨廷顿是一个非常硬心肠的政治学者，越战期间，他不像许多知识分子那样持强烈的批评或赞成态度，而是冷静地分析事态的发展及其原因。亨廷顿认为至少将有七八个大文明存在，其中也提到了他者的问题，他指出一个文明影响力的大小主要依赖其经济，经济发达必然会增大文明的力量。比如亚洲四小龙的崛起，在激起了东南亚经济的同时，也使得东亚文明被世人关注。

对于传统资源我们应该有意识地不断挖掘，不应使之被遗忘。在五四的叙述中，传统完全变成了要被打倒的他者。我并不主张对于传统全盘肯定和继承，但是传统中有些因素是非常有价值的。比如绘画，利用传统资源与西方技法相结合，有许多成功的例子。中国画从徐悲鸿到林风眠，直到今天的吴冠中和赵无极，中国传统资源的因素随处可见。

至于亨廷顿，他承认文明有不同的价值体系，因此必须接受多元性的看法，在处理问题时必须通过对话而达成共识，而不能带着霸道的心理。在这个意义上，亨廷顿特别批评西方存在的所谓普世性的救世观念，认为这种观念是错误的、危险的、不道德的，应当承认文明的多元性。他认为这才是避免未来战争的基础。

我们往往在不知不觉中接受了西方文化霸权的渗透，这是很现实的问题。中国今天选美也要看"三围"，因为这在西方的观念中是美的标准。在20世纪60年代，黑人提出"Black is beautiful"，以喊出他们自己的声音。事实上，美是没有那么客观的、绝对的标准的，所谓统一的普遍性的标准根本上是某种文化的主体性过度膨胀，以至于遮蔽了其他文化价值后形成的。"万物尺度"就牵扯出了一个文化霸权的问题。假如大家都能开始了解到这种现象不是天经地义的，整个想法就会扭转。

科索沃——公理与强权

乐　这次北约轰炸科索沃的事件使我感到颇为失望，原以为21世纪会比20世纪好一些，会是一个"和平发展"的、多极化的世纪，看来要做到这一点并非易事。曾经困扰我们一百多年的"强权战胜公理，还是公理战胜强权"的问题并未得到解决，仍然是我们心中的梦魇。

金　这次在北大的演讲中我也谈到了这个问题。五四运动提出的"内诛国贼，外抗强权"，其实是辛亥革命乃至清末以来兴起的民族主义的要求，这种集体要求解放、自主、独立的声音，最后集中地反映在主权的观念上。新文化运动倡导个体的解放和家庭革命、妇女解放等，是个体理性的要求。个体要求解放、自主、独立的要求，最后集中地反映在人权的观念上。但问题是20世纪以来，我们一直是集体压倒个体，认为如果没有国家个人就无从谈起。而今天的科索沃问题，人权则凌驾在主权之上，这种主张在现在这个阶段是有争议，并且是危险的。那么主权与人权的问题如何解决？我认为，当主权通过民主化的途径建立时，人权就易受到制度性的保障。

乐　但是在这次的轰炸中许多无辜的平民惨遭杀害，人权又表现在哪里呢？

金　这也许和媒体的宣传有关。西方媒体中反映出的塞族对于阿族的种族清洗也是极为可怕的。也许西方认为这是为人权所必须做的小手术，但是在轰炸了三十多天后死伤无数，祸及无辜，就不止是主权，也是人权问题了。这是一种两难的境况。诚然，如果欧洲允许种族清洗的事情发生，当然不能再奢谈什么欧洲文明。不过，随意地用人权观念作出武力的干预，世界的秩序也将蒙受破坏。美国有些人甚至把科索沃与中国的西藏问题联系起来，确是极其危险的心理倾向。

乐　像伊朗这种国家，为了保持自己的文化的独特性，不惜孤立自己，甚至与外界少有往来。您对于这种现象怎么看？

金　其实，霍梅尼之前的领导人巴拉维是想走现代化道路的，也取得了一定的发展，但是霍梅尼当政后采取的是一种伊斯兰原教旨主义。我个人接受墨西哥诗人帕斯（O. Paz）的观点，他认为墨西哥是"命定地现代化"的，它是墨西哥的古老文化应走的道路。当然，在现代化中，有些传统价值难免会被破坏掉。我认为中国也是如此，当我们面对西方的文明体，尤其是兵戎相见时，我们遇到的问题同样十分尖锐，但中国不能不走现代化之路。

乐　科索沃事件后，我想西方会更加强烈地将他们的标准强加于人，比如人权高于主权之类，您怎么看？

金　西方已经提出了他们自己的规则，并试图使之全球化。值得忧虑的是，当这些规则被利用而具有工具性之时，当它们负载着一定的目的而成为价值判断标准之时，这是非常危险的，这也就可能走上亨廷顿所讲的"文明冲突"。

普遍伦理是可能的吗？

乐　我很困惑的一个问题是，究竟能否找到一种普世的理论，既非文化霸权，也不是强加于人。联合国教科文组织和一些关注人类未来的哲学家曾经开过多次会议，希望能找到一种大家都能自愿认同的普遍伦理，您觉得这有可能吗？

金　这次在北大演讲，我说了这么一句话：五四离开我们八十年了，其思想已经变成我们文化传统的一部分。我们今天看问题，谈政治观、文化观，不能再讲五四与传统，也不能跳过五四，而必须通过五四来看问题。五四带进了西方启蒙运动的思想和人权的价值，在西方事物、思想涌入时，有西方霸权的迫使，但同时也有我们的主体意识在起作用。现在我们接受一些东西时，也是有所选择的。在这个意义上讲，所谓普世性的大家都能接受的价值观念其实已经存在，比如对民主、公义，对人的尊重等。现在问题并不是这些观念存在与否，而是这方面的教育是否充分，普及程度如何。由此而言，世界文化不能说没有，当然这并不代表全世界变得一样。我很不同意将西方说成物质的文明，将东方说成精神文明，我非常赞成胡适的一个观点：物质后面是巨大的精神存在。比如摩天大楼蕴含着充沛的精神文明，而教堂之类充满精神性的空间建筑也是物质的。西方与东方今天必须相遇，因此也必须有和平相处的秩序规则。

我们这个浩大的世界，如此众多的人共同生活在一个地球上并各行其是，居然大家还可以共同相处，这说明在许多方面还是有相通之处的。我和您一样，非常希望中国文化保持其独特的风貌；但是另一方面，无论如何我们共同生活在地球上，而且科技的发展又使得天涯若比邻，一日之内可行万里，那么没有共同的东西我们将如何生存下去？

乐　但是有一种观点认为，这种现象正说明全球化就是西化，是用外来的东西来取代我们原有的东西。目前这种民族主义的倾向在内地还是比较显著的。由于上面提到的文化的压制，一部分人感到自身民族文化有被淹没以至消亡的可能，于是要突出彰显本民族文化，以保存文化的多样性。这是可以理解的。遗憾的是在这一潮流中，封闭、孤立、倒退的文化孤立主义也随之而生。他们无视各民族文化交往，相互影响的历史，只要求"原汁原味"的本土文化。这就有可能导致一种文化上的封闭性和排他性：只强调本文化的优越而忽略本文化可能存在的缺失；只强调本文化的"纯洁"而反对和其他文化交往和沟通，唯恐受到"污染"；只强调本文化的"统一"而畏惧新的发展，以至对外采取文化上的隔绝和孤立政策，对内压制本文化内部求新、求变的积极因素，结果是导致新的文化对抗和冲突。我想，这也是很危险的。

金　全球化是不是西化，这问题涉及到启蒙心态。西方启蒙以来所造成的现代性的确有向世界扩张的趋势，西方知识分子确有把西方价值等同于世界价值的心理。今天，西方后现代主义者如利奥塔等把启蒙以来被认为具有普遍意义的论述都看成是一种"宏大叙事"，这种观点我不能接受。但是，它向启蒙以来人类走向世界所引发的诸多问题发出质疑，其所提出的质疑对人类的再前进不无益处。因此在这个意义上讲，利奥塔等人的后现代理论自有其价值。

虽然我个人尚不能接受后现代主义的一些观点，但是我们从前的理论已经无法解决问题，因为问题正是问题本身，就像您刚才提到的民族主义的悖论。在这一点上，我非常欣赏马克思·韦伯关于解魅的观点。但是解魅（disenchantment）与中国毫不相干，中国早已解魅，这与中国没有一个强大的宗教系统有关，因为儒家基本上是入世的，谈不到解魅的问题。当然中国也不是完全没有宗教性的东西，如圣王观念、普遍皇权观念、天子观念等，但是它们已经被解魅，当每个人都可以是皇帝的时候，政治的宇宙就崩塌了。新文化运动打破了中国的道统，这也是某种意义上的解魅。但是与西方宗教秩序的颠覆相比，则相差很多。韦伯认为启蒙理性已经变质，获得的不是理性（reason）的胜利，而是某一种理性化（rationality）的胜利。这种看法非常深刻，我们东方人因为历史大背景的不同，不容易体认到其深邃的内涵。雅斯贝尔斯视韦伯为20世纪最后一个存在主义者，确是知人之语。

关于"意义的失落"

金　20世纪的今天，我们所碰到的意义失落的问题，其实也就是韦伯讲过的问题。科学能解决意义的问题吗？科学能解决信仰的问题吗？提倡科教兴国，也要关注人文问题，不能变成科学主义。意义失落是20世纪最大的问题，但是科学无能为力，科学并不能告诉我们什么是有意义的。这些问题只有在现代化过程中才会出现，而不是在未解魅的世界中出现。人类面对新世纪，上帝在某种意义上正如尼采所说已经死掉了，我们又回到了人间社会，也就是孔子的社会。此时，如何建立一个伦理秩序系统是个大问题。我认为西方至今也没有提出相应的办法。

乐　在21世纪，您认为后现代理论是否会继续发展？是否还会继续解构、离散、零碎化、平面化，还是会被新的系统和秩序所代替？

金　我认为现代性还是会继续向前发展，现代根本没有结束。

乐　西方也是如此吗？

金　我认为是这样。同时，有一些西方学者——正因为他们是西方学者，我才特别提出这一点——认为如果说现代性结束的话也只是在西方，而世界其他地方的现代性正方兴未艾。假如西方现代性已经结束，那么我们是否可以跳过去呢？是否这样就不会出现那些问题呢？当然不是。我们不讲现代主义，只讲现代性问题，目前很明显的就有环保、生态等问题，现代化的发展常常会破坏生态，但是现代性本身有很强的反思性，因此有人提出所谓"反思性的现代化"，比如出现生态问题后，就大力发展环保科技来解决等。我认为，反思精神是现代性的应有之义。在这个意义上，我认为后现代的批评本身可能就是现代性的延续。

有些西方学者认为，现代社会是非常危险的社会。科学的理性曾经改造了我们这个世界，从牛顿以来，自然已经变成"人造的自然"。那么，后现代指的又是一个什么样的社会呢？是后工业吗？是资讯社会吗？这两者根本就是现代性中的东西。因此，杰姆逊认为，现代主义为后期资本主义（late capitalism）现象，这是可以接受的。但是像布迪厄等讲到后现代文化，就不是很令人信服的了。

我倾向于认为，对于21世纪的预测几乎是不可能的，我们今天只能勉强谈到其初期的一些问题。我想全球现代化会真正达到某一高度，因为目前很多社会离现代性都还很远，包括中国在内，只是刚刚开始，也许需要整个世纪的时间来完成。因此，我不认为现代性已经走上穷途末路。

在谈到现代化时，我觉得自己是一个保守的人，我虽然肯定现代化带来前所未有的机会与发展，但许多事物和现象我都不喜欢，但又无力制止。

乐　这有时是不可抗拒的。

金　但是我们必须注意在文化变迁中，讲到底，人还是有作用的，在任何变迁情况下，个人都能作出自己的决定，提出自己的看法，在有机会时毫不犹豫地讲出来。人永远被文化所创造，但是人也永远在创造着文化。尤其是在现代化后期的文化生产中，当你掌握了一些东西时，影响力就会大。比如出版书籍就比不出版影响力大，而如果控制了电子媒体，影响力就会更大。在文化生产与消费过程中，人应该有价值的取向。

21世纪是知识经济的时代，社会是知识社会，大学的地位因此非常重要。

今天的大学已经变成知识工业（knowledge industry），在保存知识，传播知识（教学）外，还在发展知识，研究人。这不仅是科技方面，其他方面也是如此。但知识不仅仅是科学，可惜这一观念被五四以来的"科学主义"扭曲了，通常认为不是科学的就不是知识。我认为，知识不能唯科学，大学也不应出现唯科学的现象。中国有些人目前存在唯科技挂帅的倾向，这对中国长远的发展是不健康的。

乐　这是很危险的。如果这样发展下去，十年、二十年都恢复不过来。

金　我们要重视科技，这毋庸置疑，但是不能唯科技。北大的过去的声誉相当程度上建立在人文基础上，并且提升到了"魂"的精神高度。人文在21世纪同样重要。作为知识分子，我们的任务也许并不是改变什么，而是要不断地质疑和批评，不断地参与对话和探讨。

"道并行，不相悖"

金　事实上，中国文化基本上是一个开放的文化，我们在接受西方事物时并不是那么辛苦，因为中国人一直有"道并行，不相悖"的观念，不像有的民族对现代化非常抗拒。汤一介先生曾讲到"和而不同"，这是可以和多元的观点结合在一起的。其意义在于：虽然不同，但是在某个程度上可以共存，可以欣赏彼此。共存是一种包容，而欣赏则又不必趋同。

我认为一种文化最生动的部分实际上表现在它对美的看法上。不知不觉中，我们对于美的评判标准已经失去了，变得类似西方，变成一种"投降了的认同"，一百多年以来已经放弃了自己的看法，这是非常糟糕的。

举一个小例子，小的时候，我听到人说"我们今天去吃大餐"。这里的"大餐"就是指西餐。西餐而称之为"大"，似乎就高出一等。而现在我们则说吃西餐，这里面就反映出多元文化的发展。这里面已经没有高低之分，而没有高低之分的平等共处就是和。

至于麦当劳化的问题，有人在台北、东京和香港作了研究，同是麦当劳，但三地各有不同。这里就包含了我们刚才谈到的globalization的问题。全球化并不是指全世界都相同，一个本土的事物，全世界都承认它是好的，这就有全球化的潜力，全球化与一体化的区别是重要的。我们应该认识到这一点：全球化可能恰恰给了我们一个机会，一个表达本土化的特性的机会。五四以来有这样一个逻辑：西方的就是好的。在全球中，西方也仅仅是一个组成部分，是地方性的。当然，任何一种本土性的事物都有可能被全球化。

乐　这一点很有启发性。

金　全球本位并不是美国本位，这一点已经逐渐成为共识。我总觉得，中国进入现代化是一个大机遇，所谓"敢教日月换新天"。在农村和小城镇中出现的特殊的工业化，是某一种程度的特殊的城市化，其全部产值已经占到中国GDP的一半。而中国的都市化也由此大大增强。我认为这些都是中国快速而有力地走向现代化的指标。但是，与此同时出现的生态破坏也是代价惊人。环保问题被普遍注意是与全球化分不开的，环保意识的提高和措施的采用也是如此。

长期以来，我们把传统当作对象化了的他者来处理，这个他者慢慢就湮灭不闻了。全球化促使我们去挖掘和保护传统。你们所做的事情是非常有价值的。中国的一些问题并不是后现代的问题，后现代的批判对于中国并不一定更有用处。

乐　不过在瓦解权威方面也许有一定作用。

金　我认为要有权威，不要有威权。第三世界缺少的就是权威，权威不是power，而是authority，是被大家心悦诚服接受的东西。学术界也应该有学术界的权威。我们的社会是有太多的威权，而太少权威。

乐　十分感谢你今天的谈话。你的乐观和对未来充满信心对我深有启发。我觉得20世纪最后这一年发生的许多事特别令人沮丧。然而，暴力和强权越是猖獗，世界各民族文化之间的沟通和理解越是重要。你说：作为知识分子，我们的任务也许并不是改变什么，而是要不断地质疑和批评，不断地参与对话和探讨。我想你说得很对，愿我们都能沿着这条道路各自尽力。

（记录整理：程瑛）

历史与记忆
——对20世纪我们应记住什么？

乐黛云 vs〔美〕舒衡哲

乐黛云（以下简称乐） 我们是否可先谈谈最近西方关于历史和记忆的讨论？过去，人们总相信历史有其必然性和某种规律，似乎历史总是按照一种预设的框架有目的地"向前"发展。后来，这种所谓"目的论"遭到了怀疑和批判，人们将历史二分为"事件的历史"，和"叙述的历史"，前者是无法更改的、后人从未亲身参与过的事实，如拿破仑在某时某地的失败；后者是不断变化的、对这些事实的叙述和分析。历史的偶然性似乎越来越被夸大了。最近，西方关于这一问题的讨论又有哪些新的进展呢？

舒衡哲（以下简称舒） 西方讨论这一问题的文章多极了，大部分有意思的文章发表于弗里兰教授（Professor Saul Freidland）主编的《历史和记忆》半年刊上。他自己曾写过一本书《当记忆到来之时》（*When Memory Comes*）讨论历史和记忆的关系。他经历过纳粹时代，研究德国思想史，也写过回忆录。他认为历史很难避免主观的成分，因为历史学家不可能进入他所写的过去的时代，所有的历史都是由后人叙述出来的历史。我认为历史是主观的，也是客观的。例如我研究中国历史，我不可能进入中国的历史事件本身，我只能根据对客观资料的分析，得出我的结论；而这些分析和结论又都不能不带着我的主观的色彩。历史即不是科学性的、完全客观的，也不是完全主观的，它是活的、动态的、不断变化的、很复杂的东西。目前的危险可能是强调主观太多了，谈解构、谈"呈现"（Presentation）、谈记忆谈得太多、太极端，最后不能不导致否认历史的真理。真正的历史恐怕还得在客观与主观的交接点上去找。法国学者彼埃尔·洛朗（Pierre Loran）写了一本《地点与记忆》（Location and Memory）的书，专门研究法国国民性和记忆的关系，各种地方博物馆与人民记忆的关系，哪些人认为哪些人和事值得记忆，哪些不值得记忆。

在记忆方面关于东方研究的书也很多。1995年，哈佛大学的鲁比瓦兹（Rubie Watson）教授主持召开了一个题为"记忆与社会主义状态"（Memory and the States of Socialism）的学术讨论会，有很多人参加。有中国学者，也有南斯拉夫和东欧一些国家的学者。讨论在社会主义状态下，人们的记忆是服从社会还是抵制社会。

乐　中国传统对于过去也是很重视的，例如说"前事不忘，后事之师"，"温故而知新"等等。20世纪50年代，我们经常用"忆苦思甜"作为发动群众的手段。"忆旧社会的苦，思新社会的甜"。我们在鲤鱼洲劳动时，还常吃野菜和糠作成的"忆苦饭"，以示不忘过去。

舒　我想记忆与心理学也有很密切的关系。弗洛伊德早期的著作主要是研究个人记忆，他的后期著作却大量探讨集体记忆的问题。社会心理、宗教心理都与集体记忆有关。20世纪20年代初的霍巴克斯（Maurice Halbwachs）和后来的玛利、陶格拉斯都讨论过这个问题。美国哈佛大学汉学家斯蒂芬·欧文的专著《追忆——中国文学中的往事再现》[①]最大的贡献，是让我们认识到"回忆"不是与主体无关的"客观事物"，而是"我"和"过去"的关系。没有"我"的回忆，过去只是一片空白。"过去"不是任何人都可以同样获得的一种"东西"，而是一种复杂的互动关系。记住的就是我

---

① Stephen Owen：Remembrances，*The Experience of the Past in Classical Chinese Literature*，Harvard University Press，1986，中译本1990年上海古籍出版社出版，郑学勤译。

们承认的,也就是存在的;遗忘的就是失去的,从我这个角度来说,也就不再存在,直到有一天我再记起了它。我最近完成的一本新书《桥——中国人和犹太人的记忆》也谈到了这个观点。

总之,过去的就过去了,永不再来!有些不愉快的事,你永远不想记起它,如果你真能永远不去回忆,那它就永远失落了。中国传统心理似乎不太强调个人的记忆,因为记忆会引起感情的纷乱。历史是过去,无论我们如何追忆,我们都不可能得到真正的过去。普鲁斯特的名著《追忆似水年华》意在追忆失落的过去。他苦苦追寻,但永不可能将失去的童年从头弄清楚。他寻找,但并非已经找到。"追忆"(recherche)一词在法语中表示过程而非完成的意思,在英语(remembrance)中却会被误解为一个已完成的动作。

乐　我想回忆随时可以增加,可以修改,其着重点也是可以改变的。回忆本身应是一个开放的过程。是不是许多人都有相同的回忆,这种回忆就构成历史呢?近代历史战乱频仍,苦难重重,目前有不少人由于回忆太痛苦了,他们宁愿遗忘,但没有记忆就没有真正的历史,没有历史的民族是不会有前途的。你认为在即将过去的20世纪这一百年,特别值得记住、最不该忘记的是什么呢?我们从20世纪应继承怎样的遗产?对许多人来说,这个世纪是一个痛苦的世纪!两次世界大战、屠杀犹太人、古拉格群岛、文化大革命……对于这些苦难,许多人不愿再回忆,也有许多人深恐别人去回忆。在你新书的序言《记忆的重负——文化大革命与屠杀犹太人》中,你曾引用哲学家让·阿姆来(Jean Emery)的话,谈到集中营和煤气室不但扼杀了人的身体,也扼杀了人的灵魂。在奥斯维辛,知识分子完全无能,美只是幻影,知识只是概念游戏,记忆最好完全被抹去。文化大革命中,我们在鲤鱼洲也是一样。什么也不想,什么也不记忆。真是"无知无识,顺帝之则"。那时的领导也要求我们在鲤鱼洲繁衍后代,成为鲤鱼洲的"祖宗",忘记知识、忘记过去、忘记理想和追求,成为"日出而作,日没而息"的驯服工具,像一棵植物,生根发芽、落叶、枯死。不需要记忆,别人也不希望你记忆:从很多方面来看,19世纪是不是比20世纪好一些呢?

舒　你属于文学领域，所以会这样提问题；对于历史学家来说，这是完全没有选择的。19世纪是理性主义的时代，智慧和理性的作用越来越大，以至成为人类自身的桎梏。20世纪历史的高潮都是攻击理性的。其实，知识分子的资本就是理性。在奥斯维辛，理性、智慧、知识不一定起作用，但你不能放弃它，这和你的灵魂有关。另一方面，20世纪，感情也受到了很大的伤害。如文化大革命中，夫妻父子之间的情断义绝。你提到20世纪的重大事件，我现在似乎觉得越是重大事件，说的人越多，越是没有新的话可说。尼采在《查拉图斯拉如是说》中赞美"一些小而坦率的无意识"、"一些老耄而快乐的查拉图斯拉之愚蠢"[①] 我感到从所谓"大事件"、"代表人物"、"主旋律"中，我们反而往往听不见历史真正的声音。我写张申府老先生就不是写"主旋律"，但可以听到另一些东西。有时候，太热的东西往往不真实，充满着人为的因素。历史需要冷静。记得1989年，中国文化书院等单位联合召开的纪念五四七十周年国际学术讨论会前一个星期，清华大学为纪念张岱年先生八十寿辰召开了一个学术讨论会，清华大礼堂空荡荡的，只有几十个人。这比起当时的大事件来，当然不是"代表性的事"，也不是"代表性的人物"，也没有街上高呼的"大口号"，但清华大学史无前例地为一个曾经被迫害的知识分子开这样的会，参加的人很少，这两个事实本身就有它的历史意义。1979年，我在北大留学，西单民主墙正闹得轰轰烈烈，这样的大事件当然有历史意义，但我认为当时我和你，我们两人真诚地交谈：一个生于罗马尼亚，长于美国的犹太人，也是第一批到中国留学的美国留学生，和一个历尽各种政治风波的普通中国知识分子关于世界、历史和人生的各种看法的沟通，这样的"小事"不也是很有历史意义吗？

乐　但是你的新书《桥——中国人和犹太人的记忆》写的也还是历史的"大事件"，是不是？

舒　是的，我写了"大事件"，但我也用很多篇幅讨论了诗，讨论了语

[①] 尼采：《查拉图斯拉如是说》。1987年，文化艺术出版社出版，尹溟译。

言问题,写了很多关于"大事件"的我个人的"小看法"。有一个很奇怪的现象,我这本关于犹太人和中国人的记忆的书在以色列并没有得到很多人的认同。他们认为犹太人的悲惨遭遇是最"史无前例"的,是最不可比拟的,任何比拟都是对历史的不敬;但很多中国同行却认为这样的比较可以开阔眼界,提供一些新的想法。我很想看到中国同行对我这本书的评论。

乐　你刚才谈到历史的真理,你认为真有这样的真理吗?

舒　你已写过好几本回忆录,你觉得有历史的真理吗?

乐　我弄不清,我只能写我自己,我的一本写我自己的书,标题就是《我就是我——这历史属于我自己》。我很难判断是不是有"集体记忆"这样的东西。从我个人来看,我总觉得历史有很大的偶然性。一点点错开了,就是永远错开了。四十年前,我们几个年轻人在一起策划一个年轻人自己的刊物,开了两次会,刊物没有办起来,参加会的八个人却都当了二十年右派。其实当时并没有什么一定的目标、一定非做不可的必然性,只是年轻人心血来潮,谈得高兴。上星期我刚参加过我的一个老朋友的葬礼。1957年,我是中文系教员党支部书记,他是共青团支部书记。他只是出于对我个人的信任和认为应该紧跟党支部,就积极参加了这份刊物的策划。结果我和他两人被定为极右派,每月只有十六元人民币生活费。又由于一些更偶然的原因,他被罚到一个劳改农场当瓦工,一当就是二十年。在那里,他和一些年轻工人结成生死之交。1979年以后,他加入了中国共产党,由于他的努力,他成了国内少有的李白专家、著名教授,还是北京市劳动模范。由于过度劳累,他得了脑癌,临死时,他的研究生和他在劳改农场的徒弟都守候在他身边。当然这一切都是在中国政治的大背景下发生的,但是不是一定必然会发生在他身上呢?我不敢肯定。是不是许许多多偶然连接在一起,就会体现出必然呢?过去我们都相信"必然性是通过偶然性来表现的",也相信"认识必然就是自由"。其实你认为是必然的,未必我也认为是必然,如果一定要服从你的必然,那就会扼杀了我的自由。这又回到了是不是有"客观必然性"、是不是有历史真理的问题。

舒　在我看来，必然和真理有一定关系，但不一定是一回事。你研究过许多后现代主义、解构主义，如果这些东西导致否定历史真理，我想后果是很可怕的。例如，现在西方有些人讲犹太人的历史，就认为大规模屠杀犹太人的事根本就没有发生过，他们只承认一两千犹太人被杀的"偶然事件"，而不承认集中营、煤气室对六百余万犹太人的大屠杀！

乐　正像日本某些人否认对中国的侵略，否认南京大屠杀一样！

舒　我是"屠杀犹太人事件"（Holocaust）幸存者的第二代，我认为利用解构的方法来否认对犹太人的大屠杀是非常危险的，正像否认"古拉格群岛"和文化大革命给人类带来的灾难一样危险。捍卫历史的真理是史学家的历史责任。也许我们并不能真正证实历史真理的存在，永远也不能达到它，但我们不会停止追求，这是一种道德义务。华盛顿有一个很好的纪念"屠杀犹太人"档案馆。它的好处不只是收藏很多照片、实物，而且有大量的"录像见证"（Video Testimony），这些个人的亲身经历非常可贵。每个人不一定拥有真理，但可能是真理的一部分。科学主义认为"客观"是科学的，主观是片面的，把主观和客观完全分开。中国传统哲学与此不同，你们主张天人合一。每个人的主观以及通过这个主观对客观的认识都是片面的，但同时也都是全面的一部分。我们不是桌子，永不知道桌子究竟是什么；但从不同角度来看，总可以从某一方面逐渐积累对桌子的知识。

乐　我同意你说的，否认历史的真理很危险；但是认为"我就是历史真理"也是很危险的。这很可能本身就是纳粹主义的基础。

舒　是的，我们应毫不犹豫地承认个人必然受到历史的制约。记忆本身也总是受到时代和社会的限制的。你的新书题名《这历史属于我自己》，我想还应该有另一面，那就是"我自己也属于历史"。想想看，你这本书二十年前能写出来吗？恐怕连写的念头也不会有！1948年，以色列建国以来，国内大多数人都是"大屠杀"的幸存者，但整个50年代几乎没有一个人写回忆录。回忆录是在1972年才开始出现的。这是因为以色列建国之初，国家政治需要的是强者，是新的鼓舞人心的神话（Mythology），国家和个人都需要使自己相信自己是英雄。直到70年代，国家比较稳定之后，才有可能来真正回忆起我们当时的软弱无力、束手就擒。集体记忆可以起一个打开记忆之门的作用，使人们有可能提起过去不能提起或不愿提起的事情。例如1989年，中国文化书院等几个单位召开纪念五四七十周年，畅谈五四时期知识分子的历史作用的国际学术讨论会，会上，过去知识界从未提起过的张若名的名字也被提了出来。关于这位第一批勤工俭学的早期共产党员，法国授予博士学位的第一个中国女博士，50年代在昆明投湖自尽的女右派，过去是长期被遗忘的，她被提起正是因为当时的国际会议打开了一扇记忆之门。

乐　历史的真理和历史的必然是一个很复杂的问题。例如南京大屠杀的事实对我们来说，是历史的真理；钓鱼岛属于中国也是历史的真理。但是，对日本的某些人来说，这就不是真理；即使在中国，由于某些原因，有关这些真理的记忆有时也不能不受到压抑。

舒　个人也是如此。例如一对今天已经和好的夫妻，谁也不愿再回忆过去不愉快的往事。在写回忆录时，无论怎样忠于事实，总还会有一些自己绝不愿意再提的事情。从心理学来看，自己压抑自己的记忆，比外力对自己的压抑更有害。日本某些人否认南京大屠杀，误解自己的历史就是误解自己。一些日本知识分子也认为只要赔偿足够的钱就行了，其实，为了个人和民族的心理健康，需要把这段历史弄清楚。始终压抑记忆会变得不正常，其后果是可怕的。

乐　记忆是为了构造过去，我们需要认识过去是为了避免重犯历史的错误。

舒　是的，忘记过去，历史就会再重复。这样的话过去也有人说过，但真正认识到过去、现在、未来的无法切断的连续性，认识到三者之间的既相互包涵又相互排斥，既偶然又必然，既主观又客观的极其复杂的动态联系，这不能不说是20世纪的贡献。有很多记忆也许长期封存在你心里，也许你认为你早已遗忘，但它仍在那里，会有某种机遇使它突然被激活。我的父母都是"大屠杀"的幸存者，但很长一段时间，我不认为他们的经验和我有什么关系，也不爱听他们讲。记得投考耶鲁大学历史研究所面试时，一位日本教授曾问过我，既然我懂得这么多种东欧语言，为什么不研究东欧而绕道去研究陌生的中国？我当时就是不想听我父母的经验，不想读有关犹太历史的书，不愿嫁犹太人，要寻找一个和我的过去完全没有关系的地方，离得越远越好。

乐　但是现在你很"犹太"，是吗？

舒　是的，你也很"中国"，是不是？这是无法逃脱的。后来，我进一步研究中国历史，总是不自觉地、潜意识地回到犹太历史，犹太经验成了我研究中国经验的必不可少的语境。我分析过我父母的经验，但不是理性的理解，而是说不清楚的感情的渗透和影响。不管我愿意不愿意，我父母的生活存在于我的生活之中。我儿子生在美国，远离欧洲的犹太的历史，但沉重的犹太人的历史重负无可避免地存在于他的灵魂中，我从他的眼睛里可以清楚地看到这一点。记得北岛也写过注视第二代的眼睛时的感受，这是最好的历史连续性的镜子。从19世纪的历史观念来看，历史只是客观存在，是可以一刀两断的；过去也可以被放弃。但20世纪不是这样。

乐　除了对时间连续性的认识之外，距离缩短，空间缩小是不是也是20世纪的一个特点呢？试想象我这样一个出生在贵州的穷乡僻壤，还有点苗族血统的"土得掉渣儿"的人，竟能和你这样一个生在罗马尼亚，长在美国的犹太人，如此自由倾心交谈，不也是只能发生20世纪吗？

舒　其实，我们两个人的友谊也已超越了个人关系。我在中国留学时，你是我的中国文学老师，我生病，你送我一朵花；后来，我送你一本尼采的书；从此我们进入了彼此的历史。我的第一本书《遥远的回家之路》中明显地包涵着你的生活经验，这影响我很深。

乐　要不是1979年认识了你，我也决不会有去美国的念头：那时在中国，美国的名声并不好，由于我中学时代对那些横行霸道的美国兵的坏印象，我也不喜欢美国；再说，我的英语并不怎么好，又没有研究美国的打算，我根本就想不起来要到美国去！

舒　但是，你终于去了美国，在那里写了你的第一本书。现在我教中国现代史都要用到你的这本书。学生们都不相信我真的认识你，因为对他们来说，你的生活已是历史，是另一个世界：十七年了，我们的友谊始终继续。现在，我们可以在世界各个地方见面，在美国、在中国、在欧洲。也可以说我们两人一起建造了一小部分历史，虽然是很小很小的一部分。这一小部分是两个悠久的文化传统互相渗透和影响的结果。

乐　可是，这一切是不是很偶然的呢？如果你这个历史系的美国留学生没有对中国现代文学发生兴趣，如果我那天不去医院看你，没有顺手给你摘一朵我家院子里的小花，或者我当时并未对尼采那么感兴趣，或者我当时像许多人一样，不愿去教这个两年的留学生班……那以后的这一切是不是都不会发生了呢？现在许多人喜欢讲命运，讲缘分，一位年轻人甚至说他一生所要发生的事都早已规定好了，就像电脑中的一个程序，只能逐步去实现。你相信命运吗？你认为命运和历史有关系吗？

舒　就用这个电脑的比喻来说吧，无论你那个程序是否已经写好，或者写了什么，你必须按那个回车键（enter）才能进入。如果不按这个键就什么也没有。按回车键，这就是必然。每天早上醒来，你都会想一想今天要做什么，但真正发生的事往往与你所想的完全不同，这就是偶然。我每次来中国，都有一个研究计划，但是，最有意思、最有价值的往往是计划之外偶然发生的。没有我来中国的这个必然，也就不会有后来发生的偶然。我仍然相信马克思主义强调的必然通过偶然而得到表现。

乐　认识时间的连续和空间距离的缩小，承认难于控制的众多的偶然性，看来是20世纪突出的特点，刚才我们谈到的主观和历史的互动似乎也很重要。

舒　过去，西方哲学是建立在二元分立的基础上的，主观就是主观，客观就是客观，20世纪在这方面有很大变化。主观和客观互相包容，互相渗透，互相转化的理论开辟了极其广阔的研究领域和发展前景。这对文学的影响也非常大。你刚才说你昨天在电视上看了《包法利夫人》，我现在对这类作品已完全不感兴趣，它们与我的生活没有什么关系。19世纪的作品大多是有头有尾、线性发展的，这本身就与现实不符。我比较喜欢的是20世纪后期的文学作品，它们给我非常新鲜的感觉，与我息息相关，语言也是十分鲜活的。一位很著名的德国诗人，他经历过对犹太人的"大屠杀"，他的母亲是被德国纳粹杀死的。他用德语写诗，这是他的母语，也是德国纳粹的母语。他写诗时，心情非常复杂，每一句话都与完全对立的双方有关。在这种复杂矛盾中，他的每一句诗几乎都有新的意味。现在中国知识分子都喜欢读什么文学作品呢？

乐　和我差不多年纪的人似乎还是喜欢看老式作品，如19世纪的世界文学名著，用传统方法写的关于家族和历史的长篇小说，还有中国旧诗；喜欢新诗的人似乎不多。但有些新诗在年轻人中有相当广泛的读者，如著名的北大三诗人，自杀的海子、戈麦和在1989年绝食中病死的骆一禾，他们关于青春、生命和现代生活的探索给人们留下很深的记忆。那些没有中心故事、非线性发展，以意识流、零碎化、时空倒错为主要方法的作品虽然也有人喜欢，但似乎尚未获得更广大的读者。在一些很有学问的高级知识分子中，金庸等人的武侠小说倒是很受欢迎的。他们认为这是一种有效的放松，可以使人什么也不想地进入另一个好人得胜的世界，然后安心入睡。

舒　我每天睡觉前也必看文学作品，但我从不看诗，只看好看的、引人入胜的故事。人类需要听故事，它把我们引到另一个世界另一种经历。

乐　是从现实到非现实吗？

舒　不，是从外在的现实回到内心的现实。内心的现实也是很重要的现实。无梦也是一种现实。好的故事是一条通道，使你从这种现实走到那种现实。看诗需要去理解和体验诗的语言。看消闲故事，不需要太琢磨语言，只要通过语言去掌握故事线索就行了。

乐　20世纪对语言的新认识在各方面几乎都引起了一场革命，所谓"语言学转向"目前在中国也是一个十分热门的话题。

舒　是的，语言学的发展是20世纪非常重要的现象，它和对主观与客观互动的认识一样，刷新了人文科学、社会科学乃至自然科学的各个领域，是 20 世纪知识分子对历史的重大贡献。语言问题是一个更其复杂的问题，也许，就留作我们下一次对话的题目吧。

对话时间：1997 年 2 月 3 日
对话地点：北京大学

主题访谈：是多元现代性，还是一元现代性有多元发展？

杜维明　乐黛云

为了纪念《跨文化对话》创刊十周年，同时也作为下一个十年的开端，北京大学的乐黛云与哈佛大学的杜维明进行了一次有关现代性及其未来发展的访谈和对话，主要围绕这一主题"现代性本身是多元的，还是现代性就是现代性，只是在不同地区有不同发展？"也就是说："现代性是否有其核心价值？一个社会只有具备这一核心价值，才能称其为现代性？那么，这一核心价值又是什么？"

乐　在《跨文化对话》这本刊物里，讨论得最多的问题之一，就是现代性。我们在今年的南京会议上也讨论过，但没有一致的结论，仍然存在着疑问：现代性是一个复数概念，可以有多种不同的现代性呢，还是一个单数概念，只有一个现代性，而可以用不同的方式加以表述和发展？现代性是一个统一的概念呢，还是它本身就是多元的？换句话说，现代性有没有质的规定性，有没有它的核心价值，若有，这个核心价值是什么？如果不承载这样的核心价值，是不是就不成其为现代性？另一种说法是，现代性本身就是多种多样的，欧洲的现代性与美国的现代性尚且不同，亚洲的现代性与非洲的现代性就更不同了！我们在南京跟法国人探讨过这个问题，并未得到明确的结论。我们特别希望在《跨文化对话》这个刊物中能不断深入，真正把"对话"的特色突显出来。发达国家和发展中国家的对话在现代性这个问题上能够怎样展开？这是我们目前常常思考的问题。在这方面，特别想听听你的意见，你考虑得已经很久了。

杜　还是在考虑的过程中。

乐　当然了。我们都是在考虑的过程中，如果有了结论，问题就结束了。好，对这些问题我准备听你的高见。

现代性讨论的历史回顾

杜　这个问题很好，而且我深有感触。美国人文社会科学院的机关报，叫 *Daedalus*，好几年以前出过一个专号叫《多元现代性》（*Multiplemodernities*），这个现代性是复数，是多元的。这主要是我和在比较文化学上有影响力的艾森施塔特（Shmuel Eisenstadt）共同发起的，我们努力了好几年才初步形成了新的思路。十年前，曾经由 *Daedalus* 在斯德哥尔摩主持过一次关于"多元现代性"的讨论。讨论后决定论文集不出版，因为大家有分歧，很难形成一个真正有逻辑性的讨论。然后又过了两三年，在英国剑桥有个小型的协调会，比较成功，正好是在戴安娜王妃出事时，我印象很深。然后在耶路撒冷又开了一个会，辩论的一个大问题就是：现代性真正地进入多元倾向，还是现代性内部非常丰富，具有各种不同的面相，不管哪一个面相都属于同一个现代性？我的立场是多元现代性，现代性已经到了一个可以多元的时期了。艾森施塔特就坚持，现代性内部非常丰富，有多种体现的方式。这就是在会上辩论的两种不同的议题。他的议题，如果做"同情的了解"，即现代性是从西方"一根而发"，开始于启蒙运动，经过工业革命、科学技术的发展、都市化，慢慢形成一个以西方为主导的、所谓西化的现代化的过程。

到了上世纪60年代，美国的一批学者，包括社会学家帕森斯（Talcott Parsons），提出不应说"西化"，因为"西化"是一个地理名词，要用时间的模式,就是现代化。现代性虽然地理上从西方开始,但是它散布全球,成为不同阶段的现代化。后来受到经济学的影响,叫做经济发展的不同阶段(stages of economic development):有高度发展的,低度发展的,不发展的。联合国觉得"不发展"这个观念对这些国家不公平,所以后来改成发展中的社会(developing society)。实际上这都是同一种思路,即认为现代性是一种线性的思路。后来罗斯托(Walt Rostow)提出一共有五个不同的阶段,其中一个非常重要的阶段是起飞阶段(take off),起飞以后才能发展。日本、东亚四小龙都经过起飞的阶段。现代化有不同阶段的观点对西方影响太大了,一直到现在。我觉得大半的中国学者也多多少少受其影响,自觉不自觉地接受了这样的观点,就是现代化有不同的过程,我们还在努力要现代化,我们什么时候才能"超英赶美",与这样的认识有关。艾森施塔特比较坚持这样的观点,但是他认为以前的错误只是从经济谈现代性,但现代性还有政治、文化、制度、意识形态、精神文明的问题。现代化的出现本身就是一个复杂的,内部充满矛盾的现象,所以要重新了解启蒙所发展的现代性。现在对现代性的认识太丰富了,有各种不同的倾向,但是都和西方启蒙以来发展的现代性有关。另外更重要的是像你刚才提到的,它应有一些最本质的东西,否则就不是所谓的现代性。

在西方现代性之外是否还有其他的现代性?

杜　多年前我曾在日本参加过一个会议,会议主题是《在西方现代主义之外是否还有别的可能?》(Is there an Alternative to Western Modernism?)。因为日本的发展有一些不同资源,有一段时间日本的经济直接威胁到美国的经济,我的同事兼好友傅高义(Ezra F. Vogel)曾以《日本第一》为书名。那个会议之后日本学者就讨论,他们是否发展了一种与西方不同的现代性,甚至还提出"儒教文化圈"的问题。开过那个会后,我回去和影响很大的杰出社会学家贝尔(Daniel Bell)探讨(是老的那个Bell,现在大概八十岁了,不是现在在清华任教的同名Daniel Bell),他说,当然有无数可能,至少有多种可能，但他下面一句话最重要：任何一种可能都会失败。意思是只有西方的现代性才是成功的现代性。贝尔当时想的是两个可能，后来几乎是回应了亨廷顿的观点。对西方现代性批评得最厉害的就是伊斯兰世界，这是燃眉之急，是文明冲突的问题。其次是中国威胁论，就是受儒家传统影响的世界如何进入现代化。这两个世界的问题在他们那里严格讲都是现代性问题。他们认为伊斯兰是原教旨主义，儒家是权威主义，特别是以李光耀的新加坡为代表，表面上是强调有不同的价值——亚洲价值，其实主要是为权威主义，为不符合现代性，不符合民主、自由、人权的价值找借口。在他们看来，最后只剩下一种现代性，那就是西方的现代性。

艾森施塔特基本上接受了这种观点，他举过一个例子：美国麦卡锡时代反共，当时纽约一个警察抓共产党，不管是属于列宁还是毛派，都不放过。他抓到一个女士，女士抗议说我是反共的（anti-Communist）。警察说："我不管你是属于什么共产党"（I don't care what kind of communist you are），反共也是共党。所以说，你可以反现代性，可以说得天花乱坠，什么后现代、后殖民主义、反现代性，但不管怎样，这还是西方现代的组成部分，还是西方现代性的折射。我认为这是很有说服力的说法。彼得·伯格（Peter Berger）说过，如果要宣扬现代性，说现代性是好的，一个词就可以反证它——Auschwitz，就是奥斯威辛集中营。集中营很残忍，也是和现代性有关。现代性不仅有自由科学，也有殖民暴力，它是多元多样的。

乐　集中营也是现代性的一部分吗？

杜　当然。整个西方现代发展出来的最极端的个人主义、最极端的集体主义，以及纯粹属于资本主义、纯粹属于社会主义，都是启蒙发展起来的，几乎没有例外。市场经济、民主政治、市民社会、或者反市场经济、反民主、反市民社会，都是从西方启蒙主义发展出来的现代性的内容。比如从制度上来说，大学肯定已经不同于以前的书院。还有现代官僚系统、军事组织、跨国公司、大企业，还有各种不同的社会组织，都是从西方借鉴来的。再严格地说，中国学术界用的种种术语，比如宗教、哲学、经济、政治（有的是从日本翻译过来的），还有很多自然科学、社会科学的名词，都是来自西方。比如社会学，严复翻译成群学，因为人生活在群体中，翻得很好。但日本人翻译成社会学，由梁启超带入中国后，群学就不再使用了。值得注意的是，日本翻译的这些名词都有深厚的中国传统的因素。社会——中国有社有会，政治——儒家所谓"政者正也"，经济——中国有经世济用之学，等等。

现代性与传统文化形式：东亚现代性

杜　我当时的观点与艾森施塔特有冲突，甚至影响到我们合作几十年建立的友情本身。我认为现阶段的现代性本身，可拥有不同的文化形式。这里有两个预设，一是现代性中的传统问题。我编了一本书《东亚现代性中的儒家传统》（Confucian Traditions in East Asian Modernity），把儒家传统多元化，各种各样儒家传统存在于东亚现代性之中，东亚现代性受到了儒家传统正面或负面的影响。以前我们有种观念叫"传统社会的消失"，只要现代性出现了，传统社会就消失了。传统多半是阻碍现代性发展的绊脚石，你拿开它，现代化就实现了，传统就成为过去。总之，传统和现代性成为不相容的两个观点。现在有了另一种思路，也是我的思路，就是任何现代性都不同，比如法国突出革命，英国突出渐进，美国则是市民社会非常蓬勃。所以，塑造现代性跟传统文化有很大关系。东亚（如日本）现代性就要受东亚传统文化的影响。传统一方面是制约，另一方面是塑造。如果你接受这个观念，那么第二个观念就是，现代化的过程中可以拥有不同的文化形式。如果我们去日本，日常生活的感受与在欧美是不同的，这个事实代表存在着多元现代性。但对第二个观念的反击是值得注意的，在现代性中确实有一些核心价值，基本制度。如果没有民主、市场、法制、人权、自由，能说是现代性吗？所以，我基本同意这个说法，这是一些核心的普世价值。即使说有不同的文化形式，但每一个文化形式都要满足现代性中不可消解的因素。任何文化的现代性（如儒家的现代性）若不满足现代性中不可消解的因素，就要受到质疑乃至扬弃。

但是还有一个问题，世界上确实出现了一个非西方而现代化成功了的地区，这就是东亚。将来是否会有南亚、东南亚的特殊现代性，现在还不知道。东亚现代化的出现，先是日本，后是四小龙，成为20世纪80年代辩论的大问题。当时人们认为是经济发展的动力从大西洋转移到了太平洋，太平洋代表了发展的新时代（new age），21世纪是太平洋的世纪、亚太的世纪。这个观点提出以后，有一批学者（包括中国学者，特别是台湾地区的学者）提出，一种新的现代化的动力出现了。彼得·伯格有这个观点。另一个很重要的香港学者金耀基也提出亚太现代性的问题，他们将它称为"关系资本主义"，因为这个资本主义是从关系（relation）来的。有人甚至讲这就是儒家资本主义，讨论非常激烈。1997金融风暴以前，他们把儒家和西方的新教伦理相提并论，认为儒家就是新教伦理在东亚的体现，他们比较多从正面来看"关系资本主义"。如果说西方的资本主义靠新教伦理发展资本主义精神，那东亚的经济动力则和儒家伦理有关，因为他们工作比较勤奋，注重教育、团队精神。而金融风暴之后，对"关系资本主义"转而主要从负面看，它成为一种"裙带关系"，非常不健康，没有公共性，没有法制，没有现代性，最主要的是官商勾结。许多我们现在看到的大问题，都和儒家传统有关。所以说，儒家作为正面因素促使东亚发展，同时也是使东亚经济崩溃的一个原因。最关键的例子是，韩国在金融风暴中的经济缩水比例非常大，有人说韩国要十几二十年才能恢复，但没想到韩国在很短的时间就恢复了，靠什么呢？靠共度国难的精神。连家庭妇女都捐出了自己的私人首饰。这种团队精神在其他社会中是看不到的。这种爱国精神也深受儒家的影响。所以，文化与经济间的关系虽然不是因果关系，但确有复杂的关系。通过日本和韩国的例子，如果我们不说由于儒家与东亚的发展有密切关系，结果造成经济的动力从西方、从大西洋转到太平洋，假如我们不采取这种"非此即彼"的说法（如季羡林先生的"十年河东十年河西"的说法），那我觉得可以采取另一种说法，也是我的观点，那就是整个现代化和现代性是从西方的经验一根而发的观念受到了质疑。应该承认还有一种不同的现代性出现，那就是东亚的现代性。

乐　那东亚现代性是从东亚本身生发出来的吗？

杜　当然不是，是受到西方影响。现在讲全球化，如果说全球化是现代化更进一步的发展，那现代化是西化的更进一步发展，所以只要和现代化有关系，绝对受到西方影响。不可能找到一个现代化的过程不受西方影响。

乐　既然从本土生发出来的现代性是没有的，能不能说东亚现代性仅是西方现代性的一个分支？它具有和西方现代性同样的核心价值，只不过具有不同的途径和表现形式？

杜　这是一个发生学的理由（genetic reason）。但是不是从西方发生出来，它的结构就一定如此？以前我有个很荒谬的讲法，包括五种生产方式，一直说是历史的铁律，这个铁律是西方的经验塑造的，所以，就像艾森施塔特讲的，不管哪种现代性都不仅是"一根而发"并且结构趋同的现代性。这就把发生学的理由和结构的理由连在一起了。假若不经过西方这一段，那我们就不可能进入资本主义。我们还是封建社会。但受到西方影响之后，西方的烙印未必塑造了唯一的现代性。

乐　我们明代也有资本主义的萌芽啊？

杜　但并不能与现代西方的启蒙相提并论。明代的启蒙，按照西方的标准只能说是萌芽。我们只有商业资本主义，没有工业资本主义。所以说，我们没有进入资本主义阶段。这种观念是非常根深蒂固的。我现在提出另外一种模式：现代化的发生受到西方影响，但各地涌现出来的结构与西方并不相同。如果有这样一种可能性，是不是说，将来南亚、东南亚、拉美乃至伊斯兰世界、非洲，都慢慢会发展出自己的现代化，它们在发生学上受西方的影响，但在结构形态上不能完全用西方的那一套理论来理解。

"复数的"多元现代性？

杜　在 *Daedalus* 的另一期，有一两篇文章很重要，讲美国的现代性。论文是欧洲学者写的，他们坚持美国的现代性不能从西欧的概念来理解。美国的现代性就是一个突破（break），变化非常大。因为美国市民社会的力量特别大，这是托克维尔从美国社会，特别是选举文化中看出来的。欧洲（尤其是法国）公务员太多，公务员一罢工，全国就瘫痪了。而美国社会的力量不仅在公务员，政府只是众多社会力中的一种，除政府之外还有媒体、企业、学术界等各方面，这与法国、德国甚至英国都不一样。所以美国的现代性有独一无二的特点。美国绝对是从西欧经验来的，它没有自发的现代性，但它发展了一种不同的现代化，反而在很大程度上影响了欧洲以及全世界。美国的现代化模式就和欧洲模式不同。这也可以结合我们现在讲的"大国兴起"的问题来讲：各种大国兴起，西欧，美国，东亚……我们可以从中看出各种现代性的优劣。再讲得平实一点，东亚的经验证明了西欧和美国的经验只是现代性表现形式的一部分，还有很多其他的可能性。但是艾森施塔特那时不肯接受这样的观点。当时我和他辩论，有两个题目，一个是"有很多面向的现代性"，另一个题目是"多元现代性"。多元现代性把现代性变成复数，表示虽然有很多内在关系，但体现的形式是不同的。

乐　关键的问题是：不同的现代性，是不是有不同的核心价值？是不是其质的规定性也不同？

杜　不同。多元现代性有很多含义，非常复杂。比如，民主绝对是现代性的体现，但是不是有不同形式的民主？资本主义的发展，市场经济是不是也有不同的形式？人权包括政治权、经济权，也许在不同的社会，其侧重和优先也不同。其实核心价值和非核心价值，在不同的区域也有不同的凸显或置换，其间必然有不同，所以在这个基础上才需要对话。不然，就成了等着接受西化或欧化的影响；接受其影响就是现代，不接受就不是现代。印度有个学者Ashis Nandi，很受西方学术界重视。他说每次去美国Cambridge的哈佛，尽管哈佛的学者对他很好，但他都觉得心里不舒服。为什么？他说，当和他们平起平坐时，他们总下意识地给他一种印象——你们的现代是我们遥远的过去，而我们的现代是你们遥远的未来。

乐（笑）　我有时也有这种感觉。

杜　我认为这种观点并不符合事实。Ashis Nandi说，不要忘记，印度是个精神文明的输出大国，中国也曾受其影响。福山那时提出"历史终结"的论断，历史终结论只讲一个模式，那就是以美国为代表的模式。亨廷顿提出文明冲突，认为不是只有一种模式，对西方模式最大的批判，来自伊斯兰和中国。中国就代表了东亚。可是福山和亨廷顿两人基本上都接受了这样一种观点：西方和西方之外（West and the Rest）是不同的世界，西方有些核心价值，是人类文明发展必不可缺的价值。如果西方的这套价值不能发展，而受到伊斯兰和儒家的质疑，那就是人类的灾难。他们既不能接受伊斯兰原教旨主义，也不能接受儒家的权威主义或专制主义，他们一定要把西方这一套推出去。我对亨廷顿说，我不赞成你的西方和西方之外的观点。他回答，我不是真正要讲这个，所以他后来有一些改变，甚至对文明冲突的看法也有改变。

乐　是有改变，比如他的新书《我们是谁》。

杜　对，《我们是谁》回到了美国的认同问题。亨廷顿后来接受这样一种看法：假如文明有冲突，对话就成为必然。他与福山最大的不同是：福山没有对话。福山的那套思路发展下去就是布什打伊拉克、干涉伊朗、朝鲜的理由——因为在布什看来，他们阻碍了人类文明的发展。其实是为了美国的利益，正是"霸道假仁义以行"。亨廷顿比较多元，但也还是冷战的心态，他所关心的是用什么方法，使欧美的基督教文明占据主导地位。另一个哈佛的教授约瑟夫·奈（Joseph Nye）提出软实力（soft power），其实软实力的提法我也不太赞成，因为它是策略性的。美国要影响世界，只靠经济、军事不够，还得有文化输出。但这样的文化不是一种内在价值，而是一种宰制或影响全球的策略。

乐　中国现在也讲软实力，你认为也是要宰制全世界吗？

杜　中国的情况更复杂。中国从经济力量看已经是世界第三，将来还要进入第二、第一，大概五十年，估计没问题。但人均排名还在世界一百名以外。中国人现在还是穷，大国有大国的问题。另外经过一百七十年以上的屈辱，中国人民再站起来有非常强烈的民族自尊，这是好的，但狭隘的民族情绪很不健康，而且民族自大乃至带有侵略性的民族主义也会出现，非常危险。更糟糕的是，中国现阶段经济的成功靠农民和产业工人，而在美国农业人口占的比例很低,产业人口也降得很厉害,不到20%,它主要靠服务业,靠观念和高科技,特别是信息和传播技术。中国在这方面,劳工非常苦,得到的利润非常少,大半利润被跨国公司等占去了。现在的国际局势对中国走这条路是否能走出来有密切关系,国际局势有变化就很难说。

经济现代化与文化学术的宰制

乐　回到刚才讲的多元性问题,约瑟夫·奈这些人还是认同多元的吗?

杜　他们当然都接受现代化基本是一个模式,就是西方的模式。因为模式中的内在矛盾很多,其间各种不同的因素都在起作用,但他们认为不管怎样起作用,都是西方的。他们有两个理由,一个是经济现代化。这一点,西方的宰制是不用质疑的,包括日本十几年二十年已经陷入经济低迷了。另外一个是文化和学术的宰制,他们叫教授俱乐部文化(faculty culture),渗透到全世界。不管你属于哪一种理论,几乎都是西方的理论,至少是从西方发展起来的理论,不管后殖民、后结构也罢,不管哪个领域。如历史的年鉴学派的影响,文学上德里达、福柯这些人的影响如日中天(德里达在哲学上的影响倒不大),哲学上影响极大的是哈贝马斯、罗尔斯(John Rawls)、查尔斯·泰勒(Charles Taylor)。不管讲什么社群主义、自由主义、后殖民主义、女性主义、生态环保,都是从西方发展出来的基本理论,我们跟在后面。哈佛燕京学社以前有个意愿,我叫它"具有全球意义的地方知识"。事实上,大半具有全球意义的地方知识也都是出自西方。在21世纪,是不是有一些具有全球意义的地方知识可以出自东亚?出自中国?尽管现在还看不出来,还不明显,但情况已有些改变,这个改变当然和认同问题有密切关系。所以,亨廷顿后来又回到美国的认同问题——Who are we? 特别关心美国的语言。我们一般认为英文将来会宰制世界。但在美国,西班牙语对英语形成了很大的冲击,说西班牙语的人在加利福尼亚占到50%以上,在得克萨斯、新墨西哥也有很大比例。我觉得多元现代性的基本问题是认同。

乐　那你同意现代性都由西方"一根而发",只是在不同的地方形成不同的形态的观点吗？就像从同一个根长出来不同的枝子，是这样吗？不同的枝子就比如说中国的现代性、日本的现代性、印度的现代性，是这个意思吗？

  杜 如果这样理解，就是艾森施塔特他们所说的所谓"一根而发"嘛。我不太同意这种发生学的观点。因为这是一个有机的观念，所有的发展都和那个根有机地联系在一起。我有一个与此不同的"复杂体系"（complex system）的观念，我认为这个根的本身就不是一元的，有好多根。我们问这样一个问题：西方发展出的核心价值（先不谈制度），不仅有市场经济、民主政制、市民社会，还有自由、民主、平等、人权、人的尊严、理智等，这些价值来自西方，从法国大革命开始。我们问，如果都让它们充分体现，到处都注重自由、民主、人权、法治这些普世价值，能不能将人类和平地带到21世纪？我认为不行。原因是什么？西方考虑这些问题，源自西方的政治哲学——大体上就是处理个人和社会的关系。现在一般考虑自由和平等的矛盾，团结和效率的矛盾。社会主义特别注重团结和平等，资本主义特别注重自由和效率。中国改革开放以后，逐渐由团结平等向自由效率走，一走就发生了很多矛盾和冲突，贫富不均。"和谐社会"的提出就是解决因为自由和效率而出现的问题，如三农问题。这些讨论忽略了人类碰到的两个大问题：一是人和自然的关系，二是人的精神性、终极关怀。西方的启蒙主义是世俗的人文主义（secular humanism），培根他们所讲的科学主义在某种程度上是对自然的宰制，所以一定是人类中心。现在甚至好多神学家坚持基督教是人类中心主义。离开人类中心，就没有基督教，因为人是依照上帝形象塑造出来的，上帝让人来宰制世界的一切。他们现在尽量把"宰制"重新解释，宰制是为了维护世界秩序喽，是为了给自然界的动物植物发展的空间喽，很多解释。但这在《圣经·创世记》里面讲得非常清楚。这个问题怎么解决？另外，人与人之间的关系，除了自由以外，有没有正义的问题？你看罗尔斯讲的正义论，在西方很重要。在伊斯兰世界，你要问哪一种价值最重要，多半提出的是正义（justice）。他们对西方强烈地反感，也是因为正义。因为西方对他们一直是掠夺蚕食的。以色列和巴勒斯坦的冲突就很明显，你以色列把我们的土地拿走，把我们的人赶走，赔偿不赔偿？完全没有，这里面有责任的问题。以色列发展得再好，却对巴勒斯坦没有责任。美国的跨国公司即使垮了，领导人也能拿到上千万、上亿的赔偿。现在又要美国的政府用人民的共同资源来救济，这太不公平了，他们没有责任观念。再说，他们处理人与人之间的关系也没有相让（civility）的观念。我相信更重要的是，西方哲学界平常讲理性，不强调同情、慈悲的观念。这些价值是不是也要加进现代性中去，如果放进去，那么西方原来的发展模式就要受到质疑。

乐　那么，他们现在提出"第二次启蒙"，是不是和这个问题有关系？

杜　当然有关系。中国讲"新启蒙"（后来王元化放弃了），李泽厚讲"救亡压倒启蒙"，都是一样的。当时西方的启蒙没有深入地进入中国社会，所以中国没办法转变。更深层的问题是，不管是保守还是启蒙，都认为如果西方的启蒙价值在中国不生根，就无法完成启蒙。这我完全接受。但不要忘了，生根后也还有大问题，这些大问题我们反观西方，发现这也是他们的问题。这样说来，我们的贡献一方面在于同情的了解，另一方面在于批判的反思，在批判的认识上开出新的论域。

将来如果印度出现现代性的话，它绝对是一个不同的形式。梁漱溟在1923年提到世界上三大重要的文明——西方的进取、中国的中和、印度的舍离。如果从西方经济社会的发展来看，舍离没有积极的价值。假如不消费，内销不行，经济就不能增长。从印度的角度看，经济的不发展，不表示社会的崩溃。经济发展到一定阶段，要有自律。甚至像日本，十几年来经济的低迷，但日本社会是非常安定和富足的，人们没有惶惶不可终日，幸福指数还是比较高的，他们没有觉得生活要更上一层楼才能满足。美国则不同，它的问题还不在市场。美国每个人都是消费超出收入，很多家庭有几张信用卡，储蓄已经低于零以下，每个人都是彻底的消费者，没有储蓄只有欠款。政府的欠款更不要说了。美国是另外一套模式，他们信奉只有消费才能刺激经济。这套模式看来走不下去了。这套模式可以用来治疗美国的环保。美国平常都是蓝天白云的，感觉中国的污染很严重，你不知道的是其实它的污染是对大气层的污染，看不到，但会带来整个气候的变化。长期以来全世界 70% 的污染来自美国。现在有变化，中国成为世界上最大的污染国。这个问题值得进一步考虑。

文化可以对现代性加以塑形

乐　所以，虽然现代性在相互影响，但还是有不同的模式和不同的质的规定性？

杜　对，这是个非常重要的大问题。以前说经济基础决定意识形态，意识形态对经济基础有反作用。韦伯不这样简单地看，他认为一个社会的价值取向可以决定这个社会的经济动力往什么地方走。为什么中国经济发展一下就很快，其实我觉得这并不只是因为制度改变了而已。中国人是精力充沛的，非常 energize。文革时，人们比现在更努力，只不过力量用在了政治斗争、改造人的方面，力量非常大。现在把那种力量转用在了经济发展上，世界其他地方很少有这么大的能量。例如菲律宾，1954 年我还是中学生，作为童子军第一次从台湾出国到菲律宾，马尼拉就繁荣到不能想象。我们当时在台湾坐三轮车，日本还没有从二战中恢复，都是很穷的。菲律宾那时就有计程车、高楼大厦和各种不同的资源。当时我们想，如果台湾能像菲律宾的马尼拉这样，我们就心满意足了。没想到 1960 年代菲律宾就慢慢没落，到现在是第三、第四流国家了。这个地方的土著和原住民不工作，只等着树上掉水果就可以生活，很难带动起来发展经济。中国就不一样，中国的农民很有创业精神，他们不是 peasant，而是 farmer，只要政府给他们一点发展的空间。所以中国能够在这么短的时间把经济发展起来。还有一段很残忍的历史，19 世纪中国福建、广东地区有很多苦力被"卖猪仔"，被贩卖到美国，生活很惨，一无所有，赤裸裸。但没多久他们就能储钱，就可以给家里汇钱，然后把兄弟姐妹也带过去。这种力量不可小瞧，这与它的传统民族文化价值有深刻的关系。

乐　既然现代性有不同的模式，那么，它不仅在西方能发生，在东方也能发生吗？

杜　几乎都是在西方发生的。但是要注意到，文化在塑造现代性。韦伯分析过，西方社会占主导的是工业资本，中国社会占主导的是商业资本。从宋代起，商业资本开始繁荣，徽商、晋商，绝对是国际贸易。直到鸦片战争前期，中国经济都能占到世界经济总量的17%（和现在美国的程度一样）。中国和英国的贸易全部是顺差，中国很多东西英国都要，茶、丝、农业品，中国对英国却什么都不要，结果英国大量白银外流，所以才用鸦片来解决问题。英国的大政治家格莱斯顿（William Gladstone）说鸦片合法化是大英帝国最黑暗的一章，最羞耻的一章，但他们还是接受了。为什么满洲帝国那么大的经济力量，在那么短的时间内整个崩溃？韦伯说，中国要想由商业资本发展成西方的工业资本，没有可能。为什么？因为中国没有清教伦理。清教伦理是一种特殊的精神素质，清教徒创造、积累财富为了荣耀上帝，他们在凡俗世界之上，有足够的能力改变世界。韦伯在这里也有个奇怪的悖论，一方面是强烈的命定论，如加尔文所认为的，教徒能不能上天国完全是命定的，没有选择。但另一方面在社会层面，上帝的选民勤奋工作，不堕落、不喝酒，生活俭朴，能够创造很多财富来荣耀上帝，表明他是"被选"的。基于"选民论"，清教徒有能否被选上的压力，所以非常勤奋努力而生活上非常俭朴。原因就是"延迟享受"（delay gratification），就是说真正的满足和他工作中的距离越拉越长。他们甚至终其一生都在努力，奋斗，积累财富。攒钱以后就再投资再发展，越做越大。

乐　中国的地主也非常勤奋，也想方设法攒钱的。我们土改时候从地主家抄出的布都是几万匹、几千匹的。他们也是攒在那里不用。

杜　但是，中国的地主商业资本不断地积累，没有变成发展工业革命的经济动力，另外它后面没有基督教那种超越的观念。儒家所代表的是社会的和谐。中国人追求的最高理想是几代同堂的温暖安定（如唐朝的九世同堂），他们的钱不是不花，也可以给外面的人救济。但是地主资本的积累很有限，要发展新的科学、新的技术，像"浮士德精神"那样强力地发展资本主义就不可能。韦伯在一百年以前就是这样考虑这个问题的。但是，其他非精神的因素，如人口、政治权力、社会结构，也必须列入考虑。

乐　中国不可能自发地形成资本主义？原因是什么？

杜　中国是商业资本主义，没有西方通过清教伦理发展出来的那种资本主义精神，按韦伯的说法，这与其说是一种意识形态（Ideology），不如说是一种氛围（Ethos）。中国商业资本主义的价值不在上帝观念那里。韦伯讲过一句话（不过我必须指出，我虽然一再提到韦伯，他只是一家之言，不少论断已过时，甚至被证伪），他说如果中国能模仿西方的资本主义模式，一定能够成功。

乐　他讲过这样的话？

杜　他讲过。但他下面这句话出了毛病，他说在日本绝无可能。现在看来，他判断错了。另外，他不了解所谓的中国商业资本主义转化成西方工业资本主义的潜力确实是有的，就是我前面讲的，群众中的强大动力，这个一旦调动起来，是很厉害的。但是，现在有个观念与以前完全不同，就是真正发展现代企业工业的那批人，受儒家影响深入而全面，没有例外，比如曾国藩、左宗棠、康（有为）梁（启超）等，都是儒家式的知识分子。

乐　还有盛宣怀。他不是儒家吧？

杜　这些人都深受儒家文化、四书五经影响。日本也是，明治维新以后，儒家的力量其实更大。以前认为明治维新就是西化，把德川幕府发展而来的那一套儒家的意识形态都给抛弃了。事实上明治维新是把儒家的一种价值观推翻，又建立起另一种儒家价值观——"忠"的观念出现了，而且为了日本的发展全国同舟共济，把积极的力量调动起来，非常明显。真正的教育得到普及，"圣谕"的影响即是明显的例子，整个学校念的都是忠、义。小学和中学都被要求要宣读明治天皇的圣谕。一个中学老师宣读"圣谕"时念错两次，就自杀了，因为他自认为不能这样对待"圣谕"。

乐　这就是日本精神，还有他们的武士道。

杜　武士道的精神就是讲"忠"。我们知道日本的福泽谕吉宣称"脱亚入欧"。哈佛燕京学社的阿尔伯特·克雷格（Albert Craig）经过二十年的努力，他的有关福泽谕吉的书就要出了①,他这本书有很多精彩的地方。他说福泽谕吉有强烈的个人主义,像西方,但他的个人主义的目的是为了富强,忠君爱国。福泽谕吉的中国国学底子也非常好,据他自己说,他把《左传》读了十三遍。克雷格说福泽谕吉爱吹牛,但读《左传》三五遍还是可能的。今天我们哪一个教授念《左传》能够念这么多遍。

乐　那你认为中国的现代性,商业资本转化为工业资本,是儒家起了很大的作用?

杜　不,中国照原来那个模式,商业资本是不可能转化为工业资本的。这也是韦伯的论断。

乐　你的观点呢?

杜　韦伯讲的是一百年前的事情。从宋以后,经过明清,中国根本就没发展出工业资本主义。现在人们在研究,从利玛窦开始和中国沟通起,儒家对17、18世纪欧洲的启蒙到底有多大的影响,包括伏尔泰、莱布尼茨、法国的重农学派(魁奈的书房里总是摆着孔子像)。现在我们越看这个问题,越是深沉。以前这个叫"中国风尚"、"中国热",在维也纳的申布隆宫,到处是中国的壁画啦、瓷器啦,但学术界对儒家在启蒙思想家中引起广泛的关注这一现象,没有深入的研究。现在人们发现,思想、哲学上中国对欧洲的影响也很大。还有个有趣的说法,所谓"苏格兰的启蒙"是从亚当·斯密(Adam Smith)和大卫·休姆(David Hume)开始的。经济之父亚当·斯密真正重要的作品不是《国富论》,而是《道德情操论》(*Moral Sentiments*),他的墓碑上写着"这里埋葬的是《道德情操论》的作者",所以他标榜"道德情操",大卫·休姆讲人与人之间的关系基本的是"同情"。他们这些主张和中国有没有关系尚不清楚。有些人讲一定有关系,这个影响的关系是通过法国的伏尔泰、百科全书派。亚当·斯密曾到过法国,受到法国的影响,那么他受什么样的法国影响?德国的莱布尼茨看到中国的朱熹讲

---

① 此书已于2008年11月由哈佛大学出版社出版。——杜维明注

"理"的观念非常高兴,感觉到有契合点。还有在启蒙时期反基督教、反神权的氛围下,西方学者思考,为什么中国没有上帝观念,上百万人口的大都会还秩序井然,这对他们有很大冲击。

乐　对。我们就出了《伏尔泰与中国》、《莱布尼茨与中国》等一系列的书。再回到刚才的问题,你是主张多元现代性?

现代性源于西方,但不一定都是同一个根

杜　可以可这样说,从发生学讲都是受西方影响。甚至可以说所有现代性都有西方这个种子。但那是一百年前的事情。在不同的社会中,经过模仿,又有了新的种子,发展出了不同的形态,不是说都是同一个根。

乐　那希腊文化到了西欧的发展也差不多是这样,可以这样比吗?

杜　可以这么比。但希腊的文化太过久远,中间又经过中世纪,与后来的西方文化差别太大了。再回来,一百年以来中国拼命地西化,但现在看来一些很深厚的文化传统——我把它叫做"心灵的积习"(habits of the heart,这是托克维尔的观点)——其实一直在起作用。日本就很明显,日本在国际化的过程中,绝对没有消除地方化,国际化和地方化同时进行。日本的成功就在于国际化和传统文化的配合。而中国的"中学为体、西学为用"后来一塌糊涂,站不住了。日本叫"和魂洋才",是成功的。日本的职业性很强,它是一个岛国、小国,有危机感。19世纪后期,他们组团到国外考察,回国后写了本书叫《工业一览》,到德国学什么,到法国学什么,到美国学什么,与日本后来的发展息息相关。

日本还有个不太为人知的重要人物叫涩泽荣一,他毫无疑问是日本的企业之父(银行、造船、钢铁、运输),他写了本书叫《论语与算盘》,是个真正的儒商。他在晚年专注《论语》,写了很有创意的心得,出版了好几大册。他说一生的基本指导原则就是"见利思义",利和义不是冲突的,义可以是大利,义包括利,但利一般不可能包括义,它们是不同层次的。涩泽荣一的精神和日本深厚的传统——明德堂,以儒家基本伦理专门训练商人,是一致

的。日本关西大学的陶德明教授花了很多时间和功夫,对精英文化如何传到民间,作了很多例证,一直到现在。有一次我到日本开学术会议,日本的当代大儒冈田武彦让我早到几天,跟四百个企业家谈《大学》,谈得非常好,后来我知道不少日本的企业家每周六都要接受儒家的传统身教。以前三菱的董事长就出自诸桥辙次的汉学世家,他的家族三代编《大汉和字典》,他戏称自己是败家子,从商了。三菱长期支持东洋文库,有三分之一都是他们资助的。一直大家不了解,以为三菱和东洋文库风马牛不相及。这种大企业的做法在中国很难想象。

乐　中国的精英与大众是有距离的。上层的东西如何渗透到下层去,这是一个很大的问题。

杜　我协助浙江大学创办了一个"儒商与东亚文明"的研究中心。

乐　那我们来总结一下你的看法:是不是可以说,现代性是有它的质的规定性的,是从西方这个种子发出来的,到了其他国家与各国的本土文化结合后,出现了与原来不同的新的现代性。但它还是与根有关的,不可能自发地出现。

杜　可以这样说,现代性的内容是非常丰富的,有多种可能性。一般我们提到现代性就说欧美现代性,其实现代性从欧洲到美国,已经有了断裂和不同。美国现代性有美国文化的根,当然会受欧洲影响,但它的根是很扎实的,二战后又反过来影响欧洲。

乐　它的根是哪来的呢?美国是个移民国家啊。

杜　美国本土文化的根原来是原住民文化,但是今天看来残破不堪,即使还有,生命力也受到很大的扭曲。英国移民到美国后发展出美国式清教徒文化,又促使了美国资本主义的发展,和欧洲有所不同。从全球化到地方化,让我们来观察日本。日本的本土根源很深厚。丸山真男说,日本有一个基调,音乐上就是后面的定音鼓。艾森施塔特作过有趣的研究,日本是一种原住民文明,为什么能消化两个轴心文明——印度佛教和中国儒家,而且当前还在积极地面对西方的挑战,靠的就是深层的"在地文化"。

乐　"在地文化"是不是就是本土文化？

杜　"在地"是在此时此地。它此时此地面对西方文化向它们学习，但是它又深深地扎根在它自己。日本现代化的根不仅是移植，就在现时现地，它的根还可以再发。燕京社的第二任社长赖世和教授（Edwin O. Reischauer），他自己是个日本专家，在1974年他就反对"日本特殊论"。他认为日本文化必须摆在中国文化的大背景下来看。新加坡、日本、韩国、台湾的发展，也都不能脱离中国文化的大背景。东亚文化圈有深层的价值理念。所以，针对东亚现代化的例子，以前说是西方的动力传到东方，现在看来是错的。金融风暴以后日本经济低迷，但凭借着这些传统文化价值，它又起来了。一个大的文明中有很多复杂冲突的地方。比如这个地区认为强势政府是必要和健康的，强势政府虽然专制，但也可以通过专制，调动起力量，应对其他类型的政府无法解决的状况。但专制及权威政治又和自由人权有很大的冲突及矛盾。

美国的政治以地方政治为主轴（all politics is local）。最近的金融救市，美国众议院就是不通过，为什么？因为美国是 pork barrel（"议员为选民所争取得到的地方建设经费"）。美国没有天下的观念，达到国家利益就很高了。我问过 Walter Mendel（以前是美国副总统），美国能不能超越国家利益。他说，国家利益就很好了，表示美国很多地方只有州的利益乃至地方利益。美国是这样，怎么理解东亚？东亚的出现，表示西方现代性的一根而发，一方面是正确的，其他现代性都受到西方影响；但另一方面其他现代性也有自己的根，既一根而发，又在地生根。更重要的是，假如东南亚再发展，在受西方影响的同时，也不可避免地会受到东亚的影响，以东亚作为一种参照。东南亚发展后，又成为南亚的参照。它们与西方的关系，就越来越不那么明显了。

西方现代化是种子还是媒介（trigger）

杜　彼得·伯格说过，面对西方的挑战，有四种回应。一种是绝对抗拒，就是伊斯兰世界的态度；一种是全盘接受，这是中国五四以后的模式；一种是兼有前两种，比如中国的东南部，以及北京、上海、广州等城市；最后也是最好的一种是融合（fusion），这个非常难，日本是做得比较好的例子。转一个话题，未来中国的发展，二十多年来我一再提出，也应该借鉴印度的文化，因为印度、东南亚正在兴起。那么中国现在就不应只把西方的经验作为唯一的参照，面要更宽，根才能更深。西方的种子可以落地生根，但更深刻的基础不是西方的，生根成功不成功，得看和本土的土壤结合得好不好。我甚至觉得西方的现代性不是种子，是英文的 trigger（媒介或引发）。

乐　到底是种子还是媒介，这是很不同的。

杜　我不觉得是种子。媒介的意思是西方现代性来了以后其他文化模仿，模仿成不成功看你本身文化深不深厚。中国的问题是，精英知识分子的选择和民间深厚的文化是脱节的。"心灵的积习"在民间是起作用的，而精英文化把传统文化的根切了，强烈地排斥，那么接受的西方文化一定也是肤浅的。对自己文化的复杂传统体系有一个鉴别（也有评判），才同样能够鉴别西方。对自己的传统粗暴，对西方的接受也必然肤浅。"拿来主义"并不能把西方的文化都拿来，科学背后的理性、自由，都是深层的思想传统。例如自由人权变成科学民主，明显是工具化，对西方深层的价值没有理解。在这样的情况下，拿不过来，也无法排拒，或者排拒掉的恰恰是最好的东西，另一方面封建遗毒却泛滥成灾。西方的思想进不来，而所谓的"欧风美雨"的习俗却泛滥成灾。

这样的情况，到了20世纪90年代才有了自觉，但还在初级阶段，还很肤浅。所以舒衡哲（Vera Schwarcz，比李泽厚更早）就提出来，我们要再启蒙，启蒙的真精神根本没进到中国。李泽厚说，救亡压倒启蒙。因为我们强烈的爱国主义，使西方的启蒙没有办法进来。我的观点是，救亡的唯一途径就是启蒙，启蒙是西方的种子，不是中国的根，在中国成长不起来，和日本的经验大不相同。20世纪80年代王元化讲"新启蒙"，又要重来一次，后来他变了。真正学贯中西的，例如五四时期的学衡派，被当时最先进的知识分子（包括胡适）认为是保守。《学衡》的汤用彤绝对学贯中西，吴宓、梅光迪等受白璧德的人文主义的影响，白璧德的人文精神，今天来看有先进的一面，他对孔子很尊重。德国一战后没落，张君劢从德国回来后提"人生观"这样的大问题，却一下子被丁文江、吴稚晖这样的"科学主义"打得落花流水。胡适提过一个让人惊讶的观点，中国的倒霉没落是因为印度佛教，我们汉唐多强大，佛教来了以后就不行了。佛教在中国发展八百多年，要把它摧残掉。这怎么行呢？他们当时是二十多岁的年轻人，年纪大的都不作声。所以当时的领军人物，都是极端的西化。

保守、自由、激进都是政治术语。Daniel Bell 就说，我在经济上是社会主义，注重分配和弱势群体；政治上是自由主义，尊重人权和言论自由；文化上是保守主义。他是虔诚的犹太教徒。保守不应被看作是一个消极负面的概念。西方的好多学者，激进之后都有所回归，德里达晚年回归犹太教，查尔斯·泰勒回归天主教。再激进的西方学者，他们的谱系性非常强，搞哲学没有读过柏拉图、笛卡尔、黑格尔、康德，都是不可能的。而中国现在的教育，传统文化缺失的厉害。城市大学的现任校长，一位杰出的科学家曾问他的研究生，你听说过朱熹吗？学生回答说不知道朱熹，但知道朱德。他又问，你知道理学吗？回答说不知道理学，但知道物理学。他很惊讶，又问了一个年轻的专家，也是一样的回答。这就是现在的大学教育，特别是理工科，根本没读过文史哲的基本教材。研究西方（譬如美国文学）的研究生，中国的东西都不接触，古代汉语也不学。这在西方不可能，它那个哲学谱系，德里达再解构，学者们对西方传统的哲学谱系也耳熟能详。我们现在大家都不注重主流，主流的基本功还没有掌握，就去关心边缘。还是举哲学的例子，现在中国哲学的研究，研究孔子的非常多，研究孟子的很少，董仲舒则主要被批判，研究朱熹的有，研究王阳明的很少，刘宗周大家不知道他是谁。不管研究也好，批判也好，起码对塑造儒家传统文化的这些人的东西要熟悉，要通读一遍。

生长出新的"质的规定性"

乐　我再提一下刚才的问题，这个现代性不管是不是种子，但它是从西方来的,是不是到了中国和日本以后发生了质变,变成了另外一种东西?

杜　你这种说法可以说还是"欧美中心论",这个我不接受。种子没有土壤就会死掉,中国就是一个明显的例子。我说西方文化是媒介(trigger)的意思就是,它可以调动起你的传统文化,也可以摧残其中的一些因素。比如当代儒家三代的发展,第一代熊十力、梁漱溟、张君劢、冯友兰、贺麟、马一浮等,真正的是儒家的西化,他们没有一个人反对科学民主,自由人权。熊十力甚至说过:"家庭为万恶之渊薮。"现在看来是太偏激了,比巴金的《家春秋》批评得要彻底得多。当时他们认为不经过西方思想的改造,儒家思想就站不起来,儒家要么经历一个创造的转化,要么彻底解构后再重构。1949以后的第二代,徐复观、牟宗三、唐君毅、钱穆、方东美等人,都在台港,他们面对的是中西方文化能不能融汇,儒家代表的人文精神和西方现代价值能不能配合的问题。所以牟宗三一生要开出民主,开出科学。徐复观说,我是一个儒家的自由主义者,或自由主义的儒家。钱穆比较特别,他发掘传统文化的精华,基本上对西化的问题比较隔。方东美根本就是学习希腊哲学。唐君毅对黑格尔非常熟悉,他的问题是能不能融汇。他们(除了唐君毅)都有一个强烈的的反基督教的倾向,觉得这是西方文化的缺陷。唐君毅是例外,他在新儒家的大师大德中,是一位学问渊博、感情丰富、牺牲精神彻底的高人。

我自己不是基督徒,但是基督教神学的受惠者,从基督教神学那里,我看到了儒家精神性、宗教性不足的那方面。所以说,复杂的文化现象里面有复杂的可能性,有的可能性碰到西方后,一些阴暗面被暴露出来了。另外一些可能性,例如以前我们不太注重的民本思想,经过西方思想的激发,大为发展起来了。即使这样,我也在考虑,复杂文化体中的种种联系都是有机的,所谓"取其精华,去其糟粕"并不那么简单,甚至不能付诸实施,有时去不掉,例如"三纲"。王元化跟我很正式地说过,你要注意陈寅恪给王国维写的墓志铭中的一句话:"三纲六纪是我们文化的根。"也就是Ideal,最高的理想。《白虎通议》是这样讲"三纲"(君为臣纲、父为子纲、夫为妇纲)的:君为臣纲,多半是说臣怎样向君上谏;父为子纲,多半是说子怎样对父;

夫为妇纲，多半是说妻怎样批评夫。所以，当时的考虑都是双轨双向的。君对臣爱，臣对君忠。君如果不像君，就失去做君的资格。

回到你的问题，不是西方的种子在不同的土壤中扎根，而是作为一种媒介，使当地不同的文化起了积极或消极的作用。费正清有"刺激反应"的观念，柯文（Paul Cohen）就讲"中国中心论"，但矫枉过正，所以他现在改成人类福祉作为中心。假如西方的这个媒介使得其他文化的资源有所转化，有新的根的发芽，那么下一个问题就是，面对人类生存的大问题，这些新的转变是不是能够提出积极的观点。因为西方文化是母体，所以西方的一些核心价值就变成普世价值，但以前的缺失是把东方的普世价值变成了亚洲价值。仁难道只是亚洲概念吗？西方不讲仁吗？不可能。所以现在要把西方的核心价值扩大，甚至加以批评。例如，法是很好很重要的观念，但法变成法令制章，父子兄弟之间的大事小事都要用法律来解决，这个和中国寻求法庭之外的和解，在某些个案中哪个更可取？还有，讲人权主要集中在政治权，然而家财万贯的人对一无所有的人却没有一点责任。然而在另外一些地方，越有钱有势的人，就越应该对社会负责。中国汶川大地震中所表现出来的精神，就让全世界为之震撼。反过来，三鹿造成的恶劣效应，十个奥运也抵消不了。诚信何在？虽然说中国的现代性有自己的特殊性，可是"具有中国特色的社会主义"这个理想如何实现是一大挑战，目前我们对这一课题的反思很不够。儒家文化和马克思哲学之间的关系也是值得深思的大问题。

乐　这样说来，你认为中国受到西方的刺激也好影响也好，生长出了我们自己的现代性，有自己的质的规定性，比如仁啊，法制之外的东西啊……

杜　对，还有制度问题，社会阶层问题，人与人、人与自然、人心与天道的关系问题等等。现在只有东亚这一个例子，有两种说法，一种是西方的动力被东亚取代，"十年河东十年河西"，我完全不赞同这种说法。东亚的例子表示，可以从一到二，就可以从二到三，有多元化倾向。根据多元化预期，下一步崛起的也许是东南亚。东南亚起来凭借的就不是儒家文化了，而是佛教和伊斯兰文化。东南亚也是个复杂体系，例如印尼就是伊斯兰文化和爪哇原住文化互动的结果。另外最近由于西方的压力，印尼有一小部分独立了，是天主教文化。亨廷顿在他的八个文化体系里，完全忽视了非洲。南非也是资源非常丰富，生物、文化、语言、地质的多样性，是超过加拿大的。非洲得不到发展，人类的文明不可能进入一个新阶段。非洲是我们人类大家庭的弱势群体，也是人类文明发源的母体。现在的"千年计划"（Millennial Project）把世界贫穷的那一半都去掉了，根本不会成功。

当然这种预见性也有反证，中国现代化这条路能不能走出来就是个问号。巴西曾有十年飞速的发展，后来就不行了。中国发展五十年是有可能的，但这个过程中有很多难题：诚信、法治、强势政府主控、地方上官商勾结。和印度相比，印度有过五十年的民主，非政府组织和媒体的力量非常大，不可能出现"黑窑"的问题。另外，印度的中产阶级超过2亿，里面有上千万人基本都使用纯熟的英文（虽然有口音），这样有利于与国际化接轨。而且印度和它的传统文化的根没有断，精神文明深厚。中国的发展和印度的不发展有密切关系，因为甘地夫人走的是社会主义路线。中国改革开放后的一段时间，印度不发展，而现在印度在发展，拉美各国也在发展，所以反华情绪非常强。日本对中国正面的评价原来高到60%—70%，"毒饺子"事件后75%对中国评价不佳。韩国把中国的十几种奶粉和很多食物都撤了。我们中国文化讲"和而不同"，和的对立面就是同，和的必要条件就是异，但现在的"和谐"还是强调同。市场经济是发展的必要条件，但当市场经济渗透到社会的各个领域，使社会成为"市场社会"（market society，社会的每个领域都被市场侵袭）的时候，社会的凝聚力就要出问题。这是我们必须要引起注意的。如果我们的经济还能发展五十年，知识经济的发展条件在哪里？法律制度能完善吗？诚信能重建吗？如果中国的道路走不通，日本又低迷，儒家文化圈就又是失败的例子。西方这个唯一的模式的说服力能维持吗？即使我相信印度一定可以走出来，那也不是我们这一生可以看到的。

乐　有这样悲观吗？

杜　我现在有个研究计划，就是反思儒家对西方发展的启蒙。一方面西方的启蒙现在在中国还是浮面的,所以我认同五四时期对西方学习的心愿。另一方面,中国也有足够的资源对西方进行批判的认识。这个课题分三个部分。第一部分回顾中国17世纪(由中国学者做)和西方18世纪(由西方学者做)文化交流的成果,研究前现代的多元。第二部分是从五四到现代,启蒙心态(既不是启蒙运动也不是启蒙理想)对中国的影响,现代最明显的折射就是科学主义,例如如何看待中医,中医是伪科学吗?第三部分则要考虑儒学下一步的发展问题。

现代性与马克思主义中国化

乐　还有一个问题想请教您。这次在上海的会议(第二届上海论坛)上有个争论,讲文化的源和流。有人提出,"马克思主义的中国化"不应作为我们文化的主流,而应是中国文化吸收马克思主义和其他因素的新发展,才是我们将来文化的主流。这涉及到是以中国文化为源,还是以马克思主义(虽然是中国化了)为源的问题,毕竟马克思主义是移植来的。那么在21世纪,我们应该采取什么态度?想听听您的看法。

杜　我完全赞同"马克思主义的中国化"不应作为我们文化的主流的观点。但我要作几点辨析。第一,马克思主义作为一个强势的意识形态进入中国,有重要的思想土壤,即五四时期的精英们强烈的爱国主义和反传统思想的结合。一方面他们强烈地反帝,也就是反对英法德美代表的西方列强对中国的掠夺;另一方面反封建,也就是反传统文化。五四时期充斥着各种各样的思想,自由主义、无政府主义、德国理想主义,马克思主义并不突出。但1917年俄国十月革命成功后,中国的主要思想家都迅速地认同了马克思主义。一方面,马克思主义代表了西方的一种前沿思想、先进思想,另一方面,它又是真正反资本主义的,所以它在中国的影响力愈来愈大,建国后成为主流,它也确实使中国在实践上取得了成功。知识分子多半也认同这一大趋势,认同不彻底的还感到内疚。

儒家的基本精神是从"不忍"到"忍",革命精神则是从"忍"到"不忍",这不是法家,是充分政治化的儒家。法家只要不犯法就可以,而政治化的儒家一定要考虑到你的态度、信仰、意识形态,甚至下意识做的梦。在充分政治化、意识形态化、被利用的儒家(这是儒家的异化)和道德理想化的儒家这两种力量斗争的氛围下,知识分子的选择变得很复杂。可以看看郭沫若、冯友兰的例子。

新儒家的传统(姑且用"新儒家",我并不赞成这一标识),从五四到1949年是第一代,1949年到1979年是第二代,现在第三代继承发展下来。"马克思主义的中国化不应作为我们文化的主流"的观点,关键是儒家和马克思主义对话的问题。我不愿走蒋庆的那种路,把儒家当做国教。而对话可以发展出另外一种力量——自由主义。自由主义、儒家和马克思主义应该有三方对话。我们希望从事马克思主义研究的学者们,能够对中国的文化有深层的理解,而且应该再往前走,不是只走到左翼,要走到新马,走到哈贝马斯、詹明信(Fredric Jameson),这样才能看到马克思主义丰富中国文化的可能性(不一定永远是主流)。源和流的问题并不是非此即彼。方克立提出"中学西体"之外再加上"马克思",用心良苦。如果儒家真正变成"游魂",它在中国文化史中的积极作用能被取代吗?儒家一枝独秀的观念我坚决反对,但开发儒家主流思潮、人物、核心价值,则应是学术知识和文化界的共同关切。

新的计划

乐 我非常赞赏你刚才提到的,分为三个部分的宏伟规划:1,从回顾中国17世纪和西方18世纪文化交流的成果开始,研究前现代性的多元;2,深入研究启蒙心态对中国的影响;3,考虑儒学下一步的发展。

我们也在协助人民出版集团策划几个大的项目。第一个是探讨怎样使西方的思想中国化,真正成为中国自己的东西,如佛教传入中国,被改造为中国的禅宗。举例来说,怎样将西方的符号学与中国《易经》中的"象"思维等一套符号思想结合起来,发展出中国自己的符号学;如何以西方的诠释学理论来梳理总结中国的典籍和诠释传统,造就中国自己的诠释学。第二个是做当代汉学家的研究，也就是企图总结20世纪这一百年以来对中国的研究，比如费正清、舒衡哲、宇文所安、安乐哲等，目的是对当代西方人对中国的认识有一个全面了解。第三个项目很大，想总结一下中国文化在西方的流布和传播。比如庄子，西方有哪些译本、研究，西方人是怎么看的，对他们的文化有什么影响，每一本都分导言、代表性著作选段以及详细的索引。目的是蒐集资料，为后来的研究者开路，很想听听你的意见。

杜　关于这个计划，第一方面我不太熟悉。第二方面台湾已经有很多学者在作经典诠释，可以与他们合作，在他们的基础上前进。第三最好不要用"汉学"这个词，可以用"中国学"之类的。因为费正清他们还不够资格做汉学家。汉学来自于法国，起初做的人大多是贵族，有些汉学家是怀着一种猎奇心理，不突出思想。但17世纪以来，西方汉学家辈有人才出，胡适、陈寅恪、汤用彤、周一良及业师杨联陞，都是西方汉学的受惠者和贡献者。而且汉学的研究内容五花八门，但用"中国学"更符合目前的情况。我觉得你应该把重点放在安乐哲（Roger Ames）、郝大维（David L. Hall）、舒衡哲、罗思文（Henry Rosemont）上，甚至放在专攻前现代的学人身上，比如艾尔曼（Benjamin A. Elman），沟口雄三与他合作后，在中国的影响很大。而费正清研究的人太多了，他开创了几个研究方向，但有点离谱。第三个项目，我希望你们能考虑的方面是，中国的文化在西方的哪些领域已经算是扎了根了。我们这一代与西方学者大部分是朋友，可以进行真正平等的对话，不能照着他们定好的议程（agenda）去讲，第一、二个项目一定强调要有对话关系。

乐：非常感谢你用这样长的时间和我进行如此深入的谈话。我自己深有"听君一席话，胜读十年书"之感。但我们讨论的，确实是一个十分复杂、至今众说纷纭的题目。今天你的谈话开启了许多思考的新平台，对促进今后的讨论无疑极有启发。

对话时间：2008年10月5日

录音记录整理：陈戎女　张思懿

活着·尊严·机遇
——乐黛云、余华对谈录

活着最重要

余华（以下简称余） 您一直都在教书吗？

乐黛云（以下简称乐） 是。我 1948 年到北大，1952 年留校，1957 年当右派，然后就下乡改造，1961 年又回来工作。

记者（以下简称记） 您经历过不少波折？

乐 这中间的故事很难说。余华你觉得呢？你那个《活着》的主角，受了这么多悲惨的遭遇，还是要活下去。

余 就是生命本身要求他活着，没有任何其他的理由，这是我的理解。

乐 按说生命的尊严与压力，其实是分不开的。如果你没有受到压力的话，也就无所谓生命的尊严。你想，假如像阿 Q 一样，做什么他都不会往心里想，尽管很穷，并不感到这个生活的压力有多大，他有很多办法来缓解。真正对生命的尊严有所珍惜的人，才会感到生活的压力。

余 没法分开。而且不同的时期不同的阶段，压力和尊严也不一样。我们浙江有一个作家跟我说，汪静之已经 90 多岁了，每天早上还出去慢慢地跑步。我这个朋友有一天早晨想出去锻炼一下，就遇到汪老了。汪老对他说："你知道什么最重要吗？我告诉你，活着最重要，其他的东西都不重要。"

乐 所以你的《活着》就是受了这个启发？

余 那已经是《活着》以后了。那是 1996 年、1997 年发生的事情。后来，我在杂志上看见王安忆的文章，她说很好。她根据沈从文的一个孩子写了一篇回忆录，说沈从文评价一部小说好坏的标准就是：这个小说好！就是写得很家常。

然后，王安忆又说起她看到一篇采访汪增祺的报道，人家问汪增祺："你在'文革'中怎么没想到死啊？"汪老说："你哭啊？你喊啊？你自杀啊？最后怎么着，都不如活着好。"

乐　我的老伴汤一介文化大革命开始的时候就是陪斗，一斗冯友兰他就陪斗。冯友兰年岁已经很大了，他不是留着胡子嘛，大家就把他摁在台上，把他的胡子一根根地拔下来。后来汤一介就问他："就当时，你是怎么经历过来的？"冯友兰说："当时我什么都没想，我就想到佛经上的'心如菩提树，身如明镜台。本来无一物，何处染尘埃'。我就老背那首诗，所以，他们怎么对我，我根本没感觉。这本来就是虚幻的……"

余　对，对。

记　但是，在他们的心里，这一定是真正的伤痛。

乐　那当然是了。所以知识分子是有两种的，有一种是宁为玉碎，不为瓦全。可是，那个时候如果都像那样的话，知识分子就剩不了多少。

尊严不能用死捍卫

乐　当时我在北大，知道自杀的有六十多个，有年轻的，也有老的。我现在住在北大校园里，每次从未名湖走过，脑中都会出现那些人的影子，他们笑的样子，说话的样子……

余　这是北大的另一面，另一个历史。前几天有一个报道，关于邓朴方的，有一句话他说得很好。大家问他："你'文革'的时候为什么跳楼自杀？"他淡然一笑，说："一念之差，就是一念之差！"只是一念之差，你可能就活不下来了。所以，并不是说自杀的人的经历要比活着的人要重得多，其实可能还轻一点。

记　那么你赞成哪一种？

余　我当然是赞成好死不如赖活着。

乐　一念之差，说得很对。但是像翦伯赞，他是著名学者，也是民主人士，他被赶出来原来的教师宿舍，老两口住在北大东门外边一个小胡同，只有一间屋子，也没有厨房。他就在屋子的前面烧了一个煤球炉，用来做饭吃。当时常常有小孩跟在后面摇旗呐喊，每次火刚一生着，就一碗水倒下去把火泼灭了，老太太就重新再烧。后来上面指示，说这样的人养起来就算了，不要再去找他的麻烦了，让他搬回原来的地方去住。可是搬回去没多久，夫妻两个一起吃安眠药自杀了，穿得整整齐齐的，两个人面色也很安详。

那么，他为什么还要死呢？最困难的时期已经过去了。后来大家跟他的学生聊天的时候谈起这个，说其中一个原因可能就是他觉得自己是一个知识分子，应该靠自己的知识……做了这么多年，游手好闲地被人家养！

余　如果没有那个批示的话……

乐　那也许他还活着。

余　这才是真正的宁为玉碎，不为瓦全！

乐　真的，这个生命的尊严到底怎么保卫，我觉得这不是一个简单的问题。比如说我当初下放到农村去，可是我从来没想到过死，主要就是觉得一定会搞清楚的，我不是他们说的那种人，为什么要在成为那种人的时候死掉呢？我就要活着给他们看。这是我当时最重要的支柱，生命的尊严就表现在那个地方了。尊严并不是要用死来捍卫，所以我一定要活下去。

时代不同压力不同

余　我是20世纪60年代出生的，我觉得我们这一代正好是个分界线，我们跟前辈们比较容易沟通，我们之后的一代如果跟我们都很难沟通的话，那么跟我们的前辈也就不太好沟通了。因为很有多感受不一样。

乐　而且，人生的价值也不一样。

余　对，完全不一样。

记　您的学生当中也有像余华这么大的，他们已经成为社会的中流砥柱了,您怎么看他们这一代?

乐　总的来说,他们这一代就是还有一些追求。

记　您不太满意的是哪一代?

(乐黛云刚要回答,余华指着记者说:"像你这一代的!"乐黛云大笑,说:"像你们年轻的这一代啊,我真是……")

乐　现在有些本科生啊,我真是没法说他们。做什么事都是功利放在头一位。你就是让他查下资料,或者是打一份东西,他都要问你:"多少钱?"他们觉得现在这个世界未来就是这样的……上网占去了很多时间,功课也不是很认真地写,一心一意就是想怎么出人头地。

记　余华那一代怎么样?

乐　他们这一代的环境比我们那时候要好一点,起码没有人去强迫他们说他们不愿说的话。

记　但是他们也挨饿呀。

乐　挨饿都是肉体上的,我觉得倒不是很重要的,最痛苦的是逼着你说你不愿意说的话。而且,那时候大家对于生活上的追求还是比较少的,没有说要住大房子啊什么的,也因为没有这种可能,你就甭想,老老实实在筒子楼里也就住了这么多年。现在年轻人的压力还是很大的呀。他们要攒钱买车、买房子,所以,他们要面临很大的生活上的压力……余华,你觉得最大的压力是什么呢?

余　像您说的把相处得不错的人变成反革命,这是最难受的。

记　你也经历过?

余　我没有经历过这个。我经历的是什么呢? 在上小学的时候,老师经常发动我们互相揭发:谁说了反动口号? 父母有没有说反动话? 好在我父母没有在我面前说反动话,否则,我脑子一热,也把他们卖出去了,这很有可能。所以,余杰写文章批余秋雨,那就是不了解历史了。我可以作一个这样的比喻,就是那个时代的年轻人对革命的热情超过了现在对上网的热情! 如果说谁上网谁有罪的话,那……几乎人人都上过网了!

别听成功者的片言

记　松下幸之助说，有些人高呼口号从事解放运动，可实际上却压迫了人。

余　这种成功者的片言只语代表不了什么。所有的人，他获得成功一方面是他的才华，另一方面还有无数个巧合，无数个机遇。当初，如果一个岔口岔开，他可能就走了一条失败的路。无论是乐教授做学问也好，像我这样写小说也好，你回忆过去的时候就会发现，每一个关键时刻都是一个巧合。

但是成功者成功后，往往会说一些总结性的话，你是绝对不能听的。而且，我发现成功者有一个嗜好，他们愿意虚构自己的过去，而不愿意面对自己真正的过去。他愿意把过去虚构得顺理成章——只有我这样的人才能成功。

乐　想一想也真的是这样。

余　这也像北大100年校庆一样，它就是要找一个光明面。但是，正如乐教授所说，北大在非常时期有六十多个冤魂呢。还有，在整个北大那么多年里面，有多少人离开了北大？有多少人进了北大！这其中这么多年来发生了什么？这些才是真正的……生命是在这种地方！而不是一个人在成功了以后面对着摄像机说话。

现在想起来，我当初要是考上大学的话，也是来北大作乐教授的学生的话，我就可能不写东西了！是不是？人生就是这样。刚开始对你不是一件好事，最后可能变成一件好事；而刚开始是好事的，最后很可能会变成坏事。

乐　这个偶然性，我看，真像佛经里面说的，人生有八苦，除了生老病死之外最难堪的就是求不得苦。你想要什么，始终是求不得的，即使得到了也不会心满意足，又会有更新的目标。正是因为这求不得苦，才感觉到生命的尊严。如果你根本就一无所求，或者有钱就大吃大喝，就去赌，那就无所谓生命的尊严了。

余　这就像去买体育彩票。你必须先花了钱买，你才有一点点中的希望。你要是不买的话，那就根本没有希望。人生也是一样，你走了这条道路，跟这条道路有关的东西才能相遇；如果你不做这个事情，跟它有关的每天都出现，但遇不到。

乐　即使遇上也不会发现。我那时下放到农村，虽然很累，但是精神上很平静，因为我的老伴对我特别好，每个星期都一定给我写一封信，这对我非常重要。我依然爱说爱笑，并没有像有的人被压得抬不起头。过年的时候，我们右派开联欢会，我还带着他们唱歌，唱的是"祖国，歌颂你的明天"。结果，第二天把我抓去斗了一顿，说："你还歌颂明天！你对今天怎么看？"

那时在农村，你是个右派，你就应该低眉下眼地低着头走路。我偏就不信，我还挺着胸走路。当时很年轻，才二十五岁，还戴着一块花头巾，打扮得挺潇洒，人家拿我没办法。这个我觉得也是一种生命的尊严，就是你对自己的信心，以及你要做一个什么样的人，你对外界投降到了什么程度。

余　乐老师刚才说的那些，我一听就特别能理解。若是一个70、80年代出生的人，他听着会像听故事一样。